Ratgeber

Arbeitsrecht in Frage und Antwort

Thomas Kallab
Erich Ullmann
Marion Chwojka

Arbeitsrecht

Ein Ratgeber in Frage und Antwort

16., neu bearbeitete Auflage

ÖGB VERLAG

Alle Angaben in diesem Band sind von den Autoren und vom Verlag sorgfältig erwogen und geprüft, dennoch kann eine Garantie nicht übernommen werden. Eine Haftung der Autoren bzw. des Verlages und seiner Beauftragten für Personen-, Sach- und Vermögensschäden ist ausgeschlossen.

Verlag des Österreichischen Gewerkschaftsbundes GmbH
Johann-Böhm-Platz 1
1020 Wien
Tel. Nr. 01/662 32 96-0 Fax Nr. 01/662 32 96-39793
E-Mail: office@oegbverlag.at
Web: www.oegbverlag.at

16., neu bearbeitete Auflage 2017

Rechtsstand: 1. Juli 2017
Umschlaggestaltung: Thomas Jarmer
Layout und Grafik: Natalia Nowakowska

Medieninhaber: Verlag des ÖGB GmbH, Wien

Hersteller: Verlag des ÖGB GmbH, Wien
Verlags- und Herstellungsort: Wien
Printed in Austria
ISBN 978-3-99046-275-1

Abkürzungsverzeichnis

ABGB	Allgemeines Bürgerliches Gesetzbuch
AG	Arbeitgeber
AlVG	Arbeitslosenversicherungsgesetz
AN	Arbeitnehmer/Arbeitnehmerin
AngG	Angestelltengesetz
ANSchG	ArbeitnehmerInnenschutzgesetz
APSG	Arbeitsplatzsicherungsgesetz
ArbAbfG	Arbeiterabfertigungsgesetz
Arbverh	Arbeitsverhältnis
ArbVG	Arbeitsverfassungsgesetz
ARG	Arbeitsruhegesetz
ASGG	Arbeits- und Sozialgerichtsgesetz
ASVG	Allgemeines Sozialversicherungsgesetz
ATZ	Altersteilzeit
AÜG	Arbeitskräfteüberlassungsgesetz
AuslBG	Ausländerbeschäftigungsgesetz
AZG	Arbeitszeitgesetz
BAG	Berufsausbildungsgesetz
BEinstG	Behinderteneinstellungsgesetz
BMSVG	Betriebliches Mitarbeiter- und Selbständigenvorsorgegesetz
bzw	beziehungsweise
DHG	Dienstnehmerhaftpflichtgesetz
EFZG	Entgeltfortzahlungsgesetz
EO	Exekutionsordnung
EStG	Einkommensteuergesetz
ff	und folgende (Paragraphen)
GBK	Gleichbehandlungskommission
GewO	Gewerbeordnung
GlBG	Gleichbehandlungsgesetz
HBG	Hausbesorgergesetz
HeimAG	Heimarbeitsgesetz
HGHAngG	Hausgehilfen- und Hausangestelltengesetz

IESG	Insolvenzentgeltsicherungsgesetz
inkl	inklusive
IO	Insolvenzordnung
KBGG	Kinderbetreuungsgeldgesetz
KJBG	Kinder- und Jugendlichen-Beschäftigungsgesetz
LSD-BG	Lohn- und Sozialdumping Bekämpfungsgesetz
MSchG	Mutterschutzgesetz
MV-Kasse	Mitarbeitervorsorgekasse
NSchG	Nachtschwerarbeitsgesetz
sog	sogenannte
ua	unter anderem
uÄ	und Ähnliche
uam	und andere(s) mehr
UrlG	Urlaubsgesetz
usw	und so weiter
VKG	Väterkarenzgesetz
VO	Verordnung
zB	zum Beispiel

Vorwort zur 16. Auflage

Seit der letzten Auflage gab es einige gesetzliche Änderungen. Dies betrifft zB – die Einführung von Maßnahmen zur Wiedereingliederung nach langem Krankenstand, eines Rechtsanspruches auf Übermittlung der Arbeitszeitaufzeichnungen oder Änderungen beim Kinderbetreuungsgeld. Die Neuerungen und in der Zwischenzeit ergangene wichtige Rechtssprechung der Gerichte wurden in der gebotenen Kürze eingearbeitet.

Beibehalten haben wir es, auf sinnvolle und weiterführende Seiten im Internet zu verweisen. Das Internet bietet vielfach sehr hilfreiche grundlegende Information. Insbesondere die „amtlichen" Seiten wie zB der AK, des ÖGB, der Ministerien, des AMS oder der Sozialversicherungsträger sind sehr sorgfältig erstellt und hilfreich für die Erstinformation.

Die im Text angeführten Links sind im E-Book mit sogenannten Hyperlinks hinterlegt, sodass die entsprechenden Seiten mit einem einfachen Mausklick am Computer ausgewählt werden können.

Dennoch kann dieser Ratgeber als grundlegende Information wie auch die weiterführende Information im Internet eine ausführliche persönliche Beratung nicht ersetzen. Gerade in arbeitsrechtlichen Konfliktsituationen wird aber eine persönliche Beratung bei AK oder den Gewerkschaften unerlässlich sein. Die Autoren ersuchen daher dringend, nötigenfalls rechtzeitig eine solche persönliche Beratung in Anspruch zu nehmen. Öffentliches Dienstrecht ist nicht Gegenstand dieses Buches.

Wien, im Juni 2017 Die Autoren

Suche nach dem Arbeitsplatz

Kapitel 1

1. Welche Möglichkeiten bestehen, um von offenen Arbeitsstellen zu erfahren?

Die praktisch wichtigsten Quellen, um von offenen Arbeitsstellen zu erfahren, sind Stellenangebote in Tageszeitungen, Hinweise aus dem Bekanntenkreis und Informationen des Arbeitsmarktservice.

2. Wo findet sich das Arbeitsmarktservice?

Das Arbeitsmarktservice ist gegliedert in eine Bundesgeschäftsstelle, neun Landesgeschäftsstellen und in regionale Geschäftsstellen. Arbeitsuchende finden die für sie zuständige Geschäftsstelle in der Nähe ihres Wohnortes. Adressen und Telefonnummern der Landesgeschäftsstellen und der regionalen Geschäftsstellen sind dem Telefonbuch unter „Arbeitsmarktservice" zu entnehmen. Das Arbeitsmarktservice ist auch im Internet unter www.ams.or.at erreichbar.

http://jobroom.ams.or.at/jobroom/login_as.jsp

3. Wie bewirbt man sich als Arbeitnehmer richtig?

Auf Zeitungsannoncen kann auch telefonisch geantwortet und ein Termin zur persönlichen Vorsprache vereinbart werden. Man kann jedoch auch ein Bewerbungsschreiben an das Unternehmen senden und eventuell einen kurzen Lebenslauf beilegen.

Freizeit während der Kündigungs-frist

Kapitel 2

1. Haben Arbeitnehmer während der Kündigungsfrist Anspruch auf Freizeit?

Sowohl Arbeiter als auch Angestellte haben bei Kündigung durch den AG einen gesetzlichen Anspruch auf Freizeit während der Kündigungsfrist (früher Postensuchtag). Dieser Freizeitanspruch muss vom AN beim AG geltend gemacht werden. Vergisst der AN einen Antrag zu stellen, muss rückwirkend für diese Zeit keine Arbeitsfreistellung gewährt werden.

§§
1160 ABGB,
22 AngG

2. Für wie lange hat der Arbeitnehmer Anspruch auf Freizeit während der Kündigungsfrist, wenn er gekündigt wird?

Sowohl für Arbeiter als auch für Angestellte gilt, dass bei Kündigung durch den AG während der Kündigungsfrist dem AN auf sein Verlangen wöchentlich mindestens ein Fünftel der regelmäßigen wöchentlichen Arbeitszeit ohne Schmälerung des Entgelts freizugeben sind. Durch Kollektivvertrag können abweichende Regelungen getroffen werden. Bei Pensionierung entfällt dieser Anspruch.

2.1. Besteht auch ein Anspruch auf Freizeit während der Kündigungsfrist, wenn der Arbeitnehmer selbst gekündigt hat?

Nein, außer es ist im Kollektivvertrag oder in einer Betriebsvereinbarung eine entsprechende Regelung vorgesehen oder wenn ein AN (vorwiegend Angestellte) diese Zeit als wichtigen persönlichen Verhinderungsgrund geltend machen kann.

2.2. Hat der Arbeitnehmer auch im Falle einer einvernehmlichen Auflösung des Arbeitsverhältnisses oder bei Ablauf einer Befristung Anspruch auf diese bezahlte Freizeit?

Grundsätzlich nicht, außer der AN kann mit dem AG eine solche Freizeit vereinbaren oder der AN ist aus sonstigen wichtigen persönlichen Gründen an der Arbeitsleistung verhindert. Ist eindeutig nachweisbar, dass die einvernehmliche Lösung ausschließlich auf Wunsch des AG vereinbart wird, besteht nach der Rechtsprechung ein Anspruch auf Freizeit für die Zeit bis zum Ende des Arbverh. Es ist auch auf den jeweils anzuwendenden Kollektivvertrag (bzw die Betriebsvereinbarung) zu achten (siehe auch Kapitel 19 „Sonstige Arbeitsverhinderungsgründe“).

2.3. Für welchen Zeitraum besteht Anspruch auf Freizeit, wenn der Arbeitgeber früher als nötig kündigt?

Der Mindestanspruch auf bezahlte Freizeit ist nach der gesetzlichen, kollektivvertraglichen bzw einzelvertraglichen Kündigungsfrist zu bemessen. Eine vorzeitige Kündigung verlängert den Anspruchszeitraum nicht.

3. Kann die Freizeit während der Kündigungsfrist gleich für mehrere Wochen zusammengezogen werden?

Dies ist nur nach ausdrücklicher Vereinbarung mit dem AG möglich. Zu Beweiszwecken ist es ratsam, solche Vereinbarungen schriftlich zu treffen.

4. Kann sich der Arbeitnehmer aussuchen, zu welchem Termin er die Freizeit während der Kündigungsfrist in Anspruch nimmt?

Ja, und er sollte diese Zeit möglichst rechtzeitig geltend machen. Nur wenn zwingende betriebliche Gründe gegeben sind, kann der AG die Zustimmung verweigern. Er muss jedoch in einem solchen Fall einen anderen Tag in der Woche anbieten. Der AN kann nur dann auf einen von ihm beantragten Tag beharren, wenn er einen wichtigen Grund (zB einen unverschiebbaren Vorstellungstermin) dafür geltend machen kann. Eine eigenmächtige Inanspruchnahme ohne zwingenden Grund und trotz Ablehnung durch den AG kann eine Entlassung rechtfertigen.

4.1. Welche Möglichkeiten hat der Arbeitnehmer, wenn der Arbeitgeber seinen Antrag auf Freizeit während der Kündigungsfrist ablehnt?

Vorerst ist der AG eindringlich auf seine gesetzliche Verpflichtung hinzuweisen. Wenn das nicht erfolgreich ist, kann der AN in besonders wichtigen und unaufschiebbaren Fällen die dafür notwendige Freizeit auch ohne Zustimmung des AG in Anspruch nehmen – dann jedoch nur im Ausmaß der unbedingt notwendigen Zeit. Eine aus diesem Grund ausgesprochene Entlassung wäre ungerechtfertigt und kann beim Arbeits- und Sozialgericht bekämpft werden. Sollte die Gefahr einer Entlassung gegeben sein, ist es unbedingt zu empfehlen, sich im Vorhinein nochmals näher bei dem BR, der Gewerkschaft oder AK zu informieren.

5. Muss ein Arbeitnehmer einen Nachweis erbringen, wofür er die Freizeit während der Kündigungsfrist verwendet hat?

Nein. Durch die letzte Änderung des Gesetzes ist die Zweckgebundenheit dieser Freizeit weggefallen, die früher der „Postensuche" bzw „eine andere Stellung aufzusuchen" vorbehalten war. Muss über das gesetzliche Ausmaß hinaus Freizeit in Anspruch genommen werden, wird der AN dem AG die notwendige Verwendung dieser Freizeit glaubhaft machen müssen.

6. Was passiert, wenn im Kollektivvertrag ein höherer Anspruch auf Freizeit – jedoch ausdrücklich nur für die Postensuche – vorgesehen ist?

In diesem Fall gebührt dem AN der erhöhte Anspruch. Dieser ist aber dann zweckgebunden zu verwenden. Es ist egal, ob der AN telefonisch oder persönlich Arbeit sucht, ob er zB Kontakt mit dem AMS aufnimmt oder ähnliche Tätigkeiten verrichtet. Er darf diese Zeit nur nicht zu anderen Zwecken benützen.

7. Hat ein teilzeitbeschäftigter Arbeitnehmer auch Anspruch auf Freizeit während der Kündigungsfrist?

Ja, und zwar im Ausmaß von einem Fünftel der regelmäßigen wöchentlichen Arbeitszeit, denn auch ein teilzeitbeschäftigter AN kann für diese Freizeit, die unter anderem zur Arbeitsuche dient, nicht nur auf seine arbeitsfreie Zeit verwiesen werden.

8. Was passiert, wenn dem Arbeitnehmer trotz regelmäßiger wöchentlicher Geltendmachung die Freizeit während der Kündigungsfrist verwehrt wird?

Er kann als Ersatz einen Geldanspruch analog der Urlaubsersatzleistung (siehe Kapitel 15 „Urlaub", Frage 32f) verlangen. Sollte darüber hinaus noch ein weiterer finanzieller Schaden entstanden sein, kann er auch dafür Ersatz verlangen.

Anstellungs-erfordernis

Kapitel 3

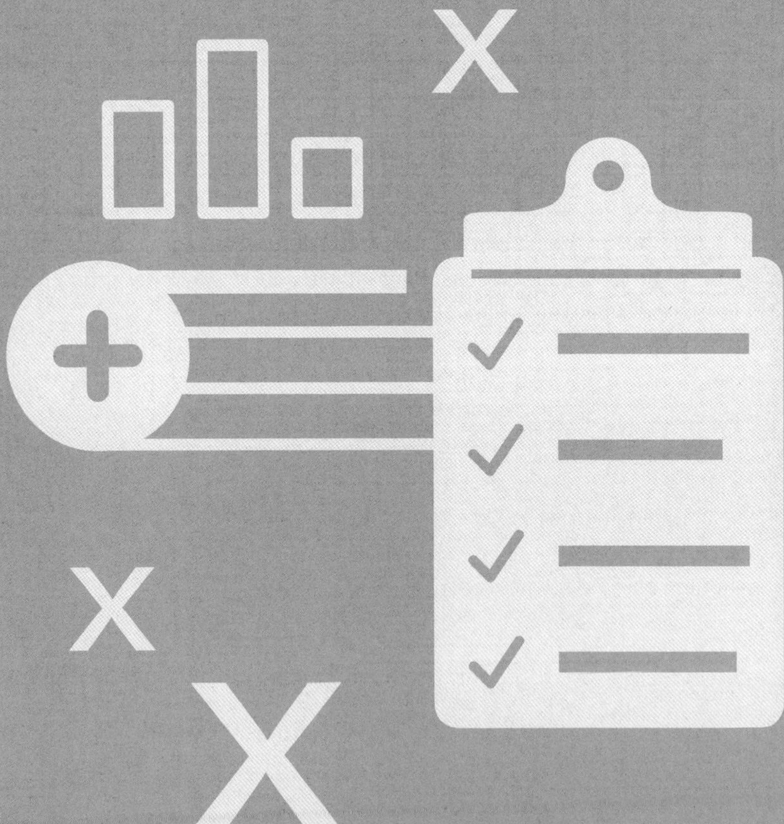

1. Gibt es besondere Bestimmungen für die Beschäftigung von Ausländern?

Ja. Die Beschäftigung von Ausländern in Österreich ist grundsätzlich im Ausländerbeschäftigungsgesetz geregelt.

2. Was ist eine Beschäftigung im Sinne des Ausländerbeschäftigungsgesetzes?

Beschäftigung im Sinne des Ausländerbeschäftigungsgesetzes ist jede Tätigkeit in einem Arbeitsverhältnis, im Rahmen einer arbeitnehmerähnlichen Beschäftigung, in einem Ausbildungsverhältnis, als überlassene Arbeitskraft und im Rahmen einer betrieblichen Entsendung.

3. Welche Arten von Zugangsberechtigungen zum österreichischen Arbeitsmarkt gibt es?

» Ausländische Studierende (Wochenstundenanzahl ist beschränkt)
» Ausländische Studienabsolventen und -absolventinnen (Rot-Weiß-Rot-Card)
» Die Blue Card für Drittstaatsangehörige (Blaue Karte EU für Höchstqualifizierte)
» Das „Jobseeker" Visum (für hochqualifizierte AN)
» Sicherungsbescheinigung (betrifft hauptsächlich Saisonarbeitskräfte, Rotationsarbeitskräfte oder Künstler)
» Beschäftigungsbewilligungen
» Betriebsentsendung nach Österreich
» Arbeitserlaubnis: wurde mit der Novelle 1.1.2014 eigentlich abgeschafft, bis 31.12.2013 ausgestellte Arbeitsbewilligungen behalten jedoch ihre Gültigkeit
» Befreiungsschein
» Anzeigebestätigung für Volontariat, Ferialpraktikum, Joint Venture und Konzernausbildung
» Freizügigkeitsbestätigung (betrifft kroatische Staatsangehörige unter bestimmten Umständen)
» Befreiungsschein für türkische StaatsbürgerInnen
» Zulassung ausländischer Schlüsselkräfte

Die Details können der Homepage des AMS entnommen werden.
http://www.ams.or.at/service-arbeitsuchende/auslaenderinnen/

Die Frage der rechtmäßigen Beschäftigung hängt regelmäßig auch mit der Frage des rechtmäßigen Aufenthaltes zusammen. Die diesbezüglichen Vorschriften müssen unbedingt beachtet werden.

Erste Information können Sie im Internet entnehmen unter
https://www.help.gv.at/Portal.Node/hlpd/public/content/12/Seite.120221.html

3.1. Was ist die „Rot-Weiß-Rot-Karte“?

Die „Rot-Weiß-Rot-Karte" wird insbesondere an besonders Hochqualifizierte, Fachkräfte in Mangelberufen, Schlüsselkräfte, Studienabsolventinnen und -absolventen und Personen, die über einen Aufenthaltstitel „Daueraufenthalt EU" eines anderen Mitgliedstaates verfügen, erteilt. Voraussetzung ist unter anderem, dass in einem normierten Verfahren abhängig von zB Qualifikation, Sprachkenntnissen, Berufserfahrung ein Mindestmaß an Punkten erreicht wird. Sie wird für ein Jahr ausgestellt und gilt für einen bestimmten AG. Danach kann auf eine „Rot-Weiß-Rot-Karte-Plus" umgestiegen werden, welche zur befristeten Niederlassung und Ausübung einer Beschäftigung (selbstständig oder unselbstständig) im gesamten Bundesgebiet berechtigt.

3.2. Ist bei Betriebsübergang eine neue Beschäftigungsbewilligung zu beantragen?

Bei Eintritt eines anderen AG in das Arbverh durch Übergang des Betriebes oder Änderung der Rechtsform gilt bei sonst unverändertem Fortbestand der Voraussetzungen nach dem AuslBG die Beschäftigungsbewilligung als dem neuen AG erteilt.

3.3. Benötigen auch Berufspraktikanten, Ferialpraktikanten oder Volontäre eine Beschäftigungsbewilligung?

Volontäre (siehe Kap 7, Der Arbeitsvertrag, Frage 5; zeitlich begrenzt) oder Ferial- oder Berufspraktikanten (siehe Kap 7, Der Arbeitsvertrag, Frage 6 und 7) brauchen keine Beschäftigungsbewilligung. Die Beschäftigung eines ausländischen Volontärs oder Ferial- oder Berufspraktikanten ist unter anderem vom Inhaber des Betriebs spätestens zwei Wochen vor Beginn der zuständigen regionalen Geschäftsstelle des AMS anzuzeigen. Das AMS hat binnen zweier Wochen eine Anzeigebestätigung auszustellen, die grundsätzlich Voraussetzung für die (weitere) Beschäftigung ist.

3.4. Was gilt für Familienangehörige?

Familienangehörigen ist auf deren Antrag vom AMS eine Bestätigung auszustellen, dass sie vom Geltungsbereich des AuslBG ausgenommen sind. Familienangehörige sind:

» Bei freizügigkeitsberechtigten EWR-Bürgern: deren drittstaatsangehörige Ehegatten und Kinder (einschließlich Adoptiv- und Stiefkinder), die noch nicht 21 Jahre alt sind oder denen der EWR-Bürger oder der Ehegatte Unterhalt gewährt, sowie drittstaatsangehörige Eltern des EWR-Bürgers und seines Ehegatten, denen der EWR-Bürger oder der Ehegatte Unterhalt gewährt, sofern sie zur Niederlassung nach dem Niederlassungs- und Aufenthaltsgesetz (NAG) berechtigt sind.

» Bei EWR-Bürgern, die ihr Recht auf Freizügigkeit nicht in Anspruch nehmen: deren drittstaatsangehörige Ehegatten und Kinder (einschließlich Adoptiv- und Stiefkinder) sowie die drittstaatsangehörigen Ehegatten und Kinder österreichischer Staatsbürger, sofern der Ehegatte bzw das Kind zur Niederlassung nach dem NAG berechtigt ist.

4. Gibt es andere Ausländer, die vom Geltungsbereich des AuslBG ausgenommen sind?

Ja. Ausgenommen sind Asylberechtigte (nicht jedoch Asylwerber), subsidiär Schutzberechtigte, Ausländer im diplomatischen und berufskonsularischen Dienst, Lehrende und Forschende sowie deren Ehegatten und Kinder, EWR- und EU-Bürger, Schweizerbürger und Ausländer aus Kroatien hinsichtlich der Pflege und Betreuung von Personen ausschließlich in Privathaushalten unter bestimmten Voraussetzungen.

5. Wer ist für die Erteilung der laut AuslBG erforderlichen Berechtigungen zuständig?

§ *19 AuslBG*

Das AMS ist für die Erteilung der erforderlichen Zugangsberechtigungen zuständig. Es ist jedoch zu unterscheiden, welche Art von Zugangsberechtigung erteilt wird. Beispielsweise ist der Antrag auf Ausstellung einer Sicherungsbescheinigung oder Anzeigebestätigung bzw. Erteilung einer Beschäftigungsbewilligung vom Arbeitgeber bei der regionalen Geschäftsstelle des AMS zu stellen, während der Antrag auf Ausstellung eines Befreiungsscheines vom Ausländer bei der nach seinem Wohnsitz oder gewöhnlichen Aufenthalt zuständigen regionalen Geschäftsstelle des Arbeitsmarktservice einzubringen ist.

Details sind der Homepage des AMS zu entnehmen (www.ams.or.at).

Bewerbungs-gespräch

Kapitel 4

1. Was darf der Arbeitsgeber fragen, und was muss wahrheitsgemäß beantwortet werden?

Nach Angelegenheiten, welche die Intimsphäre des AN betreffen, darf grundsätzlich nicht gefragt werden.

2. Darf nach einer bestehenden Schwangerschaft gefragt werden?

Diese Frage ist generell unzulässig, da damit der Mutterschutz umgangen werden würde. Wenn die Schwangerschaft bereits beim Aufnahmegespräch bekannt gegeben wird, kann damit gerechnet werden, dass die AN nicht aufgenommen wird.

3. Darf jemand nach der Mitgliedschaft in politischen Organisationen oder der Gewerkschaft gefragt werden?

Nein, es sei denn, es handelt sich um eine Tätigkeit bei politischen Organisationen oder Interessenvertretungen, wenn die Mitgliedschaft für die konkrete Tätigkeit von entscheidender Bedeutung ist (zB bei sogenannten Tendenzbetrieben, wie Parteien oder Religionsgemeinschaften).

4. Muss der Arbeitnehmer einen Auszug aus dem Strafregister vorlegen?

Grundsätzlich ist er dazu nicht verpflichtet. Es wäre jedoch ratsam, auf Verlangen des Arbeitgebers (AG) einen solchen beizubringen. Diese Frage darf auch in einem Fragebogen oder in einem persönlichen Gespräch nicht gestellt werden, es sei denn, es handelt sich um eine Tätigkeit, die mit einer besonderen Vertrauensstellung verbunden ist (zB Kassier in einer Bank, Geldbote usw). In einem solchen Fall würde umgekehrt eine wahrheitswidrige Antwort auch eine Entlassung rechtfertigen. AG können, wenn dem AN vertrauliche Informationen im Arbverh zukommen sollen, deren Verwertung im Ausland eine Schädigung des Unternehmens bewirken würde, eine Sicherheitsüberprüfung durch die Polizei beantragen (§ 55 SPG).

4

5. Müssen Fragen nach dem Vermögen beantwortet werden?

Nein. Wenn aber der AN einer Lohnexekution unterliegt, so wird der AG von diesem Umstand innerhalb kurzer Zeit vom Gericht erfahren.

6. Müssen alle früheren Tätigkeiten (Arbeitgeber) bekannt gegeben werden?

Nein, AN können sich auch nur auf solche Beschäftigungen (AG) berufen, von denen sie glauben, dass sie günstig für die Bewerbung sind. Nur wenn der AG dies für das Zustandekommen des Arbeitsvertrages ausdrücklich zur Bedingung macht, werden die letzten Tätigkeiten wahrheitsgemäß beantwortet werden müssen. Ist dies nicht der Fall, muss auf nachteilige Tätigkeiten nicht hingewiesen werden. Die früheren Tätigkeiten sind allerdings aus dem Lohnzettel und Beitragsgrundlagennachweis sowie dem Versicherungsdatenauszug der Gebietskrankenkassen ersichtlich.

7. Müssen Fragen nach Krankheiten oder sonstigen, die Gesundheit betreffenden Angelegenheiten beantwortet werden?

Nein. Arbeitsuchende müssen sich auch keiner ärztlichen Untersuchung unterziehen, soweit dies nicht gesetzlich festgelegt ist oder sich aus der Art der Tätigkeit (zB Arbeit im Gesundheitsbereich) ergibt. Dies kann auch nicht verpflichtend sein, wenn eine Untersuchung von einem Arzt durchgeführt wird, der keine Daten an die Geschäftsleitung weitergibt. Bei Ausübung von Tätigkeiten, bei denen erfahrungsgemäß die Gefahr besteht, dass die Gesundheit des Betreffenden beeinträchtigt wird bzw werden kann, wird sich der AN auf seine Eignung von einem Arzt untersuchen lassen müssen. Der Arzt darf dem AG in diesem Zusammenhang lediglich bekannt geben, ob der Bewerber für eine bestimmte Tätigkeit geeignet ist oder nicht. Die Befunde erhalten bloß das Arbeitsinspektorat und die Unfallversicherung. Die Kosten dieser Untersuchung sind vom AG zu tragen.

KOSTEN DES BEWERBUNGSGESPRÄCHS

8. Kann der Arbeitsuchende einen Ersatz der Kosten des Bewerbungsgespräches verlangen?

Die Kosten, die einem Bewerber anlässlich einer Vorstellung erwachsen, sind nur dann vom AG zu tragen, wenn er den Bewerber auffordert, an einem bestimmten Ort persönlich zu erscheinen. Verlangt werden kann bezüglich der Reisekosten jedoch nur der Ersatz des billigsten öffentlichen Verkehrsmittels. Wenn jemand aufgrund eines Zeitungsinserats mit einem AG Kontakt aufnimmt, kann üblicherweise kein Kostenersatz verlangt werden.

DAS ERGEBNIS DER BEWERBUNG

9. Was geschieht mit den Unterlagen und persönlichen Daten, die dem Arbeitgeber anlässlich der Bewerbung zur Verfügung gestellt wurden?

Es besteht kein Anspruch auf Rückgabe von Bewerbungen, Lebensläufen oder sonstigen in diesem Zusammenhang übergebenen Papieren. Dies bezieht sich allerdings nur auf Kopien. Originalpapiere (zB Geburtsurkunde, Meldezettel, Arbeits- oder Schulzeugnisse) müssen zurückgestellt werden. Der AG ist nicht berechtigt, persönliche Daten weiterzugeben. Ein davon abzuleitender Schadenersatzanspruch kann nur dann geltend gemacht werden, wenn nachweislich durch die Weitergabe persönlicher Daten tatsächlich ein Schaden für den AN entstanden ist. Außerdem kann eine Klage auf Unterlassung bei Gericht eingebracht werden.

10. Kann sich der Arbeitnehmer dagegen wehren, dass das Unternehmen, bei dem sich der Arbeitnehmer bewirbt, den früheren Arbeitgeber davon verständigt?

Grundsätzlich kann ein AN dies nur dann, wenn für ihn dadurch ein finanzieller Schaden entsteht.

Vertragsauflösung vor Arbeitsantritt

Kapitel 5

1. Genügt für den Beginn eines Arbeitsverhältnisses auch eine mündliche Zusicherung?

Beide Teile – Arbeitgeber (AG) wie Arbeitnehmer (AN) – müssen sich an eine mündlich gemachte Zusage halten, das Arbverh an einem bestimmten Tag zu beginnen, da der Arbeitsvertrag durch Willensübereinstimmung zustande kommt.

5

2. Wie kann sich ein Arbeitnehmer schützen, wenn er befürchtet, dass sich der Arbeitgeber nicht an seine Zusagen hält?

In erster Linie ist es notwendig, einen möglichen Schadenseintritt für sich selbst gering zu halten. Ein wichtiger Punkt dabei ist, dass der AN sein altes Arbverh erst dann auflöst, wenn er sicher sein kann, dass er bei seinem neuen AG zu einem bestimmten Termin ein neues Arbverh beginnt. Weiters ist anzuraten, gemachte Zusagen über den Tätigkeitsbeginn schriftlich vom in Aussicht genommenen AG zu verlangen.

3. Müssen sich Arbeitgeber und Arbeitnehmer auch dann an ihre Zusagen halten, wenn eine Probezeit vereinbart wurde oder der betreffende Kollektivvertrag eine solche vorsieht?

Nein, da während der Probezeit ein Arbverh jederzeit ohne Angabe von Gründen aufgelöst werden kann, ist auch vor Antritt der Arbeit eine Absage möglich. Es ist jedoch sinnvoll, den Vertragspartner zeitgerecht von der Absage zu informieren.

4. Wann darf der Arbeitgeber ohne Zustimmung des Arbeitnehmers vom Arbeitsvertrag zurücktreten, wenn keine Probezeit vereinbart wurde?

Nur dann, wenn der AN einen Entlassungsgrund setzt oder ohne wichtigen Grund zum vereinbarten Termin die Arbeit nicht aufnimmt. § *30 AngG*

5

5. Was geschieht, wenn der Arbeitnehmer erkrankt und deshalb die Arbeit am vereinbarten Tag nicht aufnehmen kann?

Bei Angestellten ist der AG für 14 Tage an den Vertrag gebunden. Ist der Angestellte länger als 14 Tage krank, kann der AG, auch wenn kein Probemonat vereinbart wurde, vom Vertrag zurücktreten.
Für Arbeiter stellt sich in der Praxis das Problem nicht, da der Kollektivvertrag häufig eine Probezeit festlegt oder eine solche vereinbart wird. Der AG kann also ohne Angabe von Gründen das Arbverh häufig sofort auflösen. Sollte eine Probezeit aber nicht gelten, kann der AG nur nach Setzung einer angemessenen Nachfrist vom Vertrag zurücktreten.

6. Ist der Arbeitgeber berechtigt, vom Vertrag zurückzutreten, wenn er erfährt, dass die Arbeitnehmerin schwanger ist?

Nein, auch wenn die AN bei der Bewerbung wissentlich unwahre Angaben gemacht hat, setzt sie keinen Entlassungsgrund, da sonst der Mutterschutz umgangen würde. Wenn für das Arbverh eine Probezeit gilt, kann der AG nicht vom Vertrag zurücktreten, wenn sich der Grund der Auflösung aus der Schwangerschaft ableitet.

7. Kann der Arbeitgeber vom Vertrag zurücktreten, wenn er einen vermeintlich besseren Bewerber gefunden hat?

Soweit keine Probezeit vereinbart war, ist das nicht möglich. Der zu Schaden kommende AN hat Anspruch auf Schadenersatz.

8. Kann der Arbeitgeber vom Vertrag zurücktreten, wenn er aus betrieblichen Gründen die ausgeschriebene Stelle gar nicht besetzen will?

Auch das ist kein Grund für einen Rücktritt vom Vertrag.

9. Welchen Schadenersatz kann ein Arbeitnehmer verlangen, wenn der Arbeitgeber ungerechtfertigterweise vom Vertrag zurücktritt?

5

Hat der AN keine Befristung vereinbart, so hat er Anspruch auf das Entgelt für die Zeit, die verstrichen wäre, wenn der AG am ersten Tag des Arbverh ordnungsgemäß gekündigt hätte. Hat der AN aber eine Befristung vereinbart, besteht ein Anspruch auf das Entgelt für die vereinbarte Zeit, bei Angestellten jedoch längstens für drei Monate. Nur Arbeiter – nicht jedoch Angestellte – müssen sich, soweit der Schadenersatz drei Monate übersteigt, das abziehen lassen, was sie sich durch das Unterbleiben der Dienstleistung erspart bzw was sie durch eine andere Arbeit verdient haben. Haben sie jedoch absichtlich eine andere Arbeit ausgeschlagen, um sich nichts anrechnen lassen zu müssen, ist der ausgefallene Verdienst abzuziehen.

10. Besteht für die Zeit, für die „Kündigungsentschädigung" bezahlt wird, ein Anspruch auf Arbeitslosengeld?

Nein, für diese Zeit ruht der Arbeitslosengeldbezug.

§ *16 AlVG*

11. Ist der Arbeitnehmer während dieser Zeit kranken-, unfall- und pensionsversichert?

Für diese Zeit besteht volle Versicherungspflicht und voller Versicherungsanspruch nach dem ASVG.

12. Ein Arbeitnehmer hat sich schriftlich verpflichtet, zu einem bestimmten Termin seine Arbeit aufzunehmen. Wie kommt er aus diesem Vertrag wieder heraus, wenn er etwa ein besseres Angebot erhalten hat?

Gilt eine Probezeit, kann der AN das Arbverh jederzeit, auch vor dessen Beginn, ohne Angabe von Gründen lösen. Andernfalls sollte vom AG die Zustimmung zum Rücktritt vom Vertrag eingeholt werden. Ohne diese Zustimmung kann auch der AN zum Ersatz des dem AG entstandenen Schadens herangezogen werden.

5

13. Wie hoch kann diese Schadenersatzpflicht sein?

Die Höhe der Ersatzpflicht ist nur im konkreten Fall bestimmbar. Im Allgemeinen kann jedoch gesagt werden, dass in der Praxis die Möglichkeit zum Eintritt einer Schadenersatzpflicht eher gering ist. Völlig inhaltsleer sind die diesbezüglichen Bestimmungen im Gesetz aber nicht. Der AG ist verpflichtet, den Schaden möglichst gering zu halten und die Höhe des eingetretenen Schadens betragsmäßig nachzuweisen (zB höhere Kosten für einen neuen AN).

14. Ist der Arbeitnehmer verpflichtet, beim Arbeitgeber zu beginnen, wenn sich der Arbeitsantritt aus Gründen, die der Arbeitgeber zu vertreten hat, verzögert?

Denkbar ist dies zB aufgrund eines Maschinenschadens, bei Mangel an Materialien zur Verarbeitung oder Störungen in der Energiezufuhr. In diesen Fällen ist ein Angestellter 14 Tage an seine Vereinbarung gebunden. Erst wenn die Verzögerung länger als 14 Tage dauert, könnte er berechtigterweise vom Vertrag zurücktreten. Ein Arbeiter müsste dem AG eine angemessene Nachfrist setzen, binnen der er ihm die Möglichkeit zur Aufnahme der Arbeit geben muss. Hier wird eine Frist von einer Woche bis 14 Tage angemessen erscheinen. Ist jedoch eine Probezeit vereinbart, kann jeder AN, ohne dass eine Schadensersatzpflicht entstünde, das Arbverh jederzeit auflösen.

15. Ab wann muss der Arbeitnehmer bezahlt werden, wenn er aus Gründen, die der Arbeitgeber zu vertreten hat, verspätet zu arbeiten beginnt?

Er muss so bezahlt werden, als ob er vereinbarungsgemäß zu arbeiten begonnen hätte.

16. Ab wann wird der Arbeitnehmer bezahlt, wenn er aus Gründen, die er selbst zu vertreten hat, verspätet zu arbeiten beginnt?

Er wird erst ab dem Tag bezahlt, ab dem er tatsächlich gearbeitet hat.

Allgemeine Vertrags-regeln

Kapitel 6

6

1. Was ist ein Vertrag?

Der Arbeitsvertrag ist ein zweiseitiger Vertrag. Die allgemeinen Regeln über den Abschluss eines zweiseitigen Vertrages sind in den §§ 861 ff des Allgemeinen Bürgerlichen Gesetzbuches (ABGB) geregelt. Diese Gesetzesstelle lautet folgendermaßen: „Wer sich erklärt, dass er jemandem sein Recht übertragen, das heißt, dass er ihm etwas gestatten, etwas geben, für ihn etwas tun oder seinetwegen etwas unterlassen wolle, macht ein Versprechen; nimmt aber der andere das Versprechen gültig an, so kommt durch den übereinstimmenden Willen beider Teile ein Vertrag zu Stande." Ein zweiseitiger Vertrag entsteht also dadurch, dass ein Vertragspartner dem anderen ein Angebot (Offert) zum Abschluss eines Vertrages macht und der andere Vertragspartner dieses Angebot annimmt. Der zweiseitige Vertrag kommt nur durch Willensübereinstimmung (Konsens) zustande. Werden darüber Urkunden (Dienstverträge, Dienstzettel) abgefasst, so dienen diese – von wenigen Ausnahmen abgesehen – bloß als Beweissicherung über den vereinbarten Vertragsinhalt. Wichtig ist dabei, dass alle Vertragspartner zum Abschluss eines solchen Vertrages fähig, das heißt in diesem Sinn „geschäftsfähig" sind. Damit eine Einigung über die Rechte und Pflichten eines solchen Vertrages entstehen kann, müssen die von den Vertragspartnern abgegebenen Erklärungen zueinander passen. Das heißt, diese Erklärungen müssen fehlerfrei sein. Es darf also kein Willensmangel vorliegen. Weiters ist zu beachten, dass alles, was vereinbart wird, auch erlaubt ist. Es sind also gesetzliche Verbote zu beachten. Überdies muss der Vertragsinhalt praktisch möglich sein. Eventuell bestehende Formvorschriften müssen ebenfalls beachtet werden.

2. Was versteht man unter Angebot zum Abschluss eines Vertrages?

Ein Angebot (Offert) ist eine an eine bestimmte Person gerichtete Aufforderung, einen Vertrag mit einem bestimmten Inhalt abzuschließen.

2.1. Ist ein Inserat in einer Tageszeitung bereits ein Angebot (Offert)?

Nein, es ist nur eine Aufforderung an einen unbestimmten Personenkreis, ein Angebot (Offert) zu erstellen.

3. Was versteht man unter Annahme?

Darunter versteht man in diesem Zusammenhang, dass einem Angebot bestimmten Inhalts zugestimmt wird.

6

4. Was versteht man unter Geschäftsfähigkeit?

Darunter ist die Fähigkeit zu verstehen, für sich selbst Rechtsgeschäfte – also zB Verträge – abzuschließen und sich dadurch verpflichten, aber auch berechtigen zu können.

4.1. Wovon hängt es ab, ob jemand geschäftsfähig ist?

Dies hängt in erster Linie vom Alter ab. Geschäftsunfähig sind auch geisteskranke oder -schwache Personen.

§§ *21, 170 ABGB*

4.2. Welche Geschäfte können Kinder unter sieben Jahren machen?

Kinder, die noch nicht sieben Jahre alt sind, müssen sich zum Abschluss eines jeden Geschäftes von ihrem gesetzlichen Vertreter (zB Eltern) vertreten lassen. Lediglich Angelegenheiten des täglichen Lebens, wie der Kauf eines Autobusfahrscheins, können auch von Kindern unter sieben Jahren abgeschlossen werden, sofern sie auch den Preis dafür bezahlen.

§§ *21, 170 ABGB*

4.3. Welche Geschäfte können Personen abschließen, die bereits sieben, aber noch nicht 14 Jahre alt sind?

Diese sog unmündigen Minderjährigen sind beschränkt geschäftsfähig. Sie dürfen zwar Rechte erwerben, aber keine Verpflichtungen eingehen. Bestehende Verpflichtungen dürfen sie aber erfüllen. Eine von einem unmündigen Minderjährigen eingegangene Verpflichtung ist jedoch dann wirksam, wenn der gesetzliche Vertreter zustimmt.

§§ *21, 170, 172 ABGB*

4.4. Welche Geschäfte dürfen Personen abschließen, die zwar schon 14, aber noch keine 18 Jahre alt sind?

Diese sogenannten mündigen Minderjährigen können über ihr Einkommen soweit verfügen, als dadurch ihre Lebensbedürfnisse nicht gefährdet werden. Sie können sich selbstständig durch Vertrag zu Arbeitsleistungen verpflichten, ausgenommen zu Lehr- oder sonstigen Ausbildungsverhältnissen.

4.5. Ab welchem Alter ist jemand voll geschäftsfähig?

Ab Vollendung des 18. Lebensjahres kann sich ein Gesunder und nicht Geistesschwacher voll verpflichten oder berechtigen. Dies gilt somit auch für die Lehr- und sonstigen Ausbildungsverhältnisse.

5. Was versteht man unter Willensmangel?

Ein Willensmangel liegt immer dann vor, wenn die abgegebenen Willenserklärungen der vertragsschließenden Teile nicht frei, ernstlich, bestimmt und verständlich sind. Denkbar ist das zB, wenn sich jemand irrt oder durch List bzw Drohung zu einer Erklärung bestimmten Inhaltes bewegt wird.

6. Wann ist ein Vertrag sittenwidrig?

§ 879 ABGB

Es ist insbesondere ein Vertrag sittenwidrig und damit nichtig, wenn jemand den Leichtsinn, die Zwangslage, Verstandesschwäche, Unerfahrenheit oder Gemütsaufregung eines anderen dadurch ausbeutet, dass er sich oder einem Dritten für eine Leistung eine Gegenleistung versprechen oder gewähren lässt, deren Vermögenswert zu dem Wert der Leistung in auffallendem Missverhältnis steht. Darüber hinaus ist zum Beispiel eine in vom AG verfassten Vertragsformblättern zum Arbeitsvertrag enthaltene Vertragsbestimmung, die nicht eine der beiderseitigen Hauptleistungen festlegt, jedenfalls nichtig, wenn sie unter Berücksichtigung aller Umstände des Falles den AN gröblich benachteiligt.

7. Was gilt, wenn ein Vertragsteil gegen ein gesetzliches Verbot verstößt?

Im Bereich des Arbeitsrechts gilt, dass Vereinbarungen, die gegen eine absolut zwingende gesetzliche Regelung verstoßen, ungültig sind. Soweit möglich, bleibt der restliche Vertrag aber verbindlich. Oft sind für den AN günstigere Vereinbarungen zulässig.

8. In welcher Form können Verträge abgeschlossen werden?

Soweit das Gesetz keine Formvorschriften vorsieht, können Verträge sowohl mündlich, schriftlich oder schlüssig abgeschlossen werden. Letzteres kann zB dadurch geschehen, dass sich beide Teile einfach an den Vertrag halten, ohne dass eine förmliche Erklärung abgegeben wurde. Aus dem gesamten Verhalten der Vertragspartner kann dann geschlossen werden, dass beide Teile eben diesen Vertrag akzeptieren.

Der Arbeits-vertrag

Kapitel 7

1. Was ist ein Arbeitsvertrag?

Darunter versteht man einen Vertrag, mit dem AG und AN einander wechselseitig verpflichten. Die Vertragspartner sind zugleich Schuldner und Gläubiger. So verpflichtet sich der AN in erster Linie, seine Arbeitskraft zur Verfügung zu stellen, und erwartet als Gegenleistung das vereinbarte Entgelt. Im Gegenzug dazu verpflichtet sich der AG, das Entgelt für diese Tätigkeit zu bezahlen, und erwartet die vereinbarte Arbeitsleistung. Beide Teile haben aber eine Reihe wichtiger Nebenpflichten. Diese sind im Kapitel „Arbeitgeberpflichten" und im Kapitel „Arbeitnehmerpflichten" näher erläutert.

§§ *1151 ff ABGB*

7

2. Welche Merkmale hat ein Arbeitsvertrag?

» persönliche Abhängigkeit des AN
» wirtschaftliche Abhängigkeit des AN
» Dauerschuldverhältnis
» vom AN wird Zeit geschuldet und nicht ein bestimmter Erfolg
» persönliche Arbeitspflicht des AN
» Arbeit wird mit vom AG zur Verfügung gestellten Arbeitsmitteln verrichtet
» Eingliederung des AN in die Organisation des Betriebes
» Fremdbestimmung bei der Arbeit.

Im Einzelfall müssen nicht alle Bedingungen erfüllt werden. Es müssen jedoch die Merkmale des Arbeitsvertrages überwiegen.

2.1. Was versteht man unter persönlicher Abhängigkeit?

Darunter versteht man, dass der AG die Arbeitskraft des AN zu seinen Gunsten in der vereinbarten Zeit und zu den vereinbarten Tätigkeiten einsetzen kann. Der AG kann dies zB durch Weisungen, die der AN zu befolgen hat, erreichen.

2.2. Was versteht man unter wirtschaftlicher Abhängigkeit?

Darunter versteht man, dass das durch die Arbeit verdiente Entgelt die Grundlage für den Lebensunterhalt des AN darstellt.

2.3. Was versteht man unter einem Dauerschuldverhältnis?

Das ist ein Schuldverhältnis, das auf eine bestimmte oder unbestimmte Zeit bestehen soll. Andere Beispiele für Dauerschuldverhältnisse sind Miete oder Pacht. Der Gegensatz dazu ist das Zielschuldverhältnis. Dieses endet mit dem Erreichen des vereinbarten Ziels. Solche Zielschuldverhältnisse sind vom Zeitfaktor unabhängig. Beispiel für ein Zielschuldverhältnis ist der Kauf. Mit der Abwicklung des Kaufgeschäftes ist das Vertragsverhältnis im Wesentlichen beendet.

2.4. Was bedeutet, dass der Arbeitnehmer keinen Erfolg schuldet?

Das bedeutet, dass der AN in erster Linie nur verpflichtet ist, seine Arbeitskraft für die vereinbarte Zeit und Tätigkeit zur Verfügung zu stellen. Nicht verpflichtet ist der AN, einen bestimmten (zB wirtschaftlichen) Erfolg zu erreichen. Bei ungenügender Arbeitsleistung, soweit sie nicht vorsätzlich oder grob fahrlässig ist, darf der AG den AN zwar kündigen, aber nicht entlassen (siehe Kapitel 25 „Entlassung", Frage 19.4).

7

§ *1153 ABGB*

2.5. Was bedeutet, dass der Arbeitnehmer zur höchstpersönlichen Arbeitsleistung verpflichtet ist?

Das heißt, dass der AN die Arbeitsleistung persönlich zu leisten hat und sich ohne Zustimmung des AG nicht vertreten lassen darf, da der AG mit einer ganz bestimmten Person einen Arbeitsvertrag geschlossen hat. Ausnahme: Hausbesorger nach dem Hausbesorgergesetz.

2.6. Was bedeutet, dass der Arbeitgeber die benötigten Arbeitsmittel zur Verfügung stellen muss?

Das bedeutet, dass der AG alle Mittel, die zur Arbeit benötigt werden, auf seine Kosten bereit zu stellen hat. Das heißt aber nicht, dass der AN in keinem Fall eigene Arbeitsbehelfe (zB Schreibzeug) verwenden darf.

2.7. Was ist unter Eingliederung in ein Unternehmen zu verstehen?

Damit ist gemeint, dass der AN an die betriebliche oder vereinbarte Arbeitszeit, den vereinbarten Arbeitsort und eine bestimmte, durch die Betriebsorganisation bedingte Arbeitsabfolge gebunden ist. Ziel dieser Einordnung ist es, aus der Vielzahl von AN eines Betriebes ein sinnvolles Ganzes zu schaffen. Jeder AN für sich allein würde das gesetzte Produktionsziel des Betriebes nicht erreichen können.

2.8. Was ist unter Fremdbestimmung der Arbeit zu verstehen?

Damit ist gemeint, dass sowohl der Erfolg der Arbeit als auch das Risiko des Unternehmens dem AG zukommt. Der AN hat ein Anrecht auf Bezahlung, unabhängig von dem Erfolg seiner Arbeit. Hinsichtlich der leistungsbezogenen Bezahlung siehe Kapitel 9 „Pflichten des Arbeitgebers", Frage 10.

3. Was ist ein Werkvertrag?

Ein Werkvertrag ist ein Vertrag, in dem sich jemand verpflichtet, für einen anderen, den Werkbesteller, ein bestimmtes Werk herzustellen. Als einfaches Beispiel kann man sich die Herstellung eines Maßanzuges vorstellen. Der Werkbesteller gibt dem Schneidermeister den Auftrag, einen Maßanzug herzustellen. Verwendet soll Material werden, das der Schneidermeister zur Verfügung stellt und nach Fertigstellung dem Werkbesteller verrechnet. Zwischen dem Werkbesteller und dem Schneidermeister besteht ein Werkvertrag. Ist an dem Anzug etwas fehlerhaft, muss der Schneidermeister diesen Mangel auf seine Kosten in Ordnung bringen. Zwischen dem Schneidermeister und dessen Gesellen, der den Anzug tatsächlich näht, besteht ein Arbeitsvertrag. Zwischen dem Werkbesteller und dem Gesellen besteht kein Vertragsverhältnis.

3.1. Welche Merkmale weist ein Werkvertrag auf?

» Er ist auf die Erreichung eines bestimmten Erfolges gerichtet, den der Werkhersteller meistens garantieren muss.
» Wenn nichts anderes vereinbart wird, ist der Werkhersteller nicht verpflichtet, das Werk persönlich herzustellen.
» Wenn nichts anderes vereinbart wird, verwendet der Werkhersteller im Allgemeinen eigene Arbeitsmittel.
» Der Werkhersteller ist nicht in die Organisation des Bestellers eingegliedert.
» Zwischen dem Werkbesteller und dem Werkhersteller besteht keine persönliche und in aller Regel auch keine wirtschaftliche Abhängigkeit.

Es müssen nicht alle Merkmale erfüllt sein. Es genügt, wenn die oben angeführten Merkmale überwiegen.

4. Was ist ein sogenannter „freier Dienstvertrag“?

Ein „freier Dienstvertrag“ liegt dann vor, wenn sich jemand ohne Vorliegen eines persönlichen Abhängigkeitsverhältnisses verpflichtet, für einen anderen Arbeitsleistungen – ohne Erfolgsgarantie – zu erbringen. Bei diesen Leistungen sind weder die Merkmale des Arbeitsvertrages noch jene des Werkvertrages voll ausgeprägt.

4.1. Welche Merkmale hat ein freier Dienstvertrag?

» Der freie Mitarbeiter übernimmt keine Erfolgsgarantie.
» Persönliche Abhängigkeit besteht nicht oder nur am Rande.
» Der freie Mitarbeiter verwendet weitgehend eigene Arbeitsmittel.
» Der freie Mitarbeiter ist nicht in die Organisation des Auftraggebers eingegliedert.

Im Fall von Mischformen ist auch hier entscheidend, ob diese Merkmale überwiegen. Als Beispiel können Konsulenten oder freie journalistische Mitarbeiter genannt werden.

4.2. Sind freie Dienstnehmer sozialversichert?

Ja. Ab 1. Jänner 2008 sind fast dieselben Beiträge abzuführen wie für im Rahmen eines Arbverh Beschäftigte. Freie Dienstnehmer sind daher auch in der Unfall-, Kranken-, Pensions- und Arbeitslosenversicherung und der Insolvenzversicherung versichert. Ab 1. Jänner 2008 sind sie auch in das System „Abfertigung Neu“ eingegliedert. Dienstgeber haben daher auch für freie Dienstnehmer Beiträge für die betriebliche Mitarbeitervorsorgekasse zu leisten.

§ 3 Abs 5 AuslBG

7

5. Was versteht man unter „Volontariat"?

Ein Volontär ist jemand, der in einem Ausbildungsverhältnis steht, jedoch kein AN – somit auch kein Lehrling – ist. Er hat in den allermeisten Fällen keinen Anspruch auf Entgelt, aber auch keine Verpflichtung, eine Arbeitsleistung zu erbringen. Ziel ist es, dass der Volontär betriebliche Einrichtungen kennenlernt und sich bestimmte Fähigkeiten aneignet.

6. Was versteht man unter „Pflichtpraktikanten"?

Manche Schüler müssen aufgrund des Lehrplanes als Ergänzung zur Ausbildung in der Schule während der Ferien in Betrieben einer bestimmten Branche arbeiten. Sie sind in etwa mit den Lehrlingen vergleichbar und meistens als AN zu betrachten.

7. Was versteht man unter „Ferialarbeiter"?

Als solche werden in der Regel Schüler oder Studenten bezeichnet, die in den Ferien arbeiten und dabei voll in das Unternehmen eingegliedert sind. Wenn sie an die betrieblichen Arbeitszeiten, die Arbeitsabfolge und an die Weisungen des AG gebunden sind, besteht auch die Pflicht des AG, für diese Arbeitsleistung entsprechendes Entgelt zu bezahlen. Sie sind dann als vollwertige AN zu qualifizieren. Dies ist aber dann nicht der Fall, wenn sie (zB aufgrund einer „öffentlichen" Studienordnung) in den Ferien einige Monate arbeiten müssen und die Merkmale eines Arbverh nicht gegeben sind (siehe „Pflichtpraktikanten").

8. Wieso ist es so wichtig, zu wissen, welcher Vertragstyp vereinbart wurde?

Dies ist deshalb wichtig, weil die arbeits- und sozialrechtlichen Schutzgesetze nur dann anzuwenden sind, wenn tatsächlich auch ein Arbverh vorliegt. Dazu zählen zB das gesetzliche Recht auf bezahlten Urlaub, Entgeltfortzahlung im Krankheitsfall, Höchstgrenzen der Arbeitszeit, höhere Abgeltung für Überstunden, Kündigungsfristen, Anspruch auf Abfertigung und vieles mehr. Im Übrigen ist der AG nur dann verpflichtet, den AN bei der Sozialversicherung anzumelden, wenn ein Arbverh oder ein freies Dienstverhältnis vorliegt. Bei einem Werkvertrag muss sich der Betreffende selbst um den Versicherungsschutz kümmern.

9. Welche Arbeitnehmergruppen gibt es?

Die wesentlichsten sind: Angestellte, Arbeiter, Beamte, Vertragsbedienstete, Land- und Forstarbeiter, Hausgehilfen und Hausangestellte, Hausbesorger.

9.1. Warum ist es wichtig zu wissen, welcher Arbeitnehmergruppe ein bestimmter Arbeitnehmer zuzuordnen ist?

Für die verschiedenen Arbeitnehmergruppen gelten zum Teil unterschiedliche Gesetze und Bestimmungen, die sehr wichtige Bereiche zum Teil unterschiedlich regeln (zB Kündigungsfristen, Anspruch auf Sonderzahlungen oder die Möglichkeit, durch Arbeitsvertrag eigenständige Regelungen treffen zu können).

7

9.2. Was versteht man unter Angestellten?

§§ 1 und 2 AngG

Für Angestellte gilt das Angestelltengesetz (AngG). Dieses sieht vor, dass Angestellte alle jene AN sind, die im Geschäftsbetrieb eines Kaufmannes vorwiegend zur Leistung kaufmännischer oder höherer nicht kaufmännischer Dienste oder zu Kanzleiarbeiten angestellt sind. Dies gilt auch für AN von Vereinen und Stiftungen, Kreditanstalten, Sparkassen und Ähnlichem, Rechtsanwälten, Notaren, Patentanwälten, Tabaktrafiken, Ärzten oder ähnlichen Personen, die nicht als Kaufmann im eigentlichen Sinn qualifiziert werden können.

9.2.1. Wann leistet ein Arbeitnehmer „vorwiegend" Angestelltentätigkeiten?

Dabei kommt es auf die Wichtigkeit der Arbeit für das Unternehmen, aber auch auf die Zeit, in der Angestelltentätigkeiten geleistet werden, an.

9.2.2. Ist es möglich, einen Arbeiter bei gleichbleibender Tätigkeit ins Angestelltenverhältnis zu übernehmen?

Ja, dann handelt es sich um einen Angestellten, dem vertraglich seine Angestellteneigenschaft zugesichert wurde (sog „Vertragsangestellter" oder Angestellter „ex contractu").

9.2.3. Hat ein Angestelltenverhältnis Vorteile gegenüber einem Arbeiterverhältnis?

Ja. Im Gegensatz zu vielen Behauptungen der letzteren Zeit sind Arbeiter rechtlich nach wie vor schlechter gestellt. So haben unter anderem Angestellte in der Regel Anspruch auf eine längere Kündigungsfrist, eine günstigere Regelung im Falle „sonstiger Arbeitsverhinderungen", den Monatsletzten als Fälligkeitstermin für die Gehaltszahlung, immer Anspruch auf den aliquoten Teil von Weihnachts- und Urlaubsremuneration – soweit der Kollektivvertrag Sonderzahlungen vorsieht –, egal in welcher Form das Arbverh beendet wird, und einen weiteren Anspruch auf das halbe Krankenentgelt, soweit der Angestellte seinen Anspruch ausgeschöpft hat und Folgekrankheiten eintreten. Diese und einige andere noch bestehende Ungleichheiten existieren weiterhin.

13. Welche Form müssen Arbeitsverträge haben?

Arbeitsverträge können sowohl schriftlich, mündlich als auch schlüssig (§ 863 ABGB) abgeschlossen werden. Letzteres geschieht häufig auch dann, wenn ein AN mit allen Rechten und Pflichten bei einer Übertragung des Unternehmens übernommen wird (siehe Kapitel 6 „Allgemeine Vertragsregeln", Frage 6).
Von diesen allgemeinen Grundsätzen gibt es aber Ausnahmen:

13.1. Welche Form müssen Lehrverträge haben?

§ *12 BAG*

Ein Lehrvertrag ist schriftlich abzuschließen. Minderjährige benötigen die Zustimmung ihres gesetzlichen Vertreters. Der Lehrberechtigte muss den Lehrvertrag in vier Ausfertigungen erstellen, bei der Lehrlingsstelle binnen drei Wochen nach Beginn des Lehrverhältnisses zur Eintragung anmelden und den Lehrling darüber informieren. Mängel müssen innerhalb einer von der Lehrlingsstelle festgelegten Frist behoben werden. Ist die Behebung eines wesentlichen Mangels nicht möglich, so hat die Lehrlingsstelle die Eintragung in das Lehrlingsregister zu verweigern. Dadurch wird das Arbverh beendet. Gegen die Entscheidung der Lehrlingsstelle ist eine Berufung an den Landeshauptmann möglich.
Die AK hat eine Broschüre über die Rechte im Zusammenhang mit einem Lehrverhältnis erstellt. Diese kann unter folgender Internetadresse als PDF heruntergeladen werden:

https://wien.arbeiterkammer.at/service/broschueren/Bildung/Deine_Rechte_als_Lehrling.html

13.2. Welche Form ist für einen Arbeitsvertrag ratsam?

Es ist ratsam, den Arbeitsvertrag schriftlich abzuschließen oder zumindest einen Dienstzettel zu verlangen. Vereinbarungen, die nur mündlich oder schlüssig erfolgen, gelten zwar genauso wie schriftliche, sind aber im Regelfall schwer beweisbar. Besonderes Augenmerk sollte darauf gelegt werden, dass der Vertrag zur Gänze ausgefüllt ist. Leerräume, zB bei Gehalts-/Lohneinstufungen, bei Vordienstzeitenanrechnungen, bei der Beschäftigungsgruppenzuordnung oder etwas Ähnlichem, sollten nicht akzeptiert werden, da dadurch der Anspruch des AN nicht zweifelsfrei festgelegt ist.

13.3. Hat der Arbeitnehmer ein Recht auf einen Arbeitsvertrag in seiner Muttersprache?

Nein. Ein AN sollte aber einen Vertrag, den er nicht versteht, auch nicht unterschreiben.

13.4. Welche Möglichkeiten hat ein Arbeitnehmer, wenn ihm ein schriftlicher Arbeitsvertrag nicht ausgestellt wird?

Der AN hat wohl keinen Anspruch auf einen schriftlichen Arbeitsvertrag, er kann aber auf die Ausstellung eines Dienstzettels bestehen, der unverzüglich nach Beginn des Arbverh auszustellen ist (siehe Frage 15 ff).

13.5. Sind schriftliche Arbeitsverträge zu vergebühren?

Schriftliche Arbeitsverträge sind gebührenfrei.

14. Wann sollte ein schriftlicher Arbeitsvertrag unterzeichnet werden?

Dies sollte möglichst vor Antritt der Arbeit geschehen. In manchen Unternehmen ist es üblich, einen schriftlichen Arbeitsvertrag erst während des Probemonats unterfertigen zu lassen. Dabei können aber Vertragspunkte zusätzlich enthalten sein, die im Voraus gar nicht besprochen wurden, zB Konkurrenzklauseln, Verfallsfristen, eine Rückzahlungsverpflichtung von Ausbildungskosten, die Inkludierung von Mehrarbeit und Überstunden. Es ist daher anzuraten, dass der AN womöglich bereits vor Antritt der Arbeit oder in den ersten Arbeitstagen zumindest einen Dienstzettel verlangt, aus dem die wesentlichen Bedingungen des Arbeitsvertrages wie Entgelt, Tätigkeit, Arbeitsort und Arbeitszeit hervorgehen.

7

14.1. Wann muss ein Lehrvertrag ausgefertigt werden?

Dies hat innerhalb der ersten drei Wochen zu erfolgen, da dieser in diesem Zeitraum zur Protokollierung vorgelegt werden muss.

§ *20 Abs 1 BAG*

15. Was ist ein Dienstzettel?

§ *2 AVRAG*

Der Dienstzettel ist eine schriftliche Aufzeichnung über die wesentlichsten Rechte und Pflichten aus dem Arbeitsvertrag. Mit dem Arbeitsvertragsrechts-Anpassungsgesetz (AVRAG), welches unter anderem arbeitsvertragsrechtliche Bestimmungen an das EG-Recht angepasst hat, wurde die Verpflichtung zur Ausstellung eines Dienstzettels gesetzlich geregelt.

15.1. Was unterscheidet einen Dienstzettel vom Arbeitsvertrag?

Ein Dienstzettel ist lediglich eine schriftliche Aufzeichnung über die wesentlichsten Rechte und Pflichten eines (zumeist bereits abgeschlossenen) Arbeitsvertrages. Zweck ist also nicht der Abschluss eines Arbeitsvertrages, sondern nur die Beweissicherung eines bereits abgeschlossenen Vertrages. Die Ausstellung eines Dienstzettels kann somit nicht dazu führen, dass etwas vom AN nicht Gewolltes plötzlich als vereinbart gilt.

15.2. Was kann ein Arbeitnehmer unternehmen, wenn ein Dienstzettel unvollständig oder falsch ausgestellt wurde?

In diesen Fällen hat der AN das Recht auf Nachtrag oder Berichtigung. Jede Änderung des Dienstzettels ist dem AN unverzüglich, spätestens aber einen Monat nach Wirksamwerden schriftlich mitzuteilen. Sind nur einzelne Vereinbarungen falsch wiedergegeben, ist es zu Beweiszwecken unbedingt ratsam, dem AG zunächst einmal einen eingeschriebenen Brief, von dem eine Kopie aufgehoben wird, zu senden, in dem man ihn auf die Ungereimtheiten im Dienstzettel aufmerksam macht.

15.3. Wird ein Dienstzettel automatisch mit dem Beginn eines Arbeitsverhältnisses ausgestellt?

Der AG hat einen solchen Dienstzettel grundsätzlich auszustellen, außer wenn

1. die Dauer des Arbverh höchstens einen Monat beträgt oder
2. ein schriftlicher Arbeitsvertrag ausgehändigt wurde, der alle gesetzlich vorgesehenen Angaben enthält.

Die Ausstellung des Dienstzettels hat unaufgefordert zu erfolgen.

Für Auslandstätigkeiten gibt es eine Sonderregelung (siehe Frage 15.9 dieses Kapitels)

7

15.4. Welche Form muss ein Dienstzettel haben?

Er muss schriftlich abgefasst sein und muss nicht von beiden Vertragspartnern unterschrieben werden. Er ist weiters von Stempel- und unmittelbaren Gebühren befreit.

15.5. Was muss ein Dienstzettel nach dem Arbeitsvertragsrechts-Anpassungsgesetz (AVRAG) alles enthalten?

Nach dem Arbeitsvertragsrechts-Anpassungsgesetz (AVRAG) hat der Dienstzettel folgende Angaben zu enthalten:

» Name und Anschrift des AG
» Name und Anschrift des AN
» Beginn des Arbverh
» bei Arbverh auf bestimmte Zeit das Ende des Arbverh
» Dauer der Kündigungsfrist, Kündigungstermin
» gewöhnlicher Arbeits-(Einsatz-)ort, erforderlichenfalls Hinweis auf wechselnde Arbeits-(Einsatz-)orte
» allfällige Einstufung in ein generelles Schema
» vorgesehene Verwendung
» die betragsmäßige Höhe des Grundgehalts oder -lohns, weitere Entgeltbestandteile wie zB Sonderzahlungen, Fälligkeit des Entgelts, Ausmaß des jährlichen Erholungsurlaubs
» vereinbarte tägliche oder wöchentliche Normalarbeitszeit des AN, sofern es sich nicht um Arbverh handelt, auf die das Hausbesorgergesetz anzuwenden ist, und
» Bezeichnung der auf den Arbeitsvertrag allenfalls anzuwendenden Normen der kollektiven Rechtsgestaltung (Kollektivvertrag, Satzung, Mindestlohntarif, festgesetzte Lehrlingsentschädigung, Betriebsvereinbarung) und Hinweis auf den Raum im Betrieb, in dem diese zur Einsichtnahme aufliegen.
» Betriebliche Mitarbeitervorsorgekasse (Name, Anschrift).

§§
1478 ff ABGB

15.6. Verjährt der Anspruch auf einen Dienstzettel?

Dieser Anspruch kann nur während des aufrechten Arbverh geltend gemacht werden. Nach der Beendigung des Arbverh besteht kein Anspruch auf Ausstellung eines Dienstzettels.

15.7. Muster eines Dienstzettels für Angestellte

(siehe Seite 52)

15.8. Muster eines Dienstzettels für Arbeiter

(siehe Seite 53)

15.9. Ist bei Auslandstätigkeit ein eigener Dienstzettel auszustellen?

§ 2 Abs 3 AVRAG

Hat der AN seine Tätigkeit länger als einen Monat im Ausland zu verrichten, so hat der vor der Aufnahme der Auslandstätigkeit auszuhändigende Dienstzettel oder schriftliche Arbeitsvertrag zusätzlich folgende Angaben zu enthalten:

1. voraussichtliche Dauer der Auslandstätigkeit,
2. Währung, in der das Entgelt auszuzahlen ist, sofern es nicht in Euro auszuzahlen ist,
3. allenfalls Bedingungen für die Rückführung nach Österreich und
4. allfällige zusätzliche Vergütung für die Auslandstätigkeit.

7

16. Wo kann man Arbeitsverträge überprüfen lassen?

Beratung über Arbeitsverträge bieten Gewerkschaft und AK allen ihren Mitgliedern.

STAMPIGLIE/ZEICHEN DER FIRMA GEBÜHRENFREI

ANGESTELLTEN-DIENSTZETTEL

1. **Arbeitgeber/in**

2. **Arbeitnehmer/in**
Herr/Frau
wohnhaft in
geb. am Staatsbürgerschaft

3. **Beginn des Arbeitsverhältnisses**
Das Arbeitsverhältnis beginnt mit

4. **Probezeit, Befristung**
(1) Als Probezeit wird vereinbart, das von beiden Vertragsparteien jederzeit ohne Angabe von Gründen gelöst werden kann.
(2) Wird das Arbeitsverhältnis über die Probezeit hinaus fortgesetzt, gilt es als auf unbestimmte Zeit/bestimmte Zeit bis vereinbart.

5. **Kündigung**
(1) Für die Kündigung des Arbeitsverhältnisses durch den Arbeitgeber gelten die Bestimmungen des § 20 Abs. 2 Angestelltengesetzes.
(2) Der Angestellte kann das Arbeitsverhältnis zum Letzten eines jeden Kalendermonats unter Einhaltung einer einmonatigen Kündigungsfrist lösen.

6. **Arbeitsort**
Als Arbeitsort gilt der Standort der Firma in

7 **Einstufung und Arbeitsentgelt**
Unter Anrechnung von Berufsjahren/Verwendungsgruppenjahren wird der Angestellte in die Beschäftigungsgruppe mit Berufsjahren/Verwendungsgruppenjahren der Gehaltstafeln
eingereiht. Der Angestellte tritt jeweils mit
eines jeden Jahres in ein neues Berufsjahr/Verwendungsgruppenjahr.

8. **Arbeitsverwendung**
Dem/der Angestellten wird (werden) folgende Tätigkeitsbereiche (folgende Arbeiten) übertragen:

9. **Arbeitsentgelt**
(1) Das tatsächlich gewährte monatliche Gehalt beträgt € brutto.
(2) Die Gehaltszahlung erfolgt jeweils am Letzten eines jeden Kalendermonats im Nachhinein.
(3) An Sonderzahlungen erhält der/die Angestellte

10. **Urlaub**
(1) Für die Bemessung des Urlaubsausmaßes werden folgende Zeiten (Vordienstjahre, Schulzeiten, Hochschulzeiten usw) angerechnet
(2) Der Urlaubsanspruch für das erste Arbeitsjahr beträgt Werktage.

11. **Arbeitszeit, Überstunden**
Die wöchentliche Normalarbeitszeit beträgt ausschließlich der Pausen Stunden.

12. **Kollektivvertrag, Betriebsvereinbarung**
Für das Arbeitsverhältnis gelten die Bestimmungen des Angestelltengesetzes sowie Kollektivvertrags für und der Betriebsvereinbarungen vom die zur Einsicht aufliegen.

13. **Betriebliche Mitarbeitervorsorgekasse**
Name:
Anschrift:

Dienstzettel übernommen:

Datum: Unterschrift des Arbeitnehmers:

STAMPIGLIE/ZEICHEN DER FIRMA GEBÜHRENFREI

7

ARBEITER-DIENSTZETTEL

1. **Arbeitgeber/in**

2. **Arbeitnehmer/in**
   Herr/Frau
   wohnhaft in
   geb. am Staatsbürgerschaft

3. **Beginn des Arbeitsverhältnisses**
   Das Arbeitsverhältnis beginnt mit

4. **Probezeit, Befristung**
   (1) Als Probezeit wird vereinbart, das von beiden Vertragsparteien jederzeit ohne Angabe von Gründen gelöst werden kann.
   (2) Wird das Arbeitsverhältnis über die Probezeit hinaus fortgesetzt, gilt es als auf unbestimmte Zeit/bestimmte Zeit bis vereinbart.

5. **Kündigung**
   (1) Für die Kündigung des Arbeitsverhältnisses durch den Arbeitgeber gelten die Bestimmungen des
   (2) Der Arbeiter kann das Arbeitsverhältnis nach den Bestimmungen des lösen.

6. **Arbeitsort**
   Als Arbeitsort gilt der Standort der Firma in

7. **Einstufung und Arbeitsentgelt**
   Unter Anrechnung von Vordienstjahren wird der Arbeitnehmer in der Lohnordnung des Kollektivvertrags für als eingereiht.

8. **Arbeitsverwendung**
   Dem/der Angestellten wird (werden) folgende Tätigkeitsbereiche (folgende Arbeiten) übertragen:

9. **Arbeitsentgelt**
   (1) Der tatsächlich gewährte Lohn beträgt €
   (2) Die Gehaltszahlung erfolgt jeweils
   (3) An Sonderzahlungen erhält der/die Arbeitnehmer/in

10. **Urlaub**
    (1) Für die Bemessung des Urlaubsausmaßes werden folgende Zeiten (Vordienstjahre, Schulzeiten, Hochschulzeiten usw) angerechnet
    (2) Der Urlaubsanspruch für das erste Arbeitsjahr beträgt Werktage.

11. **Arbeitszeit, Überstunden**
    Die wöchentliche Normalarbeitszeit beträgt ausschließlich der Pausen Stunden.

12. **Kollektivvertrag, Betriebsvereinbarung**
    Für das Arbeitsverhältnis gelten die Bestimmungen des Angestelltengesetzes sowie Kollektivvertrags für und der Betriebsvereinbarungen vom die zur Einsicht aufliegen.

13. **Betriebliche Mitarbeitervorsorgekasse**
    Name:
    Anschrift:

Dienstzettel übernommen:

Datum: Unterschrift des Arbeitnehmers:

Inhalt eines Arbeits-vertrages

Kapitel 8

1. Was versteht man unter einem Probearbeitsverhältnis?

§§ *1158 ABGB, 19 AngG*

Ein Arbverh auf Probe (Probezeit) kann nur für die Höchstdauer eines Monats vereinbart werden und während dieser Zeit sowohl vom AG als auch vom AN ohne Angabe von Gründen jederzeit aufgelöst werden. Auch die Zustimmung des Vertragspartners ist nicht notwendig.

1.1. Wann besteht ein Arbeitsvertrag auf Probe?

Bei Angestellten gilt dies im Allgemeinen nur dann – soweit der Kollektivvertrag keine Probezeit vorsieht –, wenn es (zB auch nur mündlich) zwischen AG und AN vereinbart wurde. Es empfiehlt sich aber, diese Sondervereinbarungen schriftlich festzuhalten, zumindest aber im Dienstzettel zu vermerken. Für Arbeiter sehen Kollektivverträge bereits häufig eine Probezeit vor, die oft auch weniger als einen Monat beträgt. Es ist aus diesem Grund ratsam, im betreffenden Kollektivvertrag nachzusehen. Wenn eine solche Vereinbarung jedoch nicht getroffen wurde, müsste, wenn kein wichtiger Grund für die Auflösung des Arbverh vorliegt, zur ordnungsgemäßen Auflösung des Arbverh eine Kündigungsfrist eingehalten oder eine einvernehmliche Lösung vereinbart werden. Ausnahme: Für Lehrlinge ist eine Probezeit von drei Monaten im BAG vorgesehen (siehe Frage 1.4 dieses Kapitels).

1.1.1. Ist es notwendig, eine mündliche Vereinbarung, wonach keine Probezeit vereinbart wird, schriftlich festzuhalten?

Die Gerichte gehen zunehmend davon aus, dass es üblich ist, eine Probezeit zu vereinbaren. Wenn keine schriftliche Vereinbarung getroffen und auch kein Dienstzettel ausgestellt wurde, führt dies nicht selten zu Beweisschwierigkeiten für den AN. Daher ist es ratsam, auch darüber eine schriftliche Vereinbarung abzuschließen, dass keine Probezeit vereinbart wurde, oder eine diesbezügliche mündliche Abmachung zumindest in einem Schreiben an den AG schriftlich festzuhalten. Der AG ist aber auch an eine mündlich getroffene Vereinbarung, dass kein Probemonat gelten soll, gebunden.

1.2. Kann ein Probearbeitsverhältnis auch während eines laufenden Arbeitsverhältnisses vereinbart werden?

Nein, dies ist nur am Beginn möglich.

1.3. Warum wird eine Probezeit vereinbart?

Die Probezeit erlaubt dem AG und dem AN, das Arbverh in der Praxis auszuprobieren, also zu testen, ob einerseits der AN für die Tätigkeit geeignet ist und ob andererseits die Tätigkeit und die Arbeitsbedingungen den Erwartungen des AN entsprechen.

§§

19 Abs 2 AngG; 1158 Abs 2 ABGB

1.4. Für wie lange kann ein „Arbeitsvertrag auf Probe" vereinbart werden?

Es ist dies grundsätzlich nur im Höchstausmaß von einem Monat möglich und kann, abgesehen von kollektivvertraglich kürzeren Zeiträumen, in folgenden Fällen zulässig sein für:

» Hausgehilfen: eine Woche (§ 13 Abs 4 HGHAngG)
» Schauspieler: keine
» Lehrverhältnisse: drei Monate; wenn der Lehrling in dieser Zeit seine Schulpflicht in der lehrgangsmäßigen Berufsschule erfüllt, weitere sechs Wochen (§ 15 BAG) (siehe Hinweis zu Frage 13.1 des Kapitels 7)

8

1.5. Wie ist ein Vertrag auszulegen, der eine über einen Monat hinausgehende Probezeit festlegt?

Das erste Monat ist meistens ein „Arbverh auf Probe" mit der jederzeitigen Möglichkeit, dieses ohne Angabe von Gründen und ohne Einhaltung einer Kündigungsfrist aufzulösen. Je nach Textierung des Vertrages kann danach von einem befristeten Arbverh bis zum Ablauf der gesetzwidrig verlängerten Probezeit oder einem unbefristeten Arbverh ausgegangen werden.

1.6. Formulierungsbeispiel für Angestellte:

Es wird vereinbart, dass das Arbverh im ersten Monat von beiden Vertragsparteien jederzeit ohne Angabe von Gründen aufgelöst werden kann.

2. Dauer des Arbeitsverhältnisses

Ein Arbverh kann auf bestimmte oder auf unbestimmte Zeit abgeschlossen werden.

2.1. Was ist ein Arbeitsverhältnis „auf bestimmte Zeit"?

Das bedeutet in erster Linie, dass mit Ablauf dieser Zeit das Arbverh automatisch endet. Ein solches Arbverh wird auch als ein „befristetes Arbverh" bezeichnet. Wenn zB eine Befristung auf sechs Monate vereinbart wurde und diese verstrichen sind, ist das Arbverh durch Zeitablauf beendet. Es genügt hier die Mitteilung, dass das Arbverh beendet wird. Eine spezielle Auflösungserklärung (zB Kündigung) ist nicht nötig. Das heißt aber auch, dass sich beide Vertragsparteien dazu verpflichtet haben, das Arbverh nicht vor Ablauf der vereinbarten Frist ohne wichtigen Grund oder ohne Zustimmung des Vertragspartners aufzulösen. Beide Teile können daher das Arbverh innerhalb der Befristung nicht kündigen, es sei denn, es wurde ausdrücklich eine Kündigungsmöglichkeit vereinbart. Eine solche Vereinbarung ist nach der Rechtsprechung nur zulässig, wenn eine sachliche Rechtfertigung gegeben und die Anzahl der Kündigungstermine verhältnismäßig ist. Während der Befristung besteht somit grundsätzlich nur die Möglichkeit, das Arbverh einvernehmlich aufzulösen, aus wichtigem Grund berechtigt vorzeitig auszutreten oder durch gerechtfertigte Entlassung zu lösen.

2.2. Was bewirkt eine Kündigung in einem befristeten Arbeitsverhältnis?

Wenn der AG ohne vertragliche Vereinbarung die Kündigung während der Befristung ausspricht, wird das Arbverh dadurch wohl zum genannten Termin beendet, der AN hat jedoch Anspruch auf das Entgelt bis zum Ablauf der vereinbarten Befristung aus dem Titel des Schadenersatzes (Kündigungsentschädigung) oder kann Wiedereinstellung begehren, sofern nicht ausdrücklich eine Kündigungsmöglichkeit vereinbart wurde.

2.3. Für wie lange kann eine Befristung vereinbart werden?

§§ *21 AngG, 1158 ABGB*

Mangels gesetzlicher Beschränkungen ist es sogar zulässig, eine Befristung für das ganze Leben des AN zu vereinbaren. AN können ein Arbverh mit einer Befristung von länger als fünf Jahren unter Einhaltung einer Kündigungsfrist von sechs Monaten nach dem fünften Arbeitsjahr kündigen. AG können ein solches Arbverh ohne Zustimmung des AN nicht ordnungsgemäß beenden, es sei denn, der AN setzt einen Entlassungsgrund. Der AN kann jedoch Schadenersatz oder Wiedereinstellung begehren.

2.4. Kann eine Befristung (zB von drei Monaten) beliebig oft wiederholt werden?

Nein, denn dies würde eine Umgehung der gesetzlichen oder kollektivvertraglichen Kündigungsbestimmungen darstellen. Eine Aneinanderreihung von befristeten Arbverh ist nur bei wirtschaftlicher und sozialer Rechtfertigung möglich. Ob diese gegeben ist oder nicht, muss von Fall zu Fall gesondert geprüft werden. Ab der zweiten Verlängerung muss jedoch an die Gründe der wiederholten Befristung vonseiten des AG ein strenger Maßstab angelegt werden (sogenannter unzulässiger „Kettenarbeitsvertrag").

2.5. Wie werden Arbeitsverhältnisse behandelt, in denen der Arbeitgeber zu oft Befristungen aneinander reiht?

Diese werden wie ein zusammenhängendes unbefristetes Arbverh behandelt.

2.6. Wie soll die Befristung vereinbart werden?

Am besten wird der letzte Tag des befristeten Arbverh mit Datum angegeben. In manchen Fällen ist dies aber nicht möglich. Die Rechtsprechung akzeptiert jedoch, wenn es sich zumindest um einen bestimmbaren Zeitpunkt handelt. Das heißt, das Ende des Arbverh kann auch an ein bestimmtes Ereignis gebunden sein. Wichtig dabei ist, dass der Eintritt dieses Ereignisses dem Einfluss der Vertragsparteien entzogen ist. In diesem Zusammenhang ist auf kollektivvertragliche Regelungen zu achten. Zum Beispiel: Einstellung einer AN bis zur Beendigung des Karenzurlaubes einer anderen AN, Einstellung für die Dauer einer krankheitsbedingten Abwesenheit und anderes mehr. Der Kollektivvertrag kann aber auch eine kalendermäßige Festlegung über Beginn und Ende des Arbverh vorsehen.

2.7. Was ist, wenn nach Ablauf der Befristung wie bisher und ohne etwas zu sagen, weitergearbeitet wird?

Man wird in einem solchen Fall annehmen müssen, dass die Fortsetzung des Arbverh auf unbestimmte Zeit von beiden Parteien gewollt ist.

2.8. Was ist ein Arbeitsverhältnis auf unbestimmte Zeit?

Das bedeutet, dass das Arbverh so lange besteht, bis der AG oder der AN einen Akt der Beendigung setzt.

2.9. Gibt es für Aushilfskräfte Besonderheiten?

Ja, denn sie sind nur für einen vorübergehenden Bedarf eingestellt.

8

2.10. Was ist der Unterschied zwischen Arbeitsverhältnis zum vorübergehenden Bedarf und einem befristeten Arbeitsverhältnis?

Beim Arbeitsvertrag zum vorübergehenden Bedarf ist der Zeitpunkt der Beendigung nicht annähernd bestimmbar.

2.11. Wie kann das Arbeitsverhältnis eines Angestellten zum vorübergehenden Bedarf gelöst werden?

§ *20 Abs 5 AngG*

Ist eine Probezeit vereinbart, kann es innerhalb des ersten Monats jederzeit ohne Angabe von Gründen aufgelöst werden. Wurde keine Probezeit vereinbart, kann in diesem Fall, wenn das AngG Anwendung findet, innerhalb des ersten Monats ausnahmsweise von beiden Teilen unter Einhaltung einer Kündigungsfrist von einer Woche gekündigt werden.

2.12. Kann vereinbart werden, dass das Arbeitsverhältnis bei Eintritt eines noch völlig ungewissen Ereignisses endet?

Ja, die Auflösungsmöglichkeiten sind aber wie bei einem unbefristeten Arbverh. Bei Eintritt der Bedingung endet das Arbverh nur dann, wenn die Erfüllung ausschließlich vom Willen des anderen Teiles (in der Regel des AN) abhängt oder wenn die Erfüllung der Bedingung im Belieben des AN liegt und innerhalb kurzer Frist möglich ist. Von Zufälligkeiten oder ausschließlich vom Willen des AG darf der Eintritt der Bedingung nicht abhängig sein. Der Arbeitsvertrag ist ein bedingungsfeindlicher Vertrag.

3. Müssen Arbeitsverträge den Namen des Arbeitnehmers und die Firma (= „Namen“) des Arbeitgebers enthalten?

Ja. Dieser sollte möglichst vollständig wiedergegeben sein. Insbesondere sollte der gesamte Firmenwortlaut des AG genannt werden (vor allem GesmbH, AG, GesmbH & Co KG, OHG, KG).

3.1. Soll auch das Geburtsdatum und die Anschrift angegeben sein?

Dies ist nicht unbedingt erforderlich, aber anzuraten.

3.2. Der Arbeitgeber verkauft sein Unternehmen.

Muss der Arbeitnehmer für den neuen Arbeitgeber weiterarbeiten?

Dabei sind zwei Fälle zu unterscheiden:

§§ 3 ff AVRAG

a) Bei Kapitalgesellschaften (= Aktiengesellschaft, Gesellschaft mit beschränkter Haftung) ist es durchaus möglich, dass sich die Eigentümerverhältnisse ändern. Bei der Aktiengesellschaft, deren Aktien an der Börse gehandelt werden, ist dies sogar absolut üblich. Durch solche Eigentümerwechsel ändert sich aber der AG im Arbverh nicht. Die Aktiengesellschaft bleibt dieselbe. Auch die Bezeichnung (= Firma) ändert sich nicht. Daher ist der AN in solchen Fällen der Aktiengesellschaft auch weiter verpflichtet.
b) Ändert sich jedoch die Rechtspersönlichkeit (äußeres Zeichen dafür ist eine Änderung des „Namens“ = Firma des Unternehmens), würde ein anderer AG in die Fußstapfen des alten treten. Dieser Bereich wurde durch das „Arbeitsvertragsrechts-Anpassungsgesetz AVRAG“ im Zuge der EWR-Mitgliedschaft Österreichs neu geregelt. Geht ein Unternehmen als Ganzes, ein Betrieb oder auch nur ein Betriebsteil auf einen anderen Inhaber über, so tritt dieser als AG in die im Zeitpunkt des Überganges bestehenden Arbverh ein (Ausnahme Sanierungsverfahren ohne Eigenverwaltung oder Konkurs).

3.3. Welcher Kollektivvertrag ist nach einem Betriebsübergang anzuwenden?

Für den übernommenen Betrieb oder Betriebsteil gilt jener Kollektivvertrag, der nach den allgemeinen Vorschriften gem § 9 ArbVG anzuwenden ist. Es kann somit auch der für den Erwerber geltende KollV anzuwenden sein, wenn zB ein übernommener Betriebsteil im Betrieb des Erwerbers aufgeht.

3.4. Inwieweit gelten der Kollektivvertrag und die sonstigen Arbeitsbedingungen weiter?

Das hängt davon ab, um welche Ansprüche es sich handelt und ob durch die neu anzuwendenden Vorschriften eine Verbesserung oder Verschlechterung für den AN eintritt. Nach Betriebsübergang muss der Erwerber des Betriebes die in einem Kollektivvertrag vereinbarten Arbeitsbedingungen bis zur Kündigung, dem Ablauf eines Kollektivvertrages oder bis zum Inkrafttreten oder der Anwendung eines anderen Kollektivvertrages im gleichen Maß aufrechterhalten, wie sie in dem Kollektivvertrag für den Veräußerer vorgesehen waren. Arbeitsbedingungen dürfen zum Nachteil des AN durch den Einzelvertrag innerhalb eines Jahres nach Betriebsübergang weder aufgehoben noch beschränkt werden.

3.5. Wie wirkt sich ein Betriebsübergang auf das Entgelt aus?

Das im Arbeitsvertrag vereinbarte Entgelt ändert sich nicht. Außerdem darf durch den Wechsel der Kollektivvertragsangehörigkeit infolge des Betriebsüberganges das dem AN vor Betriebsübergang für die regelmäßige Arbeitsleistung in der Normalarbeitszeit gebührende kollektivvertragliche Entgelt nicht geschmälert werden.

3.6. Wie wirkt sich der Betriebsübergang auf einen kollektivvertraglichen Bestandsschutz aus?

Kollektivvertragliche Regelungen über den Bestandschutz des Arbverh werden Inhalt des Arbeitsvertrages zwischen AN und Erwerber, wenn das Unternehmen des Veräußerers im Zusammenhang mit dem Betriebsübergang nicht weiter besteht.

3.7. Was gilt für betriebliche Pensionszusagen?

Eine auf Einzelvertrag beruhende betriebliche Pensionszusage wird nur dann Inhalt des Arbeitsvertrages zwischen AN und dem neuem AG, wenn der Erwerber Gesamtrechtsnachfolger ist. Folgt der Erwerber nicht in allen Rechten und Pflichten nach, kann er durch rechtzeitigen Vorbehalt die Übernahme der Pensionszusage ablehnen. In einem solchen Fall hat der AN Anspruch auf Abfindung gegenüber seinem früheren AG.

8

3.8. Kann der AN der Übernahme rechtsgültig widersprechen?

Grundsätzlich nicht! Aber: Übernimmt der Erwerber den kollektivvertraglichen Bestandschutz oder die betrieblichen Pensionszusagen nicht, kann der AN die Übernahme verweigern. In einem solchen Fall bleibt das Arbverh zum alten AG weiter bestehen. Der Widerspruch hat innerhalb eines Monats ab Ablehnung der Übernahme oder bei Nichtäußerung des Erwerbers zum Zeitpunkt des Betriebsüberganges innerhalb eines Monats nach Ablauf einer vom AN gesetzten angemessenen Frist zur Äußerung zu erfolgen. Widerspricht der AN, so bleibt sein Arbverh zum Veräußerer unverändert aufrecht.

Achtung: AN sollten bei Erklärungen im Zusammenhang mit einem Betriebsübergang besonders vorsichtig sein. Abhängig von der Formulierung kann damit auch ein sogenanntes Wahlrecht bindend ausgeübt werden. Aufgrund der komplexen Situation im Zusammenhang mit Betriebsübergängen ist es jedenfalls sinnvoll, sich bei der Gewerkschaft oder AK Rat einzuholen!

3.9. Was gilt, wenn die neue kollektiven Normen (KollV oder BV) wesentlich schlechter als die alten sind?

Werden durch den nach Betriebsübergang anzuwendenden Kollektivvertrag oder die nach Betriebsübergang anzuwendenden Betriebsvereinbarungen Arbeitsbedingungen wesentlich verschlechtert, so kann der AN innerhalb eines Monats kündigen. Dem AN stehen dann die zu diesem Zeitpunkt gebührenden Ansprüche wie bei einer AG-Kündigung zu (Sonderzahlungen, Urlaubsersatzleistungen usw). AN können innerhalb eines Monats ab Kenntnis der Änderungen der Arbeitsbedingungen auf Feststellung der wesentlichen Verschlechterung der Arbeitsbedingungen klagen. Ebenso kann der BR oder die Gewerkschaft ein Feststellungsverfahren nach § 54 des Arbeits- und Sozialgerichtsgesetzes innerhalb eines Monats ab Kenntnis der Änderungen der Arbeitsbedingungen einleiten. Hat das Gericht eine wesentliche Verschlechterung der Arbeitsbedingungen festgestellt, können die AN innerhalb eines Monats ab Rechtskraft des Urteils das Arbverh begünstigt auflösen.

4. Was sollte hinsichtlich des Arbeitsortes im Arbeitsvertrag geregelt sein?

Dieser sollte genau definiert sein. Für den AN ist es ratsam, keine jederzeitige Versetzbarkeit hinsichtlich des Arbeitsortes zu vereinbaren. Hat sich der AN verpflichtet, in allen Filialen oder Betriebsstätten des Unternehmens tätig zu werden, dann kann er sich nur mehr sehr schwer gegen eine Versetzung wehren. Eine Einschränkung auf eine Filiale oder zumindest auf alle Filialen in dieser Gemeinde ist aus dieser Sicht sinnvoll. (Siehe aber Kapitel 11 „Versetzung".) Am Arbeitsort kann der AN auch in eine andere Betriebsstätte versetzt werden, wenn dies nicht ausdrücklich ausgeschlossen wurde.

5. In welcher Form sollen Angaben zur Tätigkeit im Arbeitsvertrag geregelt sein?

Auch hier empfiehlt es sich, die Art der Tätigkeit möglichst genau zu beschreiben. Einer Versetzung kann dadurch gegebenenfalls leichter widersprochen werden (siehe Kapitel 11 „Versetzung").

6. In welcher Form sollen Einstufung und Entgelt angegeben werden?

Unbedingt sollte die Einstufung in das Lohn-(Gehalts-)schema des betreffenden Kollektivvertrages und das damit verbundene Entgelt im Arbeitsvertrag enthalten sein. Auch die Berechnung der Vordienstzeiten bezüglich der Einstufung sollte von beiden Seiten möglichst vor Abschluss des Arbeitsvertrages überprüft werden. Wie viel für die Einstufung ins Gehaltsschema anrechenbar ist, ist von Kollektivvertrag zu Kollektivvertrag verschieden und muss von Fall zu Fall geprüft werden. (Für die Anrechnung auf die Bemessung des Urlaubsausmaßes siehe Kapitel 15 „Urlaub", Frage 8.) Eine Vereinbarung, die eine Bezahlung unter dem kollektivvertraglichen Mindest-(lohn-)gehalt vorsieht, ist unzulässig und daher nichtig. Dem AN steht trotzdem immer der kollektivvertragliche Mindest-(lohn-)gehalt zu.

6.1. Was ist bei sogenannten All-In-Klauseln zu beachten?

Im Arbeitsvertrag oder Dienstzettel ist der Grundgehalt und damit auch eine allfällig vereinbarte Überzahlung betragsmäßig anzuführen. Enthält der Arbeitsvertrag oder der Dienstzettel das Entgelt bloß als Gesamtsumme, hat der AN zwingend Anspruch auf den Grundgehalt oder -lohn einschließlich der branchen- und ortsüblichen Überzahlungen, der am Arbeitsort vergleichbaren AN von vergleichbaren AG gebührt (Ist-Grundgehalt, Ist-Grundlohn).

7. Arbeitszeit:

7.1. Wie soll die wöchentliche/tägliche Arbeitszeit im Arbeitsvertrag festgehalten werden?

Nach § 19c Arbeitszeitgesetz (AZG) ist die Lage der Normalarbeitszeit zu vereinbaren und kann nicht willkürlich abgeändert werden. Sonderregelungen sollten schriftlich festgehalten werden, insbesondere wenn eine Teilzeitbeschäftigung vereinbart wurde, die nur zu bestimmten Tageszeiten – etwa vormittags – eine Beschäftigung vorsieht. Eine Änderung des Ausmaßes der regelmäßigen Arbeitszeit bei Teilzeitbeschäftigten bedarf der Schriftform (§ 19d Abs 2 AZG).

7.2. Kann der Arbeitnehmer durch den Arbeitsvertrag verpflichtet werden, immer Überstunden leisten zu müssen?

Aus dem Arbeitsvertrag kann sich sehr wohl die grundsätzliche Verpflichtung für den AN ergeben, Überstunden zu leisten. Grenzen dieser Verpflichtung sind aber einerseits die höchstzulässige tägliche und wöchentliche Arbeitszeit nach dem AZG (siehe Kapitel 13 „Arbeitszeit", Frage 20.7 ff), andererseits hat der AN die Möglichkeit, Überstundenleistungen dann abzulehnen, wenn berücksichtigungswürdige Interessen des AN der Überstundenleistung entgegenstehen. Diese Einschränkungen sind durch Arbeitsvertrag nicht abdingbar.

7.3. Werden durch eine Überstundenpauschale alle geleisteten Überstunden abgegolten?

Es ist zwar zulässig, Überstundenleistungen pauschal abzugelten, der AN darf jedoch durch diese Form der Bezahlung nicht schlechter gestellt werden als im Falle der Einzelverrechnung von Überstunden. Damit keine Probleme entstehen, sollte bei der Vereinbarung einer Überstundenpauschale auch die Anzahl der Überstunden angegeben sein, die mit der Pauschale abgegolten sind (siehe Kapitel 13 „Arbeitszeit", Frage 22). Zum Beispiel: Mit der Pauschale sind 20 Überstunden im Monat erfasst. Werden im Monat 25 Überstunden geleistet, so sind die überzähligen fünf Überstunden zusätzlich zu bezahlen.

7.4. Wie ist eine Vereinbarung zu beurteilen, wonach durch die Überzahlung über den kollektivvertraglichen Mindestgehalt sämtliche Überstunden abgegolten wären?

Es handelt sich dabei ebenfalls um eine Pauschale für Überstunden. Mit dieser Pauschale sind aber nur so viele Überstunden abgegolten, wie auch betragsmäßig tatsächlich erfasst sind. Darüber hinausgehende Überstunden sind gesondert zu bezahlen. Um Probleme bei der Feststellung, wie viele Überstunden in der Überzahlung enthalten sind, zu vermeiden, ist es ratsam, dies schon im Arbeitsvertrag festzuhalten. Zu den sogenannten All-In-Verträgen siehe Frage 6.1 dieses Kapitels.

7.5. Wie sind Vereinbarungen zu beurteilen, wonach Überstunden nur nach Anordnung durch den Arbeitgeber geleistet werden dürfen und bei Leistung ohne Anordnung nicht bezahlt werden?

Diese Vereinbarung ist so zu befolgen, wie sie lautet. Überstunden dürfen eben nur nach Anordnung geleistet werden. Eine Anordnung muss jedoch nicht unbedingt schriftlich oder ausdrücklich erfolgen, sondern kann auch dadurch geschehen, dass der AG dem AN einen Arbeitsaufwand zuweist, der in der Normalarbeitszeit nicht erfüllbar ist (siehe Kapitel 13 „Arbeitszeit“, Frage 20 ff).

7.6. Wie ist eine Vereinbarung zu beurteilen, nach der nicht rechtzeitig gemeldete Überstundenleistungen nicht bezahlt werden?

Dabei handelt es sich um eine Vereinbarung des Verfalls einer Überstundenentlohnung. Die Frist darf nicht zu kurz bemessen sein, da sie sonst sittenwidrig wäre. Fristen, die kürzer als drei Monate sind, sind in der Regel sittenwidrig. Längere Fristen sind dies nur in besonderen Fällen. Sieht der anzuwendende KollV für die Geltendmachung von Überstundenentgelt Verfallsfristen vor, können diese nicht durch einzelvertragliche Vereinbarung zwischen AG und AN verkürzt werden.

7.7. Darf zur Abgeltung von Überstunden Zeitausgleich oder die Bezahlung im Ausmaß 1:1 vereinbart werden?

Nein, denn damit würden zwingende Bestimmungen des Arbeitszeitgesetzes und in den meisten Fällen auch des betreffenden Kollektivvertrages umgangen. Wenn jedoch ein längerer Durchrechnungszeitraum vereinbart ist, ist eine andere Verteilung der Normalarbeitszeit möglich (siehe Kapitel 13 „Arbeitszeit“, Frage 22 ff).

7.8. Wie sollte die Einteilung der täglichen Arbeitszeit im Arbeitsvertrag geregelt sein?

Vereinbarungen, welche die Verteilung der Tagesarbeitszeit allein dem AG überlassen, sind sittenwidrig. Es ist sinnvoll, einen eventuell freien Tag während der Woche von vornherein schriftlich zu vereinbaren.

8. Kann durch Arbeitsvertrag das Urlaubsjahr auf das Kalenderjahr umgestellt werden?

§§ *2 Abs 4 UrlG, 2 Abs 8 EFZG*

Die Umstellung des Urlaubsjahres vom Arbeitsjahr aufs Kalenderjahr ist nur dann zulässig, wenn dadurch der AN nicht schlechter gestellt wird (siehe Kapitel 15 „Urlaub“, Frage 7 ff und Kapitel 18 „Entgeltfortzahlung im Krankheitsfall“, Frage 21.1). In Betrieben ohne Betriebsrat ist eine Umstellung zulässig, wenn der § 2 Abs 4 UrlG beachtet wird.

9. Inwiefern kann der Arbeitnehmer im Arbeitsvertrag zur Verschwiegenheit verpflichtet werden?

§§ *76 und 82 GewO*

Der AN ist auch ohne einen Hinweis im Arbeitsvertrag (aufgrund seiner Treuepflicht) verpflichtet, keine Geschäftsgeheimnisse zu verraten.

8

10. Kann dem Arbeitnehmer durch den Arbeitsvertrag jegliche Nebentätigkeit verboten werden?

§§ *7 AngG, 82 GewO*

Sollte dies sachlich begründbar und auch aus der Sicht des AN wirtschaftlich vertretbar sein, ist dies zulässig. Ohne eine diesbezügliche Vereinbarung im Arbeitsvertrag gilt für Angestellte lediglich das Verbot, im eigenen oder fremden Namen Handelsgeschäfte abzuschließen, selbstständig ein kaufmännisches Unternehmen im Geschäftszweig des AG zu betreiben oder als Angestellter eines Ziviltechnikers konkurrenzierende Tätigkeiten vorzunehmen. Arbeiter dürfen kein der Tätigkeit abträgliches Nebengeschäft betreiben (Pfuscharbeit).

11. Darf durch vertragliche Vereinbarung die Tätigkeit des Arbeitnehmers nach Beendigung des Arbeitsverhältnisses beschränkt werden (Konkurrenzklausel)?

§§ *insbesondere 36 AngG, 2c AVRAG, 11 AÜG*

Eine Konkurrenzklausel ist nur insoweit wirksam, als:

1. der AN im Zeitpunkt des Abschlusses der Vereinbarung nicht minderjährig ist;
2. sich die Beschränkung auf die Tätigkeit des AN in dem Geschäftszweig des AG bezieht und den Zeitraum eines Jahres nicht übersteigt; und
3. die Beschränkung nicht nach Gegenstand, Zeit oder Ort und im Verhältnis zu dem geschäftlichen Interesse, das der AG an ihrer Einhaltung hat, eine unbillige Erschwerung des Fortkommens des AN enthält.

Eine obige Vereinbarung ist unwirksam, wenn sie im Rahmen eines Arbverh getroffen wird, bei dem das für den letzten Monat des Arbverh gebührende Entgelt das 20-fache der Höchstbeitragsgrundlage nach § 45 ASVG nicht übersteigt. Im Jahr 2017 sind das 3.320,00 Euro monatlich. Dieser Betrag beinhaltet nicht die anteiligen Sonderzahlungen. Liegt der Gehalt oder Lohn für das letzte Monat unter diesem Betrag, ist eine Vereinbarung über eine Konkurrenzklausel unwirksam. Hat der AG durch schuldbares Verhalten Anlass zu einem vorzeitigen Austritt oder zur Kündigung des Arbverh gegeben bzw hat der AG das Arbverh gelöst – ausgenommen bei schuldbarem Verhalten des AN –, ist der AN nicht an die vereinbarte Konkurrenzklausel gebunden. Eine Ausnahme besteht bei Kündigung durch den AG, wenn der AG erklärt hat, dem AN das ihm zuletzt zukommende Entgelt zu leisten. Hat der AN für den Fall des Zuwiderhandelns eine

Konventionalstrafe versprochen, so kann der AG nur die verwirkte Konventionalstrafe verlangen. Der Anspruch auf Erfüllung oder eines weiteren Schadens ist ausgeschlossen. Konventionalstrafen unterliegen dem richterlichen Mäßigungsrecht. Im Falle eines Leiharbeitsverhältnisses ist eine derartige Vereinbarung grundsätzlich verboten. Eine Konkurrenzklausel, die bis zum 28.12.2015 abgeschlossen wurde, ist unwirksam, wenn das monatliche Entgelt das 17-fache der Höchstbeitragsgrundlage nicht übersteigt (2017: € 2.822,00)

8

12. Ist es zulässig, zu vereinbaren, dass der Arbeitnehmer im Falle seines Ausscheidens die Kosten seiner Ausbildung zurückzuzahlen hat (Ausbildungskostenrückersatz)?

§ *2d AVRAG*

Ausbildungskosten sind die vom AG tatsächlich aufgewendeten Kosten für jene erfolgreich absolvierte Ausbildung, die dem AN Spezialkenntnisse theoretischer und praktischer Art vermittelt, die dieser auch bei anderen AG verwerten kann. Einschulungskosten sind keine Ausbildungskosten. Eine Rückerstattung von Ausbildungskosten ist nur mit einer schriftlichen Vereinbarung zwischen AG und AN zulässig. Die Vereinbarung der Rückforderung des während einer Ausbildung fortgezahlten Entgelts ist hingegen zulässig, sofern der AN für die Dauer der Ausbildung von der Dienstleistung freigestellt ist. Eine Verpflichtung zur Rückerstattung von Ausbildungskosten besteht insbesondere dann nicht, wenn:

» der AN im Zeitpunkt des Abschlusses der Vereinbarung minderjährig ist und nicht die Zustimmung des gesetzlichen Vertreters des Minderjährigen dazu vorliegt; und
» das Arbverh nach mehr als vier Jahren (bei vor dem 29.12.2015 geschlossenen Vereinbarungen sind das fünf Jahre!), in besonderen Fällen nach mehr als acht Jahren nach dem Ende der Ausbildung oder vorher durch Fristablauf (Befristung) geendet hat, und
» die Höhe der Rückerstattungsverpflichtung nicht aliquot, berechnet vom Zeitpunkt der Beendigung der Ausbildung bis zum Ende der zulässigen Bindungsdauer, vereinbart wird.

Der Anspruch auf Ausbildungskostenrückersatz besteht dann jedenfalls nicht, wenn das Arbverh

» während der Probezeit im Sinne des § 19 Abs 2 AngG oder gleichlautender sonstiger gesetzlicher Regelungen,
» durch unbegründete Entlassung
» durch begründeten vorzeitigen Austritt,
» durch Entlassung wegen dauernder Arbeitsunfähigkeit nach § 27 Z 2 AngG oder § 82 lit b GewO oder
» durch Kündigung durch den AG, es sei denn, der AN hat durch schuldhaftes Verhalten dazu begründeten Anlass gegeben,

endet.

12.1. Was gilt, wenn vertraglich keine Regelung über den Rückersatz von Ausbildungskosten vorgesehen ist?

Dann muss der AN keine Kosten zurückzahlen. Eine solche Vereinbarung ist nur dann wirksam, wenn sie vor jeder Ausbildungsmaßnahme getroffen wird. Generelle Vorwegvereinbarungen (zB im Arbeitsvertrag) genügen im Allgemeinen nicht.

8

13. Kann vereinbart werden, dass eine Änderung des Arbeitsvertrages der Schriftform bedarf?

Ja. Beide Vertragsteile sind auch gegebenenfalls daran gebunden. Mündliche Vereinbarungen sind aber trotzdem zu beachten.

14. Ist es zulässig, zu vereinbaren, dass alle Ansprüche (insbesondere auf Entgelt) dann verfallen, wenn sie nicht binnen einer bestimmten Frist geltend gemacht werden?

Ja, diesbezügliche Vereinbarungen sind grundsätzlich zulässig. Deshalb ist es unbedingt notwendig, solche Vereinbarungen zu beachten. Sieht der KollV bereits Verfallsfristen vor, können diese nicht durch einzelvertragliche Vereinbarung zwischen AG und AN verkürzt werden.

14.1. Welche Fristen können vereinbart werden?

Eine Frist von drei Monaten wird von der Rechtsprechung akzeptiert. Kürzere Fristen können sittenwidrig und eine Vereinbarung dieser Art nichtig sein. Ansprüche können dann innerhalb der normalen Verjährungsfrist eingeklagt werden (siehe Kapitel 35 „Durchsetzung von Ansprüchen“).

14.2. Gilt für die Einhaltung der Frist das Datum des Poststempels oder das Datum des Zugangs?

Das Datum des Zugangs ist entscheidend. Also: rechtzeitig wegschicken!

14.3. Gibt es Vorschriften für die Form der Geltendmachung?

Wenn darüber im Arbeitsvertrag oder KollV nichts vereinbart wurde, genügt auch eine mündliche Geltendmachung. Zu Beweiszwecken ist aber unbedingt eine schriftliche Geltendmachung (E-Mail mit Empfangsbestätigung oder Antwort, Einschreiben) anzuraten. Nach einer Entscheidung des OGH ist die Übersendung per Fax nicht ratsam.

15. Kann durch den Arbeitsvertrag die Kündigungsfrist des Arbeitgebers verlängert werden?

§§ 1159 ABGB, 20 AngG, 77 GewO

Ja, da dies den AN in der Regel günstiger stellt.

15.1. Kann die Kündigungsfrist des Arbeitgebers auch verkürzt werden?

Die Kündigungsfristen dürfen nicht unter denen des AngG oder der Kollektivverträge vereinbart werden. Für Angestellte gilt jedoch, dass auch eine Vereinbarung zulässig ist, wonach der AG statt zum Quartalsende (Ende des Kalenderviertels) auch zum 15. und Letzten eines jeden Kalendermonats kündigen kann, außer der Kollektivvertrag schließt dies aus. Der AG hat dann also die Möglichkeit, zu 24 und nicht nur zu vier verschiedenen Terminen während des Kalenderjahres zu kündigen.

15.2. Kann die Kündigungsfrist des Arbeitnehmers verlängert werden?

Grundsätzlich kann die Kündigungsfrist vertraglich auch verlängert werden. Jedoch darf für den AN keine längere Kündigungsfrist gelten wie für den AG (siehe auch Kapitel 24 „Kündigung“).

15.3. Kann auch für den Angestellten die Quartalskündigung vereinbart werden?

Nein, dies ist nicht zulässig, da für den AN wohl die Kündigungsfrist verlängert, nicht jedoch die Anzahl der Kündigungstermine verringert werden kann.

16. Welcher Kollektivvertrag gilt für welches Arbeitsverhältnis?

Dies richtet sich in erster Linie danach, bei welcher kollektivvertragsabschließenden Vereinigung der AG Mitglied ist. Ist der AG Mitglied der Kammer der gewerblichen Wirtschaft, ist die Zugehörigkeit zu einer Fachgruppe entscheidend, unerheblich ist dabei die konkrete Tätigkeit des AN.

§ 8 ArbVG

16.1. Gilt der Kollektivvertrag auch für AN, die nicht Mitglied der Gewerkschaft sind?

Ja, denn ob der betreffende AN Mitglied der auf Seite der AN abschließenden Gewerkschaft ist, ist für die Geltung nicht maßgeblich (Außenseiterwirkung).

§ 12 ArbVG

16.2. Welcher Kollektivvertrag gilt, wenn der AG über mehrere Mitgliedschaften zu unterschiedlichen kollektivvertragsabschließenden Vereinigungen verfügt?

Ist das Unternehmen organisatorisch und fachlich in mehrere Betriebsabteilungen gegliedert, gilt für den jeweiligen Bereich der entsprechende Kollektivvertrag. Gilt für einen Bereich kein Kollektivvertrag, kann trotzdem der andere Kollektivvertrag nicht angewendet werden. Liegt eine organisatorische Trennung nicht vor, gilt jener Kollektivvertrag für den Betrieb, dessen Bereich für den Betrieb die maßgebliche wirt-

§ 9 ArbVG

schaftliche Bedeutung hat. Durch BV kann festgelegt werden, welcher Bereich die maßgebliche wirtschaftliche Bedeutung hat. Ist auch eine solche nicht eindeutig festzustellen, gilt jener Kollektivvertrag, der unbeschadet der Verhältnisse im Betrieb die größere Anzahl von AN erfasst.

16.3. Welcher Kollektivvertrag gilt, wenn ein AN in mehreren Betrieben in einem Arbeitsverhältnis steht?

Entscheidend ist in diesem Fall, welche Tätigkeit der AN überwiegend ausführt. Liegt eine überwiegende Beschäftigung nicht vor, gilt jener Kollektivvertrag, dessen Geltungsbereich unbeschadet der Verhältnisse im Betrieb die größere Anzahl von AN erfasst. Diesbezüglich ist eine Vereinbarung zwischen BR und AG nur in Form einer freien BV möglich, da das ArbVG keine eigene Ermächtigung zum Abschluss einer „gesetzlichen" BV vorsieht.

Im Verlag des ÖGB ist ein Ratgeber zur Arbeitsverfassung erschienen: Thomas Kallab, Silvia Hruska-Frank, Erich Ullmann: Arbeitsverfassungsgesetz in Frage und Antwort, 2015 (regelmäßige Neuauflagen).

Hier der Link zum ÖGB-Verlag:
http://www.arbeit-recht-soziales.at/arbeitsverfassungsgesetz-frage-antwort

Pflichten des Arbeitgebers

Kapitel 9

1. Welche Pflichten hat ein Arbeitgeber?

In erster Linie ist der AG verpflichtet, dem AN das vereinbarte Entgelt zu bezahlen und ihm alle in diesem Zusammenhang erwachsenden notwendigen Aufwendungen zu ersetzen. Darüber hinaus hat er im Rahmen der Fürsorgepflicht gegenüber dem AN darauf zu achten, dass dem AN bei Beginn des Arbverh ein Dienstzettel ausgestellt wird, die AN-Schutzvorschriften eingehalten werden und für die vom AN eingebrachten Sachen gesorgt wird. Zur Informationspflicht siehe Frage 25 dieses Kapitels.

2. Wonach richtet sich die Höhe des Gehalts oder Lohns?

Dies richtet sich nach den Vereinbarungen des Arbeitsvertrages. Der AG hat dem AN ein angemessenes Entgelt zu bezahlen. Für die meisten Branchen legt ein Kollektivvertrag, Mindestlohntarif oder eine Betriebsvereinbarung eine Mindestentlohnung fest.

3. Welche Formen von Entgelt gibt es?

Es gibt Geldlohn und Naturallohn.

3.1. Was ist „Geldlohn“?

Das ist jede in Geld ausgedrückte Zahlung.

3.2. Was ist „Naturallohn“?

Das ist grundsätzlich jede Zuwendung des AG, die nicht in Geld ausgedrückt wird, zB Nahrungsmittel wie Milch, Fleisch, Verköstigung oder Kohledeputate, Freiflüge, Kleidung und die Reinigung derselben, aber auch die Privatnutzung eines Firmenfahrzeuges oder einer Dienstwohnung.

4. Was versteht man unter „Gehalt“ oder „Lohn“?

Das ist die Summe Geld, die für die Abrechnungsperiode für die Normalarbeitszeit zusteht, ohne Berücksichtigung von allfälligen Zulagen, Mehrleistungen usw, zB Monatsgehalt, Monatslohn.

4.1. Gibt es Unterschiede zwischen den Begriffen „Lohn“ und „Gehalt“?

Im Wesentlichen bestehen keine Unterschiede. Traditionell verwendet man bei Arbeitern die Bezeichnung „Lohn“ und bei Angestellten die Bezeichnung „Gehalt“.

5. Was versteht man unter „Entgelt“?

Entgelt ist jede vermögenswerte Leistung, die der AG dem AN für die Zurverfügungstellung der Arbeitskraft erbringt (zB Monatsgehalt, Monatslohn, Überstundenentgelt, Provisionen, Remunerationen, Prämien, Zulagen, Naturalbezüge). Kein Entgeltbestandteil sind Aufwandsentschädigungen. Das sind Leistungen des AG an den AN, mit denen ein Aufwand (Kosten) des AN, den dieser im Zusammenhang mit seiner Tätigkeit hat, ersetzt wird (zB Reisekosten wie Ersatz von Bahnkosten, Kilometergeld, Nächtigungsgelder, Diäten, Trennungsgelder).

6. Warum ist es so wichtig, zwischen den Begriffen „Entgelt“ und „Gehalt/Lohn“ zu unterscheiden?

Die Gesetze und vor allem Kollektivverträge unterscheiden ganz genau, in welchen Fällen „Entgelt“ und in welchen Fällen lediglich „Gehalt“ oder „Lohn“ bezahlt werden muss. So ist zB während des Krankenstands und Urlaubs das „Entgelt“ weiterzuzahlen, also mehr als lediglich der reine „Monatsgehalt“ oder der „Monatslohn“. Als Sonderzahlung muss häufig nur ein „Monatsgehalt“ oder ein „Monatslohn“ ausbezahlt werden. Überstunden und Zulagen werden dabei nicht berücksichtigt, soweit dies nicht ausdrücklich im Kollektivvertrag vorgesehen ist, auch wenn sie regelmäßig geleistet werden.

7. Gehören Trinkgelder zum Entgelt?

Das sogenannte echte Trinkgeld, das von Kunden direkt gegeben wird, ist keine Leistung des AG und damit kein Entgelt. Wenn hingegen über ein Tronc- oder ein Reviersystem die angefallenen Trinkgelder unter den AN nach einem Schlüssel aufgeteilt werden, so sind diese Entgeltbestandteil.

8. Zählt die Privatnutzung eines Firmenfahrzeuges zum Entgelt?

Ja, denn es entsteht dadurch dem AN ein finanzieller Vorteil. Dieser Entgeltbestandteil ist auch bei der Ermittlung der Abfertigung (alt), der Urlaubsersatzleistung und der Kündigungsentschädigung mit zu berücksichtigen.

8.1. Welche Ansprüche hat der Arbeitnehmer, wenn ihm das Firmenfahrzeug wieder entzogen wird?

Da der AG über das Firmenfahrzeug verfügungsberechtigt ist, darf er dieses dem AN jederzeit wieder entziehen, muss jedoch als Ersatzleistung eine entsprechende finanzielle Abgeltung dafür leisten. Der steuerliche Hinzurechnungsbetrag wird in der

Regel dazu herangezogen werden. Wenn dieser zu gering ist, kann aber auch ein allfällig höherer Betrag herangezogen werden, da die tatsächliche Kostenersparnis für den AN auch höher sein kann.

9. Was ist Zeitlohn?

Für eine bestimmte Zeit wird ein bestimmtes Entgelt geschuldet.

10. Welche Formen von Leistungslöhnen gibt es?

Es ist vor allem der Geld- vom Zeitakkord zu unterscheiden.

10.1. Was ist Geldakkord?

Hier wird für eine Leistungseinheit ein bestimmter Lohn bezahlt (zB für einen Quadratmeter verfliesen 20 Euro).

10.2. Was ist Zeitakkord?

Hier muss erstens der sogenannte „Zeitfaktor" und zweitens der „Geldfaktor" ermittelt werden.
Der Zeitfaktor ist jene Zeit, die ein durchschnittlicher AN zur Erbringung einer Einheit benötigt (zB zum Einsetzen eines Teiles in das Gehäuse eines Fernsehapparates). Diese Zeit wird durch arbeitswissenschaftliche Untersuchungen ermittelt und als „Vorgabezeit" bezeichnet. Der Geldfaktor ist jener Lohn, der für eine Zeiteinheit bezahlt werden muss. Zur Berechnung desselben ist der kollektivvertragliche Mindeststundenlohn meistens um einen bestimmten Prozentsatz (= Akkordzuschlag) zu erhöhen. Dieses Ergebnis ist zB durch 60 zu dividieren, um auf den Lohn für eine Minute zu kommen. Den Lohn des betreffenden AN erhält man, wenn man den Zeitfaktor (= Vorgabezeit) mit dem Geldfaktor (= Lohn pro Zeiteinheit) und das Ergebnis wiederum mit der Zahl der erbrachten Leistungseinheiten multipliziert.

11. Darf der Arbeitgeber ohne Zustimmung des Arbeitnehmers vom Fixlohnsystem auf Akkordsystem umstellen?

Dies bedeutet eine Änderung des Arbeitsvertrages und ist daher von der Zustimmung des AN abhängig. Stimmt dieser nicht zu, hat der AG nur die Möglichkeit, das Arbverh ordnungsgemäß zu kündigen. In Betrieben, in denen ein Betriebsrat gewählt wurde, ist die Einführung eines Akkordlohnsystems nur mit der Zustimmung des Betriebsrates in Form einer Betriebsvereinbarung möglich. Es ist jedoch der jeweils geltende Kollektivvertrag zu beachten.

12. Stehen für zusätzliche Mehrleistungen oder für die Erzielung eines besonderen Erfolges Prämien zu?

Bei Einführung solcher akkordähnlicher oder sonstiger leistungsbezogener Prämien kann eine Betriebsvereinbarung abgeschlossen werden. Dazu zählen zB Qualitätsprämien, Stundenzuschlag für ausschussfreie Stunden. Wenn ein solches System der leistungsabhängigen Entlohnung aber einmal eingeführt wurde, hat der AN ein Recht auf eine Entlohnung nach diesem System. Anders ist es, wenn Prämien, deren Höhe nicht nachvollziehbar ist, nur von subjektiven Gesichtspunkten ausgehend und unabhängig von einer Leistung des AN ist, bezahlt werden.

9

13. Wann hat der Arbeitnehmer Anspruch auf Provision?

§§ *10 AngG ff*

Dies ist nur im Falle einer Vereinbarung zwischen AG und AN gegeben oder wenn ein Kollektivvertrag oder eine Betriebsvereinbarung einen solchen Anspruch begründet.

13.1. Was ist eine Provision?

Das ist eine Beteiligung des AN am finanziellen Wert eines Geschäftes zwischen AG und Kunden, das entweder durch Vermittlung des AN zustande gekommen ist oder vom AN direkt im Namen des AG abgeschlossen wurde. Provisionen sind ebenso Gehaltsbestandteile wie das Fixgehalt.

13.2. Wann ist die Provision fällig?

Wenn keine anderslautende Vereinbarung mit dem AG getroffen wurde, sind bei Verkaufsgeschäften Provisionen mit Zahlungseingang fällig. Die Abrechnung hat, wenn keine Vereinbarung getroffen wurde, jedes Vierteljahr zu erfolgen.

13.3. Welche Basis ist für die Provisionsberechnung ratsam?

Gewählt werden sollte eine Berechnungsbasis, die für AG und AN möglichst leicht überprüfbar ist (zB Nettoverkaufspreis, Preis für einzelne Geschäfte usw). In der Praxis schwierig handhabbar sind Umsatzprovisionen, da diese auch von der Arbeitsleistung anderer Mitarbeitnehmer abhängig sind.

13.4. Hat der Angestellte ein Recht auf Einsicht in die der Berechnung der Provision zugrunde liegenden Bücher?

Ja, er hat ein Recht auf Vorlage der Bücher und Mitteilung eines Buchauszuges über die durch seine Tätigkeit zustande gekommenen Geschäfte.

13.5. Inwiefern bekommt der Angestellte Provision, wenn der Arbeitgeber ein Geschäft mit einem Kunden direkt abschließt?

Im Zweifel gebührt die Provision auch für die Geschäfte, die ohne unmittelbare Mitwirkung des AN während der Dauer des Arbverh zwischen den zugewiesenen oder vom AG zugeführten Kunden und dem AG direkt zustande gekommen sind (= sogenannte „Direktgeschäfte"). Wenn mit dem Angestellten ein Gebietsschutz vereinbart wurde, gebührt die Provision auch für alle Geschäfte, die, wenn auch ohne seine Mitwirkung, mit dem AG von Kunden in seinem Gebiet abgeschlossen wurden.

13.6. Inwiefern hat der Angestellte Anspruch auf Provision, wenn der Arbeitgeber den Abschluss eines Geschäftes vereitelt?

Ein Anspruch auf Provision besteht auch dann, wenn aus Verschulden des AG ohne wichtigen Grund ein Geschäft nicht zustande gekommen ist. Dieser wichtige Grund muss in der Person des Kunden gelegen sein, jedenfalls darf sich der Grund nicht aus Umständen ergeben, die der AG zu vertreten hat. Infrage kommen zB Insolvenz des Kunden oder erheblicher Zahlungsverzug des Kunden. Wenn sich der AG aber an anderen (zB Versicherung der Lieferfirma) schadlos halten kann, besteht ein Provisionsanspruch.

13.7. Welche Angelegenheiten sollen im Falle einer Provisionsvereinbarung im Arbeitsvertrag schriftlich genau geregelt werden?

Art der Arbeitsleistung: zB Abschluss- oder Vermittlungsvertreter; Arbeitsgebiet: zB Gebiets- oder Kundenschutz; Umfang der Befugnisse: zB lediglich Vermittlung von Geschäften oder auch Abschlussvollmacht; Abwicklung der Geschäftstätigkeit: zB Einhaltung der Reiseroute, Aufsuchen von Kunden, Übermittlung der Aufträge, Berichtspflicht, Arbeitszeit, Entgelt (Provision mit oder ohne Fixum, Diäten).

13.8. Welche Arten von Vertretern gibt es?

Die wichtigsten sind die Abschluss- und die Vermittlungsvertreter.

13.9. Was ist der Unterschied zwischen einem Abschluss- und einem Vermittlungsvertreter?

Der Abschlussvertreter hat die Vollmacht, Geschäfte im Namen des AG abzuschließen. Mit dem Abschluss eines Geschäftes durch den Vertreter wird der AG direkt verpflichtet. Der Vermittlungsvertreter hat lediglich die Aufgabe, dem AG Kunden zuzuführen und diese zum Abschluss eines Geschäftes zu veranlassen. Es bleibt aber dem AG vorbehalten, das Geschäft mit dem vermittelten Kunden tatsächlich abzuschließen.

13.10. Wann steht ein Fixum zu?

Nur dann, wenn ein Fixum vereinbart wurde.

13.11. Der Arbeitnehmer hat Anspruch auf Fixum und Provisionen. Wie hoch sind in diesem Fall die Sonderzahlungen?

In diesem Fall kommt es darauf an, welcher Kollektivvertrag für das Arbverh gilt. Kollektivverträge sehen zB vor, dass lediglich das Fixum 14-mal zu bezahlen ist, die Provisionen aber bei den Sonderzahlungen nicht berücksichtigt werden. Es ist aber ratsam, im Arbeitsvertrag zu vereinbaren, dass auch die durchschnittlichen Provisionen bei den Sonderzahlungen berücksichtigt werden.

13.12. Wie hoch sind die Sonderzahlungen, wenn der Arbeitnehmer kein Fixum, sondern ausschließlich Provisionen bezieht?

Auch das ist abhängig vom geltenden Kollektivvertrag. Denkbar sind auch Regelungen, wonach überhaupt keine Sonderzahlungen zustehen. Das kollektivvertragliche Mindestgehalt darf dabei jährlich (14-mal) aber nicht unterschritten werden.

13.13. Was ist, wenn kein Kollektivvertrag für diese Branche abgeschlossen wurde?

9

Dann hat der AN Anspruch auf angemessene Provision. Wenn zwischen dem tatsächlich vereinbarten Provisionssatz und dem ortsüblichen Prozentsatz ein auffälliges Missverhältnis besteht, kann der AN die Differenz fordern. Ob dies der Fall ist, ist vom Einzelfall abhängig.

13.14. Besteht Anspruch auf Provisionsvorschuss?

Ein solcher Anspruch besteht nur bei einer dementsprechenden Vereinbarung zwischen AG und AN.

13.15. In welcher Form sind Vereinbarungen auf Provisionsvorschuss (-akonto) sinnvoll?

Ratsam ist, Folgendes in die Vereinbarung aufzunehmen:

» Höhe des Vorschusses: Bedacht zu nehmen ist auf die Art des Geschäftes und das damit verbundene Risiko für den AG.
» Zeitpunkt der Fälligkeit: Der Vorschuss ist bei Geschäftsabschluss und die Provision bei Zahlungseingang fällig.

13.16. Bis zu welchem Zeitpunkt sind nicht durch Provisionen abgedeckte Vorschüsse zurückzuzahlen?

Die Vorschüsse können grundsätzlich mit der Auflösung des Arbverh rückverrechnet werden. Nur dann, wenn Provisionen auch noch nach Ende des Arbverh entstehen, ist auch ein späterer Zeitpunkt denkbar.

13.17. Wann verjähren Ansprüche auf Provisionen?

Wenn keine kürzere einzel- oder kollektivvertragliche Verjährungs- oder Verfallsfrist besteht, gilt die allgemeine Verjährungsfrist von drei Jahren.

13.18. Darf der Arbeitgeber die Höhe des Vorschusses ohne Zustimmung des Arbeitnehmers senken?

Nein, nur dann, wenn sich die fälligen Provisionen dauernd unter dem vereinbarten Vorschuss verringern, ist eine Anpassung denkbar und sinnvoll.

13.19. Wann ist die Provision bei anderen Geschäften als Verkaufsgeschäften fällig?

Wenn keine anderslautende Vereinbarung besteht, ist diese mit Abschluss des Geschäfts fällig.

13.20. Was ist eine Folgeprovision?

Diese ist vor allem in der Versicherungsbranche üblich. Der AN hat Anspruch auf eine Abschlussprovision für den Abschluss des Geschäftes (zB Versicherungsvertrag) und auf eine Provision, die als Gegenleistung für die weitere Betreuung und den Wert des Geschäftes für den AG (zB als Prozentsatz von Folgeprämien) berechnet wird.

13.21. Besteht Anspruch auf Folgeprovision auch bei Beendigung des Arbeitsverhältnisses?

Manche Kollektivverträge sehen für diesen Fall lediglich einen geringeren Prozentsatz vor. Sollte der betreffende Kollektivvertrag keine Regelung treffen, ist eine Vereinbarung im Einzelvertrag ratsam. Im Zweifel gebührt dem AN die Provision für alle Geschäfte, die durch seine Tätigkeit während der Dauer seines Arbverh zwischen dem Kunden und dem AG zustande gekommen sind.

14. Ist es auch möglich, die Arbeitnehmer am Gewinn zu beteiligen?

Ja.

14.1. Ist auch eine Beteiligung am Verlust möglich?

Das ist nur im Rahmen eines Gesellschaftsvertrages, nicht jedoch als AN ohne Gesellschaftsvertrag, zulässig.

14.2. Wann besteht ein Anspruch auf Gewinnbeteiligung?

Dieser besteht nur, wenn er vereinbart wurde.

14.3. Was ist die Grundlage für die Berechnung des Gewinns?

Das ist ohne anderslautende Vereinbarung meistens die Bilanz.

14.4. Wann ist die Gewinnbeteiligung fällig?

Fällig ist eine Gewinnbeteiligung erst mit der Erstellung der Bilanz. Der AG darf jedoch die Erstellung nicht ungebührlich verzögern.

14.5. Wie viel Gewinnbeteiligung bekommt ein Arbeitnehmer, wenn er während des Jahres ausscheidet?

§ *insbesondere 16 AngG*

In einem solchen Fall besteht Anspruch auf den aliquoten Teil. Nur für Arbeiter kann vereinbart werden, dass dieser nicht zusteht, wenn der Arbeiter fristlos entlassen wird oder unberechtigt vorzeitig austritt.

14.6. Wie kann ein Arbeitnehmer das Ergebnis der Bilanz überprüfen?

Er hat ein Recht auf Bucheinsicht, soweit dies zur Prüfung der Richtigkeit der Abrechnung notwendig ist.

14.7. Ist eine Vereinbarung zulässig, wonach der Arbeitnehmer bei Selbstkündigung den Anspruch auf Gewinnbeteiligung zur Gänze verliert?

Nein, eine solche Vereinbarung wäre sittenwidrig. Sehr wohl können für den Fall der gerechtfertigten Entlassung und des unberechtigten vorzeitigen Austritts solche Vereinbarungen getroffen werden.

15. Wann hat ein Arbeitnehmer Anspruch auf Urlaubszuschuss und Weihnachtsremuneration?

Da im Allgemeinen kein gesetzlicher Anspruch auf Sonderzahlungen besteht, hat ein AN einen solchen nur, wenn der betreffende Kollektiv- oder Einzelarbeitsvertrag, Mindestlohntarif oder eine Betriebsvereinbarung Sonderzahlungen vorsieht.

15.1. Wie hoch sind die Sonderzahlungen?

In den meisten Fällen gebührt ein Monatsgehalt oder -lohn je Sonderzahlung. In einigen Arbeiterkollektivverträgen gibt es noch Branchen mit weniger oder mehr als einem Monatslohn (zB drei Wochenlöhne). Im Falle einer Teilzeitarbeit ist bei der Bemessung der Sonderzahlungen die regelmäßig geleistete Mehrarbeit zu berücksichtigen. Angestellte, die eine Gleitpension in Anspruch nehmen und deren Normalarbeitszeit daher verringert wurde, haben im Jahr der Umstellung nur Anspruch auf Sonderzahlungen im aliquoten Ausmaß entsprechend dem Anteil der Voll- bzw Teilzeitbeschäftigung im Jahr.

§ *insbesondere 16 AngG*

15.2. Wie viel an Sonderzahlungen steht dem Arbeitnehmer bei Ausscheiden aus dem Unternehmen zu?

Angestellte haben mindestens Anspruch auf den aliquoten Teil. Für Arbeiter bestimmen Kollektivverträge häufig, dass bei gerechtfertigter Entlassung oder ungerechtfertigtem vorzeitigen Austritt der Anspruch auf Sonderzahlungen ganz entfallen bzw eine bereits bezahlte Sonderzahlung rückverrechnet werden kann. In einigen Arbeiter-Kollektivverträgen ist für den Anspruch auf den aliquoten Teil einer Sonderzahlung eine Wartefrist vorgesehen. Vereinzelt gewähren Kollektivverträge auch den gesamten Urlaubszuschuss, wenn dieser schon ausbezahlt wurde und das Arbverh durch Kündigung des AG endet.

15.3. Wann sind die Sonderzahlungen fällig?

Kollektivverträge bestimmen meistens, dass der Urlaubszuschuss bei Urlaubsantritt fällig ist. Wird der Jahresurlaub nur zum Teil verbraucht, ist manchmal nur ein entsprechender Teil des Urlaubszuschusses fällig. Sonst ist der Urlaubszuschuss und die Weihnachtsremuneration zu bestimmten, im Kollektivvertrag festgelegten Terminen fällig.

§§ *15 MSchG, 10 APSG, 7c VKG*

15.4. Können Sonderzahlungen auch während des aufrechten Arbeitsverhältnisses aliquotiert werden?

Ja, vor allem dann, wenn eine Aliquotierung vom Kollektivvertrag vorgesehen ist. Das gilt vor allem für die Begründung und Beendigung des Arbverh während des Kalenderjahres. Für Zeiten der Schutzfrist, der Karenz aus Anlass der Elternschaft und des

Präsenzdienstes sieht das Gesetz eine Aliquotierung von Sonderzahlungen vor. Der OGH geht davon aus, dass diese Bestimmungen ausdehnend anzuwenden sind und somit auf alle Zeiten abzustellen ist, für die gegenüber dem AG kein Entgeltanspruch gebührt, zB nach Ausschöpfen des Entgeltfortzahlungsanspruchs im Falle einer Erkrankung, sofern der Kollektivvertrag nichts Gegenteiliges anordnet.

15.5. Können Sonderzahlungen im Fall eines Krankenstandes gemindert werden?

Nach der Rsp ist dies zulässig, wenn die Entgeltfortzahlungsfristen schon ausgeschöpft sind und daher kein Entgelt mehr zusteht. Es kommt aber auf die konkrete Formulierung im Kollektivvertrag an.

16. Wann ist das Entgelt für Überstunden fällig?

Mit dem Ende der Abrechnungsperiode ist auch die Bezahlung für die geleisteten Überstunden fällig. Dies ist in der Praxis meistens der Kalendermonat.

17. Wann muss der Arbeitgeber die Aufwendungen des Arbeitnehmers ersetzen?

Durch seine Tätigkeit verursachte Aufwendungen (zB Fahrtkosten, Reiseaufwandsentschädigung [Diäten], dienstliche Telefonate oder Telegramme) müssen ersetzt werden, sofern sie notwendig und nützlich waren. Manche Kollektivverträge regeln die Höhe dieses Aufwandsersatzes. Zum Beispiel enthalten einige Kollektivverträge die Sätze für Reisekosten- und Aufwandsentschädigungen in Österreich. Für Auslandsdienstreisen gibt es selten Bestimmungen, die einen arbeitsrechtlichen Anspruch betragsmäßig beziffern. Als Orientierungshilfe werden zumeist die auch steuerlich begünstigten Auslandsreisesätze für Bundesbedienstete herangezogen. Für Aufwände wie Arbeitskleidung, Reinigung der Kleidung und Ähnliches gibt es Vorschriften in Kollektivverträgen oder Betriebs- oder Einzelvereinbarungen.

18. Unter welchen Bedingungen hat der Arbeitgeber dem Arbeitnehmer einen Schaden zu ersetzen, den dieser an seinem Privatfahrzeug auf einer Dienstfahrt erleidet?

Nur dann, wenn den AN kein grobes Verschulden am Schadenseintritt trifft und der AG ausdrücklich verlangt hat, das Privatfahrzeug zu benutzen oder die Benützung des Privatfahrzeuges im überwiegenden Interesse des AG gelegen ist. *§ 1014 ABGB*

19. Kann der Arbeitgeber freiwillig geleistete Beträge zurückverlangen?

Das ist grundsätzlich nicht möglich, insbesondere nicht, wenn der AN gekündigt hat.

9

20. Wann wird aus einer „freiwilligen" Leistung des Arbeitgebers eine Leistung, auf die der Arbeitnehmer einen Anspruch hat?

§ *863 ABGB*

Wenn der AG freiwillig eine Leistung regelmäßig (mindestens 3-mal) erbringt, kann dadurch schlüssig ein Anspruch des AN begründet werden. Dies deshalb, weil der AN mit dieser – wenn auch freiwilligen – Leistung rechnen durfte. Anders hingegen verhält sich die Situation dann, wenn der AG zum Ausdruck gebracht hat, dass die Leistung unverbindlich und mit jederzeitiger Widerruflichkeit erbracht wird.

20.1. Begründet schon eine einmalige Zahlung ohne Vorbehalt einen Rechtsanspruch darauf?

Dies wird nur in seltenen Fällen gegeben sein. Erst bei mehrmaliger vorbehaltloser Zahlung wird man die Begründung eines solchen annehmen können.

21. Wo muss der Arbeitgeber das Entgelt bezahlen?

Die Zahlung des Entgelts ist eine Holschuld. Das heißt, der AN muss sich sein im Unternehmen bereitliegendes Entgelt holen. Ist der AG aber mit der Zahlung im Verzug oder kann der AN aus Gründen, die der AG zu vertreten hat, nicht zum Auszahlungstermin im Unternehmen sein (zB Dienstreise), wird die Holschuld zur Schickschuld und der AG muss dem AN das fällige Entgelt schicken. In der Praxis wird häufig eine Vereinbarung zwischen AG und einzelnen AN oder dem Betriebsrat geschlossen, wonach der Lohn bzw Gehalt und sonstige Entgeltbestandteile bargeldlos auf ein Gehaltskonto überwiesen werden. Manche KollV sehen vor, dass das Entgelt überwiesen werden muss und nicht in Barem bezahlt werden kann.

21.1. Bis wann muss das Geld am Konto sein?

Spätestens am Tag der Fälligkeit (zB letzter Tag des Kalendermonats bei Angestellten) muss der Betrag für den AN auf seinem Konto verfügbar sein. Nur wenn der Gehalt oder Lohn auf ausdrücklichen Wunsch des AN auf sein Konto überwiesen wird, geht die Zeit der Überweisung zulasten des AN.

§ *15 AngG*

21.2. Welche Abrechnungsperioden sind zulässig?

Für Angestellte kann nach dem Gesetz der Gehalt in zwei annähernd gleich großen Beträgen jeweils in der Hälfte und am Ende des Kalendermonats ausgezahlt werden.

Es kann aber vereinbart werden, dass der Gehalt jeweils am Monatsletzten im Nachhinein bezahlt wird. Diese Art der Bezahlung ist in der Praxis zur Regel geworden. Arbeiter bekommen ihren Lohn auch monatlich ausbezahlt. Kollektivverträge können aber einen Termin für die Auszahlung festlegen (zB bis zum 15. des Folgemonats).

21.3. Kann der Arbeitnehmer gezwungen werden, sich ein Gehaltskonto zu nehmen und der bargeldlosen Lohnauszahlung zuzustimmen?

Nein, jedoch kann die bargeldlose Auszahlung zwischen Betriebsrat und AG durch Betriebsvereinbarung festgelegt werden. Dann muss sich auch der einzelne AN danach richten. In manchen Branchen ist die bargeldlose Auszahlung allerdings Pflicht (zB Bau).

22. Kann sich der einzelne Arbeitnehmer gegen Benachteiligungen gegenüber anderen Arbeitnehmern im Unternehmen wehren?

Das ist dann möglich, wenn er – oder eine kleine Gruppe gegenüber der großen Mehrheit der AN – aus sachfremden Gründen oder willkürlich schlechter gestellt wird. Kann der AG aber sachliche Gründe anführen, ist die Benachteiligung zulässig. (Siehe auch Kapitel 34 „Gleichbehandlung"). Manche AN-Gruppen dürfen aufgrund gesetzlichen Verbots nicht benachteiligt werden (zB: befristete Arbverh gem § 2b Abs 1 AVRAG, Teilzeitbeschäftigte gem § 19d Abs 6 AZG).

22.1. Welcher Art kann die Benachteiligung sein?

Zum Beispiel: Nichtbezahlung einer Prämie, auch wenn diese nur freiwillig bezahlt wird; keine bessere Einstufung in eine höhere Beschäftigungsgruppe, wenn dies für die Mehrzahl der AN geschehen ist. Es ist aber zulässig, dass der AG neue AN zu anderen Bedingungen aufnimmt oder bestehende Arbverh auflöst (zB wenn mehrere AN einen Entlassungsgrund setzen und nur ein Teil von ihnen tatsächlich entlassen wird).

23. Muss der Arbeitgeber dem Arbeitnehmer einen Spind zur Verwahrung seiner Sachen zur Verfügung stellen?

§

Ja, dabei muss es sich um eine versperrbare und ausreichend große Einrichtung handeln. *27 ANSchG*

24. Wie kann der einzelne Arbeitnehmer die Einhaltung der Arbeitnehmerschutzvorschriften durchsetzen?

Vorerst ist es sinnvoll, den AG – gegebenenfalls über Intervention durch den Betriebsrat – aufzufordern, die entsprechenden Vorschriften zu berücksichtigen. Erst wenn dies nicht zum gewünschten Erfolg führt, ist eine Verständigung des zuständigen Arbeitsinspektorates anzuraten. Dieses kann Zwangsmaßnahmen (zB Strafen) zur Durchsetzung der AN-Schutzvorschriften setzen.

25. Hat der Arbeitgeber den Arbeitnehmer über wesentliche Änderungen im Betrieb zu informieren?

Eine umfassende Informationspflicht des AG besteht grundsätzlich nur gegenüber dem Betriebsrat. Ändern sich die Angaben im Dienstzettel, so ist auch jeder einzelne AN binnen eines Monats zu verständigen. Eine besondere Informationspflicht besteht gegenüber AN, die Karenz aus Anlass der Elternschaft in Anspruch nehmen (§ 15g MSchG, § 7a VKG) oder im Fall eines Betriebsübergangs.

26. Wann hat der AG den AN bei der Sozialversicherung anzumelden?

§ *33 ASVG*

Die AG haben jede von ihnen beschäftigte, nach dem ASVG in der Krankenversicherung pflichtversicherte Person (Vollversicherte und Teilversicherte) vor (!) Arbeitsantritt beim zuständigen Krankenversicherungsträger anzumelden und binnen sieben Tagen nach dem Ende der Pflichtversicherung abzumelden.

§ *2f AVRAG*

26.1. Muss der AG dem AN eine Ausfertigung der Anmeldung übergeben?

Der AG hat dem AN eine Kopie der Anmeldung zur Sozialversicherung gemäß § 33 ASVG unverzüglich auszuhändigen.

26.2. Wie kann man sich gegen eine falsche Anmeldung wehren?

Ratsam ist es, dem zuständigen Sozialversicherungsträger (zB Gebietskrankenkasse) die richtigen Daten aus dem Arbverh bekanntzugeben. Dieser hat dann zu erheben, ob die Angaben stimmen und gegebenenfalls die Versicherungspflicht festzustellen und Beiträge vorzuschreiben.

27. Welchen Schutz gibt es vor Lohn- und Sozialdumping?

Mit dem Lohn- und Sozialdumping-Bekämpfungsgesetz wurde ein wesentlicher Schritt zur Bekämpfung von Lohn- und Sozialdumping gesetzt. Unabhängig davon, ob die betroffenen AN dies auch betreiben, kann erstmals der Staat selbst Lohn- und Sozialdumping mittels Strafdrohung verfolgen.

27.1. Was ist Lohn- und Sozialdumping?

§ *29 LSD-BG*

Wer als AG AN beschäftigt oder beschäftigt hat, ohne zumindest den nach Gesetz, Verordnung oder Kollektivvertrag zustehenden Grundlohn unter Beachtung der jeweiligen Einstufungskriterien zu leisten, begeht eine Verwaltungsübertretung und ist von der Bezirksverwaltungsbehörde mit einer Geldstrafe zu bestrafen. Das bedeutet, dass all jene AG bestraft werden können, die den kollektivvertraglichen Mindestlohn und bei Leistung von Über- oder Mehrarbeitsstunden den Grundstundenlohn nicht vollständig bezahlen. Zu ermitteln ist daher, ob etwa durch die erfolgten pauschalen Zahlungen der kollektivvertragliche Mindestlohn zuzüglich der Grundstundenlohn für etwaige geleistete Mehr- und Überstunden abgedeckt ist.

9

27.2. Wer kann bestraft werden?

Die Strafdrohung trifft alle AG, inländische wie ausländische. Verschiedene europarechtliche Vorschriften verpflichten ausländische AG, den von ihnen nach Österreich entsandten AN den hier geltenden kollektivvertraglichen Mindestlohn zu bezahlen, obwohl österreichisches Arbeitsrecht für ihr Arbverh grundsätzlich nicht gilt.

27.3. Wer erhebt strafbares Verhalten?

Strafbehörden sind die Bezirksverwaltungsbehörden. Den Sachverhalt zu erheben hat bei ausländischen AG die Finanzpolizei und bei inländischen AG die bei den Gebietskrankenkassen eingerichteten Kompetenzzentren. Diese können dann bei den Bezirksverwaltungsbehörden Anzeige erstatten.

27.4. Wie hoch sind die Strafen?

Sind von der Unterentlohnung höchstens drei AN betroffen, beträgt die Geldstrafe für jeden AN 1.000 bis 10.000 Euro, im Wiederholungsfall 2.000 bis 20.000 Euro, sind mehr als drei AN betroffen, für jeden AN 2.000 bis 20.000 Euro, im Wiederholungsfall 4.000 bis 50.000 Euro. Von einer Bestrafung ist abzusehen, wenn der AG die Differenz zwischen dem tatsächlich geleisteten und zustehenden Entgelt binnen einer von der Behörde festzusetzenden Frist nachweislich leistet und eine solche Unterschreitung des Grundlohns das erste Mal erfolgt.

28. Muss der Arbeitgeber Lohn-/Gehaltsabrechnungen übergeben?

§ *2f AVRAG*

Dem AN ist bei Fälligkeit des Entgelts eine schriftliche, übersichtliche, nachvollziehbare und vollständige Abrechnung von Entgelt und Aufwandsentschädigungen zu übermitteln. Die Abrechnung kann dem AN auch auf elektronischem Weg zur Verfügung gestellt werden.

Arbeitnehmerpflichten

Kapitel 10

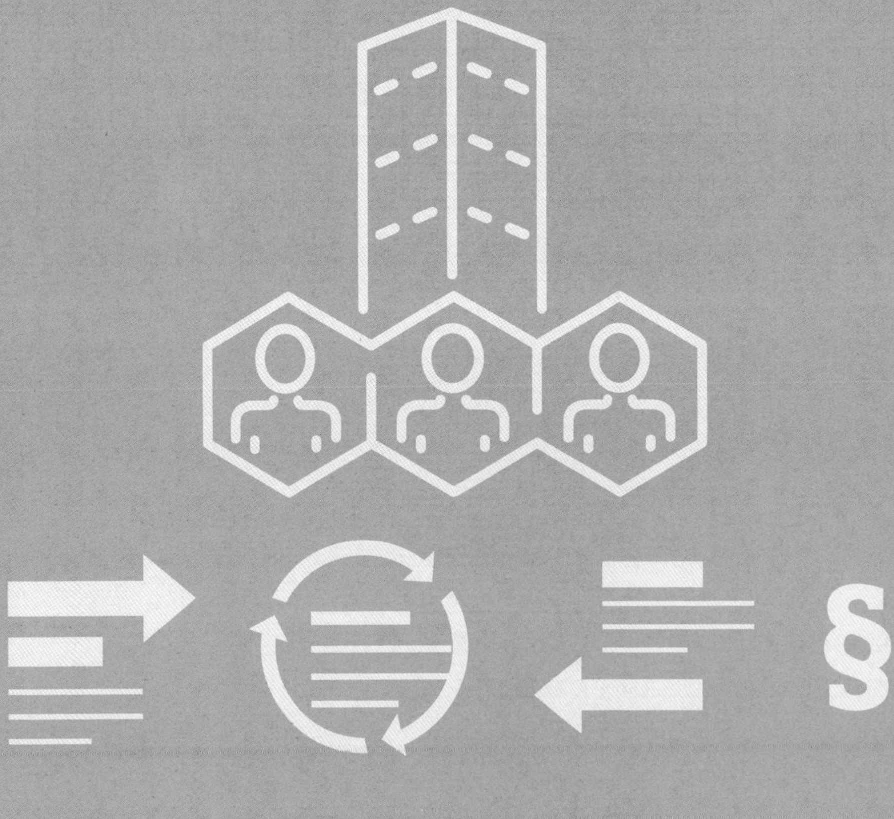

1. Welche Pflichten hat der Arbeitnehmer?

In erster Linie muss der AN die vereinbarte Arbeitsleistung zur Verfügung stellen. Außerdem hat er die Pflicht zur Sorgfalt und Treue (Sorgfalts- und Treuepflicht).

§ *76 GewO*

2. Was beinhaltet die Arbeitspflicht?

10

Durch den Abschluss des Arbeitsvertrages verpflichtet sich der AN, dem AG seine Arbeitskraft für eine bestimmte Tätigkeit zur Verfügung zu stellen. Der Inhalt der Arbeitspflicht (vor allem die Art der Tätigkeit) ist durch den Einzelarbeitsvertrag bestimmt. Ohne eine solche Vereinbarung ist die den Umständen nach angemessene Arbeit zu leisten. Die Arbeitspflicht ist durch das Weisungsrecht des AG begrenzt. In der Regel hat der AN seiner Arbeitspflicht höchstpersönlich nachzukommen.

3. Was ist unter Sorgfaltspflicht zu verstehen?

Der AN muss bei der Arbeit die nötige Sorgfalt anwenden, andernfalls er für einen dadurch entstandenen Schaden herangezogen werden kann. Aufgrund der begrenzten wirtschaftlichen Möglichkeit des AN wurde diese Schadenersatzpflicht durch das Dienstnehmerhaftpflichtgesetz (DHG) eingeschränkt. Der AN kann nur nach dem Grad seines Verschuldens zum Schadenersatz herangezogen werden.

4. Wann haftet ein Arbeitnehmer für einen Schaden, den der Arbeitgeber oder ein Dritter erlitten hat?

§§ *1 DHG, 1293 ff ABGB*

Dies kann nur eintreten, wenn folgende Bedingungen erfüllt sind:
» Es muss tatsächlich ein Schaden entstanden sein;
» dieser Schaden muss durch den AN verursacht worden sein;
» der Eintritt des Schadens muss durch den AN verschuldet sein;
» es darf kein Haftungsausschließungsgrund des DHG gegeben sein;
» der Anspruch darf weder verfallen noch verjährt sein.

4.1. Was heißt Schaden?

Schaden heißt jeder Nachteil, welcher jemandem an Vermögen, Rechten oder seiner Person zugefügt worden ist.

4.2. Was hat der Arbeitnehmer bezüglich der Höhe des eingetretenen Schadens zu beachten?

Es ist ratsam, den AG aufzufordern, die Höhe des Schadens (zB durch Vorlage von Rechnungen) nachzuweisen.

Versetzung

Kapitel 11

1. Was ist eine Versetzung?

Eine Versetzung ist ein auf Anordnung des AG erfolgter Wechsel des Tätigkeitsbereiches oder Arbeitsortes.

2. Inwieweit hat der Arbeitgeber das Recht, Versetzungen anzuordnen?

Da der Arbeitsvertrag ein zweiseitiger Vertrag ist, kann weder der AG noch der AN ohne Zustimmung des anderen Vertragspartners wesentliche Veränderungen vornehmen. Das Weisungsrecht des AG ist nur insoweit gegeben, als dadurch der Arbeitsvertrag nicht geändert oder verletzt wird.

2.1. Muss der Arbeitnehmer vertragsändernde Versetzungen hinnehmen?

Vertragsändernde Versetzungen muss der AN nicht hinnehmen. In der Praxis ist es aber manchmal nicht einfach, den Unterschied zwischen vertragskonformer Weisung und vertragsändernder Versetzung zu erkennen.

3. Wie soll sich der Arbeitnehmer verhalten, wenn er versetzt wird?

In erster Linie ist zu prüfen, inwieweit diese Versetzung für den AN verschlechternd sein könnte. Eine solche liegt häufig dann vor, wenn der Aufgabenbereich verändert werden soll. Im Zweifel ist zu empfehlen, vorerst der Versetzung unter schriftlichem Protest nachzukommen, in weiterer Folge sollte der AN jedoch die Klärung der Sachlage umgehend vorantreiben. Als letzte Möglichkeit bleibt dem AN, gerichtlich feststellen zu lassen, ob die Versetzung durch den Arbeitsvertrag gedeckt ist.

4. Kann der Arbeitgeber eine Entlassung aussprechen, wenn sich der Arbeitnehmer einer Versetzung widersetzt?

Häufig sieht der AG in der Weigerung, einer Versetzung nachzukommen, auch eine Arbeitsverweigerung, die oft mit einer Entlassung beantwortet wird. Bei unklarer Sachlage sollte der AN deshalb der Versetzung unter Protest nachkommen und in der Folge das Gericht zur Klärung und Feststellung anrufen.

5. Wieweit ist der Arbeitnehmer verpflichtet, bei einem Standortwechsel des Betriebes mitzugehen?

Innerhalb des Arbeitsortes besteht für den AN eine Folgepflicht. Für den Großraum Wien bedeutet das zB, dass der AN jedenfalls innerhalb der Stadtgrenzen der Versetzung nachkommen muss, auch wenn damit ein längerer Anfahrtsweg verbunden ist. Nur wenn ausdrücklich und ausschließlich ein bestimmter Standort vereinbart wurde, ist der AN nicht folgepflichtig. Die Gerichte erweitern in letzter Zeit zunehmend die Folgepflicht auch über die Grenze des Dienstortes hinaus, wenn es sich dabei um eine zumutbare Entfernung handelt.

5.1. Wie soll sich der Arbeitnehmer verhalten, wenn der Arbeitgeber an einen weiter entfernten Ort geht und den Arbeitnehmer auffordert mitzugehen?

11

Soweit sich der AN nicht ausdrücklich verpflichtet hat, auch an anderen Orten für den AG tätig zu sein, kann er eine allfällige Arbeitsverweigerung damit umgehen, dass er sich bereit erklärt, am bisherigen Arbeitsort seiner Arbeitsverpflichtung nachzukommen. In diesem Fall gebührt dem AN auch sein Entgelt, solange das Arbverh noch aufrecht ist.

6. Wie kann der Arbeitnehmer vorgehen, wenn klar erkennbar ist, dass die Versetzung durch den Arbeitsvertrag nicht gedeckt ist?

In diesem Fall handelt es sich um eine Vertragsverletzung des AG, die den AN berechtigt, das Arbverh fristlos durch berechtigten Austritt aufzulösen. Beispiel: Ist die Arbeitsleistung im Auslieferungslager in Klagenfurt Gegenstand des Arbeitsvertrages, dann ist eine Versetzung nach Villach nicht gedeckt und stellt einen einseitigen Eingriff in den Arbeitsvertrag dar, der im äußersten Fall auch einen Austritt rechtfertigt.

7. Was geschieht, wenn der Arbeitnehmer eine vertragsändernde neue Tätigkeit ohne erkennbare Äußerung eines Widerspruchs angetreten hat und diese Tätigkeit eine Zeit lang verrichtet?

Dann läuft er Gefahr, dass daraus die stillschweigende Zustimmung zur Änderung seines Arbeitsvertrages abgeleitet werden kann.

8. Welche Möglichkeiten hat der Betriebsrat im Falle einer Versetzung eines Arbeitnehmers?

§

101 ArbVG

Der AG muss den Betriebsrat von jeder dauernden Einreihung eines AN auf einen anderen Arbeitsplatz informieren. Darüber hinaus bedarf es zur Rechtswirksamkeit einer verschlechternden dauernden Versetzung der Zustimmung des Betriebsrats.

8.1. Ab wann gilt eine Versetzung als „dauernde Einreihung" auf einen anderen Arbeitsplatz?

Eine dauernde Einreihung liegt vor, wenn sie für einen Zeitraum von mindestens 13 Wochen erfolgt.

8.2. Wann ist eine Versetzung verschlechternd?

Im Sinne des ArbVG ist eine Versetzung immer dann verschlechternd, wenn mit dem Wechsel des Arbeitsplatzes eine Verschlechterung der Entgelt- oder sonstigen Arbeitsbedingungen verbunden ist.

8.2.1. Wann liegt eine Verschlechterung der Entgeltbedingungen vor?

Das kann zB bei Wegfall von Sonntags-, Feiertags- und Nachtzuschlägen sein oder im Falle einer Versetzung an einen Arbeitsplatz, der mit der Einstufung in eine niedrigere Verwendungsgruppe verbunden ist.

8.3. Der Betriebsrat hat der Versetzung nicht ausdrücklich zugestimmt. Kann der Arbeitnehmer, wenn er am neuen Arbeitsplatz die Arbeit aufnimmt, dennoch rechtswirksam versetzt werden?

Auch wenn der betroffene AN nichts gegen eine verschlechternde Versetzung einzuwenden hat, ist diese rechtsunwirksam, wenn der Betriebsrat seine Zustimmung verweigert.

8.4. Wie ist der Fall zu beurteilen, wenn der Arbeitgeber den Arbeitnehmer zwar für kürzer als 13 Wochen, aber mehrere Male hintereinander versetzt?

Eine solche Vorgangsweise kann als Umgehung zwingender gesetzlicher Bestimmungen betrachtet werden. Die Zeiten der einzelnen Versetzungen sind zusammenzuzählen. Ergibt ihre Summe mehr als 13 Wochen, so ist die Zustimmung des Betriebsrats erforderlich.

8.5. Warum wurde dem Betriebsrat die Möglichkeit gegeben, verschlechternde Versetzungen zu verhindern?

Da Betriebsratsmitglieder mit Kündigungs- und Entlassungsschutz ausgestattet sind, haben sie die Möglichkeit, wirksam verschlechternde oder schikanöse Versetzungen zu verhindern.

8.6. Welche Möglichkeit hat der Arbeitgeber, wenn der Betriebsrat einer verschlechternden Versetzung nicht zustimmt?

Dem AG bleibt in diesem Fall nur die Möglichkeit, mittels Klage beim Arbeits- und Sozialgericht die Zustimmung zur Versetzung zu erwirken.

8.7. Ist auch eine im Zusammenhang mit einer Änderungskündigung ausgesprochene verschlechternde Versetzung zustimmungspflichtig?

Änderungskündigungen liegen immer dann vor, wenn der AG die Kündigung zwar ausspricht, aber zugleich erklärt, dass er die Kündigung wieder zurücknimmt, wenn der AN zB einer verschlechternden Versetzung zustimmt. In einem soclhen Fall hat der OGH entschieden, dass der BR nicht nur von der Kündigung verständigt werden muss und eine Erklärung zur Kündigung abgeben kann (§ 105 ArbVG), sondern auch, dass die verschlechternde Versetzung ohne ausdrückliche Zustimmung des BR unwirksam ist.

Arbeits-kräfteüber-lassung

Kapitel 12

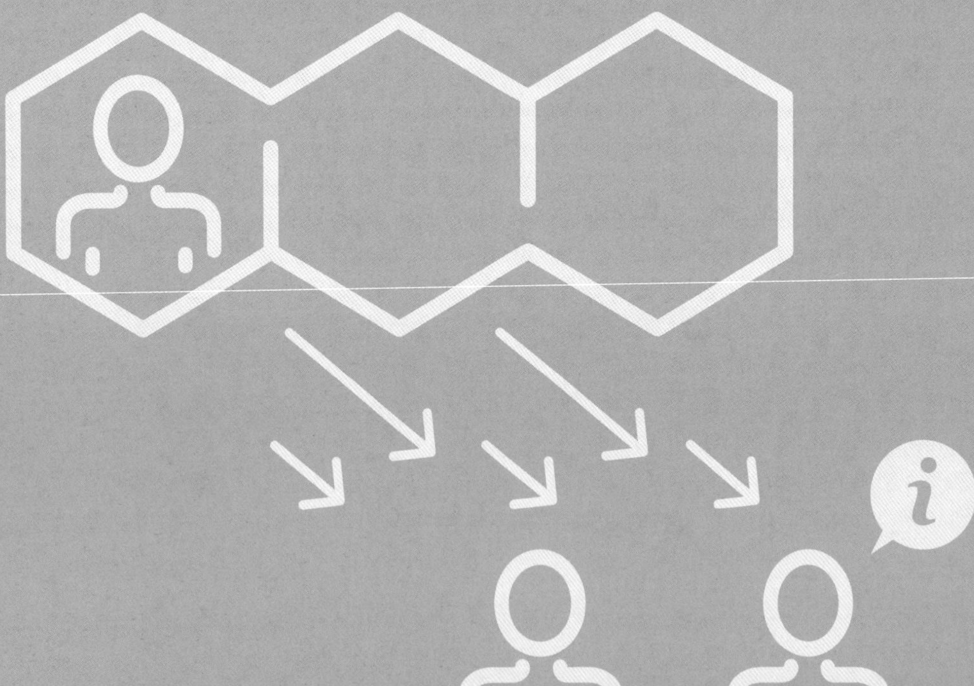

1. Welche Vorschriften regeln die Arbeitskräfteüberlassung?

Dieser Themenbereich wurde durch das Arbeitskräfteüberlassungsgesetz (AÜG) geregelt, welches mit 1. Juli 1988 in Kraft getreten ist. Daneben sind die Bestimmungen der KollV zu beachten, in welchen die AN beschäftigt sind. Der Kollektivvertrag für AN bei Arbeitskräfteüberlassern enthält Bestimmungen für AN, die bei AG beschäftigt sind, die das Gewerbe der Arbeitskräfteüberlassung ausüben.

2. Was versteht man unter Arbeitskräfteüberlassung?

Überlassung von AN ist die Zurverfügungstellung von AN zur Arbeitsleistung an Dritte. Für die Beurteilung, ob Arbeitskräfteüberlassung vorliegt, ist nicht das äußere Bild der Verträge, sondern der wahre wirtschaftliche Gehalt der Geschäfte maßgeblich.

§§ *3 und 4 AÜG*

12

2.1. Wer wird als „Überlasser" bezeichnet?

Überlasser ist, wer Arbeitskräfte zur Arbeitsleistung an Dritte vertraglich verpflichtet.

2.2. Wer wird als „Beschäftiger" bezeichnet?

Beschäftiger ist, wer Arbeitskräfte eines Überlassers zur Arbeitsleistung für betriebseigene Aufgaben einsetzt.

2.3. Wer wird als „Arbeitskräfte" bezeichnet?

Arbeitskräfte im Sinne des AÜG sind sowohl AN als auch arbeitnehmerähnliche Personen. Arbeitnehmerähnliche Personen sind solche, die, ohne in einem Arbverh zu stehen, im Auftrag und für Rechnung bestimmter Personen Arbeit leisten und wirtschaftlich unselbstständig sind.

2.4. Gilt das AÜG für alle Arbeitsverhältnisse?

§§ *1 und 2 AÜG*

Das AÜG ist in fünf Abschnitte unterteilt, wobei der erste Abschnitt auf alle Fälle der Arbeitskräfteüberlassung anzuwenden ist. Die grundsätzlichen Ziele des Gesetzes (Schutz der überlassenen Arbeitskräfte, Vermeidung arbeitsmarktpolitisch nachteiliger Entwicklungen) gelten somit allgemein. Jedenfalls gilt, dass niemand ohne seine ausdrückliche Zustimmung überlassen werden darf und dass durch den Einsatz überlassener Arbeitskräfte für die AN im Beschäftigerbetrieb kein Nachteil in den Lohn- und Arbeitsbedingungen und keine Gefährdung der Arbeitsplätze bewirkt werden darf.
Die Detailbestimmungen des AÜG gelten zB nicht für die Überlassung

- von Gebietskörperschaften (Bund, Land, Gemeinde oder Gemeindeverbände) oder
- von land- und forstwirtschaftlichen AN oder
- im Zusammenhang mit dem Verkauf, der Erzeugung oder Vermietung von technischen Anlagen oder Maschinen, wenn die Überlassung zur
  - Inbetriebnahme, Wartung oder Reparatur von technischen Anlagen oder Maschinen oder
  - Einschulung von AN in den Betrieben des Käufers oder Mieters einer technischen Anlage oder Maschine

erforderlich ist und der Wert der Sachleistung überwiegt oder
» innerhalb einer Arbeitsgemeinschaft oder bei einer betrieblichen Zusammenarbeit
  » zur Erfüllung gemeinsam übernommener Aufträge oder
  » zum Erfahrungsaustausch, der Forschung und Entwicklung, der Ausbildung, der Betriebsberatung oder Überwachung oder
  » in Form von Kanzlei- oder Praxisgemeinschaften
» zum Teil innerhalb eines Konzerns
» im Rahmen sozialer Dienste öffentlicher oder öffentlich geförderter Einrichtungen;
» zur Entwicklungshilfe.

3. Dürfen Arbeitskräfte ohne ihre Zustimmung überlassen werden?

§ 2 AÜG

Nein, das ist in keinem Fall zulässig. Auch die bloß vorübergehende Überlassung ist von der ausdrücklichen Zustimmung abhängig. Dem AG bleibt im Falle einer Ablehnung durch den AN nur die Möglichkeit einer Kündigung.

4. Bei welcher Gebietskrankenkasse sind Arbeitsverhältnisse im Sinne des AÜG anzumelden?

§ 5 AÜG

Bei einem inländischen Überlasser richtet sich die Zuständigkeit der GKK nach dem Standort des Beschäftigers, bei einem ausländischen Überlasser nach dem des Beschäftigers.

5. Wer hat auf die Einhaltung der Arbeitnehmerschutzvorschriften zu achten?

§ 6 AÜG

Diese Pflicht (zB Bereitstellung von Schutzkleidung und von versperrbaren Garderobenkästen, die Ausgestaltung der Schutzräume) trifft in erster Linie den Beschäftiger. Den Überlasser treffen aber hinsichtlich des persönlichen AN-Schutzes (Regelungen des AZG, ARG, MSchG, BeinstG) Informations- und Überwachungspflichten. Er hat auch ein geeignetes Kontrollsystem zur Überwachung der Einhaltung der Vorschriften einzurichten. Der Überlasser muss die Überlassung jedenfalls beenden, wenn ihm bekannt wird oder sein müsste, dass AN-Schutzvorschriften verletzt werden.

6. Wen trifft die Fürsorgepflicht bei Überlassung?

Diese obliegt für die Dauer der Überlassung sowohl dem Beschäftiger als auch dem Überlasser. Dies betrifft auch die Vorschriften zur Gleichbehandlung.

7. Inwiefern gelten die Bestimmungen des Dienstnehmerhaftpflichtgesetzes?

Die Bestimmungen des DNHG gelten sowohl zwischen der Arbeitskraft und dem Überlasser als auch zwischen der Arbeitskraft und dem Beschäftiger.

§ *7 AÜG*

8. Können die Bestimmungen des AÜG durch Vertrag abgeändert werden?

Die Bestimmungen des AÜG können sowohl durch Arbeitsvertrag als auch Kollektivvertrag oder Betriebsvereinbarung nur zugunsten der Arbeitskraft abgeändert werden. Auch sog Umgehungsvereinbarungen, die nur scheinbar und indirekt einwirken, sind verboten und nichtig.

§ *8 AÜG*

9. Ist die Überlassung von Arbeitskräften in bestreikte Betriebe erlaubt?

Nein. Auch die Überlassung in von einer Aussperrung betroffene Betriebe ist verboten.

§ *9 AÜG*

10. Wer ist Arbeitgeber im Falle einer Arbeitskräfteüberlassung?

AG ist derjenige, der die Arbeitskraft des AN aufgrund einer Vereinbarung einem Dritten überlässt. Das ist also nicht derjenige, der den AN dann tatsächlich beschäftigt. Dieser Dritte wird im Gesetz als „Beschäftiger“ und der AG als „Überlasser“ bezeichnet.

§ *3 AÜG*

11. Wer muss dem Arbeitnehmer das Entgelt zahlen und wen treffen die Pflichten, wie Entgeltfortzahlung im Krankheitsfall, Urlaub, Pflegefreistellung, Anmeldung bei der Krankenkasse usw?

Alle diese Pflichten treffen den AG (Überlasser) und nicht den Beschäftiger des AN.

12. Mit wem muss der Arbeitnehmer seinen Urlaub vereinbaren?

12

Grundsätzlich muss dies mit dem AG geschehen. In der Praxis wird der AG jedoch mit dem Beschäftiger Rücksprache halten.

12.1. Welches Entgelt steht dem Arbeitnehmer während des Urlaubes oder eines Krankenstandes zu?

In diesen Fällen ist dem AN das Entgelt zu bezahlen, das er erhalten hätte, wenn er gearbeitet hätte (Ausfallsprinzip). Überstunden sind in ihrem Durchschnitt dann zu berücksichtigen, wenn sie in den letzten 13 Wochen vor Urlaubsantritt regelmäßig angefallen sind. Wird ein Urlaub während einer Überlassung vereinbart, so gebührt das Entgelt, das für diese Überlassung zusteht. Wird ein Urlaub vor oder nach einer Überlassung vereinbart, so steht dem AN jenes Entgelt zu, das er aufgrund seines Arbeitsvertrages zu bekommen hat.

§ *7 AÜG*

12.2. Welche Regeln sind anzuwenden, wenn eine überlassene Arbeitskraft dem Beschäftiger oder einem Dritten einen Schaden zufügt?

Im Verhältnis zwischen Beschäftiger und überlassener Arbeitskraft gelten die Vorschriften des DHG (siehe Kap 10. Arbeitnehmerpflichten) ebenso wie auch im Verhältnis zwischen Überlasser und überlassener Arbeitskraft.

13. Welches Entgelt hat der Arbeitnehmer zu bekommen?

§ *10 AÜG*

Der Entgeltanspruch richtet sich nach

» dem KollV für die AN von Arbeitskräfteüberlassern,
» dem angemessenen und ortsüblichen Entgelt, wenn kein KollV für die AN von Arbeitskräfteüberlassern abgeschlossen wurde,
» der BV im Betrieb des Überlassers,
» dem Einzelarbeitsvertrag,
» dem KollV für den Betrieb des Beschäftigers,

» der BV im Betrieb des Beschäftigers oder eines dort geltenden Vertrags zugunsten Dritter.

Aus all diesen Anspruchsgrundlagen ist der höchste Entgeltanspruch zu bezahlen. Hinsichtlich der Entlohnung ist für die Zeit der Überlassung vor allem der für den Beschäftigerbetrieb geltende Kollektivvertrag zu beachten. Ergibt sich danach ein höheres Entgelt als im KollV für die AN von Arbeitskräfteüberlassern oder zwischen dem AG und dem AN im Grundvertrag vereinbart wurde, so ist dieses höhere Entgelt zu bezahlen. Das gilt analog auch für Sonderzahlungen, Zuschläge oder andere Engeltleistungen. Sieht der Kollektivvertrag für den Beschäftigerbetrieb ein niedrigeres Entgelt als das vereinbarte vor, so ist dem AN das vertraglich zugesicherte Entgelt zu bezahlen.

Beispiel 1:

Vereinbarter Lohn pro Stunde mit dem Verleiher (Überlasser)	*€ 8,–*
KV-Mindeststundenlohn im Beschäftigerbetrieb	*€ 10,–*

In diesem Fall ist der KV-Mindeststundenlohn von 10 Euro zu bezahlen.
Im umgekehrten Fall darf aber das vereinbarte Entgelt nicht unterschritten werden, da durch die Vereinbarung in jedem Fall die unterste Grenze festgelegt wird.

Beispiel 2:

Vereinbarter Stundenlohn	*€ 10,–*
KV-Mindeststundenlohn im Beschäftigerbetrieb	*€ 8,–*

In diesem Fall ist der vertraglich vereinbarte Stundenlohn von 10 Euro zu bezahlen.

Beim Vergleich der Entgeltbestimmungen der oben angeführten Rechtsquellen (zB KollV für die AN von Arbeitskräfteüberlassern mit KollV für den Betrieb des Beschäftigers) ist im Sinne eines sachbezogenen Günstigkeitsvergleichs vorzugehen. Das heißt, dass die in einem Sachzusammenhang stehenden Regeln des einen KollV mit den jeweils entsprechenden Regeln des anderen KollV verglichen werden müssen. Nicht zulässig ist es, einzelne günstige Bestimmungen herauszupicken und andere nachteilige Bestimmungen zu vernachlässigen. Der im Beschäftiger-KollV vorgesehene erhöhte Überstundenzuschlag muss zB im Zusammenhang mit dem nach diesem KollV gebührenden Lohn betrachtet werden.

13.1. Hat der Arbeitnehmer auch Anspruch auf Bezahlung, wenn er nicht überlassen wird (Stehzeit)?

Ja, der AN muss auch für Zeiten im vereinbarten Ausmaß bezahlt werden, in denen er mangels einer Überlassungsmöglichkeit nicht arbeitet. Die Bestimmungen des KollV für die AN von Arbeitskräfteüberlassern sind zu beachten. War das tatsächliche Beschäftigungsausmaß während der letzten 13 Wochen überwiegend höher als die vereinbarte Arbeitszeit, ist durch 14 Tage Entgelt nach dem Durchschnitt der letzten 13 Wochen zu bezahlen. Dies gilt nicht, wenn für die Beschäftigung mit einer höheren Arbeitszeit von Anfang an mit Datum eine Befristung festgesetzt war. Der KollV für die Arbeiter von Arbeitskräfteüberlassern sieht vor, dass die 14-Tage-Grenze für Arbeiter nicht gilt. Daher müssen Arbeiter über diese Grenze hinaus das für die längere Arbeitszeit gebührende höhere Entgelt erhalten.

13.2. Inwieweit haben Arbeitnehmer Anspruch auf Sonderzahlungen (= 13. und 14. Gehalt)?

Gegenüber dem Überlasser besteht ein solcher Anspruch nur, wenn dies durch Vertrag geregelt ist oder ein Kollektivvertrag vorsieht. Das betrifft vor allem überlassungsfreie Zeiten. Für die Zeit der Überlassung ist der jeweilige Kollektivvertrag des Beschäftigerbetriebes, soweit er für den AN günstiger ist, heranzuziehen.

13.3. Inwieweit stehen überlassenen Arbeitnehmern Sozialleistungen des Beschäftigerbetriebes zu?

§ *10 Abs 6 AÜG*

Der Beschäftiger hat der überlassenen Arbeitskraft Zugang zu den Wohlfahrtseinrichtungen und -maßnahmen in seinem Betrieb unter den gleichen Bedingungen wie seinen eigenen Arbeitskräften zu gewähren, es sei denn, eine unterschiedliche Behandlung ist aus sachlichen Gründen gerechtfertigt. Zu den Wohlfahrtseinrichtungen und -maßnahmen zählen insbesondere Kinderbetreuungseinrichtungen, Gemeinschaftsverpflegung und Beförderungsmittel.

12

14. Welche Arbeitszeitvorschriften gelten während der Überlassung?

§ *10 AÜG*

Während der Überlassung gelten die arbeitszeitrechtlichen Vorschriften des im Beschäftiger-Betrieb auf vergleichbare AN anzuwendenden KollV und einer auf vergleichbare AN anzuwendenden gesetzlich festgelegten Regelung.

15. Muss der Arbeitgeber mit dem Arbeitnehmer einen schriftlichen Arbeitsvertrag abschließen?

§ *11 AÜG*

Ein Arbeitsvertrag muss nicht zwingend schriftlich abgefasst werden. Der AN hat jedoch Anspruch auf die Ausstellung einer schriftlichen Grundvereinbarung, den Dienstzettel.

15.1. Was muss die Grundvereinbarung (Dienstzettel) alles enthalten?

Zusätzlich zum allgemein erforderlichen Inhalt (siehe Kap 7 Arbeitsvertrag, Frage 15.5):

» die Höhe des Entgelts, die Zahlungstermine und die Urlaubsansprüche;
» ein bestimmtes zeitliches Ausmaß der Arbeitsverpflichtung und die Gründe für eine allfällige Befristung;
» die Kündigungsfristen;
» die voraussichtliche Art der Arbeitsleistung;
» die Bundesländer oder die Staaten, in denen der überlassene AN beschäftigt werden soll.

15.2. Welche Bedingungen dürfen im Grundvertrag nicht vereinbart werden?

Der Grundvertrag darf nicht

» den Anspruch auf das Arbeitsentgelt auf die Dauer der Beschäftigung im Betrieb des Beschäftigers einschränken;
» die Arbeitszeit wesentlich unter dem Durchschnitt des zu erwartenden Beschäftigungsausmaßes festsetzen oder ein geringeres Ausmaß der Arbeitszeit für überlassungsfreie Zeiten festlegen;
» bei vereinbarter Teilzeitbeschäftigung dem AG das Recht zur Anordnung von regelmäßiger Mehrarbeit einräumen;
» das Arbverh ohne sachliche Rechtfertigung befristen;
» die Verfalls- oder Verjährungsvorschriften verkürzen;
» die überlassene Arbeitskraft für die Zeit nach dem Ende des Vertragsverhältnisses zum Überlasser, insbesondere durch Konventionalstrafen, Reugelder oder Einstellungsverbote, in ihrer Erwerbstätigkeit beschränken.

12

15.3. Welche Möglichkeiten hat der Arbeitnehmer, wenn der Arbeitgeber den Dienstzettel nicht ausstellt?

§ *11 AÜG*

Der AN kann in einem solchen Fall die Überlassung verweigern oder beim Arbeits- und Sozialgericht die Ausstellung des Dienstzettels einklagen.

15.4. Welche Möglichkeiten hat ein Arbeitnehmer, wenn der Arbeitgeber einen falschen Dienstzettel ausstellt?

§ *11 AÜG*

Auch in diesem Fall kann der AN die Überlassung verweigern. Das wird aber nur dann anzuraten sein, wenn er auch beweisen kann, dass der ausgestellte Dienstzettel nicht der Vereinbarung entspricht. Ist das fraglich, sollte der AG vorerst mündlich, dann schriftlich mittels eingeschriebenen Briefes, von dem sich der AN eine Kopie zurückbehält, auf die Fehler im Dienstzettel aufmerksam gemacht werden. Darüber hinaus ist es möglich, das Recht auf einen richtigen Dienstzettel klagsweise durchzusetzen.

15.5. Darf der Anspruch auf Entgeltzahlung auf Zeiten der tatsächlichen Überlassung vertraglich eingeschränkt werden?

Nein, denn in diesem Fall würde es sich um verbotene Arbeitsvermittlung handeln.

15.6. Was muss bei der Vereinbarung der wöchentlichen Arbeitszeit besonders beachtet werden?

Die Vereinbarung muss zumindest annähernd der Stundenanzahl entsprechen, die dann tatsächlich anfällt. Es ist verboten, die Arbeitszeit wesentlich unter dem Durchschnitt des zu erwartenden Beschäftigungsausmaßes festzusetzen oder für die überlassungsfreie Zeit ein geringeres Ausmaß zu vereinbaren.

15.7. Ist der Arbeitnehmer im Falle einer vereinbarten Teilzeitbeschäftigung verpflichtet, regelmäßig Mehrarbeit zu leisten?

Dazu ist er nur dann verpflichtet, wenn er zugestimmt hat. Diese Zustimmung kann nicht im Arbeitsvertrag von vorneherein gegeben werden, sondern hat vielmehr für jeden Anlassfall neuerlich zu erfolgen. In Notfällen wird jedoch der AN sehr wohl zur Leistung von Mehrarbeitsstunden verpflichtet sein.

15.8. Inwieweit dürfen Befristungen vereinbart werden?

Befristete Arbverh sind nur dann zulässig, wenn eine sachliche Rechtfertigung für die Befristung gegeben ist. Insbesondere darf die Dauer des Arbeitsvertrages nicht mit der Dauer der Überlassung befristet werden. Zulässig wären Befristungen, die im Interesse des AN erfolgen, und solche, die sich aus branchenbezogenen Üblichkeiten (zB Saison) ergeben.

§ *11 AÜG*

15.9. Dürfen verkürzte Verfalls- oder Verjährungsfristen vereinbart werden?

Nein, denn dies ist ausdrücklich im AÜG verboten. Die Bestimmungen des KollV für die AN von Arbeitskräfteüberlassern sind zu beachten. Nach einer neuen Entscheidung des OGH regelt der KollV für die bei Arbeitsüberlassern beschäftigten AN den Verfall abschließend. Die Anwendung von Verfalls- und Verjährungsvorschriften des Beschäftiger-KollV ist somit ausgeschlossen. Der Grundlohnanspruch verjährt daher erst nach drei Jahren, auch wenn der Beschäftiger-KollV eine kürzere Verfallsfrist vorsieht.

§ *11 AÜG*

15.10. Ist es zulässig, für das Ende des Arbeitsverhältnisses Konventionalstrafen, Reugelder oder Einstellungsverbote zu vereinbaren?

Das ist nicht erlaubt, wenn dadurch die AN in ihrer Erwerbstätigkeit beschränkt werden.

16. Welche Kündigungsfrist hat ein Leiharbeitnehmer einzuhalten?

§ *10 AÜG*

Die Kündigungsfrist beträgt mindestens 14 Tage. Für Angestellte gilt jedoch die längere Kündigungsfrist des Angestelltengesetzes. Darüber hinaus sind die Bestimmungen des KollV für die AN von Arbeitskräfteüberlassern zu beachten.

17. Inwieweit hat ein Arbeitgeber den Arbeitnehmer über die Beschäftigungsbedingungen vor einer Überlassung zu informieren?

Der Überlasser hat den AN vor jeder Überlassung von wesentlichen Bedingungen der Überlassung schriftlich zu informieren (Angaben über den Beschäftiger, Ort und Tätigkeit der Beschäftigung, die voraussichtliche Arbeitszeit und das Entgelt sowie die voraussichtliche Dauer der Überlassung). Diese schriftliche Mitteilung hat der AN zu bestätigen.

18. Ist der Betriebsrat des Beschäftigerbetriebes auch für den überlassenen Arbeitnehmer zuständig?

Ja, während der Dauer der Beschäftigung werden die Interessen des überlassenen AN gegenüber dem Beschäftiger (= Unternehmen, in dem der überlassene AN tatsächlich arbeitet) vom Betriebsrat des Beschäftigerbetriebes wahrgenommen. Dieser Betriebsrat kann den überlassenen AN aber nicht gegenüber seinem AG (Überlasser) vertreten.

§ *89 ArbVG*

18.1. Muss der Betriebsrat des Beschäftigerbetriebes von der Aufnahme überlassener Arbeitskräfte von seinem Arbeitgeber informiert werden?

Ja, der Betriebsrat des Beschäftigerbetriebes ist bereits von der beabsichtigten Beschäftigung von überlassenen Arbeitskräften durch seinen AG zu informieren. Auf sein Verlangen ist eine Beratung durchzuführen. Von der tatsächlichen Aufnahme der Beschäftigung ist der Betriebsrat unverzüglich in Kenntnis zu setzen. Auf sein Verlangen ist ihm mitzuteilen, welche Vereinbarung hinsichtlich des zeitlichen Arbeitseinsatzes der überlassenen Arbeitskräfte und hinsichtlich der Vergütung für die Überlassung mit dem Überlasser getroffen wurden.

§ *99 ArbVG*

12

19. Inwieweit haftet der Beschäftiger für die Verpflichtung zur Entgeltzahlung des Überlassers?

Der Beschäftiger haftet für die gesamten dem AN für die Beschäftigung in seinem Betrieb zustehenden Entgeltansprüche und die entsprechenden AG- und AN-Beiträge zur Sozialversicherung als Bürge. Hat er seine Verpflichtung aus der Überlassung bereits dem Überlasser erfüllt, haftet er nur als Ausfallsbürge. Diese Haftung entfällt bzw ist eingeschränkt bei Insolvenz des Überlassers.

§ *14 AÜG*

Die Gewerkschaft PRO-GE hat zum Thema Arbeitskräfteüberlassung unter **www.leiharbeiter.at** eine eigene Internetseite mit wertvollen Informationen und Tipps eingerichtet.

Arbeitszeit

Kapitel 13

1. Wo findet man Vorschriften über die Arbeitszeit?

Das Arbeitszeitgesetz (AZG) 1969 regelt die allgemeinen Fragen über die Arbeitszeit, wie zB zur Normalarbeitzeit, Mehr- und Überstunden, Pausen, Höchstarbeitszeiten, Teilzeitarbeit und Vorschriften zu bestimmten Branchen. Das Arbeitsruhegesetz (ARG) 1983 regelt insbesondere die wöchentliche Ruhezeit sowie die Feiertagsruhe. Beide Gesetze enthalten als AN-Schutzgesetze auch Regelungen über Strafen für den Fall von Verletzungen von Vorschriften. Darüber hinaus sind zahlreiche innerstaatliche Verordnungen zum AZG und ARG ergangen. Über den gesetzlichen Rahmen hinaus können durch Kollektivverträge branchenbedingte Regelungen getroffen werden. Auch Betriebsvereinbarungen oder Einzelverträge können Regelungen über die Arbeitszeit oder Arbeitsruhe enthalten.

2. Gilt das Arbeitszeitgesetz für alle Arbeitnehmer?

13

§ *1 AZG*

Das AZG gilt für alle AN, die das 18. Lebensjahr vollendet haben. Für Lehrlinge, die nicht älter als 18 Jahre sind, sind die Sonderbestimmungen des Kinder- und Jugendlichenbeschäftigungsgesetzes, vor allem hinsichtlich des Akkordverbotes, der Überstundenvergütung, der Nachtzeit und der Anrechnung der Unterrichtszeit auf die Arbeitszeit zu beachten. Der Geltungsbereich des AZG umfasst auch AN einer Gebietskörperschaft (zB Bund, Land oder Gemeinde), wenn diese AN nicht in der Hoheitsverwaltung beschäftigt sind und für sie ein Kollektivvertrag gilt. Nicht dem AZG unterliegen AN, für die das Landarbeits- oder das Bäckereiarbeiter-, das Hausgehilfen- und Hausangestellten-, das Heimarbeitsgesetz oder das Hausbesorgergesetz gilt oder denen die Hausbetreuung iS des Mietrechtsgesetz obliegt. Es gilt auch nicht für das Bordpersonal von Luftverkehrsunternehmungen sowie Lehr- und Erziehungskräfte an Unterrichts- und Erziehungsanstalten. Ausgenommen sind auch leitende Angestellte, die mit maßgeblichen Führungsaufgaben betraut sind.

3. Welches Gesetz gilt für Arbeitnehmer bis zum 18. Geburtstag?

In diesen Fällen gilt das „Gesetz über die Beschäftigung von Kindern und Jugendlichen".

4. Wer ist als leitender Angestellter vom AZG ausgenommen?

Das betrifft jene AN, die maßgebliche Führungsaufgaben selbstverantwortlich wahrnehmen müssen. Die engen Grenzen des ArbVG sind hier nicht heranzuziehen, sodass AN als leitende Angestellte zwar dem ArbVG unterliegen können, aber vom AZG ausgenommen sind. Leitendende Angestellte im Sinne des AZG müssen nicht unbedingt selbstständig über Aufnahmen oder Kündigungen entscheiden können oder den AG nach Außen selbstständig vertreten können. Kriterien für einen maßgeblichen Einfluss sind zB Weisungsrecht über eine Vielzahl von AN, eigenverantwortliche Leitung wesentlicher Teilbereiche des Unternehmens, mitunter auch Einfluss auf die Finanzgebarung des Unternehmens. Die Ausnahme ist darin begründet, dass der Aufgabenbereich leitender Angestellter eine Bindung an fixe Arbeitszeitgrenzen und an die Arbeitszeitverteilung des AZG kaum zulässt, sich diese AN ihre Arbeitszeit weitgehend selbst einteilen können und gewöhnlich ein überdurchschnittliches Entgelt beziehen. Ein Unternehmen kann zB mehrere Abteilungsleiter haben. Ab einer gewissen Anzahl kann aber nicht mehr davon ausgegangen werden, dass jeder von ihnen maßgebliche Führungsaufgaben wahrnimmt.

§

5. Was ist unter „Arbeitszeit" zu verstehen?

2 AZG

Das ist die Zeit vom Beginn bis zum Ende der Arbeit ohne Ruhepause (siehe aber Fragen 28 ff dieses Kapitels!).

5.1. Was ist unter „Tagesarbeitszeit" zu verstehen?

Das ist die Arbeitszeit innerhalb eines ununterbrochenen Zeitraumes von 24 Stunden. Die Tagesarbeitszeit muss jedoch nicht mit einem Kalendertag übereinstimmen. Der Kalendertag erstreckt sich von 0.00 Uhr bis 24.00 Uhr.

5.2. Was ist unter „Wochenarbeitszeit" zu verstehen?

Das ist die Zeit einer Kalenderwoche, also von Montag 0.00 Uhr bis Sonntag 24.00 Uhr. Im Gegensatz zur 24-stündigen Tagesarbeitszeit, deren Beginn nicht mit Beginn des Kalendertages zusammenfallen muss, ist dieser Wochenzeitraum mit der Kalenderwoche identisch.

6. Hat es Folgen, wenn ein Arbeitnehmer bei mehreren Arbeitgebern beschäftigt wird?

Ja, denn zur Berechnung der Höchstgrenzen der Arbeitszeit müssen die einzelnen Beschäftigungen zusammengerechnet werden. Zur Frage, ob Überstunden geleistet werden, muss jedes Arbverh aber getrennt für sich betrachtet werden.

7. Wann beginnt die Arbeitszeit?

Die Arbeitszeit beginnt mit dem Zeitpunkt, in dem sich der AN am vereinbarten Arbeits(-ort)platz einzufinden hat.

7.1. Gilt als Beginn der Arbeitszeit das Betreten des Unternehmens oder das sich Einfinden am Arbeitsplatz?

Wenn nichts anderes vereinbart wurde, hat sich der AN zu Beginn der Arbeitszeit am Arbeitsplatz zu befinden. Anderslautende Vereinbarungen können sowohl schriftlich, mündlich als auch schlüssig erfolgen. In Betrieben mit einem Betriebsrat können Betriebsvereinbarungen abgeschlossen werden, die den Zeitpunkt des Arbeitsbeginns genau regeln.

7.2. Zählt das Umziehen der Kleidung am Beginn des Tages zur Arbeitszeit?

Normalerweise nicht, aber auch diesbezüglich können andere Vereinbarungen getroffen werden.

13

8. Wann endet die Arbeitszeit?

Üblicherweise endet die Arbeitszeit mit Ablauf der vorgesehenen Tagesarbeitszeit am Arbeitsplatz. Auch hier kann abweichend etwas anderes vereinbart werden, wie zB, dass die Arbeitszeit mit Verlassen des Betriebes oder der Arbeitsstätte oder mit dem Markieren der Zeitnehmung endet.

9. Was gilt, wenn der Arbeitnehmer auf Dienstreise ist?

Im Falle einer Dienstreise ist die Zeit der tatsächlich anfallenden Arbeitsleistung von der eigentlichen Reisezeit zu unterscheiden. § *20b AZG*

9.1. Was versteht man unter Reisezeit?

Darunter versteht man die Zeit der eigentlichen Reisebewegung, das heißt jene Zeit, die der AN in Verkehrsmitteln (zB Bus, Auto, Bahn oder Flugzeug) verbringt. Reisezeit liegt jedoch nicht vor, wenn der AN während der Zeit im Verkehrsmittel Arbeitsleistungen erbringt. Als Arbeitsleistung zählt zB auch das angeordnete Lenken eines Autos.

9.2. 9.2.Können durch Reisezeiten die Höchstgrenzen der Arbeitszeit überschritten werden?

Ja.

12.3. Was ist ein Durchrechnungszeitraum, und unter welchen Bedingungen ist diese Form der anderen Verteilung der Normalarbeitszeit zulässig?

Das ist jener Zeitraum, in dem die wöchentliche Normalarbeitszeit von 40 Stunden anders verteilt werden kann, ohne dass eine Überstundenleistung anfällt. Es kann also in einer Woche länger als 40 Stunden, dafür in anderen Wochen im Normalfall dementsprechend kürzer gearbeitet werden. Im Durchschnitt darf die wöchentliche Normalarbeitszeit grundsätzlich nicht mehr als 40 Stunden in der Woche betragen. Dies ist aber nur im Falle der Gleitzeit (siehe Frage 12.6 dieses Kapitels) oder dann zulässig, wenn es der für das jeweilige Unternehmen geltende Kollektivvertrag oder nach Zulässigkeit auch die Betriebsvereinbarung erlaubt. Es ist also unbedingt notwendig, den betreffenden Kollektivvertrag heranzuziehen. Lediglich im Handel und für Lenker und Beifahrer sieht das AZG die Möglichkeit der Durchrechnung vor. In diesen Branchen gibt es zumeist eine weiter gehende Regelung im Kollektivvertrag.

13

§§ *4 Abs 4 ff AZG*

12.3.1. Unter welchen Bedingungen ist eine Vereinbarung der Durchrechnung der wöchentlichen Normalarbeitszeit zulässig?

Außer in den Fällen der Gleitzeit (siehe Frage 12.6 dieses Kapitels) und für Verkaufsstellen im Handel ist das dann zulässig, wenn der Kollektivvertrag oder vorbehaltlich deren Zulässigkeit auch die Betriebsvereinbarung eine Durchrechnung der Normalarbeitszeit zulässt. Es ist daher unerlässlich, in dem entsprechenden Kollektivvertrag/der entsprechenden Betriebsvereinbarung nachzulesen. Für Jugendliche gelten Sonderbestimmungen (siehe Frage 20.13 ff dieses Kapitels).

§ *4 Abs 6 AZG*

12.3.2. Wie lange darf im Falle der Durchrechnung durch Bestimmungen eines Kollektivvertrages wöchentlich oder täglich gearbeitet werden?

Der Durchrechnungszeitraum darf längstens ein Jahr dauern. Die wöchentliche Normalarbeitszeit darf 50 Stunden nicht überschreiten, wenn der Durchrechnungszeitraum höchstens acht Wochen beträgt. Ist der Durchrechnungszeitraum zwar länger als acht Wochen, aber längstens ein Jahr acht Wochen, kann die wöchentliche Normalarbeitszeit auf höchstens 48 Stunden ausgedehnt werden. Die tägliche Normalarbeitszeit darf höchstens neun Stunden betragen. Der KollV kann einen längeren Durchrechnungszeitraum festlegen, wenn die dadurch gewonnene Freizeit in einem mehrwöchigen Zeitraum verbraucht werden kann.

§ *5 AZG*

12.3.3. In welchen Fällen ist neben dem Einarbeiten eine Ausdehnung der Normalarbeitszeit auf zehn Stunden täglich möglich?

» Bei Einführung einer Vier-Tage-Woche;
» bei einem Durchrechnungszeitraum bis zu einem Jahr – wenn der Zeitausgleich in mehreren zusammenhängenden Tagen gewährt wird;
» bei einem Durchrechnungszeitraum von über einem Jahr – wenn der Zeitausgleich in mehreren zusammenhängenden Wochen verbraucht wird.

Diese Regelung kann durch Kollektivvertrag zugelassen werden, oder der Kollektivvertrag kann die Betriebsvereinbarung dazu ermächtigen. In Betrieben ohne Kollektivvertrag mangels Kollektivvertragsfähigkeit auf AG-Seite kann diese Regelung ebenfalls durch Betriebsvereinbarung abgeschlossen werden, wobei diese der zuständigen kollektivvertraglichen Körperschaft auf Arbeitnehmerseite übermittelt werden muss. Mit einer Einzelvereinbarung ist diese Regelung nicht zulässig.

12.3.4. Wie können die vier Tage in diesem Zusammenhang innerhalb der Woche verteilt werden?

§ *4 Abs 2 und 8 AZG*

Die vier Tage müssen zusammenhängen, dh hintereinander liegen.

12.3.5. Wie lange darf der Zeitraum der Durchrechnung maximal sein?

Dieser darf höchstens acht Wochen betragen, wenn die Normalarbeitszeit höchstens 50 Stunden betragen soll. Sonst kann er grundsätzlich bis zu 52 Wochen betragen. Lässt der Kollektivvertrag eine Durchrechnung von über 52 Wochen zu, darf die höchste täglich zulässige Normalarbeitszeit zehn Stunden nur dann betragen, wenn der Zeitausgleich in mehreren zusammenhängenden Wochen gewährt wird.

12.3.6. Kann eine Übertragung des Zeitguthabens in den nächsten Durchrechnungszeitraum erfolgen?

Dies ist nur zulässig, wenn der Kollektivvertrag das gestattet.

12.3.7. Wie ist das Zeitguthaben innerhalb eines Durchrechnungszeitraumes zu verbrauchen?

§ *19f AZG*

In erster Linie ist zu beachten, was Kollektivvertrag oder Betriebsvereinbarung bestimmen. Enthalten diese keine Regelung, dann ist am Beginn des Durchrechnungszeitraumes zwischen AG und AN festzulegen, wie das Zeitguthaben verbraucht werden soll. Erfolgt dies nicht und findet der Abbau des Zeitguthabens nicht innerhalb der ersten 26 Wochen statt, sind binnen vier Wochen die nächsten 13 Wochen für den einvernehmlichen Abbau des Zeitguthabens festzulegen. Der AN kann aber auch die Abgeltung in Geld verlangen.

12.3.8. Unter welchen Bedingungen kann der Arbeitnehmer den Abbau des Zeitguthabens selbst bestimmen?

Einseitig kann der AN Zeitguthaben abbauen, wenn einvernehmlich ein Abbau nicht rechtzeitig möglich war und er dem AG den Zeitpunkt des Zeitausgleiches vier Wochen im Vorhinein bekannt gegeben hat.

12.4. Wie lange beträgt die Normalarbeitszeit im Falle der Arbeitsbereitschaft?

Diese beträgt grundsätzlich auch 40 Stunden pro Woche und acht Stunden pro Tag. Durch Kollektivvertrag oder durch die Betriebsvereinbarung, sofern diese durch Kollektivvertrag dazu ermächtigt ist, bzw in Betrieben ohne Betriebsrat durch das Arbeitsinspektorat kann die wöchentliche Normalarbeitszeit auf bis zu 60 und die tägliche Normalarbeitszeit auf bis zu zwölf Stunden ausgedehnt werden.

§ 5a AZG

12.4.1. Ist eine Normalarbeitszeit über zwölf Stunden täglich bzw 60 Stunden wöchentlich zulässig?

Grundsätzlich nicht, aber bestehen während der Arbeitsbereitschaft besondere Erholungsmöglichkeiten, kann der Kollektivvertrag die Betriebsvereinbarung ermächtigen, dreimal die Woche die Ausdehnung der täglichen Normalarbeitszeit auf bis zu 24 Stunden zuzulassen. Ein arbeitsmedizinisches Gutachten ist jedenfalls erforderlich. Weiters kann der Kollektivvertrag einen Durchrechnungszeitraum festlegen, innerhalb dessen die wöchentliche Normalarbeitszeit in einzelnen Wochen auf bis zu 72 Stunden ausgedehnt werden kann.

§ 5 AZG

12.5. Kann für jedes Arbeitsverhältnis, in dem Arbeitsbereitschaft geleistet wird, die Normalarbeitszeit ausgedehnt werden?

Dies ist nur dann möglich, wenn Arbeitsbereitschaft in erheblichem Umfang anfällt und auch regelmäßig geleistet wird. Ob dies der Fall ist, muss gesondert beurteilt werden. Das ist jedenfalls dann nicht gegeben, wenn nur einmal oder bloß ausnahmsweise Arbeitsbereitschaft geleistet wird, auch wenn das im Einzelfall in erheblichem Umfang erfolgte.

§ 4b AZG

12.6. Was versteht man unter Gleitzeit?

Diese liegt dann vor, wenn der AN innerhalb eines vereinbarten zeitlichen Rahmens Beginn und Ende seiner täglichen Arbeit selbst bestimmen kann. Sie muss in Betrieben mit Betriebsrat durch Betriebsvereinbarung, in Betrieben ohne Betriebsrat zumindest durch schriftliche Vereinbarung festgelegt werden.

12.6.1. Was hat eine Gleitzeitvereinbarung zu enthalten?

- Die Dauer der Gleitzeitperiode,
- den Gleitzeitrahmen,
- das Höchstausmaß allfälliger Übertragungsmöglichkeiten von Zeitguthaben und Zeitschulden in die nächste Gleitzeitperiode und
- Dauer und Lage der fiktiven Normalarbeitszeit.

12.6.2. Wie viele Stunden darf bei Gleitzeit täglich und wöchentlich im Rahmen der Normalarbeitszeit gearbeitet werden?

Die tägliche Normalarbeitszeit beträgt höchstens zehn Stunden. Der Kollektivvertrag kann eine Verlängerung auf zehn Stunden zulassen oder die Betriebsvereinbarung zur Verlängerung ermächtigen. Die wöchentliche Normalarbeitszeit darf die Grenzen der gesetzlich und kollektivvertraglich verkürzten Normalarbeitszeit nur insoweit überschreiten, als Übertragungsmöglichkeiten von Zeitguthaben vorgesehen sind.

13. Was ist Schichtarbeit?

Diese liegt dann vor, wenn verschiedene AN innerhalb eines Tages an einem oder mehreren Arbeitsplätzen ihre Tagesarbeitszeiten (= Schichten) so leisten, dass diese ohne Unterbrechung zeitlich aufeinander folgen. Die Schichtzeit des einen AN muss dabei zumindest zum Teil mit der Ruhezeit des anderen zusammenfallen.

13.1. Was ist ein Schichtplan?

Das ist ein Plan, der im Vorhinein die einzelnen Schichten der verschiedenen AN festlegt.

13.2. Was ist ein Schichtturnus?

Das ist jener Zeitraum, für den der Schichtplan vorsieht, dass Schichten in gewissen regelmäßig (= turnusmäßig) wiederkehrenden Rhythmen für den einzelnen AN wieder beginnen (zB Drei-Schicht-Betrieb: je eine Woche Frühschicht, Nachmittagsschicht und Nachtschicht).

13

13.3. Wie darf die tägliche Arbeitszeit im Schichtturnus verteilt werden?

§ *4a AZG*

Normalerweise ist von einer 40-Stunden-Woche und einem Acht-Stunden-Tag oder von der kollektivvertraglich verkürzten Normalarbeitszeit auszugehen. Das AZG ermöglicht es aber, die Normalarbeitszeit in einer Woche auszudehnen, um sie in einer der nächsten Wochen wieder zu verkürzen. Im Durchschnitt des Schichtturnusses darf die wöchentliche Normalarbeitszeit 50 Stunden und die tägliche Normalarbeitszeit neun Stunden nicht überschreiten.

13.4. In welchen Fällen darf die Normalarbeitszeit bei Schichtarbeit verlängert werden?

Der Kollektivvertrag kann einen längeren Durchrechnungszeitraum zulassen. In diesem Fall darf die wöchentliche Normalarbeitszeit höchstens 56 Stunden betragen. Die tägliche Normalarbeitszeit darf beim Einarbeiten von Fenstertagen (siehe Frage 12.2.4 dieses Kapitels) oder der Durchrechnung infolge Ermächtigung durch Kollektivvertrag (siehe Frage 12.3 dieses Kapitels) auf bis zu zehn Stunden ausgedehnt werden. Eine Verlängerung auf bis zu zwölf Stunden täglich ist nur in zwei Fällen bei durchgehend mehrschichtiger Arbeitsweise mit Schichtwechsel zulässig; nämlich am Wochenende, wenn dies durch Betriebsvereinbarung geregelt ist oder wenn dies mit einem Schichtwechsel in Verbindung steht.

13.5. Wie lange darf die Normalarbeitszeit innerhalb eines Schichtturnusses dauern?

Die Normalarbeitszeit darf innerhalb des Schichtturnusses 40 Stunden bzw die durch Kollektivvertrag festgelegte Normalarbeitszeit nicht überschreiten.

13.6. Ist der Arbeitgeber an seine Schichtpläne gebunden?

§ *insbesondere 97 ArbVG*

Wenn der AG den Schichtplan mit jedem einzelnen AN vereinbart hat, ist er im Rahmen des Arbeitsvertrages an diesen gebunden. Eine solche Vereinbarung kann schlüssig zB auch dadurch erfolgen, dass der AG den Schichtplan im Betrieb aushängt und sich die einzelnen AN daran halten. Hat der AG den Schichtplan als Betriebsvereinbarung mit dem Betriebsrat vereinbart, so kann er diesen nur mit dessen Zustimmung ändern. Kommt es jedoch zu keiner Einigung, so entscheidet auf Antrag die Schlichtungsstelle.

13.7. In einem Betrieb wurde bisher keine Schicht gearbeitet. Der Arbeitgeber will diese nun einführen. Ist der Arbeitnehmer gezwungen, mitzumachen?

Nein, denn er arbeitet bereits nach einer anderen Arbeitszeitvereinbarung. Eine diesbezügliche Änderung bedarf seiner Zustimmung.

13.8. In einem Betrieb wurde bisher nach einem 3-Schicht-System gearbeitet. Der Arbeitgeber will nun ein 2-Schicht-System einführen. Ist der Arbeitnehmer gezwungen, mitzumachen?

Da der AG und der AN eine gültige Arbeitszeitvereinbarung haben, kann diese nur mit Zustimmung beider Seiten geändert werden. Sollte es sich der AG nicht mehr leisten können, das Arbverh unter den vereinbarten Bedingungen fortzuführen, kann er nur den AN kündigen, wenn dieser mit der Änderung nicht einverstanden ist.

13

§ *97 Abs 1 Z 2 ArbVG*

13.9. Kann ein durch eine Betriebsvereinbarung vereinbarter Schichtplan durch den Arbeitgeber einseitig geändert werden?

Es handelt sich dabei um eine sogenannte „erzwingbare Betriebsvereinbarung". Diese kann nur mit Zustimmung des Betriebsrates wieder abgeändert oder aufgehoben werden. Kommt keine Einigung zustande, kann die Schlichtungsstelle angerufen werden.

§ *11 AZG*

13.10. Welche Regelung besteht für Pausen im Falle von Wechselschichten?

Die normalerweise zustehende Pause von einer halben Stunde darf in Betrieben, die von ihrer Art her einen ununterbrochenen Fortgang der Arbeit erforderlich machen, auf Kurzpausen von angemessener Dauer verteilt werden. Was angemessen ist, entscheidet das Arbeitsinspektorat.

§ *4a AZG*

13.11. Wie lange darf ein Arbeitnehmer beim Wechsel von einer Schicht auf die andere arbeiten?

Bei durchlaufender mehrschichtiger Arbeitsweise mit Schichtwechsel kann unter folgenden Bedingungen die tägliche Normalarbeitszeit bis auf zwölf Stunden ausgedehnt werden:

» am Wochenende, wenn dies durch Betriebsvereinbarung geregelt ist oder
» wenn dies mit einem Schichtwechsel in Verbindung steht.

Der Kollektivvertrag kann in solchen Fällen zulassen, dass die wöchentliche Normalarbeitszeit auf bis zu 56 Stunden ausgedehnt wird.

14. Was ist Nachtschwerarbeit?

Art VII NSchG

Nachtschwerarbeit leisten AN, die in der Zeit zwischen 22.00 Uhr und 6.00 Uhr mindestens sechs Stunden eine Tätigkeit verrichten, die im Artikel VII des Nachtschwerarbeitsgesetzes aufgezählt ist (zB Bergbau unter Tage, Arbeiten unter besonders belastender Hitze, Kälte oder Lärm und anderes mehr).

14.1. Haben Nachtschwerarbeiter Anspruch auf mehr Urlaub?

§ 10a UrlG

Diese AN haben für jedes Arbeitsjahr, in dem sie mindestens 50-mal in der Zeit zwischen 22.00 Uhr und 6.00 Uhr mindestens sechs Stunden Nachtschwerarbeit geleistet haben, Anspruch auf zwei zusätzliche Werktage Urlaub. Dieser Anspruch erhöht sich auf vier Werktage, wenn sie fünf Jahre, und auf sechs Werktage, wenn sie 15 Jahre derartige Arbeiten geleistet haben.

13

15. Welche Arbeitnehmer dürfen nicht in der Nacht beschäftigt werden?

§§ 17 KJBG, 6 MSchG

» Jugendliche in der Zeit zwischen 20.00 Uhr bis 6.00 Uhr (auch hier gibt es – jedoch weniger zahlreiche – Ausnahmen: zB im Gastgewerbe, und Bedingungen: zB jährliche Untersuchung);
» werdende und stillende Mütter in der Zeit von 20.00 Uhr bis 6.00 Uhr; Ausnahmen gibt es dabei nur in ganz wenigen Fällen.

Sollten von diesen AN in der Nacht Arbeitsleistungen verlangt werden, so empfiehlt es sich, bei informierten Stellen vorerst nachzufragen und nicht gleich die Arbeit zu verweigern, da sonst eine Entlassung zu befürchten ist. Zur endgültigen Beurteilung der Frage der Zulässigkeit ist das Arbeitsinspektorat zuständig.

15.1. Besteht für Frauen ein Nachtarbeitsverbot?

Das Frauen-Nachtarbeitsgesetz wurde durch das EU-Nachtarbeits-Anpassungsgesetz mit 1. August 2002 aufgehoben. Es gibt nunmehr kein gesetzliches Nachtarbeitsverbot für Frauen.

16. Was ist Dekadenarbeit?

§ 4c AZG

Für AN, die auf im öffentlichen Interesse betriebenen Großbaustellen oder auf Baustellen der Wildbach- oder Lawinenverbauung in Gebirgsregionen beschäftigt sind, darf der Kollektivvertrag es zulassen, dass durch Betriebsvereinbarung die wöchentliche Normalarbeitszeit mehr als 40 Stunden beträgt, wenn die durchschnittliche wöchentliche Normalarbeitszeit die gesetzliche oder kollektivvertraglich verkürzte Normalarbeitszeit innerhalb von zwei Wochen nicht überschreitet. Die tägliche Normalarbeitszeit darf in solchen Fällen neun Stunden nicht überschreiten.

20.8.3. Welche Regel gilt für den Normalfall?

Die wöchentliche Normalarbeitszeit darf um fünf Stunden pro Woche überschritten werden. Darüber hinaus dürfen zusätzlich weitere 60 Stunden pro Kalenderjahr zu diesen fünf Stunden, wöchentlich jedoch nicht mehr als zehn Überstunden geleistet werden. Das bedeutet, dass maximal zwölf Wochen im Kalenderjahr eine Überstundenleistung von zehn Stunden aus diesem Grunde möglich ist. Dann wären die zusätzlichen 60 Stunden verbraucht und somit nur mehr fünf Überstunden aus dem Titel des erhöhten Arbeitsbedarfes pro Woche zulässig. Die Gesamttagesarbeitszeit darf zehn Stunden nicht überschreiten.

20.8.4. Welche branchenweise Besonderheiten gibt es?

Kollektivverträge können eine größere Zahl von Überstunden zulassen. Es ist deswegen unbedingt notwendig, im betreffenden Kollektivvertrag nachzuschauen, ob diesbezüglich eine Regelung besteht und ob gegebenenfalls zusätzliche Bedingungen an die Zulässigkeit der Überstundenleistung geknüpft wurden. Für AN im Gast-, Schank- und Beherbergungsgewerbe, im Verkehrswesen oder in ähnlichen Betrieben kann der Kollektivvertrag bis zu zehn zusätzliche Überstunden unter dem Titel des erhöhten Arbeitsbedarfes zulassen. In anderen Branchen ist dies nur bis zu fünf zusätzlichen Überstunden möglich. Auch in diesen Fällen darf die tägliche Arbeitszeit zehn Stunden nicht überschreiten.

13

20.9. Wie viele Überstunden dürfen im Falle des Vorliegens von Arbeitsbereitschaft bei erhöhtem Arbeitsbedarf geleistet werden?

§ *7 AZG*

Dabei ist vorerst auf den betreffenden Kollektivvertrag Bedacht zu nehmen. Dieser hat in diesem Fall verschiedene Möglichkeiten, die Arbeitszeit auszudehnen. Er kann die Normalarbeitszeit auf 60 Stunden wöchentlich und 13 Stunden täglich ausdehnen, von dieser Möglichkeit aber auch nur zum Teil Gebrauch machen oder die Normalarbeitszeit in ihren Grenzen von 40 Stunden pro Woche belassen und ausschließlich vermehrt Überstunden zulassen, wenn Arbeitsbereitschaft vorliegt. Der Kollektivvertrag kann aber auch die Betriebsvereinbarung dazu ermächtigen. Beinhaltet der Kollektivvertrag keine derartige Regelung oder gibt es für das betreffende Arbverh keinen Kollektivvertrag, so sind Überstunden aus Gründen des Vorliegens von Arbeitsbereitschaft nur nach Zulassung durch eine Betriebsvereinbarung, die den zuständigen kollektivvertraglichen Körperschaften der AG und der AN sowie dem zuständigen Arbeitsinspektorat zu übermitteln ist oder nach vorheriger Bewilligung durch das Arbeitsinspektorat zulässig. Als Höchstgrenze gilt auch in diesem Fall 60 Stunden pro Woche, aber nur zwölf Stunden täglich. Auch bei besonderen Erholungsmöglichkeiten (siehe Frage 12.4 ff dieses Kapitels) ist eine Ausdehnung auf 24 Stunden durch Überstundenarbeit nicht zulässig.

20.9.1. Inwiefern ist die Überstundenleistung zur Abwendung eines wirtschaftlichen Nachteils zulässig?

§ *7 Abs 4 AZG*

Dies ist in all jenen Fällen vorgesehen, in welchen bei vorübergehend auftretendem besonderem Arbeitsbedarf ein unverhältnismäßiger wirtschaftlicher Nachteil abgewendet werden muss. Unter welchen Bedingungen ein derartiger Nachteil gegeben ist, muss durch Betriebsvereinbarung festgeschrieben sein.

Diese Betriebsvereinbarung ist der zuständigen Gewerkschaft und dem Arbeitsinspektorat zu übermitteln. Ohne Betriebsvereinbarung ist die Überstundenleistung aus diesem Grund unzulässig. Aus diesem Grund darf in höchstens 24 Wochen pro Kalenderjahr die Wochenarbeitszeit auf bis zu 60 Stunden und die Tagesarbeitszeit auf bis zu zwölf Stunden ausgedehnt werden. Es sind jedoch an die Bewertung eines unverhältnismäßigen wirtschaftlichen Nachteils besonders strenge Maßstäbe anzulegen. Andere Maßnahmen, wie eine Umorganisation der Arbeitsabläufe oder der Arbeitszeiteinteilungen, aber auch die Neueinstellung von AN dürfen nicht zumutbar sein.

20.9.2. Wann liegt ein dringender Bedarf für eine Überstundenleistung vor?

Immer dann, wenn für den Betrieb, die Allgemeinheit oder aber für andere Betriebe ein erheblicher Nachteil für den Fall der Nichterbringung der Überstunden zu befürchten ist, liegt ein dringender Bedarf vor. Denkbar sind in diesem Zusammenhang arbeitstechnische oder wirtschaftliche Bedürfnisse. An die Zulässigkeit von Überstunden aus diesem Grund ist allerdings ein strengerer Maßstab zu legen als beim „Normalfall" der Leistung von Überstunden aus erhöhtem Arbeitsbedarf. Alle anderen Möglichkeiten, Überstundenleistung zuzulassen (zB Zulassung durch Betriebsvereinbarung zur Vermeidung eines wirtschaftlichen Nachteils), müssen jedoch ausgeschöpft sein.

13

20.9.3. Wer entscheidet im Zweifelsfall, ob ein dringender Bedarf vorliegt?

Das Arbeitsinspektorat hat nach Anhörung der gesetzlichen Interessenvertretung der AN und der AG diese Frage zu entscheiden und gegebenenfalls die Bewilligung zur Überstundenleistung zu erteilen.

20.9.4. Wie lange darf bei Vorliegen eines dringenden Bedarfs gearbeitet werden?

Das Arbeitsinspektorat darf die Bewilligung nur insofern erteilen, als die tägliche Arbeitszeit zehn Stunden und die wöchentliche Arbeitszeit 60 Stunden nicht überschreitet.

20.9.5. Inwiefern ist bei einer Vier-Tage-Woche eine Überstundenleistung zulässig?

§ *7 AZG*

Der Kollektivvertrag kann bei erhöhtem Arbeitsbedarf (Normalfall, siehe Frage 20.8. dieses Kapitels) oder in bestimmten Branchen (siehe Frage 20.8.4 dieses Kapitels) eine Ausdehnung der täglichen Normalarbeitszeit auf bis zu zwölf Stunden zulassen, wenn die gesamte Wochenarbeitszeit auf vier Tage verteilt wird. Diese vier Tage müssen zusammenhängen (zB Mo bis Do oder Di bis Fr). Der Kollektivvertrag kann die Betriebsvereinbarung ermächtigen, derartige Überstundenleistungen zuzulassen. Konnte mangels kollektivvertragsfähiger Körperschaft auf der AG-Seite kein Kollektivvertrag abgeschlossen werden, kann eine derartige Überstundenleistung durch die Betriebsvereinbarung auch ohne Ermächtigung durch einen Kollektivvertrag zugelassen werden.

20.14. Was kann ein Arbeitnehmer machen, wenn von ihm mehr als das höchstzulässige Ausmaß an Überstunden verlangt wird?

Er kann die Leistung mit dem Hinweis auf das AZG ablehnen. Eine deswegen ausgesprochene Entlassung wäre ungerechtfertigt. Da die Beurteilung der Zulässigkeit von Überstunden in der Praxis für den AN nicht immer eindeutig ist, sollte sich dieser bei seiner Fachgewerkschaft oder Arbeiterkammer informieren.

21. Welche Möglichkeiten hat ein Arbeitnehmer, wenn der Arbeitgeber Überstundenleistung zu spät anordnet?

13

Der AN kann die Leistung zu spät angeordneter Überstunden ablehnen, wenn kein betrieblicher Notstand vorliegt. Eine deswegen ausgesprochene Entlassung wäre ungerechtfertigt.

21.1. Wann erfolgt eine Überstundenanordnung rechtzeitig?

Wenn die Arbeit besonders dringend und darüber hinaus vom AG nicht vorhersehbar war, ist eine Anordnung von Überstunden am Tag der Überstundenleistung noch rechtzeitig. Der AG muss den AN jedoch auf die besondere Dringlichkeit hinweisen. Ist das Erfordernis von Überstundenleistung dem AG schon längere Zeit bekannt, so wird an die Rechtzeitigkeit der Anordnung ein strengerer Maßstab gelegt werden müssen. Die Anordnung am Tag der Überstundenleistung ist dann meistens nicht mehr rechtzeitig. Bevor der AN Überstunden aber tatsächlich verweigert, sollte er nähere Informationen bei seiner Interessenvertretung einholen.

21.2. In welcher Form muss die Überstundenanordnung erfolgen?

Es muss sich zumindest um eine klare, für den AN eindeutige Erklärung handeln. Der AG kann auch dadurch, dass er dem AN einen Arbeitsaufwand zuweist, der in der Normalarbeitszeit nicht zu erledigen ist, Überstunden schlüssig anordnen.

21.3. Was bedeutet es, wenn im Arbeitsvertrag vereinbart ist, dass nur angeordnete Überstunden bezahlt werden?

Das bedeutet, dass der AG nur jene Überstunden bezahlt, die er auch angeordnet hat. Nimmt der AG jedoch die Überstundenleistung an, so kann das meistens einer durch schlüssige Handlung gesetzten Anordnung gleichgesetzt werden. Sieht zB der AG, dass der AN nach Büroschluss Überstunden macht und nimmt dies zur Kenntnis, kann davon ausgegangen werden, dass die Überstundenleistung angenommen wird und dementsprechend bezahlt werden muss. Ist zusätzlich vereinbart, dass Überstunden nur nach schriftlicher Anordnung möglich sind, so ist anzuraten, dass AN nur Überstunden leisten, für die eine schriftliche Anordnung vorliegt. In besonders dringenden Fällen und in Notsituationen kann jedoch auch hier eine mündliche Anordnung ausreichen.

22. Was muss ein Arbeitnehmer für eine geleistete Überstunde bekommen?

Für eine Überstunde ist der Grundstundenlohn und ein 50-prozentiger Zuschlag von diesem zu bezahlen. Der Kollektivvertrag oder die Betriebsvereinbarung können hinsichtlich der Abgeltung bessere Regelungen vorsehen. Zeitausgleich kann vereinbart werden, ist aber in gleichem Ausmaß abzugelten. Besteht keine Regelung oder Vereinbarung, ist eine Überstunde in Geld auszuzahlen.

§ *10 AZG*

21.1. Wann steht ein höherer Zuschlag als 50 Prozent zu?

Ein mehr als 50-prozentiger Zuschlag steht nur dann zu, wenn dies der Kollektiv-, Einzelarbeitsvertrag oder eine Betriebsvereinbarung vorsieht.

22.2. Gebührt für Sonn- und Feiertagsüberstunden ein erhöhter Zuschlag?

Ein solcher steht nur dann zu, wenn der Kollektivvertrag, eine Betriebsvereinbarung oder ein Einzelarbeitsvertrag dies vorsieht. Im Regelfall gewähren Kollektivverträge für Sonn- und Feiertagsüberstunden einen Zuschlag von 100 Prozent. Nicht jede an einem Feiertag geleistete Arbeitsstunde ist jedoch automatisch eine Überstunde, für die ein Zuschlag gebührt (siehe hiezu auch Kapitel „Arbeitsruhe").

22.3. Gebührt für Nachtstunden ein erhöhter Zuschlag?

Ein solcher gebührt nur dann, wenn der Kollektivvertrag, eine Betriebsvereinbarung oder ein Einzelarbeitsvertrag dies vorsieht. Zumeist ist für diesen Fall ein Zuschlag von 100 Prozent vorgesehen. Auch der Zeitpunkt, ab wann Nachtstunden beginnen und enden, kann durch diese Bestimmungen geregelt werden.

22.4. Wie wird der Überstundenzuschlag berechnet?

Der Überstundenzuschlag ist ein Prozentanteil (zB 50 Prozent) vom Überstundengrundlohn.

22.4.1. Welche Entgeltbestandteile sind in den Überstundengrundlohn einzubeziehen?

Der Überstundengrundlohn entspricht grundsätzlich dem normalen Stundenlohn zuzüglich allfällig regelmäßig gewährter Zulagen, Zuschläge oder Prämien. Sozialzulagen und Aufwandsentschädigungen bleiben außer Betracht. Bei schwankenden Entgelten wie Akkord-, Stück- und Gedinglöhnen ist vom Durchschnitt der letzten 13 Wochen auszugehen. Der Kollektivvertrag kann auch eine andere Berechnungsart vorsehen.

22.4.2. Wie wird der Überstundengrundlohn berechnet?

Der Überstundengrundlohn wird errechnet, indem man das Monatsgehalt oder den Monatslohn unter Berücksichtigung der einzurechnenden Zulagen etc durch 4,33 (= durchschnittliche Anzahl von Wochen eines Monats) dividiert. Damit erhält man das Gehalt (den Lohn) für eine Woche. Dieses Ergebnis muss dann durch die Stunden der wöchentlichen Arbeitszeit dividiert werden, um den Stundensatz zu erhalten. Bei einer wöchentlichen Arbeitszeit von 40 Stunden ergibt dies einen Divisor von 173, bei einer 38,5-Stunden-Woche einen solchen von 167 für das Monatsgehalt (oder den Monatslohn). Manche Kollektivverträge sehen im Fall des Überstundengrundlohnes einen günstigeren Teiler vor (zB 158 statt 167). In diesem Fall ist der Überstundengrundlohn höher als der Normalstundenlohn.

§§
1 Abs 1a, 14 KJBG

22.4.3. Wie wird die Überstundenvergütung bei Lehrlingen berechnet?

Lehrlinge erhalten die Überstunden auf Basis der Lehrlingsentschädigung. Erwachsene Lehrlinge (über 18 Jahre alt) auf Basis des niedrigsten im Betrieb vereinbarten Facharbeiterlohns bzw Angestelltengehalts.

22.4.4. Was ist zu beachten, wenn der AG geleistete Überstunden nicht bezahlt?

13

Viele Kollektivverträge, aber auch Einzelarbeitsverträge beinhalten eine sog Verfallsbestimmung. In diesem Fall müssen die Überstunden innerhalb der Verfallsfrist beim AG geltend gemacht werden, da sonst der Anspruch untergeht. Am besten geschieht das durch eine schriftliche Forderung an den AG (am besten per eingeschriebenem Brief), die geleisteten Überstunden zu bezahlen. In Betrieben mit Betriebsrat kann es auch ratsam sein, Unterstützung beim Betriebsrat zu suchen.

23. Ist auch für Mehrarbeitsstunden ein Zuschlag zu bezahlen?

§
19 Abs 3a bis 3f AZG

Für Mehrarbeitsstunden teilzeitbeschäftigter AN ist ein Zuschlag von 25 Prozent zu vergüten. Dieser Zuschlag steht nicht zu, wenn

- » die Mehrarbeitsstunden innerhalb eines Kalendervierteljahres oder eines anderen festgelegten Zeitraumes von drei Monaten, in dem sie angefallen sind, durch Zeitausgleich im Verhältnis 1:1 ausgeglichen werden;
- » bei gleitender Arbeitszeit die vereinbarte Arbeitszeit innerhalb der Gleitzeitperiode im Durchschnitt nicht überschritten wird. Eine Übertragung der Zeitguthaben ist zulässig.
- » Sieht der KollV für Vollzeitbeschäftigte eine kürzere wöchentliche Normalarbeitszeit als 40 Stunden vor und wird für die Differenz zwischen kollektivvertraglicher und gesetzlicher Normalarbeitszeit kein Zuschlag oder ein geringerer Zuschlag als 25 Prozent festgesetzt, sind die Mehrarbeitsstunden ebenfalls zuschlagsfrei oder mit einem geringeren Zuschlag zu vergüten.

Kein Zuschlag gebührt auch für vollzeitbeschäftigte AN für die Mehrarbeit zwischen der durch KollV verkürzten und gesetzlichen Normalarbeitszeit (zB zwischen 38,5 und 40 Stunden).

23.1. Was gilt, wenn mehrere Zuschläge gesetzlich vorgesehen sind?

Sind neben dem 25-prozentigen Zuschlag auch noch andere Zuschläge gesetzlich oder kollektivvertraglich vorgesehen, so ist nur der höchste zu vergüten.

23.2. Kann auch eine Abgeltung in Zeitausgleich vereinbart werden?

Ja. Zusätzlich ist es auch möglich, dass der Zeitausgleich 1:1 gewährt und der Zuschlag in Geld abgegolten wird.

24. Dürfen Mehrleistungen pauschal abgegolten werden?

Ja, doch darf der AN durch die pauschale Abgeltung nicht schlechter gestellt werden als durch Einzelverrechnung der Über- oder Mehrarbeitsstunden.

24.1. Was versteht man unter einer Überstundenpauschale?

Das bedeutet, dass eine bestimmte Anzahl von Überstunden auf jeden Fall – auch dann, wenn diese nicht in diesem Ausmaß geleistet werden – pauschal abgegolten werden.

24.1.1. Was ist, wenn ein Arbeitnehmer mehr Überstunden leistet, als er durch die Pauschale abgegolten bekommt?

Dann sind diese Überstunden gesondert und zusätzlich zur Pauschale zu verrechnen, es sei denn es ist eine Art Durchrechnung vereinbart. Der AN darf durch die Pauschale nicht schlechter gestellt werden als durch Einzelverrechnung.

24.1.2. Was ist, wenn ein Arbeitnehmer weniger Überstunden leistet, als er in der Pauschale abgegolten bekommt?

Er hat trotzdem Anspruch auf die gesamte Pauschale, es sei denn, es ist eine Art Durchrechnung vereinbart.

24.1.3. Was ist, wenn die Überstundenleistung zur Gänze in einem Monat entfallen ist?

Es muss trotzdem die Überstundenpauschale bezahlt werden, es sei denn, es ist eine Art Durchrechnung vereinbart.

24.1.4. Was ist, wenn die Leistung von Überstunden unmöglich wird (zB bei schwangeren Frauen, denn diese dürfen ja keine Überstunden leisten)?

Wenn die Überstundenleistung nicht bloß vorübergehend wegfällt, entfällt auch die Überstundenpauschale.

25. Kann für Überstunden Zeitausgleich konsumiert werden?

§ *10 AZG*

Dies ist nur dann zulässig, wenn ein solcher Zeitausgleich ausdrücklich vereinbart wurde. AG und AN müssen sich sowohl grundsätzlich über die Zulässigkeit als auch über die Dauer und Lage des Zeitausgleiches für den Einzelfall einig sein. Der Kollektivvertrag oder die Betriebsvereinbarung können diesbezüglich Regelungen vorsehen.

25.1. Kann der Arbeitgeber den Arbeitnehmer ohne dessen Zustimmung auf Zeitausgleich schicken?

Das ist nicht zulässig. Der AG ist von der Zustimmung des AN, Zeitausgleich im konkreten Einzelfall zu nehmen, abhängig. Die grundsätzliche Bereitschaft genügt nicht.

25.2. Im welchem Ausmaß ist Zeitausgleich zu konsumieren?

13

Dieser steht im selben Ausmaß zu, wie auch Geld dafür zusteht (zB für eine geleistete Überstunde eineinhalb Stunden frei). Es ist jedoch zulässig, eine Mischform zu vereinbaren. Etwa in dem Sinn, dass der Zeitausgleich im Ausmaß 1:1 für die Grundstunde konsumiert und der Zuschlag ausbezahlt wird.

25.3. Ist der Zeitausgleich bei Fällen der Entgeltfortzahlung (zB Urlaub, Krankheit) und Abfertigung mit zu berücksichtigen?

Nach der derzeitigen Rechtsprechung muss das nicht geschehen.

25.4. Unterbricht Krankheit den Zeitausgleich?

Nach der derzeitigen Rechtsprechung unterbricht Krankheit den Zeitausgleich nicht. Eine gesetzliche Regelung wie bei der Unterbrechung des Urlaubs durch Krankheit besteht nicht.

26. Bis wann sind geleistete Überstunden oder Mehrarbeitsstunden zu bezahlen?

Grundsätzlich sind diese am Ende des Abrechnungszeitraumes (Monat, Woche), in dem sie geleistet werden, fällig. Es kann aber am Monatsende lediglich eine angemessene Akontierung vorgenommen werden, wenn zu diesem Zeitpunkt eine genaue Abrechnung der Überstunden nicht möglich ist. Spätestens mit der Monatsabrechnung des Folgemonats sind die Überstunden zu bezahlen. Bei Mehrarbeitsstunden ist aber die Vierteljahresrechnung zu beachten (siehe Frage 23 dieses Kapitels).

27. Wann verjähren oder verfallen Überstunden?

§ 1486 ABGB, kollektiv- oder einzelvertragliche Verfallsfristen

Für Überstundenentgelt gilt die allgemeine Verjährungsfrist von drei Jahren ab deren Fälligkeit. Innerhalb dieser Frist muss die Forderung gerichtlich geltend gemacht werden, sonst geht das Klagerecht verloren. Kollektiv- oder Einzelarbeitsverträge können vorsehen, dass Überstundenforderungen innerhalb einer kürzeren Frist (zB drei Monate) ab Fälligkeit mündlich oder auch schriftlich beim AG geltend gemacht werden müssen, ansonst diese verfallen sind. Da diese Fristen mitunter sehr kurz sind und auch bei aufrechtem Arbverh gelten, ist es unbedingt notwendig, die Regelungen des betreffenden Kollektivvertrags zu kennen, um die Bezahlung der Überstunden auch in der entsprechenden Form geltend zu machen. Als Geltendmachung gilt nicht, dass der AG die Überstunden aufzeichnet. Es ist vielmehr notwendig, dass der AN den AG zur Abgeltung der geleisteten Überstunden ausdrücklich auffordert. Ratsam ist es, diese Aufforderung zum Beweis der rechtzeitigen Geltendmachung schriftlich vorzunehmen. Ist wegen des Fehlens von Aufzeichnungen über die Arbeitsstunden die Feststellung der tatsächlich geleisteten Arbeitszeit unzumutbar, werden Verfallsfristen gehemmt (§ 26 Abs 9 AZG).

28. Welche Pausen stehen einem Arbeitnehmer zu?

§ 11 AZG

Wenn die tägliche Arbeitszeit sechs Stunden übersteigt, steht dem AN eine mindestens halbstündige Pause zu.

28.1. Wie lange muss diese Pause sein?

Die Pause muss mindestens eine halbe Stunde lang sein. Durch Betriebsvereinbarung oder in Betrieben ohne Betriebsrat durch das Arbeitsinspektorat kann eine Verkürzung auf mindestens 15 Minuten zugelassen werden, wenn es im Interesse der AN gelegen oder aus betrieblichen Gründen notwendig ist.

28.2. Ist eine Teilung der Pause zulässig?

Es ist zulässig, dass AG und AN vereinbaren, diese halbe Stunde auf zweimal fünfzehn oder dreimal zehn Minuten aufzuteilen. Durch Betriebsvereinbarung oder in Betrieben ohne Betriebsrat durch das Arbeitsinspektorat kann eine andere Teilung zugelassen werden. Ein Teil muss mindestens zehn Minuten betragen. Beträgt die gesamte Pause zulässigerweise insgesamt weniger als 30 Minuten, muss sie mindestens 15 Minuten betragen.

28.3. Gelten Kurzpausen als Pausen?

Kurze Unterbrechungen der Arbeitszeit, die zB arbeitsbedingt sind und nicht länger als etwa zehn Minuten dauern, können nicht als Pausen gerechnet werden. Diese Arbeitsunterbrechungen müssen demnach auch bezahlt werden.

28.4. Kann die Pause an das Ende der Tagesarbeit gelegt werden?

Nein.

28.5. Was ist, wenn ein Arbeitnehmer die Pause aufgrund einer Weisung des Arbeitgebers oder organisatorischer Gegebenheiten des Betriebes nicht einhalten kann?

Er muss diese zusätzliche Arbeitsleistung – gegebenenfalls als Überstunde – bezahlt bekommen.

§ 97 ArbVG

28.6. Wie kann der Betriebsrat die betriebsinterne Pausenregelung beeinflussen?

Dies kann vor allem durch den Abschluss einer Betriebsvereinbarung geschehen.

28.7. Wann kann auch eine andere (das heißt zB kürzere Pausenregelung) getroffen werden?

» Wenn es im Interesse der AN oder des Betriebes vom Arbeitsinspektorat oder durch Betriebsvereinbarung zugelassen wurde;
» für AN, die in Wechselschichten arbeiten, wenn sie Arbeiten verrichten, die einen ununterbrochenen Fortgang erfordern;
» bei durchlaufender, mehrschichtiger Arbeitsweise; das heißt, wenn alle AN dauernd oder in bestimmten Zeitabschnitten abwechselnd in allen Schichten arbeiten;
» Nachtschwerarbeiter müssen in jeder Nachtschicht jedenfalls eine Kurzpause von zehn Minuten bekommen;
» für besonders schwere Arbeiten kann das Arbeitsinspektorat noch zusätzliche Pausen anordnen.

13

28.7.1. Was sind besonders schwere Arbeiten?

Zum Beispiel: Fließbandarbeit, Bildschirmarbeit (mit Tastatur).

28.8. Gibt es für Bildschirmarbeit eine abweichende Pausenregelung?

Das Arbeitsinspektorat kann feststellen, dass nach den besonderen Gegebenheiten zusätzliche Pausen notwendig sind. Vor Feststellung durch das Arbeitsinspektorat besteht jedenfalls kein Rechtsanspruch auf zusätzliche Pausen. AN, die hievon betroffen sind, können sich jedenfalls beim Arbeitsinspektorat darüber informieren.

28.9. Wird die Pause bezahlt?

Nein, es sei denn, es wird in der Pause gearbeitet, es handelt sich um eine Kurzpause, oder es wurde etwas anderes vereinbart.

28.10. Was sind Kurzpausen?

» Solche Pausen, die das Arbeitsinspektorat zusätzlich zu den im Normalfall zustehenden Pausen aufgrund der Schwere der Arbeit anordnet (Bildschirmarbeit);
» Zehn-Minuten-Pausen für Nachtschwerarbeiter;
» kurze Pausen nach Bewilligung durch das Arbeitsinspektorat für in Wechselschichten beschäftigte AN oder jene AN, die Arbeiten verrichten, die einen ununterbrochenen Fortgang erfordern.

28.10.1. Werden Kurzpausen bezahlt?

Ja, denn Kurzpausen gelten als Arbeitszeit.

28.10.2. Können kurze arbeitsbedingte Arbeitsunterbrechungen, die zur Erholung verwendet werden können, auf die Kurzpause angerechnet werden?

Das ist nur im Falle der Nachtschwerarbeit, nicht aber in den sonstigen Fällen zulässig. Zu beachten ist jedoch die Bewilligung oder Anordnung des Arbeitsinspektorates.

28.11. Darf während der Pause Arbeitsbereitschaft geleistet werden?

Nein, denn dann ist das keine Ruhepause mehr. Diese Mehrleistung ist zusätzlich zu bezahlen.

28.12. Gilt für Jugendliche eine andere Pausenregelung?

Beträgt die Gesamtdauer der Tagesarbeitszeit mehr als viereinhalb Stunden, haben Jugendliche einen Anspruch auf eine halbstündige Ruhepause. Diese Ruhepause kann jedoch entfallen, wenn die tägliche Arbeitszeit fünf Stunden nicht überschreitet. Die Ruhepause ist spätestens nach sechs Stunden zu gewähren.

§ *15 KJBG*

13

29. Wie ist die Arbeitszeit für Lenker und Beifahrer geregelt?

Die EG-VO Nr 561/2006 gilt für die Güterbeförderung, wenn das zulässige Gesamtgewicht des LKW über 3,5 Tonnen liegt und in der Personenbeförderung, wenn das Fahrzeug für die Beförderung von mehr als neun Personen einschließlich des Lenkers konstruiert und bestimmt ist. Sie gilt unmittelbar innerhalb der EU. Für andere Lenker und Beifahrer gelten insbesondere die Sonderbestimmungen der §§ 14a AZG.

§§ *13 ff AZG, EG-VO Nr 561/2006*

29.1. Was wird bei Lenkern und Beifahrern als Arbeitszeit bezeichnet?

Die Arbeitszeit umfasst für diese AN die Lenkzeiten, die Zeiten für sonstige Arbeitsleistungen und die Arbeitsbereitschaft ohne Ruhepausen.

§§ *13 ff AZG, EG-VO Nr 561/2006*

29.2. Wie lange beträgt die Normalarbeitszeit für diese Arbeitnehmer?

Sofern keine Arbeitszeitverkürzung durch Kollektivvertrag erfolgt ist, beträgt diese 40 Stunden in der Woche und acht Stunden am Tag.

29.3. Was ist die Lenkzeit?

Das ist die Zeit am Steuer eines Fahrzeuges.

§ *14a AZG*

29.4. Wie lange darf die Lenkzeit höchstens betragen?

Fahrzeuge gem EG-VO 561/2006 (Art 6):

Die tägliche Lenkzeit darf neun Stunden nicht überschreiten. Die tägliche Lenkzeit darf jedoch höchstens zweimal in der Woche auf höchstens zehn Stunden verlängert werden. Die wöchentliche Lenkzeit darf 56 Stunden nicht überschreiten und während zweier aufeinander folgender Wochen höchstens 90 Stunden betragen.

Andere Fahrzeuge:
Die Lenkzeit zwischen zwei Ruhezeiten – also die tägliche Lenkzeit – darf nicht mehr als acht Stunden betragen. In der Woche darf ein AN ein Kraftfahrzeug nicht länger als 48 Stunden, innerhalb zweier aufeinander folgender Wochen nicht länger als 90 Stunden lenken. Durch Kollektivvertrag oder für Betriebe, für die kein Kollektivvertrag gilt, durch die Betriebsvereinbarung darf die Lenkzeit in Ausnahmefällen auf neun Stunden, zweimal wöchentlich auf bis zu zehn Stunden pro Tag und 56 Stunden pro Woche erhöht werden.

29.4.1. Wann beginnt bei Teilung der täglichen Ruhezeit die neue tägliche Lenkzeit?

Diese beginnt nach Ablauf des mindestens acht- bzw neunstündigen Teiles der Ruhezeit, bei Unterbrechung der täglichen Ruhezeit bei kombinierter Beförderung nach Ablauf der gesamten Ruhezeit.

§

15 AZG, EG-VO 561/2006

29.5. Wann müssen beim Lenken eines Kraftfahrzeuges Pausen eingelegt werden, und wie lange müssen diese dauern?

Fahrzeuge gem EG-VO 561/2006 (Art 7):
Nach einer Lenkdauer von viereinhalb Stunden hat ein Fahrer eine ununterbrochene Fahrtunterbrechung von wenigstens 45 Minuten einzulegen, sofern er keine Ruhezeit einlegt.

Andere Fahrzeuge:
Wenn ein AN ein Kraftfahrzeug vier Stunden lenkt, muss er eine Lenkpause von mindestens einer halben Stunde machen.

29.5.1. Werden kurze Pausen als Lenkpausen angerechnet?

Fahrzeuge gem EG-VO 561/2006 (Art 7):
Die Lenkpause kann geteilt werden:
1. Teil: 15 Minuten
2. Teil: 30 Minuten
Die Lenkpausenteile sind so zu halten, dass bei Beginn des letzten Teils der Lenkpause die Lenkzeit viereinhalb Stunden noch nicht überschritten ist.

Andere Fahrzeuge:
Eine Teilung ist nicht zulässig, es sei denn, der Kollektivvertrag sieht dies vor.

29.5.2. Darf ein Arbeitnehmer während der Lenkpausen andere Arbeiten verrichten?

Nein. Der AN ist von jeder Arbeitsleistung freizustellen.
Zeiten, die der Lenker im fahrenden Fahrzeug verbringt, ohne das Fahrzeug zu lenken, können auf die Lenkpause angerechnet werden.

29.5.3. Besteht auch Anspruch auf eine Ruhepause, wenn eine Lenkpause gewährt wird und umgekehrt?

Es sind grundsätzlich beide Pausen zu gewähren, zB nach vier Stunden eine Lenkpause und, wenn die Tagesarbeitszeit sechs Stunden übersteigt, die Ruhepause. Wenn die Lenkpause durch die konkrete Zeiteinteilung zur selben Zeit genommen werden soll wie die Ruhepause, steht keine zusätzliche Ruhepause mehr zu. Das heißt, die Ruhepause geht in der Lenkpause auf. Die Lenkpause darf nicht auf die tägliche Ruhezeit angerechnet werden.

29.6. Was versteht man unter Einsatzzeit?

§ *16 AZG*

Die Einsatzzeit umfasst die zwischen zwei Ruhezeiten anfallende Arbeitszeit, die Lenkpausen und die Ruhepausen.

29.6.1. Wie lange darf die Einsatzzeit am Tag dauern?

Sie darf zwölf Stunden nicht überschreiten. Durch Kollektivvertrag oder für Betriebe, für die kein Kollektivvertrag gilt, durch Betriebsvereinbarung kann die tägliche Einsatzzeit auf 14 Stunden ausgedehnt werden. Ausnahmen bestehen, wenn das zulässige Gesamtgewicht 3,5 Tonnen nicht übersteigt oder bei Personenbeförderung von mehr als neun Personen einschließlich Fahrer.

29.7. Wie wird die Zeit als Beifahrer bewertet?

Diese Zeit ist Arbeitsbereitschaft.

29.8. Wie wird das Be- und Entladen bewertet?

Dabei handelt es sich um sonstige Arbeitsleistungen im Rahmen der täglichen Arbeitszeit.

29.9. Dürfen Arbeitnehmer nach gefahrenen Kilometern oder befördertem Gewicht entlohnt werden?

Nein. Bei Schadenersatz- und Regressansprüchen zwischen AG und Lenker (zB aufgrund eines Unfalles) kann eine derartige Vereinbarung ein Grund für eine Minderung oder den gänzlichen Entfall der Ersatzansprüche des AG sein.

29.10. Wie werden Zeiten bewertet, in denen der LKW mit der Bahn befördert wird?

Zeiten der kombinierten Beförderung können durch Kollektivvertrag unter bestimmten Bedingungen einer besonderen Ruhemöglichkeit für den AN als Ruhezeit angerechnet werden. Auch kann der Kollektivvertrag eine einmalige Unterbrechung der Ruhezeit unter bestimmten im AZG genau vorgegebenen Bedingungen zulassen.

29.11. Was ist ein analoges/digitales Kontrollgerät?

§ *17 AZG*

Je nach Fahrzeug muss ein digitales oder analoges Kontrollgerät installiert werden, das die Fahrten bzw Tätigkeiten der AN aufzeichnet. Damit soll in erster Linie kontrolliert werden, ob die Arbeitszeit- und Ruhezeitvorschriften eingehalten werden.

Arbeitsruhe

Kapitel 14

1. Wo sind Vorschriften über die Arbeitsruhe zu finden?

Die wöchentliche Ruhezeit und die Feiertagsruhe sind im Arbeitsruhegesetz (ARG), die tägliche Ruhezeit im Arbeitszeitgesetz (AZG) geregelt.

1.1. Gilt das ARG für alle Arbeitnehmer?

§

Es gilt für alle AN außer jene, die

1. in einem Arbverh zu einer Gebietskörperschaft oder zu einem Gemeindeverband stehen, soweit sie nicht *1 ARG*
   a) in Betrieben eines Landes, einer Gemeinde oder eines Gemeindeverbandes beschäftigt sind,
   b) in Betrieben des Bundes beschäftigt sind;
2. AN von Kraftfahrlinienunternehmungen im Sinne des Kraftfahrliniengesetzes (KflG), BGBl I Nr 203/1999, soweit für diese AN zwingende dienstrechtliche Vorschriften über die wöchentliche Ruhezeit gelten;
3. Lehr- und Erziehungskräfte an Unterrichts- und Erziehungsanstalten;
4. leitende Angestellte, denen maßgebliche Führungsaufgaben selbstverantwortlich übertragen sind;
5. AN, für die folgende Vorschriften gelten:
   a) das Hausbesorgergesetz;
   b) das Hausgehilfen- und Hausangestelltengesetz;
   c) das Bundesgesetz über die Beschäftigung von Kindern und Jugendlichen;
   d) das Landarbeitsgesetz;
   e) das Seeschifffahrtsgesetz, soweit für diese AN kollektivvertragliche Regelungen entsprechend § 4 des Anhanges der Richtlinie 1999/63/EG gelten;
6. AN, die dem Bäckereiarbeiter/innengesetz 1996 unterliegen;
7. AN, die in Theaterbetrieben im Sinne des § 1 Abs 2 Theaterarbeitsgesetz beschäftigt sind;
8. Heimarbeiter, auf die das Heimarbeitsgesetz anzuwenden ist.

14

2. Darf ein Arbeitnehmer jeden Tag in der Woche beschäftigt werden?

Grundsätzlich ist dies nicht zulässig, denn jeder AN muss zumindest einmal in der Woche eine ununterbrochene Ruhezeit von mindestens 36 Stunden haben.

3. Wann spricht man von WochenENDruhe?

Wochenendruhe ist dann gegeben, wenn der Sonntag in die wöchentliche Ruhezeit fällt.

4. Wann spricht man von Wochenruhe?

Diese liegt dann vor, wenn in die wöchentliche Ruhezeit kein Sonntag fällt (zB Dienstag 18.00 Uhr bis Donnerstag 6.00 Uhr).

5. Wer hat Anspruch auf Wochenendruhe – also einschließlich Sonntag – und wer auf Wochenruhe?

§ 3 ARG

Im Normalfall hat der AN Anspruch auf Wochenendruhe. Anspruch auf Wochenruhe hat ein AN,

» dessen Arbeit am Wochenende zulässig ist und
» der entweder aufgrund eines Kollektivvertrages, einer Betriebsvereinbarung oder eines Arbeitsvertrages auch zur Arbeit am Wochenende verpflichtet ist und
» wenn es einen konkreten Arbeitszeitplan gibt, der regelmäßig Wochenendarbeit vorsieht.

14

Nur wenn alle drei Bedingungen gegeben sind, hat der AN keinen Anspruch auf Wochenend-, sondern lediglich auf Wochenruhe. Andernfalls kann der AN auf eine wöchentliche Ruhezeit, in die der Sonntag fällt, beharren. Sollte er dennoch fallweise am Wochenende zur Arbeitsleistung herangezogen werden, hat er Anspruch auf Ersatzruhe (siehe Frage 11 ff dieses Kapitels).

5.1. Wann ist der Arbeitnehmer zur Arbeit am Wochenende verpflichtet?

Diese Verpflichtung ist dann anzunehmen, wenn dies vereinbart wurde (zB der betreffende AN arbeitet längere Zeit nach einem Arbeitsplan, der Arbeit am Wochenende vorsieht). Das kann sich auch aus dem Kollektivvertrag oder einer vollkontinuierlichen Schichtarbeit ergeben.

6. Wann beginnt die Wochenendruhe im Normalfall?

§ 3 ARG

Diese beginnt im Normalfall spätestens am Samstag um 13.00 Uhr.

7. Wann darf ausnahmsweise länger als bis Samstag 13.00 Uhr gearbeitet werden?

Dies ist im Fall von unbedingt notwendigen Vor- und Abschlussarbeiten (zB Zu-Ende-Bedienen von Kunden, Abrechnen eingenommener Geldbeträge und Abschließen des Betriebes), Reinigungs-, Instandsetzungs- oder Instandhaltungsarbeiten, beim Einarbeiten von Fenstertagen und bei Schichtarbeit zulässig. Ausnahmen bestehen auch.

7.1. Wie lange darf in diesen Fällen gearbeitet werden?

Die Wochenendruhe kann bei Vor- und Abschlussarbeiten, Reinigungs-, Instandsetzungs- oder Instandhaltungsarbeiten, wenn diese unbedingt notwendig sind, am Samstag um 15.00 Uhr beginnen. Dadurch anfallende Überstunden sind aber dementsprechend zu vergüten. Im Fall des Einarbeitens von Fenstertagen darf im Einarbeitungszeitraum bis 18.00 Uhr gearbeitet werden. In diesem Fall handelt es sich um eine andere Verteilung der Normalarbeitszeit. Eine Überstundenentlohnung fällt daher nicht an. Im Falle von Schichtarbeit kommt es darauf an, ob durchlaufend – das heißt von 0.00 Uhr bis 24.00 Uhr – gearbeitet wird oder ob der Betrieb an einigen Stunden des Tages still steht. Bei durchlaufendem Schichtbetrieb darf die Wochenendruhe ausnahmsweise erst mit dem Ende der Nachtschicht zum Sonntag beginnen. Bei nichtdurchlaufender mehrschichtiger Arbeitsweise hat die Wochenendruhe spätestens am Samstag um 24.00 Uhr zu beginnen.

7.2. Was ist, wenn noch Maschinen oder Arbeitsgeräte zu versorgen sind?

Normalerweise können diese Arbeiten während der Arbeitszeit bis Samstag 13.00 Uhr erledigt werden. Wenn dies aber ohne Störung des Betriebes nicht möglich ist und diese Arbeiten notwendig sind, damit der Betrieb zu Beginn der folgenden Woche wieder anlaufen kann, so darf am Samstag ausnahmsweise auch bis 15.00 Uhr gearbeitet werden.

8. Wie lange dauert die Wochenendruhe?

Sie muss mindestens 36 Stunden dauern. Es könnte also bereits am Montag um 1.00 Uhr früh mit der Arbeit begonnen werden, da der Kalendertag mit 0.00 Uhr beginnt, es sei denn, es sprechen andere Gründe dagegen (zB Nachtarbeitsverbot bei Jugendlichen).

9. Wann endet die Wochenendruhe?

Die Wochenendruhe endet mit dem Beginn der Arbeit in der folgenden Woche.

10. Darf der Arbeitnehmer während der Wochenendruhe zu Arbeitsleistungen herangezogen werden?

Jede Arbeit, auch Arbeitsbereitschaft, ist grundsätzlich unzulässig, wenn nicht das Gesetz eine Ausnahme vorsieht.

§ 6a ARG

10.1. Ist Rufbereitschaft während der Wochenendruhe zulässig?

Rufbereitschaft außerhalb der Arbeitszeit darf nur an zwei wöchentlichen Ruhezeiten pro Monat vereinbart werden.

10.2. Wann darf ausnahmsweise am Wochenende gearbeitet werden?

Der Ausnahmenkatalog ist sehr umfangreich. Es gibt Sonderregelungen für den Schichtbetrieb, im Fall von Bauarbeiten, für die Herstellung und den Vertrieb von Tageszeitungen, für Verkehrsunternehmungen, für Kranken- und Kuranstalten, für Apotheken, für das Bewachungsgewerbe und für weitere Tätigkeiten, die im Gesetz aufgezählt sind. In außergewöhnlichen Fällen (Notstand usw) und auf Märkten und Messen, Bahnhöfen, Flugplätzen usw ist eine durchgehende Beschäftigung ebenfalls möglich. Das zuständige Bundesministerium hat einen umfangreichen Ausnahmenkatalog in Form einer Verordnung erlassen. Eine genaue Beschreibung all dieser Angelegenheiten findet sich zB in Gesetze und Kommentare Nr 134, „Arbeitsruhegesetz" von Doris Lutz und Gerda Heilegger (ÖGB-Verlag).

§§ 10ff ARG

14

10.3. Welche Arbeiten sind während der Wochenendruhe zulässig?

» Reisezeit: Eine Störung der Wochenruhe durch Reisezeit ist zulässig, wenn dies zur Erreichung des Reisezieles notwendig oder im Interesse des AN gelegen ist;
» Schichtarbeit: Eine Verkürzung auf 24 Stunden in einzelnen Wochen ist möglich, wenn für vier Wochen im Durchschnitt mindestens 36 Stunden Wochenruhe bestehen. Mit ministerieller Genehmigung kann die Wochenruhe in einzelnen Wochen kürzer als 24 Stunden dauern und der Zeitraum zur Berechnung der durchschnittlichen 36 Stunden länger als vier Wochen sein;
» Großbaustellen oder Baustellen der Wildbach- und Lawinenverbauung im öffentlichen Interesse: Es ist eine abweichende Regelung durch Kollektivvertrag möglich;
» AN in Verkehrsbetrieben (zB Eisenbahnen, Kraftfahrlinien, Luftfahrt usw), AN in Kranken- und Kuranstalten, in Apotheken und im Bewachungsgewerbe. Der Kollektivvertrag kann festlegen, dass in einzelnen Wochen weniger als 36 Stunden Wochenruhe zulässig sind. Mindestdauer ist jedoch 24 Stunden. Im Durchschnitt muss die Wochenruhe mindestens 36 Stunden betragen;
» Reinigungs-, Instandhaltungs- und Instandsetzungsarbeiten;
» Bewachung und Wartung von Betriebsanlagen;
» gesundheitliche Versorgung und Verköstigung der während der Wochenruhe zulässigerweise beschäftigten AN sowie deren Beförderung von und zur Arbeitsstelle;
» Umbauarbeiten von Betriebsanlagen;
» Betreuung, Verköstigung und Beaufsichtigung in Internaten und Heimen;
» in außergewöhnlichen Fällen (zur Abwendung von Gefahren für die Sicherheit des Lebens oder der Gesundheit von Menschen, Notstand, Behebung von Betriebsstörungen usw);
» Tätigkeiten aufgrund der Verordnung des Bundesministers für Arbeit, Gesundheit und Soziales.;
» Ausnahmen aufgrund einer Verordnung des jeweils zuständigen Landeshauptmannes;
» Ausnahmen aufgrund einer Verordnung im öffentlichen Interesse;

» bescheidmäßig zuzuerkennende Ausnahme im Einzelfall durch den Bundesminister für Arbeit, Gesundheit und Soziales;
» AN, die im Rahmen von Märkten beschäftigt werden;
» AN in Geschäften in Bahnhöfen und Autobusbahnhöfen, Schiffanlegeplätzen, Flughäfen und Zollfreiläden.

Der Inhalt der genannten Verordnung kann bei den Arbeitsinspektoraten, gesetzlichen und freiwilligen Interessenvertretungen erfragt werden. Darüber hinaus kann der Kollektivvertrag Ausnahmen zulassen.

11. Was erhält ein Arbeitnehmer für Arbeitsleistungen während der wöchentlichen Ruhezeit?

§ *6 ARG*

In der darauf folgenden Woche steht dem AN für jene Stunden, die er während der letzten 36 Stunden vor dem Arbeitsbeginn in der folgenden Woche geleistet hat, eine Ersatzruhe im Ausmaß 1:1 der erbrachten Stunden zu. Beispiel: Der AN arbeitet normalerweise Montag bis Freitag, von 8.00 Uhr bis 16.30 Uhr. Er wird wegen einer Messeveranstaltung Samstag und Sonntag jeweils von 9.00 Uhr bis 18.00 Uhr mit einer einstündigen Mittagspause eingesetzt. Für die Berechnung des Ausmaßes der Ersatzruhe ist vorerst der 36-stündige Zeitraum zu ermitteln. Hiezu ist vom Beginn der Wochenarbeitszeit (zB Mo 8.00 Uhr früh) 36 Stunden zurückzurechnen. Daraus ergibt sich der Zeitraum von Samstag 20.00 Uhr bis Montag 8.00 Uhr. Während dieser Zeit hat der betreffende AN in diesem Beispiel acht Stunden gearbeitet. Somit stehen ihm in der folgenden Woche acht Stunden Ersatzruhe zu. Für die Arbeit am Samstag vor 20.00 Uhr steht jedoch keine Ersatzruhe zu. Darüber hinaus wird im Regelfall ein Anspruch auf Überstundenvergütung gegeben sein.

12. Was wird während der Ersatzruhe bezahlt?

Der AN behält für die infolge der Ersatzruhe ausgefallene Arbeit den Anspruch auf sein Entgelt. Der AN ist in erster Linie so zu bezahlen, als hätte er gearbeitet (Ausfallsprinzip). Lässt sich das bei einem variablen Entgelt nicht bestimmen, ist der Durchschnitt der letzten 13 voll gearbeiteten Wochen heranzuziehen.

13. Wer bestimmt, wann die Ersatzruhe genommen werden muss?

Die Ersatzruhe soll vor der nächsten wöchentlichen Ruhezeit konsumiert werden (zB am Freitag). Soweit von dieser Regelung abgegangen wird, müssen AN und AG, am besten vor Antritt der Arbeit, für die Ersatzruhe gebührt, den Zeitraum vereinbaren, wann die Ersatzruhe konsumiert werden soll.

14. Darf die Ersatzruhe auch stundenweise genommen werden?

Nein, denn damit ist der Erholungszweck nicht gewährleistet.

15. Darf während der vereinbarten Ersatzruhe gearbeitet werden?

Das ist nur in außergewöhnlichen Fällen oder im öffentlichen Interesse zulässig (zB bei Notstand wie Hochwasser oder anderen Katastrophen, bei unmittelbarer Gefahr für die Sicherheit des Lebens und/oder die Gesundheit von Menschen, zur Behebung einer Betriebsstörung, zur Verhütung des Verderbens von Lebensmitteln oder anderen verderblichen Gütern).

16. Welchen Anspruch hat der Arbeitnehmer, wenn er während der Ersatzruhe berechtigterweise beschäftigt wird?

Die Ersatzruhe muss zu einem späteren Zeitpunkt nachgeholt werden. Wann das der Fall ist, muss vereinbart werden.

17. Welche Möglichkeiten hat der Arbeitnehmer, wenn er ungerechtfertigterweise während der Ersatzruhe beschäftigt wird?

Dann hat der AN Anspruch auf Bezahlung der Arbeitsleistung und auf Ersatzruhe zu einem anderen Zeitpunkt.

18. Kann ein Arbeitnehmer während der bereits einmal verlegten Ersatzruhe zulässigerweise beschäftigt werden?

Dies ist nur zur Abwendung einer unmittelbaren Gefahr für die Sicherheit des Lebens oder der Gesundheit von Menschen oder bei sonstigen Katastrophenfällen zulässig (zB bei Maschinenschaden, wenn dadurch gefährliche Gase oder Flüssigkeiten austreten).

19. Was bekommt der Arbeitnehmer, wenn er berechtigterweise während der bereits einmal verlegten Ersatzruhe beschäftigt wird?

Dann hat er Anspruch auf Entgelt als Ersatz für den Entfall der Ersatzruhe. Er bekommt also so viele Stunden bezahlt, wie er gearbeitet hat, jedoch ohne Zuschlag. Kann keine Verlegung vereinbart werden, erlischt der Anspruch.

14

19.1. Verfällt der Anspruch bei Beendigung des Arbverhältnisses vor Verbrauch der Ersatzruhezeiten?

Nein, es hat eine Auszahlung im Zuge der Endabrechnung zu erfolgen.

20. Welche gesetzlichen Feiertage gibt es in Österreich?

§ *7 ARG*

1. Jänner, 6. Jänner, Ostermontag, 1. Mai, Christi Himmelfahrt, Pfingstmontag, Fronleichnam, 15. August, 26. Oktober, 1. November, 8. Dezember, 25. Dezember, 26. Dezember.

20.1. Welche Arbeitnehmer haben zusätzlich am Karfreitag frei?

Alle Angehörigen der evangelischen Kirchen AB und HB, der altkatholischen Kirche oder der Evangelisch-methodistischen Kirche.

20.2. Haben noch andere Arbeitnehmer einen zusätzlichen Feiertag?

Ja, Angehörige des israelitischen Glaubensbekenntnisses haben den Versöhnungstag durch Generalkollektivvertrag frei.

20.3. Gibt es sonst arbeitsfreie Feiertage?

Nein. Religiöse Feiertage anderer Religionsgemeinschaften oder Landesfeiertage sind keine gesetzlichen Feiertage. An solchen Tagen besteht also grundsätzlich Arbeitspflicht.

Urlaub

Kapitel 15

1. In welchem Gesetz ist der Urlaub geregelt?

Der Urlaub ist durch das Bundesgesetz betreffend die Vereinheitlichung des Urlaubsrechtes und die Einführung der Pflegefreistellung geregelt, welches mit 1. Jänner 1977 in Kraft getreten ist. In weiterer Folge wurde der Urlaub, beginnend ab 1. Jänner 1984, etappenweise um eine Woche erhöht. Zuletzt wurde das Urlaubsgesetz (UrlG) mit Wirkung vom 1. Jänner bzw 11. März 2013 geändert.

1.1. Gilt das Urlaubsgesetz für alle Arbeitnehmer?

Das UrlG gilt für alle AN (also auch für Lehrlinge), deren Arbverh auf einem privatrechtlichen Vertrag beruht. Ausgenommen sind jene AN, deren Urlaub durch eigene gesetzliche Bestimmungen geregelt ist (zB AN, die dem Landarbeits-, Heimarbeits-, Vertragsbediensteten-, Bauarbeiter-Urlaubs- und Abfertigungs-, Theaterarbeits- oder dem HausbG unterliegen, oder AN des Bundes, der Länder, Gemeindeverbände, Gemeinden).

§ *1 UrlG*

2. Wie viel Erholungsurlaub steht dem Arbeitnehmer zu?

15

Dem AN gebührt für jedes Arbeitsjahr ein ununterbrochener bezahlter Urlaub im Ausmaß von 30 Werktagen (fünf Wochen) bis zum 25. Arbeitsjahr und von 36 Werktagen (sechs Wochen) ab dem 26. Arbeitsjahr.

§ *2 UrlG*

2.1. Gibt es zusätzlich zum Erholungsurlaub auch noch einen gesetzlichen Anspruch auf bezahlten Bildungsurlaub für alle Arbeitnehmer?

Nein, ein solcher Anspruch kann aber durch Kollektivvertrag, Betriebsvereinbarung oder Einzelarbeitsvertrag gegeben sein. Hinsichtlich Bildungskarenz siehe Kapitel 16 „Karenzierung", Frage 5.

2.2. Haben auch Teilzeitbeschäftigte Anspruch auf fünf oder sechs Wochen Urlaub?

Ja, auch Teilzeitbeschäftigte haben den vollen Urlaubsanspruch.

2.3. Gibt es einen Zusatzurlaub für Behinderte?

Im Gesetz ist kein zusätzlicher Urlaubsanspruch für Behinderte vorgesehen. Kollektivverträge sehen fallweise jedoch einen Zusatzurlaub vor.

2.4. Welchen Zusatzurlaub erhalten Nachtschwerarbeiter?

AN haben für jedes Arbeitsjahr, in dem sie mindestens 50-mal in der Zeit zwischen 22.00 und 6.00 Uhr wenigstens sechs Stunden Nachtschwerarbeit geleistet haben, Anspruch auf einen Zusatzurlaub im Ausmaß von zwei Werktagen. Dieser Anspruch erhöht sich auf vier Werktage, wenn sie fünf Jahre und auf sechs Werktage, wenn sie 15 Jahre solche Arbeiten geleistet haben.

§ *10a UrlG*

2.4.1. Wieviel Zusatzurlaub gebührt, wenn weniger als 50-mal Nachtschwerarbeit geleistet wird?

Hat ein AN in einem Urlaubsjahr weniger als 50-mal, mindestens jedoch 40-mal Nachtschwerarbeit geleistet, hat er für dieses Urlaubsjahr Anspruch auf einen Zusatzurlaub in dem sich ergebenden Ausmaß, wenn er in diesem und im unmittelbar vorangegangenen Urlaubsjahr insgesamt mindestens 100-mal Nachtschwerarbeit geleistet hat.

2.4.2. Wieviel Urlaub gebührt, wenn mehr als 50-mal Nachtschwerarbeit geleistet wird?

Hat ein AN zusätzlich zu Nachtschwerarbeit, die zu einem Zusatzurlaub geführt hat, mindestens 50-mal Nachtschwerarbeit geleistet, gebührt ihm ein zusätzlicher Urlaubstag. In jedem Urlaubsjahr gebührt jedoch nur ein zusätzlicher Urlaubstag aus diesem Grund. Nachtschwerarbeit darf für die Berechnung eines Zusatzurlaubs nur einmal herangezogen werden. Drei Jahre nach Ablauf des Urlaubsjahres, in dem Nachtschwerarbeit geleistet wurde, ist diese Nachtschwerarbeit bei der Berechnung eines weiteren Zusatzurlaubs nicht mehr heranzuziehen.

2.5. Was versteht man unter „Werktage"?

Werktage sind alle Kalendertage mit Ausnahme der Sonntage und der gesetzlichen Feiertage, also auch an sich betrieblich arbeitsfreie Werktage.

2.6. Kann die Berechnung des Urlaubsausmaßes von Werktagen auf Arbeitstage umgestellt werden?

Ja, aber der AN darf dadurch nicht schlechter gestellt werden als bei der Berechnung nach Werktagen.

§ *9 APSG*

2.7. Besteht für ein Urlaubsjahr, in dem der Arbeitnehmer den Präsenz- oder Zivildienst leistet, der volle Urlaubsanspruch?

Das Urlaubsausmaß des laufenden Urlaubsjahres wird um die Zeiten des Präsenz-(Zivil-)dienstes verkürzt.

Fällt (Fallen) in ein Urlaubsjahr jedoch nur (eine) kurzfristige Einberufung(en) zum ordentlichen oder außerordentlichen Präsenz-(Zivil-)dienst, so tritt eine Verkürzung des Urlaubsanspruchs nur dann ein, wenn die Zeit dieser Einberufung(en) im Urlaubsjahr 30 Werktage übersteigt, wobei mehrere derartige Einberufungen zusammenzurechnen sind (siehe hiezu auch Frage 7.2 dieses Kapitels).

§ *15 MSchG*

2.8. Besteht der Urlaub in einem Urlaubsjahr, in dem Karenz aus Anlass der Elternschaft konsumiert wird, auch in vollem Ausmaß?

Nur wenn der Urlaub vor Antritt der Schutzfrist in Unkenntnis der Schwangerschaft verbraucht wird, besteht der volle Anspruch. Nach der Geburt kann der Urlaub vom AG um die Zeit der Karenz anteilig gekürzt (aliquotiert) werden. Das Urlaubsjahr, das während des Karenzjahres beginnt, muss immer aliquotiert werden. (Die Berechnung erfolgt wie in Frage 7.2 dieses Kapitels.) Der Urlaubsanspruch wird durch Zeiten, in denen kein Anspruch auf Entgelt besteht, nicht verkürzt, sofern gesetzlich nicht ausdrücklich anderes bestimmt wird. Das bedeutet, dass zB für Zeiten eines längeren

Krankenstandes, für die keine Entgeltfortzahlung mehr vorgesehen ist, aber auch für die Zeit der Schutzfrist vor und nach der Geburt der Urlaubsanspruch nicht verkürzt werden darf.

3. Welche Zeiten beim selben Arbeitgeber werden für den Urlaub voll angerechnet?

Alle Zeiten, die der AN in unmittelbar vorangegangenen Arbeits- oder Lehrverhältnissen zum selben AG zurückgelegt hat, gelten für die Erfüllung der Wartezeit, die Bemessung des Urlaubsausmaßes und die Berechnung des Urlaubsjahres als Dienstzeiten. *§ 3 UrlG*

4. Wann entsteht der Anspruch auf Urlaub?

Der Anspruch auf Urlaub entsteht in den ersten sechs Monaten des ersten Arbeitsjahres im Verhältnis zu der im Arbeitsjahr zurückgelegten Dienstzeit (aliquot), nach sechs Monaten in voller Höhe. Ab dem zweiten Arbeitsjahr entsteht der gesamte Urlaubsanspruch mit Beginn des Arbeitsjahres. *§ 2 UrlG*

15

4.1. Verschiebt sich der Beginn des Urlaubsjahres durch die Ableistung des Präsenz-, Zivildienstes oder die Inanspruchnahme eines Karenzurlaubs?

Nein, denn in diesen Fällen wird das Arbverh nicht aufgelöst oder unterbrochen.

4.2. Verschiebt sich durch die Übertragung eines Unternehmens bei gleichzeitiger Übernahme mit allen Rechten und Pflichten der Beginn des Urlaubsjahres?

Auch hier bleibt der Beginn des Urlaubsjahres unverändert (= Eintrittsdatum beim alten AG).

4.3. Wann muss ein über das aliquote Ausmaß hinaus verbrauchter Urlaub zurückbezahlt werden?

Seit dem Jahr 2001 muss ein über den aliquoten Teil hinausgehender verbrauchter Jahresurlaub aus dem laufenden Urlaubsjahr rückerstattet werden, wenn das Arbverh durch

1. unberechtigten vorzeitigen Austritt oder
2. verschuldete Entlassung

beendet wird.

4.4. Wie hoch ist der Rückerstattungsbetrag?

Der Erstattungsbetrag hat dem für den zu viel verbrauchten Urlaub zum Zeitpunkt des Urlaubsverbrauchs erhaltenen Urlaubsentgelt zu entsprechen.

5. Kann der Arbeitgeber den Urlaubsanspruch für entgeltfreie Zeiträume verkürzen?

Der Urlaubsanspruch wird durch Zeiten, in denen kein Anspruch auf Entgelt besteht, nicht verkürzt, sofern gesetzlich nicht ausdrücklich anderes bestimmt ist.

5.1. Für welche Fälle sieht das Gesetz eine Aliquotierung des Urlaubsanspruchs für entgeltfreie Zeiträume ausdrücklich vor?

Das ist vorgesehen für: Zeiten einer Elternkarenz, des Präsenz- oder Zivildienstes, der erweiterten Bildungsfreistellung, einer Bildungskarenz, einer Freistellung gegen Entfall des Entgelts sowie für Zeiten einer Familienhospizkarenz.

5.2. Kann für Zeiträume eines längeren Krankenstandes, bei dem nur noch Anspruch auf das Krankengeld seitens der Krankenkasse besteht, der Anspruch auf Urlaub verkürzt werden?

Nein, denn für entgeltfreie Zeiträume während des Krankenstandes gibt es keine gesetzliche Regelung, die eine Urlaubsverkürzung vorsieht.

15

6. Was ist unter Arbeitsjahr zu verstehen?

Das Arbeitsjahr wird im Gegensatz zum Kalenderjahr vom jeweiligen Eintrittsdatum berechnet. Das Urlaubsjahr beginnt somit grundsätzlich mit dem jeweiligen Eintrittstag.

7. Kann das Urlaubsjahr auf das Kalenderjahr oder einen anderen Zeitraum umgestellt werden?

§

2 Abs 4 UrlG

Eine rechtsverbindliche Umstellung des Anspruchszeitraumes auf das Kalenderjahr oder einen anderen Zeitpunkt ist durch Kollektivvertrag oder Betriebsvereinbarung oder in Betrieben ohne Betriebsrat durch schriftliche Einzelvereinbarung möglich, außer für das „Rumpfjahr" wird ein voller Urlaubsanspruch gewährt. Zum Beispiel: Eintritt 1. September 2017. Eine Umstellung durch Einzelvereinbarung ist nur dann möglich, wenn volle fünf Wochen für das Jahr 2017 gutgeschrieben werden. Am 1. Jänner 2018 wäre ein neuerlicher Anspruch in der Höhe von fünf Wochen entstanden.

7.1. Wann kann das „Rumpfurlaubsjahr" aliquotiert werden?

Bei einer Umstellung des Urlaubs auf das Kalenderjahr oder einen anderen Zeitraum kann das „Rumpfjahr" aliquotiert werden, wenn die Umstellung durch Kollektivvertrag oder Betriebsvereinbarung erfolgt. Zum Beispiel: Eintritt am 1. September 2017. Der AG kann für den Zeitraum vom 1. September bis 31. Dezember 2017 nur den aliquoten Teil anrechnen, das sind in diesem Fall elf Werktage.

7.2. Wie muss die Aliquotierung des Urlaubsanspruches des „Rumpfurlaubsjahres" berechnet werden?

Die Anzahl der Urlaubstage (30 Werktage bzw 25 Arbeitstage bei einer Fünftagewoche) wird durch die Kalendertage des Jahres (365) geteilt (= Urlaubstage pro Kalendertag). Dieses Ergebnis (bei Werktagen 0,082, bei Arbeitstagen 0,068 pro Kalendertag) ist mit der Anzahl der im Rumpfjahr anfallenden Kalendertage zu multiplizieren. Teile von Urlaubstagen werden zugunsten des AN aufgerundet. Beispiel: Der Eintritt erfolgte am 1. September. Der AG kann für den Zeitraum vom 1. September bis 31. Dezember, das sind 122 Kalendertage, nur den aliquoten Teil anrechnen. Teile von Tagen werden zugunsten des AN aufgerundet. 122 × 0,082 = 10,004 Werktage, aufgerundet elf Werktage oder 122 × 0,068 = 8,296 Arbeitstage, aufgerundet neun Arbeitstage.

8. Welche Zeiten werden für die Bemessung des Urlaubsausmaßes angerechnet?

§ 3 UrlG

15

» Dienstzeiten beim selben AG,
» Vordienstzeiten in anderen Arbverh,
» Schulzeiten, die über die allgemeine Schulpflicht hinausgehen,
» abgeschlossenes Hochschulstudium,
» Zeiten, für die Haftentschädigung gebührt,
» Haftzeiten nach dem Opferfürsorgegesetz,
» Entwicklungshelferzeiten,
» Zeiten einer im Inland zugebrachten selbstständigen Erwerbstätigkeit,
» die erste Karenz aus Anlass der Elternschaft im Arbverh bis zum Höchstausmaß von zehn Monaten.

Nicht alle Zeiten werden jedoch voll berücksichtigt.

8.1. Werden Dienstzeiten beim selben Arbeitgeber angerechnet?

Dienstzeiten bei demselben AG, die keine längeren Unterbrechungen als drei Monate aufweisen, sind zusammenzurechnen, sofern sie nicht durch AN-Kündigung, verschuldete Entlassung oder unberechtigten Austritt endeten.

8.2. Inwieweit werden Vordienstzeiten aus anderen Arbeitsverhältnissen angerechnet?

Arbverh in Österreich, die mindestens je sechs Monate gedauert haben, werden bei der Anrechnung mit berücksichtigt (siehe Frage 8.4 dieses Kapitels).

8.3. In welchem Ausmaß werden Schulzeiten angerechnet?

Schulzeiten einer höheren oder berufsbildenden mittleren oder höheren Schule oder einer Akademie im Sinne des Schulorganisationsgesetzes 1962, die über die allgemeine Schulpflicht hinausgehen, werden im Höchstausmaß von vier Jahren angerechnet. Die allgemeine Schulpflicht endet mit dem neunten Schuljahr. Angerechnet werden zB AHS, HAK, HTL, HAS. Siehe auch die nächste Frage.

8.4. Wie viel kann für Vordienstzeiten und Schulzeiten höchstens angerechnet werden?

Anzurechnen sind maximal sieben Jahre, wobei die Vordienstzeiten vorrangig sind.

Beispiele für die Anrechnung:
Fünf Vordienstjahre plus zwei Schuljahre ergibt sieben anrechenbare Jahre; acht Vordienstjahre plus ein Schuljahr ergibt neun Jahre insgesamt, davon sind aber nur sechs anrechenbar (fünf als Vordienstjahre und eines als Schuljahr). siehe § 3 UrlG.

8.5. Unter welchen Bedingungen werden Hochschulzeiten angerechnet?

Wenn das Hochschulstudium mit Erfolg abgeschlossen ist, muss diese Zeit im Ausmaß der gewöhnlichen Dauer, höchstens jedoch bis zu fünf Jahren, angerechnet werden.

8.6. Wie werden Zeiten einer Fachhochschule angerechnet?

Wenn die Fachhochschule mit Erfolg abgeschlossen wird, ist sie wie die Hochschulzeit auch im Ausmaß der gewöhnlichen Dauer anzurechnen. Alle Hochschulzeiten zusammen können aber nur für die Höchstdauer von fünf Jahren angerechnet werden.

8.7. Wie viel an Vordienstzeiten werden nach dem Gesetz maximal angerechnet?

Angerechnet werden müssen maximal zwölf Jahre, ausgenommen Zeiten einer Haftentschädigung.

8.8. Wie viel muss für Haftentschädigungszeiten oder Haftzeiten nach dem Opferfürsorgegesetz angerechnet werden?

Soweit das Arbverh während der Dauer der Haft nicht aufrecht war, das volle Ausmaß.

8.9. Wieweit sind Zeiten als Entwicklungshelfer und Zeiten aus einer selbstständigen Erwerbstätigkeit anzurechnen?

Angerechnet werden solche Zeiten bis zum Höchstausmaß von fünf Jahren, sofern diese nicht schon als Vordienstzeiten berücksichtigt wurden.

8.10. Werden Zeiten eines Studiums während eines Arbeitsverhältnisses (Werkstudent) doppelt gerechnet?

Nein, da anrechenbare Zeiten, die zusammenfallen, für die Bemessung der Urlaubsdauer nur einmal berücksichtigt werden.

§ *15 MSchG*

8.11. Wird eine Karenzzeit angerechnet?

Soweit der Kollektivvertrag keine günstigere Regelung hat, wird die erste Karenzzeit im Dienstverhältnis für das Urlaubsausmaß bis zum Höchstausmaß von zehn Monaten angerechnet.

9. Wann soll der Urlaub konsumiert werden?

§ 4 UrlG

Der Urlaub sollte tunlichst bis zum Ende jenes Urlaubsjahres, in dem er entstanden ist, verbraucht werden. Ist dies aber nicht möglich, wird der offene Urlaubsanspruch in das folgende Jahr übertragen.

10. Kann der Arbeitgeber den Urlaub einseitig festlegen?

Der Zeitpunkt des Urlaubsantritts und die Dauer des Urlaubs müssen zwischen dem AG und AN vereinbart werden. Der AG kann den Urlaub dem AN nicht einseitig „aufzwingen".

10.1. Kann der Arbeitgeber den Arbeitnehmer während der Kündigungsfrist zum Verbrauch des Urlaubes zwingen?

Nein, auch während der Kündigungsfrist ist dies nicht möglich. Die alten Zumutbarkeitsbestimmungen sind mit dem Entfall des § 9 UrlG (Urlaubsentschädigung) weggefallen. In manchen Fällen ist aber der Verbrauch des Urlaubs während der Kündigungsfrist zu überlegen, da einerseits für die Zeit der Urlaubsersatzleistung der Anspruch auf Arbeitslosengeld, andererseits auf Krankengeld ruht (siehe auch Frage 26 dieses Kapitels).

15

11. Kann der Arbeitnehmer den Urlaub eigenmächtig antreten?

§ 4 UrlG

Grundsätzlich darf auch der AN nicht ohne Zustimmung des AG den Urlaub antreten.

11.1. Darf ein Arbeitnehmer in den Urlaub fallende Feiertage oder Krankenstände ohne Zustimmung des Arbeitgebers an den Urlaub anschließen?

Eine einseitige Verlängerung des Urlaubs ist nicht möglich, es muss jeder Tag des Urlaubsverbrauchs vereinbart werden.

11.2. Unter welchen Umständen kann der Arbeitnehmer den Verbrauch seines Urlaubes aber dennoch einseitig festlegen?

Das ist dann möglich, wenn

» im Betrieb ein für den AN zuständiger Betriebsrat errichtet ist (Arbeiter- bzw Angestelltenbetriebsrat),
» der AN mindestens drei Monate vor dem gewünschten Urlaubsantritt diesen dem AG mitteilt,
» der beantragte Urlaub mindestens zwölf Werktage beträgt,

» trotz Beiziehung des Betriebsrates keine Einigung über den Urlaubsverbrauch zustande kommt und
» der AG wegen dieses Termins nicht Klage beim zuständigen Arbeits- und Sozialgericht zwischen acht und sechs Wochen vor dem vorgeschlagenen Zeitpunkt eingebracht hat.

§ *16 UrlG*

11.3. Gibt es eine weitere Ausnahme, die es dem Arbeitnehmer erlaubt, den Urlaub einseitig anzutreten?

Ja, wenn der AN den Anspruch auf Entgeltfortzahlung bei Pflegefreistellung bereits ausgeschöpft hat, kann wegen der notwendigen Pflege seines im gemeinsamen Haushalt lebenden erkrankten Kindes (Wahl- und Pflegekindes), welches das zwölfte Lebensjahr noch nicht überschritten hat, Urlaub ohne vorherige Vereinbarung mit dem AG angetreten werden.

15

12. In welcher Form muss eine Urlaubsvereinbarung getroffen werden?

Da gesetzlich keine Form für eine Urlaubsvereinbarung vorgeschrieben ist, kann diese sowohl schriftlich, mündlich als auch schlüssig vorgenommen werden. Eine schlüssige Urlaubsvereinbarung ist vor allem dann denkbar, wenn der AN einen Antrag stellt, der AG diesen zur Kenntnis nimmt, aber keine förmliche Zustimmung erfolgt. Probleme ergeben sich in der Praxis vor allem dann, wenn der AG auf einen Urlaubsantrag nicht reagiert und der AN dadurch lange Zeit im Ungewissen gelassen wird. In einem solchen Fall ist zu empfehlen, sich vor dem Antritt des Urlaubes nochmals zu erkundigen, ob dieser auch angetreten werden darf.

13. Wann kann der Arbeitgeber von einer einmal getroffenen Urlaubsvereinbarung zurücktreten?

Das ist nur aus besonders schwerwiegenden Gründen möglich. Solche sind dann gegeben, wenn wirtschaftliche Nachteile für das Unternehmen nur dadurch vermieden werden können, indem der betreffende AN während der vereinbarten Urlaubszeit arbeitet. Dabei ist ein strenger Maßstab anzulegen. Ein solcher Grund wird wohl auch nur dann gegeben sein, wenn die vorliegenden Umstände dem AG bei Zustimmung zur Urlaubsvereinbarung noch nicht bekannt gewesen sind.

13.1. Ist die Kündigung des Arbeitnehmers ein solcher wichtiger Grund?

Die Kündigung allein reicht nicht aus. Es muss darüber hinaus noch zusätzlich das unbedingte Erfordernis der Arbeit des AN in der vereinbarten Urlaubszeit gegeben sein.

13.2. Wer trägt in einem vom Arbeitgeber veranlassten Fall des Rücktritts von der Urlaubsvereinbarung allfällige Stornokosten?

Diese hat der AG zu tragen, denn er hat sie auch verursacht.

14. Wer bestimmt, wie viel Urlaub genommen werden kann, wenn sich Arbeitgeber und Arbeitnehmer nicht einigen können?

In diesem Fall ist es nicht möglich, einseitig einen Urlaub festzulegen, da keine Urlaubsvereinbarung zustande kommt. Im äußersten Fall könnte das Arbeits- und Sozialgericht zur Klärung dieser Streitfrage angerufen werden.

15. Muss zwischen Krankheit und Urlaub ein Arbeitstag liegen?

Nein, der AN muss aber den AG vom Urlaubsantritt verständigen.

16. Wie oft kann der Urlaub geteilt werden?

Nach dem UrlG kann der Urlaub nur einmal geteilt werden, doch muss ein Teil mindestens sechs Werktage bzw fünf Arbeitstage bei einer „Fünftagewoche" (eine Woche) betragen.

§ *4 UrlG*

16.1. Warum soll der Urlaub nur einmal geteilt werden?

Es soll damit dem AN ein gewisses Maß an Erholungswert eingeräumt werden. Weiters soll damit verhindert werden, dass der AG dem AN kleinere Urlaubsteile zumutet.

16.2. Kann seitens des Arbeitnehmers Urlaub unter einer Woche vereinbart werden?

Ja, da der AN den Erholungswert – vor allem in Verbindung mit Feiertagen – am besten selbst bestimmen kann.

16.3. Wie werden bei Verbrauch einzelner Arbeitstage (zB Fünf-Tage-Woche) die Werktage rechnerisch ermittelt?

Es wird für je fünf verbrauchte Arbeitstage ein zusätzlicher sechster Werktag (zB Samstag, bei einer Fünf-Tage-Woche, in der von Montag bis Freitag gearbeitet wird) abgezogen.

16.4. Wie viele Arbeitstage (bei Fünf-Tage-Woche) dürfen abgezogen werden, wenn ein Arbeitnehmer eine ganze Kalenderwoche auf Urlaub geht und der Samstag dieser Woche ein Feiertag ist?

Bei einer beibehaltenen Werktageberechnung zählt der Samstag-Feiertag weiterhin nicht als Urlaubstag und verbleibt somit als nicht konsumierter Werktag dem AN. Nach einer Entscheidung des Obersten Gerichtshofs erhält der AN aber in Betrieben, die auf Arbeitstage (Fünf-Tage-Woche) umgestellt haben, für den an sich arbeitsfreien Samstag-Feiertag keinen zusätzlichen Urlaubstag.

17. Für welche Zeiträume kann Urlaub nicht vereinbart werden?

Urlaub kann für Zeiträume eines Krankenstandes, eines Kuraufenthaltes, einer Pflegefreistellung oder einer sonstigen Arbeitsverhinderung mit Entgeltfortzahlungsanspruch nicht rechtswirksam vereinbart werden.

15

18. Wann verjährt ein Urlaubsanspruch?

§
4 UrlG

Ein Urlaub verjährt, wenn sich drei volle Urlaubsansprüche angesammelt haben und ein vierter Urlaubsanspruch entstehen würde. Das bedeutet, dass erst ein 15 Wochen (= 90 Werktage) übersteigender Urlaubsanspruch verjährt wäre. Bei einem Urlaubsanspruch von sechs Wochen ist ein entsprechend höheres Ausmaß zu berücksichtigen.

18.1. Welcher Urlaubsanspruch wird zuerst verbraucht?

Jeder Urlaubsverbrauch wird zunächst immer auf den ältesten noch offenen Urlaub angerechnet.

§§
4 UrlG, 6 APSG, 15 MSchG, 7c VKG

18.2. Wie wirkt sich eine Karenzzeit, Präsenz- oder Zivildienst auf die Verjährungsfrist aus?

Bei Inanspruchnahme einer Karenzzeit aus Anlass der Elternschaft verlängert sich die Verjährungsfrist um die Zeit der Karenz. Die Verjährungsfrist verlängert sich jedoch nicht bei Inanspruchnahme einer Karenzzeit aus anderem Anlass. Durch die Leistung des Präsenz-(Zivil-)dienstes werden Fristen für die Geltendmachung von arbeitsrechtlichen Ansprüchen gehemmt.

§
1486 ABGB

18.3. Wann verjährt der Anspruch auf Ersatzleistung für nicht verbrauchten Urlaub?

Dieser verjährt innerhalb von drei Jahren, es sei denn, es wurde eine kürzere Verjährungs- oder Verfallsfrist im Kollektivvertrag, der Betriebsvereinbarung oder im Einzelvertrag aufgenommen.

18.4. Was gilt, wenn der Arbeitnehmer zB wegen Krankheit seinen Urlaub nicht verbrauchen kann?

Kann ein AN infolge Krankheit seinen Urlaub nicht verbrauchen, ist die Verjährung seit Beginn des Krankenstandes gehemmt.

19. Wann unterbricht Krankheit (Unglücksfall) den Urlaub?

§ 5 UrlG

Wenn der AN während des Urlaubs erkrankt oder verunglückt, so werden die Tage der Erkrankung auf das Urlaubsausmaß nicht angerechnet, wenn die dadurch entstandene Arbeitsunfähigkeit mehr als drei Kalendertage andauert. Erkrankungen bis zu drei Kalendertagen gehen in diesem Fall zulasten des AN. Beispiel: Ist ein AN zehn Tage während des Urlaubs krank, so verbraucht er bei ordnungsgemäßer Meldung zehn Urlaubstage weniger. Ist er jedoch nur drei Tage krank, verbraucht er trotzdem drei Urlaubstage.

19.1. Wann muss der Arbeitnehmer den Krankenstand während des Urlaubs melden?

Die Meldung muss erst nach drei Kalendertagen erfolgen, da auch eine Unterbrechung des Urlaubs erst dann eintritt, wenn die Erkrankung drei Tage überschritten hat.

19.2. Wie muss dieser Krankenstand nachgewiesen werden?

Nach Wiederantritt des Dienstes ist dem AG ein ärztliches Zeugnis vorzuweisen.

19.3. Was muss der Arbeitnehmer bei Erkrankung im Ausland beachten?

Erkrankt der AN im Ausland, muss neben dem ärztlichen Zeugnis auch eine behördliche Bestätigung beigebracht werden, dass das ärztliche Zeugnis von einer als Arzt zugelassenen Person ausgestellt wurde, außer die Behandlung wurde in einer Krankenanstalt (stationär oder ambulant) durchgeführt.

20. Unterbricht die Pflegefreistellung den Urlaub?

Auch die Pflegefreistellung unterbricht den Urlaub (analog der Krankheit), da während der notwendigen Pflege eines erkrankten nahen Angehörigen kein Erholungswert gegeben ist.

21. Welche Arten von „Urlaubsgeldern" gibt es?

» Urlaubsentgelt = laufender Bezug während des Urlaubs,
» Urlaubszuschuss (Urlaubsbeihilfe, Urlaubsgeld, 14. Monatsbezug) = Sonderzahlung,
» Urlaubsersatzleistung = Abgeltung des nicht verbrauchten Urlaubs bei Beendigung des Arbverh,
» Urlaubsablöse = verbotene Vergütung für nicht konsumierten Urlaub bei aufrechtem Arbverh.

22. Was versteht man unter Urlaubsentgelt?

§ 6 UrlG

Das ist jenes Entgelt, welches der AN während der Zeit des Urlaubs erhalten muss.

22.1. Wie wird das Urlaubsentgelt berechnet?

Grundsätzlich hat der AN während des Urlaubs jene Bezahlung zu erhalten, die ihm gebührt hätte, wenn er gearbeitet hätte (Ausfallsprinzip). Wenn jedoch Entgelt in unterschiedlicher Höhe anfällt, ist der Durchschnitt der letzten voll gearbeiteten 13 Wochen zu berücksichtigen (zB bei Überstunden, leistungsbezogenen Prämien, Zulagen, Akkord usw). Eine Überstundenpauschale ist ebenfalls einzurechnen. Provisionen sind jedenfalls im Durchschnitt der letzten zwölf Monate zu berücksichtigen (Ausnahme: Direktgeschäfte und Folgeprovisionen).

22.2. Wie wird das Entgelt berechnet, wenn der Arbeitnehmer während der letzten 13 Wochen krank war?

Die Wochen eines Krankenstandes bleiben unberücksichtigt, da die letzten 13 voll gearbeiteten Wochen zur Berechnung herangezogen werden müssen.

22.3. Wann ist das Urlaubsentgelt zu bezahlen?

Das Urlaubsentgelt ist bei Antritt des Urlaubs für die ganze Urlaubsdauer im Voraus zu bezahlen. In der Praxis wird diese Regelung aber häufig nicht beachtet. Daher sollte der AG zeitgerecht darauf aufmerksam gemacht werden.

23. Darf der Urlaub während des aufrechten Arbeitsverhältnisses in Geld abgelöst werden?

§ 7 UrlG

Es ist verboten, bei aufrechtem Arbverh anstelle des Urlaubskonsums eine Ablöse des Urlaubs in Geld vorzunehmen.

23.1. Darf der Urlaub aus Anlass der Elternkarenz ausbezahlt werden?

Nein, denn weder der Beginn der Schutzfrist, die Geburt noch die Elternkarenz beenden das Arbverh. Nur für den Fall der Beendigung des Arbverh ist der offene Urlaub abzugelten.

23.2. Darf der Urlaub ausbezahlt werden, wenn die Gefahr besteht, dass er zumindest zum Teil verjährt?

Nein, es kann jedoch eine Verlängerung der Verjährungsfrist vereinbart werden, oder der AN kann, wenn der AG den rechtzeitigen Verbrauch des Urlaubs ablehnt, den Urlaubsverbrauch gerichtlich durchsetzen.

24. Wann darf (und muss) der Urlaub in Geld abgegolten werden?

Das ist nur zulässig, wenn das Arbverh beendet wird.

15

25. Was versteht man unter Ersatzleistung?

Das ist die Abgeltung des nicht verbrauchten Urlaubs in Geld.

26. In welchem Ausmaß gebührt die Ersatzleistung?

§ *10 UrlG*

Die Ersatzleistung ist die aliquote Abgeltung des offenen Urlaubsentgelts, im Verhältnis zu der im Urlaubsjahr zurückgelegten Dienstzeit. Für nicht verbrauchten Urlaub aus vergangenen Jahren gebührt die Ersatzleistung anstelle des ausständigen Urlaubsentgeltes in vollem Ausmaß des noch ausständigen Urlaubs, soweit der Urlaubsanspruch noch nicht verjährt ist. Zur Berechnung siehe Frage 32 dieses Kapitels.

26.1. Hat der Arbeitnehmer auch Anspruch auf Ersatzleistung für Zeiten eines Krankenstandes, in denen er nur noch Krankengeld von der Krankenkasse erhielt?

Ja, denn bei der Berechnung der Ersatzleistung ist das ungeschmälerte Entgelt zugrunde zu legen, das bis zum Beendigungszeitpunkt gebührt.

26.2. Wie sind offene (Rest-)Urlaube aus vergangenen Urlaubsjahren abzugelten?

Ein offener, nicht verjährter Urlaub aus vergangenen Jahren muss immer in vollem Ausmaß des noch ausständigen Urlaubsentgelts abgegolten werden.

26.3. Wie muss die Ersatzleistung berechnet werden, wenn Teilzeitbeschäftigung infolge Elternschaft in Anspruch genommen wird?

Wird während einer Teilzeitbeschäftigung infolge Elternschaft ohne Verschulden des AN das Arbverh durch Kündigung seitens des AG, einvernehmliche Lösung des Arbverh, ungerechtfertigte Entlassung oder berechtigten Austritt des AN beendet, ist der Berechnung der Ersatzleistung jene Arbeitszeit zugrunde zu legen, die in dem Urlaubsjahr, in dem der zu ersetzende Urlaubsanspruch entstanden ist, vom AN überwiegend zu leisten war.

27. Wer hat Anspruch auf Ersatzleistung, wenn das Arbeitsverhältnis durch den Tod des Arbeitnehmers endet?

In diesem Fall gebührt die Ersatzleistung den Erben. Das bedeutet, dass diese Zahlung nicht in den Nachlass fällt, sondern an die Erben direkt ausbezahlt werden muss.

28. Muss der Arbeitnehmer bei einer längeren Kündigungsfrist seinen noch offenen Urlaubsanspruch während dieser Zeit konsumieren?

Nein, auch in diesem Fall muss wie sonst auch der Urlaub grundsätzlich vereinbart werden.

28.1. Wann ist der Verbrauch des Urlaubs unmöglich?

Dies ist zB dann gegeben, wenn der AG dem Verbrauch des Urlaubs nicht zugestimmt hat oder der AN während der gesamten Kündigungsfrist krank ist.

29. Welchen Anspruch hat ein Arbeitnehmer, der seine Kündigungsfrist nicht einhält oder ungerechtfertigt vorzeitig austritt?

Wenn der AN ohne wichtigen Grund vorzeitig austritt oder die Kündigungsfrist nicht korrekt einhält, verliert er den Anspruch auf die Ersatzleistung des laufenden offenen Urlaubs zur Gänze. Zum Problem der Rückzahlungsverpflichtung siehe Frage 4.3 dieses Kapitels.

30. Wie wirkt sich die Abgeltung eines offenen Urlaubsanspruches auf den Bezug von Arbeitslosengeld oder Notstandshilfe oder Krankengeld von der Krankenkasse aus?

Für Zeiträume, für die eine Ersatzleistung für Urlaubsentgelt gebührt, ruht der Anspruch auf diese Leistungen.

§§
16 AlVG, 253a Abs 2 Z 4 ASVG

31. Wie wird das Monatsentgelt als Basis für die Ersatzleistung berechnet?

1 Monatsbezug (inkl aller regelmäßigen Zulagen, Überstunden,
\+ 1/12 Provisionen usw)
\+ 1/12 Urlaubszuschuss
\+ 1/12 Weihnachtsremuneration
SUMME = monatliches Entgelt

Berechnung bei Werktagen (Sechs-Tage-Woche):
SUMME : 26;
Ergebnis × Zahl der offenen Werktage Urlaub = volles Ausmaß des laufenden Urlaubsentgeltes

Berechnung bei Arbeitstagen (Fünf-Tage-Woche):
SUMME: 22;
Ergebnis × Zahl der offenen Arbeitstage Urlaub = volles Ausmaß des laufenden Urlaubsentgeltes

Berechnung mit Stundenlohn:
1 Stundenlohn × wöchentlicher Arbeitszeit × 4,33 = Monatslohn
(inkl aller regelmäßigen Zulagen, Überstunden usw) = Monatsentgelt.

32. Wie wird die Ersatzleistung für das laufende Urlaubsjahr ermittelt?

Die Ersatzleistung für das laufende Urlaubsjahr wird ermittelt, indem das volle Ausmaß des laufenden Urlaubsentgeltes (siehe oben) durch 12 Monate, 52 Wochen oder 365 Tage des Jahres dividiert und das Ergebnis dann mit der Anzahl der im laufenden Kalenderjahr gearbeiteten Monate, Wochen oder Tage multipliziert wird. Gegenüber früheren Auslegungen wird nicht mehr kaufmännisch gerundet, sondern der Betrag wird rechnerisch präzise ermittelt. Bei Berechnung der Ersatzleistung sind die Sonderzahlungen auch bei Arbeitern als Bestandteil des Entgelts immer mit zu berücksichtigen, soweit eine kollektive Bestimmung oder der Arbeitsvertrag eine solche vorsieht, egal wie das Dienstverhältnis aufgelöst wird.

32.1. Hat der Arbeitnehmer Anspruch auf volle Ersatzleistung, wenn er zum Zeitpunkt der Beendigung des Arbeitsverhältnisses im Krankenstand ist und nur noch Krankengeld von der Krankenkasse erhält?

Ja, denn bei der Berechnung der Ersatzleistung ist das ungeschmälerte Entgelt zugrunde zu legen, das zum Beendigungszeitraum bei Fortfall der Arbeitsverhinderung zugestanden wäre.

32.2. Wie erfolgt die Anrechnung von bereits konsumiertem Urlaub bei Berechnung der Ersatzleistung?

» Es ist zunächst die Ersatzleistung so zu berechnen, als wäre im laufenden Urlaubsjahr noch kein Urlaub konsumiert worden.
» Von dieser (Gesamt-)Ersatzleistung ist das auf die Anzahl der bereits konsumierten Urlaubstage entfallende volle Entgelt abzuziehen.
» Ist der bereits konsumierte Urlaub euromäßig gleich hoch oder höher als die (Gesamt-)Ersatzleistung, gibt es keinen weiteren Anspruch auf Ersatzleistung. Sollte sich daraus ein Überbezug ergeben, kann dieser bei ungerechtfertigtem Austritt oder bei verschuldeter Entlassung des AN vom AG zurückverrechnet werden. Ist der Anspruch auf Ersatzleistung euromäßig höher als der auf die bereits konsumierten Urlaubstage entfallende Betrag, besteht ein Anspruch auf Ausbezahlung des Differenzbetrages als (Rest-)Ersatzleistung.
» Diese Regelung gilt für alle Fälle, in denen eine Ersatzleistung für das laufende Urlaubsjahr gebührt.

15

33. Gibt es ein Recht auf unbezahlten Urlaub?

Das Gesetz räumt die Möglichkeit ein, unter gewissen Voraussetzungen eine Bildungskarenz bzw eine Freistellung gegen Entfall des Arbeitsentgelts in Anspruch zu nehmen (siehe auch 16. Kapitel). Darüber hinaus muss – mit Ausnahme des MSchG und VKG sowie der Familienhospizkarenz – eine „Karenzierung" immer mit dem AG vereinbart werden. Dabei sollte auch geklärt werden, wer für die Kosten der Freistellung (insbesondere für die Beiträge zur Sozialversicherung) aufkommen wird. Nach dem Gesetz ist es aus sozialversicherungsrechtlicher Sicht bedenklich, Freistellungen für eine lange Zeit zu vereinbaren, da dann kein versicherungsfähiges Arbverh vorliegt. Um diese Angelegenheiten kostenneutral zu regeln, besteht auch die Möglichkeit, zu vereinbaren, unter Wahrung der arbeitsrechtlichen Ansprüche für eine gewisse Zeit auszusetzen. Dabei wird der AN von der Krankenkasse abgemeldet und muss für seine Krankenversicherung selbst Sorge tragen. Nach der vereinbarten Zeit setzt der AN sein Arbverh unter Wahrung der bisher erworbenen Ansprüche mit Ausnahme der ausgesetzten Zeit fort.

34. Muss ein Arbeitnehmer normalerweise einen bereits verbrauchten Urlaub zurückzahlen, wenn er mehr verbraucht hat, als die Ersatzleistung für das laufende Urlaubsjahr beträgt?

Nein, das Urlaubsentgelt für einen bereits über das aliquote Ausmaß hinausgehenden verbrauchten Urlaub muss grundsätzlich nicht zurückbezahlt werden, da der Urlaubsanspruch nach dem ersten Halbjahr bereits in voller Höhe entstanden ist, außer das Arbverh wird durch unberechtigten vorzeitigen Austritt oder verschuldete Entlassung gelöst.

35. Welche Urlaubsregelung gilt für Bauarbeiter?

Für Bauarbeiter wurde eine eigene Bauarbeiter-Urlaubs- und Abfertigungskasse geschaffen. Dem AN gebührt für jedes Kalenderjahr (Urlaubsjahr) ein Urlaubsanspruch. Für Beschäftigungszeiten von 52 Anwartschaftswochen (Anwartschaftsperiode) in einem Kalenderjahr gebührt dem AN ein Urlaub von 30 Werktagen. Der Urlaubsanspruch erhöht sich auf 36 Werktage, wenn Beschäftigungszeiten von mindestens 1.150 Anwartschaftswochen erreicht wurden. Der Anspruch auf Urlaub entsteht im Verhältnis zu den im Urlaubsjahr zurückgelegten Beschäftigungswochen bzw Teilen von Beschäftigungswochen. Das am Ende des Urlaubsjahres bestehende Urlaubsausmaß ist auf ganze Tage kaufmännisch zu runden. Das dem Bauarbeiter zustehende Urlaubsausmaß errechnet sich nicht nur nach der Beschäftigungszeit im laufenden Arbverh, sondern nach den auch aus anderen Arbverh gesammelten Anwartschaftswochen. Sollten Fragen über das Urlaubsausmaß, den Urlaubszuschuss oder das Urlaubsentgelt bestehen, ist es empfehlenswert, sich direkt an die Bauarbeiter-Urlaubs- und Abfertigungskasse zu wenden.

15

Hier der Link zur BUAK zur Urlaubsregelung: **www.buak.at**

Dienst-(Arbeits-)freistellung/Karenzierung

Kapitel 16

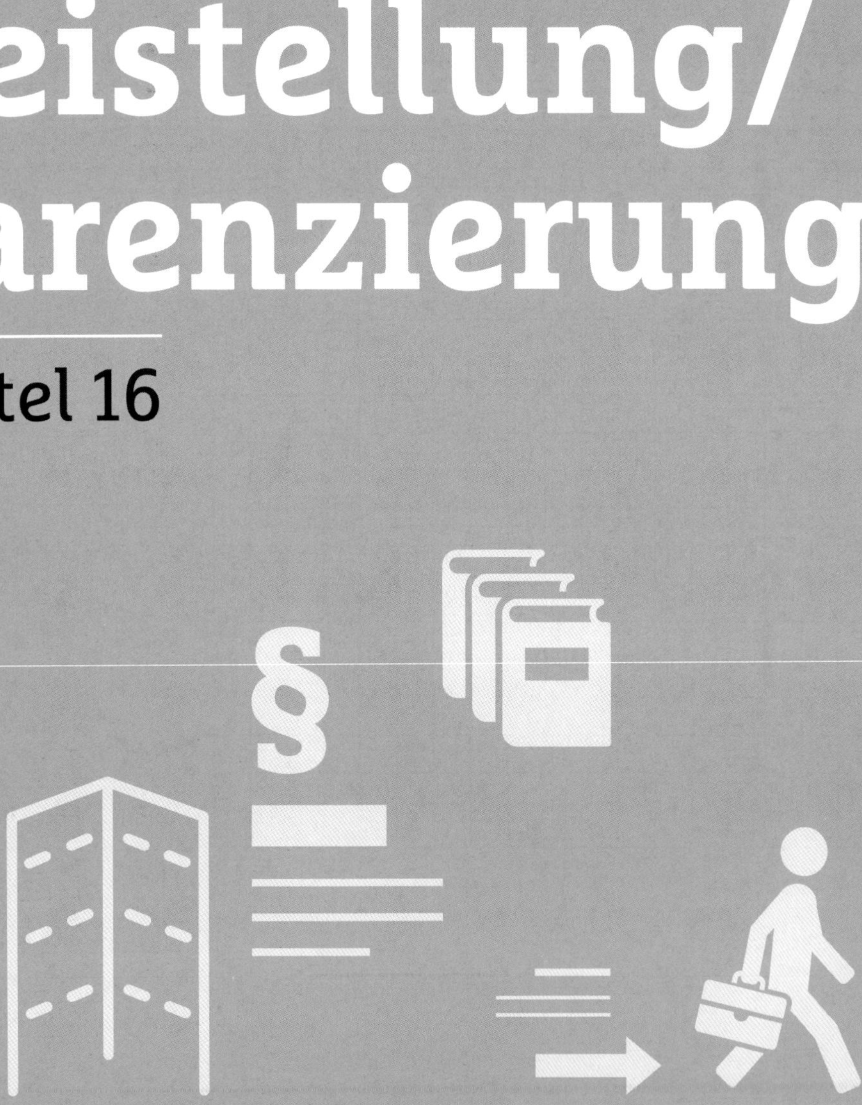

1. Hat ein Arbeitnehmer ein Recht auf bezahlte Dienst-(Arbeits-)freistellung?

Nein, es sei denn, es ist ein besonders wichtiger Grund einer Arbeitsverhinderung gegeben oder es wird Erholungsurlaub im zustehenden Ausmaß vereinbart. Die Gründe einer bezahlten Arbeitsverhinderung sind in erster Linie Krankheit, Unfall, Kur- und Erholungsaufenthalte, aber auch „sonstige wichtige persönliche Gründe", wie persönliche, familiäre und öffentliche Ereignisse.

2. Hat der Arbeitgeber das Recht, für eine gewisse Zeit auf die Arbeitsleistung des Arbeitnehmers zu verzichten?

Ja, denn es besteht nur in ganz wenigen Fällen eine Pflicht des AG, die Arbeitskraft des AN tatsächlich zu nutzen oder umgekehrt das Recht des AN auf Beschäftigung. § *1155 ABGB*

16

2.1. Welches Entgelt hat der Arbeitnehmer für diese Zeit zu erhalten?

Der AN hat während dieser Zeit das regelmäßige Entgelt zu bekommen. Regelmäßiges Entgelt ist jenes Entgelt, das dem AN gebührt hätte, wenn er während der Zeit der Arbeitsfreistellung gearbeitet hätte (Ausfallsprinzip). Bei schwankenden Bezügen ist der Durchschnitt der letzten 13 Wochen bzw drei Monate heranzuziehen, bei Provisionsvertretern muss der Durchschnitt des letzten voll gearbeiteten Jahres herangezogen werden. Mit zu berücksichtigen sind dabei auch etwaige Sachbezüge (zB die Privatnutzung eines Firmenfahrzeuges). Aufwandsersätze (zB Reisekosten- und Reiseaufwandsentschädigungen) werden nicht einbezogen.

2.2. Darf der Arbeitgeber einen Urlaubsanspruch mit einer Dienst-(Arbeits-)freistellung während der Kündigungsfrist gegenverrechnen?

Nein, denn dazu benötigt er immer die Zustimmung des AN. Mit dem Entfall der Urlaubsentschädigung ist auch die Zumutbarkeitsbestimmung ersatzlos gestrichen worden.

3. Wie sollen solche Dienst-(Arbeits-)freistellungen ausgesprochen werden?

Grundsätzlich gibt es darüber keine Vorschriften, das heißt, dass Arbeitsfreistellungen auch mündlich ausgesprochen werden können.

3.1. Was ist bei mündlich ausgesprochenen Dienst-(Arbeits-)freistellungen zu beachten?

Unbedingt anzuraten ist, sich diese schriftlich bestätigen zu lassen, um im Falle von Streitigkeiten Beweisschwierigkeiten zu vermeiden. Wenn der AG die schriftliche Bestätigung verweigert, kann der AN auch selbst ein E-Mail, Fax oder einen eingeschriebenen Brief an den AG senden, in welchem „der guten Ordnung halber" die mündlich getroffene Vereinbarung schriftlich festgehalten wird (zB, dass der AN für den Rest des Arbverh unter voller Entgeltfortzahlung von der Arbeit freigestellt wird und dass für diese Zeit kein Urlaub genommen wird).

4. Unter welchen Umständen hat der Arbeitnehmer einen gesetzlichen Rechtsanspruch auf Bildungskarenz, Freistellung gegen Entfall des Entgelts, Reduzierung und Herabsetzung der Normalarbeitszeit?

Durch das Arbeits- und Sozialrechts-Änderungsgesetz 1997 (ASRÄG) wurde das Arbeitsvertragsrechts-Anpassungsgesetz (AVRAG) um die §§ 11 bis 15 erweitert. Diese Gesetzesänderung räumt dem einzelnen AN einen Anspruch auf Freizeit unter gewissen Voraussetzungen für einen absehbaren Zeitraum gegen Entfall des Entgelts ein.

16

5. Was beinhaltet die Regelung der Bildungskarenz?

§§ *11 AVRAG, 26 AlVG*

Grundvoraussetzung ist eine schriftliche Vereinbarung zwischen AG und AN. Bei Vereinbarung der Bildungskarenz ab 1. August 2009 kann diese bereits nach einer ununterbrochenen Beschäftigung von sechs Monaten angetreten werden (Achtung: Sonderregelung für Saisonbetriebe!). Die Mindestdauer der Bildungskarenz beträgt zwei Monate. Die maximale Dauer der geförderten Bildungskarenz beträgt zwölf Monate. Bei Teilung muss jeder Teil mindestens zwei Monate betragen. Der Verbrauch ist innerhalb von vier Jahren zulässig. AN und AG können eine Bildungskarenz für die Dauer von mindestens zwei Monaten bis zu einem Jahr auch in einem befristeten Arbverh in einem Saisonbetrieb vereinbaren, sofern das befristete Arbverh ununterbrochen drei Monate gedauert hat und jeweils vor dem Antritt einer Bildungskarenz oder einer neuerlichen Bildungskarenz eine Beschäftigung zum selben AG im Ausmaß von mindestens sechs Monaten vorliegt. Zeiten von befristeten Arbverh zum selben AG, die innerhalb eines Zeitraumes von vier Jahren vor Antritt der jeweiligen Bildungskarenz und gegebenenfalls nach Rückkehr aus der mit diesem AG zuletzt vereinbarten Bildungskarenz liegen, sind hinsichtlich des Erfordernisses der Mindestbeschäftigungsdauer zusammenzurechnen. Bei der Vereinbarung über die Bildungskarenz ist auf die Interessen des AN und auf die Erfordernisse des Betriebes Rücksicht zu nehmen. In Betrieben, in denen ein für den AN zuständiger Betriebsrat errichtet ist, ist dieser auf Verlangen des AN den Verhandlungen beizuziehen.

5.1. Wann erhält der AN ein „Weiterbildungsgeld" und wie viel?

Voraussetzung ist neben der Vereinbarung der Bildungskarenz, dass die Anwartschaft auf Arbeitslosengeld erfüllt ist. Das Weiterbildungsgeld beträgt das jeweils zustehende Arbeitslosengeld, mindestens 14,53 Euro (Stand 2017) täglich.

5.2. Inwiefern muss eine Weiterbildung absolviert werden?

Es muss eine entsprechende Weiterbildungsmaßnahme (mindestens 20 Wochenstunden) nachgewiesen werden. Bei Personen mit Betreuungsverpflichtungen für Kinder bis zum vollendeten siebenten Lebensjahr, für die keine längere Betreuungsmöglichkeit besteht, braucht nur mindestens 16 Wochenstunden Weiterbildung absolviert werden.

5.3. Darf die praktische Ausbildung beim karenzierenden Arbeitgeber stattfinden?

Nein; es sei denn, dass die Ausbildung nur dort möglich ist.

5.4. Wie lange kann Weiterbildungsgeld bezogen werden?

Innerhalb der Rahmenfrist von vier Jahren kann insgesamt längstens ein Jahr Weiterbildungsgeld bezogen werden. Wenn die Weiterbildungsmaßnahme in Teilen stattfindet, kann das Weiterbildungsgeld innerhalb der Rahmenfrist von vier Jahren fortbezogen werden.

5.5. Werden die Zeiten der Bildungskarenz auf die Dienstzeit angerechnet?

Die Anrechnung der Zeiten der Bildungskarenz, die sich nach der Dauer der Dienstzeit richten, ist gesetzlich nicht vorgesehen. Somit besteht für diese Zeit kein Anspruch auf Sonderzahlungen und kein Urlaubsanspruch.

5.6. Kann eine Bildungskarenz für Zeiten eines Beschäftigungsverbots, einer Karenzzeit oder eines Präsenz-(Zivil-)dienstes vereinbart werden?

Vereinbarungen über die Bildungskarenz sind für Zeiten unwirksam, in welche ein Beschäftigungsverbot oder Karenzurlaub nach dem MSchG bzw EKUG oder Zeiten eines Präsenz- oder Zivildienstes fallen.

5.7. Kann Bildungskarenz im Anschluss an den Kindergeldbezug konsumiert werden?

Ja.

5.8. Wie wird die Abfertigung berechnet, wenn das Arbeitsverhältnis während einer Bildungskarenz beendet wird?

Wird das Arbverh während einer Bildungskarenz beendet, ist für die Berechnung der Abfertigung oder der Urlaubsersatzleistung das für den letzten Monat vor Antritt der Bildungskarenz gebührende Entgelt zugrunde zu legen.

Siehe auch **http://www.ams.at/_docs/001_infoblatt_bildungskarenz.pdf**

6. Was versteht man unter Bildungsteilzeit?

11a AVRAG, 26a AlVG

Seit 1. Juli 2013 kann Bildungsteilzeit vereinbart und Weiterbildungsgeld bezogen werden.

Voraussetzungen:
» Das Arbverh muss ununterbrochen sechs Monate gedauert haben.
» Die wöchentliche Normalarbeitszeit muss um mindestens ein Viertel und höchstens um die Hälfte (Bildungsteilzeit) reduziert werden.
» Die in der Bildungsteilzeit vereinbarte wöchentliche Normalarbeitszeit darf zehn Stunden nicht unterschreiten.
» Die Bildungsteilzeit kann nur in einer Dauer von mindestens vier Monaten bis zu zwei Jahren verbraucht werden (Rahmenfrist).
» Es muss eine schriftliche Vereinbarung zwischen AG und AN vorliegen.

Die Bildungsteilzeit kann auch in Teilen vereinbart werden, wobei die Dauer eines Teils mindestens vier Monate zu betragen hat und die Gesamtdauer der einzelnen Teile innerhalb der Rahmenfrist, die mit Antritt des ersten Teils der Bildungsteilzeit zu laufen beginnt, zwei Jahre nicht überschreiten darf. Für die Dauer der Rahmenfrist ist es grundsätzlich nicht möglich, Bildungskarenz oder die Freistellung gegen Entfall des Arbeitsentgeltes zu vereinbaren. Ein einmaliger Wechsel von Bildungsteilzeit zu Bildungskarenz ist aber zulässig, wenn in der Vereinbarung die höchstzulässige Dauer der Bildungsteilzeit von zwei Jahren nicht ausgeschöpft wurde. Anstelle von Bildungsteilzeit kann dann für die weitere Dauer der Rahmenfrist Bildungskarenz höchstens im halben Ausmaß des nichtausgeschöpften Teils vereinbart werden. Die Mindestdauer der Bildungskarenz muss zwei Monate betragen.

6.1. Wieviel Unterstützung steht während der Bildungsteilzeit zu?

Für jede Arbeitsstunde, die weniger gearbeitet wird, stehen 0,79 Euro (Stand 2017) „Bildungsteilzeitgeld" pro Tag zu (Bsp: Reduktion von zehn Stunden pro Woche, 10 x 0,79 x 30 = 237,00 Euro).

6.2. Muss die Aus- oder Weiterbildung nachgewiesen werden?

Ja, widrigenfalls bereits bezogenes Bildungsteilzeitgeld mitunter auch zurückbezahlt werden muss.

6.3. Wo muss der Antrag auf Bildungsteilzeitgeld gestellt werden?

Der Antrag ist bei der zuständigen regionalen Geschäftsstelle des AMS zu stellen.

Hier der Link zum online Ratgeber des AMS:
http://www.ams.at/ratgeber-arbeitsuchende/bildungsteilzeit

6.4. Was gilt bei Lösung des Arbeitsverhältnisses während der Bildungsteilzeit?

Bei Lösung des Arbverh während der Bildungsteilzeit endet der Anspruch auf Bildungsteilzeitgeld mit Ende des Arbverh. Wenn das Arbverh durch den AG gelöst wurde und die Voraussetzungen für den Bezug von Weiterbildungsgeld mit Ausnahme der Bildungskarenz vorliegen, kann nach Abzug der bereits in Anspruch genommenen Bezugszeiten für die noch nicht verbrauchte Bezugsdauer Weiterbildungsgeld beansprucht werden. Es ist notwendig, dass in diesem Fall so rasch wie möglich Kontakt mit dem AMS aufgenommen wird!

7. Freistellung gegen Entfall des Arbeitsentgelts

§ *12 AVRAG*

Eine Freistellung gegen Entfall des Arbeitsentgeltes kann für die Dauer von mindestens sechs Monaten bis zu einem Jahr, für die eine Förderung aus Mitteln der Arbeitslosenversicherung oder des Arbeitsmarktservices in Anspruch genommen wird, zwischen AG und AN vereinbart werden. Es kann in diesem Fall auch Weiterbildungsgeld (siehe Frage 5.1 ff dieses Kapitels) bezogen werden. Es muss aber die Einstellung einer nicht nur geringfügig beschäftigten Ersatzarbeitskraft, die zuvor Arbeitslosengeld oder Notstandshilfe bezogen hat, nachgewiesen werden. Nähere Auskünfte erteilt das AMS.

Hier der Link zum Infoblatt des AMS:
http://www.ams.at/_docs/001_infoblatt_freistellung_entfall_bezuege.pdf

8. Solidaritätsprämienmodell

§ *13 AVRAG*

Die Bedingungen und das Ausmaß einer Herabsetzung der Normalarbeitszeit für Betriebe oder Betriebsteile unter gleichzeitiger Einstellung von Ersatzarbeitskräften durch den AG können durch Kollektivvertrag oder (falls ein Kollektivvertrag keine Regelung trifft oder nicht zur Anwendung kommt) mittels Betriebsvereinbarung festgelegt werden. Die Herabsetzung der Normalarbeitszeit kann nur aufgrund einer Vereinbarung zwischen AN und AG erfolgen.

9. Welchen Schutz hat ein Arbeitnehmer, wenn er die in §§ 11 bis 14 AVRAG vorgesehenen Möglichkeiten in Anspruch nehmen will?

§ *15 AVRAG*

Eine Kündigung, die wegen einer beabsichtigten oder tatsächlich in Anspruch genommenen Maßnahme wegen einer Bildungskarenz, einer Freistellung gegen Entfall des Arbeitsentgelts, einer Herabsetzung der Normalarbeitszeit nach dem Solidaritätsprämienmodell oder einer Herabsetzung der Normalarbeitszeit (§§ 11 bis 14 AVRAG) ausgesprochen wird, kann bei Gericht als Motivkündigung angefochten werden. Wenn der AN eine entgegen dem obigen Absatz ausgesprochene Kündigung gegen sich gelten lässt, hat er einen Anspruch auf Kündigungsentschädigung. Bei der Berechnung dieses Ersatzanspruchs ist das ungeschmälerte Entgelt zugrunde zu legen, das zum Beendigungszeitpunkt ohne eine Vereinbarung im Sinne der §§ 11 bis 14 zugestanden wäre.

10. Ist es zulässig, mit dem Arbeitgeber eine Dienst-(Arbeits-)freistellung ohne Entgeltfortzahlung zu vereinbaren?

Grundsätzlich ja, jedoch nur dann, wenn sowohl AG als auch AN zustimmen. Sinnvollerweise werden solche Vereinbarungen schriftlich abgeschlossen. Dabei sollte auch vereinbart werden, wer die Kosten (zB der Sozialversicherungsbeiträge) trägt. Sozialversicherungsrechtlich bedenklich wären Karenzierungen für eine Dauer von länger als einem Monat.

11. Was ist unter Altersteilzeit zu verstehen?

§ *27 AlVG*

Unter Altersteilzeit (ATZ) ist die Möglichkeit, die älteren AN eingeräumt wird, zu verstehen, ihre bisherige Arbeitszeit zu verringern und dafür einen Lohnausgleich zu erhalten, der dem AG ganz oder teilweise vom AMS ersetzt wird.

11.1. Welche Bedingungen gelten generell?

» Altersteilzeitgeld gebührt für längstens fünf Jahre für Personen, die nach spätestens sieben Jahren das Regelpensionsalter vollenden und
» ATZ muss zwischen AN und AG vereinbart werden.
» In den letzten 25 Jahren muss der AN 780 Wochen (15 Jahre) arbeitslosenversicherungspflichtig gewesen sein.
» Das bisherige Beschäftigungsausmaß darf höchstens 40 Prozent unter der gesetzlichen bzw kollektivvertraglichen Arbeitszeit liegen.
» Vereinbarung über eine Verringerung der bisherigen Arbeitszeit zwischen 40 und 60 Prozent.
» Vereinbarung, dass der AG für die Hälfte der Arbeitszeitverringerung einen Lohnausgleich gewährt, der ihm vom AMS zum Teil rückvergütet wird (maximal bis zur Höchstbeitragsgrundlage gemäß § 45 ASVG).
» Der AG entrichtet die Sozialversicherungsbeiträge (Kranken-, Unfall-, Pensions- und Arbeitslosenversicherung) auf Grundlage des Einkommens vor Herabsetzung der Arbeitszeit, diese werden ebenfalls zum Teil vom AMS rückvergütet.
» Blocken ist möglich.

» Bei Blockzeitvereinbarungen besteht nur dann ein Anspruch auf Altersteilzeitgeld, wenn eine arbeitslose Ersatzkraft eingestellt oder ein Lehrling zusätzlich ausgebildet wird.
» Die Abfertigung wird auf Basis der vorherigen Arbeitszeit berechnet.

11.2. In welcher Weise wird die Altersteilzeit durch das AMS gefördert?

» Durch den vom AG gewährten Lohnausgleich; das AMS ersetzt die Lohnkosten im Ausmaß der Hälfte der Arbeitszeitreduktion.
» Durch die über das tatsächliche Arbeitszeitausmaß hinausgehenden Arbeitgeber- und Arbeitnehmerbeiträge zur Sozialversicherung.

Hier der Link zur AMS-Broschüre:
http://www.ams.at/_docs/001_infoblatt_atz.pdf

Zum AMS-Online-Ratgeber:
http://www.ams.at/ratgeber-arbeitsuchende/altersteilzeitgeld

Zur Broschüre der AK:
https://www.arbeiterkammer.at/service/broschueren/arbeitundrecht/Altersteilzeit.html

12. Was ist unter Familienhospizkarenz zu verstehen?

§§ *14a, 14b, 15a AVRAG*

Die Familienhospizkarenz gibt AN die Möglichkeit, sich für die Begleitung sterbender Verwandter oder schwersterkrankter Kinder bei aufrechtem Arbverh vorübergehend karenzieren zu lassen.

12.1. Wie oft kann Familienhospizkarenz in Anspruch genommen werden?

Familienhospizkarenz kann auch mehrmals innerhalb eines Arbverh in Anspruch genommen werden, wenn jeweils ein neuer Anlassfall vorliegt.

13. Was bedeutet Familienhospizkarenz?

Bei Inanspruchnahme von Familienhospizkarenz sind folgende Möglichkeiten vorgesehen:
1. die Herabsetzung der Normalarbeitszeit,
2. die Änderung der Normalarbeitszeit (Beginn/Ende),
3. eine Freistellung gegen Entfall der Bezüge.

14. Für welchen Personenkreis sieht das Gesetz diese Maßnahme vor?

Die Sterbebegleitung kann für nahe Angehörige in Anspruch genommen werden, das sind Ehegatte, Lebensgefährte, Eltern, Großeltern, Kinder, Adoptiv- und Pflegekinder sowie Geschwister, Schwiegereltern und Schwiegerkinder, auch wenn kein gemeinsamer Haushalt vorliegt. Weiters gilt die Familienhospizkarenz auch für die Begleitung von im gemeinsamen Haushalt lebenden schwersterkrankten Kindern, Wahl- und Pflegekindern.

15. Welcher Personenkreis kann die Familienhospizkarenz in Anspruch nehmen?

Anspruchsberechtigt sind alle Personen, die in einem privaten Arbverh stehen oder Bundesbedienstete sind. Für Länder und Gemeinden wird die Familienhospizkarenz in den jeweiligen Landesgesetzen bzw Statuten geregelt. Ehepaare können die Familienhospizkarenz gleichzeitig in Anspruch nehmen, auch wenn sie bei demselben AG beschäftigt sind. Arbeitslose haben die Möglichkeit, beim AMS schriftlich bekannt zu geben, dass sie sich für die Sterbebegleitung eines Verwandten oder für die Begleitung eines schwersterkrankten Kindes vom Bezug des Arbeitslosengeldes bzw der Notstandshilfe abmelden. Sie müssen dabei das Vorliegen der Gründe für die Sterbebegleitung oder die Betreuung eines schwersterkrankten Kindes glaubhaft machen.

16. In welcher Form ist die Inanspruchnahme der Familienhospizkarenz geltend zu machen?

Der AN muss ein schriftliches Verlangen an den AG richten, in dem dargelegt wird, welche Maßnahme verlangt wird und wie lange diese Maßnahme dauern soll. Dasselbe gilt für das Verlangen auf Verlängerung einer bereits beantragten Maßnahme. Weiters muss der Grund für die Maßnahme und deren Verlängerung als auch das Verwandtschaftsverhältnis glaubhaft gemacht werden. Auf Verlangen des AG ist eine schriftliche Bescheinigung über das Verwandtschaftsverhältnis vorzulegen.

17. Wie lange kann Familienhospizkarenz in Anspruch genommen werden?

Die Dauer der Familienhospizkarenz beträgt drei Monate, eine einmalige Verlängerung auf bis zu sechs Monate pro Anlassfall ist möglich.

18. Wie lange kann die Begleitung von schwersterkrankten Kindern in Anspruch genommen werden?

Bei der Begleitung von im gemeinsamen Haushalt lebenden, schwersterkrankten Kindern (Wahl-, Pflege- oder leiblichen Kindern des anderen Ehegatten oder Lebensgefährten) des AN ist die allgemeine Regelung anzuwenden. Diese Maßnahme kann zunächst für einen bestimmten, fünf Monate nicht übersteigenden Zeitraum verlangt werden, bei einer Verlängerung der Maßnahme darf die Gesamtdauer neun Monate nicht überschreiten.

18.1. Wann ist der Beginn einer Familienhospizkarenz?

Der Beginn der beantragten Maßnahme liegt frühestens fünf Arbeitstage nach Zugang des schriftlichen Verlangens beim AG (Wartefrist). Die Verlängerung der Maßnahme beginnt frühestens zehn Arbeitstage nach Zugang des schriftlichen Verlangens beim AG. Die verlangte Maßnahme wird nach Verstreichen der Wartefrist wirksam, es sei denn, der AG erhebt binnen fünf Arbeitstagen – bei einer Verlängerung binnen zehn Arbeitstagen – ab Zugang der schriftlichen Bekanntgabe Klage gegen die Wirksamkeit bzw die Verlängerung beim zuständigen Arbeits- und Sozialgericht (ASG). Auch bei zeitgerechter Einleitung des Verfahrens beim ASG haben die AN das Recht, die verlangte Maßnahme anzutreten, außer das ASG untersagt diese Maßnahme auf Antrag des AG durch einstweilige Verfügung.

18.2. Wann endet die Familienhospizkarenz?

Die Maßnahmen der Familienhospizkarenz enden mit der bekannt gegebenen Dauer bzw nach Ablauf der Verlängerung. Der Wegfall der Sterbebegleitung oder der Betreuung schwersterkrankter Kinder ist dem AG unverzüglich bekannt zu geben. AN können innerhalb von zwei Wochen nach Wegfall der Sterbebegleitung die vorzeitige Rückkehr zur vorherigen Arbeitszeit verlangen. Auch der AG kann bei Wegfall der Sterbebegleitung die vorzeitige Rückkehr des AN verlangen, sofern nicht berechtigte Interessen des AN dem entgegenstehen.

19. Arbeitsrechtliche Aspekte der Familienhospizkarenz

Die Urlaubsansprüche, die noch nicht verbraucht wurden, werden bei einer vollen Karenzierung entsprechend der Dauer des Arbeitsjahres aliquotiert. Die Sonderzahlungen (Urlaubs- und Weihnachtsremuneration) werden ebenfalls aliquotiert. Die gesetzliche Abfertigung erfolgt auf der Basis der früheren Arbeitszeit des AG.

20. Gibt es einen Kündigungs- und Entlassungsschutz während der Familienhospizkarenz?

Der AN kann ab Bekanntgabe und Dauer bis zum Ablauf von vier Wochen nach Ende der Familienhospizkarenz rechtswirksam nur mit Zustimmung des ASG gekündigt oder entlassen werden.

21. Welchen Versicherungsschutz hat der Arbeitnehmer während der Familienhospizkarenz?

AN, die Familienhospizkarenz in Anspruch nehmen – vor allem bei voller Karenzierung –, sind kranken- und pensionsversichert. In der Krankenversicherung bestehen für die Dauer der Maßnahme jedoch nur Ansprüche auf Sachleistungen (Krankenbehandlung, Medikamente).

16

22. Was ist unter Pflegekarenz bzw Pflegeteilzeit zu verstehen?

§§ *14c, 14d AVRAG*

Seit 1. Jänner 2014 gibt es die Möglichkeit für AN, mit ihrem AG eine Pflegekarenz bzw Pflegeteilzeit für die Dauer von einem bis drei Monaten zu vereinbaren, um die Organisation der Pflege bei einem plötzlich auftretenden Pflegebedarf eines Angehörigen zu erleichtern.

22.1. Welche Voraussetzungen müssen für die Vereinbarung einer Pflegekarenz bzw -teilzeit erfüllt sein?

Die Voraussetzungen sind im Wesentlichen gleich. Grundsätzlich muss ein Arbverh drei Monate ununterbrochen gedauert haben. Auf die Pflegekarenz/Pflegeteilzeit besteht kein Rechtsanspruch, sondern es bedarf einer Vereinbarung zwischen AG und AN. Die Vereinbarung kann nur zu Betreuung von nahen Angehörigen getroffen werden, denen zum Zeitpunkt des Antritts Pflegegeld ab der Pflegestufe 3 mit Bescheid zuerkannt wurde. Für die Betreuung von demenziell erkrankten oder minderjährigen nahen Angehörigen genügt das Pflegegeld der Stufe 1. Als Angehörige gelten Ehepartner und deren Kinder, die Eltern, Großeltern, Adoptiv- oder Pflegeeltern, Kinder, Enkelkinder, Stiefkinder, Adoptiv- und Pflegekinder, Lebensgefährten und deren Kinder, eingetragene Partner und deren Kinder sowie Geschwister, Schwiegereltern und Schwiegerkinder. Ein gemeinsamer Haushalt mit dem nahen Angehörigen ist nicht erforderlich.

22.2. Wie sehen die genauen Regelungen für die Pflegeteilzeit aus?

Die Normalarbeitszeit darf nicht unter zehn Stunden pro Woche liegen, die Vereinbarung hat neben Beginn und Dauer der Pflegeteilzeit auch Ausmaß und Lage der Arbeitszeit zu beinhalten. Ein „Stufenplan“ sowie eine nachträgliche Änderung der vereinbarten Pflegeteilzeit sind nicht möglich.

22.3. Was gilt es noch zu beachten?

Pflegekarenz/Pflegeteilzeit kann im Arbverh grundsätzlich für ein und dieselbe zu pflegende Person nur einmal vereinbart werden. Nur im Fall einer wesentlichen Verschlechterung ist einmalig eine neuerliche Vereinbarung zulässig, die Erhöhung des Pflegegelds ist um wenigstens eine Stufe erforderlich. Nach Antritt einer Pflegekarenz ist eine Umwandlung in eine Pflegeteilzeit und umgekehrt nicht zulässig. In bestimmten Fällen hat der AN Anspruch auf eine vorzeitige Rückkehr bzw Rückkehr zur ursprünglichen Normalarbeitszeit, und zwar frühestens zwei Wochen nach der Meldung der Aufnahme der zu pflegenden Person in stationäre Pflege, Pflegeheime oder ähnliche Einrichtungen, bzw bei Übernahme der Pflege durch eine andere Person sowie bei Tod des nahen Angehörigen.

22.4. Arbeitsrechtliche Aspekte der Pflegekarenz/Pflegeteilzeit

§ 15 Abs 1 AVRAG

Es besteht kein absoluter Kündigungsschutz wie bei Elternkarenz/Elternteilzeit oder Familienhospizkarenz, aber es besteht ein Motivkündigungsschutz: eine Kündigung, die wegen einer beabsichtigten Inanspruchnahme oder tatsächlich beanspruchten Pflegekarenz/Teilzeit ausgesprochen wird, kann vor Gericht angefochten werden. Bei Beendigung des Arbverh während der Pflegekarenz/Pflegeteilzeit entstehen keine negativen Auswirkungen auf Ansprüche nach Abfertigung alt oder Urlaubsersatzleistung. Die Zeiten der Inanspruchnahme einer Pflegekarenz zählen auch für die Zeiten für Abfertigung neu. Im aufrechten Dienstverhältnis werden die Ansprüche auf Urlaub bzw sonstige Bezüge (zb Sonderzahlungen) aliquotiert, bei der Pflegeteilzeit gebühren die sonstigen Bezüge bzw der Urlaub in dem der Vollzeit- oder Teilzeitbeschäftigung entsprechenden Ausmaß im Kalenderjahr bzw Urlaubsjahr.

22.5. Sozialversicherungsrechtliche Aspekte

Personen, die Pflegekarenz oder Pflegeteilzeit vereinbart haben, gebührt für die vereinbarte Dauer ein (aliquotiertes) Pflegekarenzgeld. Voraussetzung dafür ist, dass die betreuende Person zuvor ununterbrochen drei Monate nach den Bestimmungen des ASVG vollversichert beschäftigt war. Das Pflegekarenzgeld gebührt pro zu betreuender Person für maximal sechs Monate, für weitere maximal sechs Monate bei einer neuerlichen Vereinbarung bei wesentlicher Erhöhung des Pflegebedarfs. Die Kranken- und Pensionsversicherung läuft während einer Pflegekarenz weiter. Anträge auf Gewährung des Pflegekarenzgelds sind beim Sozialministeriumservice (Bundesamt für Soziales und Behindertenwesen) zu stellen.

Die AK hat eine Broschüre zu diesem Thema erstellt.
Hier der Link zur Homepage: **https://www.arbeiterkammer.at/service/broschueren/arbeitundrecht/Pflegekarenz_und_Pflegeteilzeit.html**

Pflege-freistellung

Kapitel 17

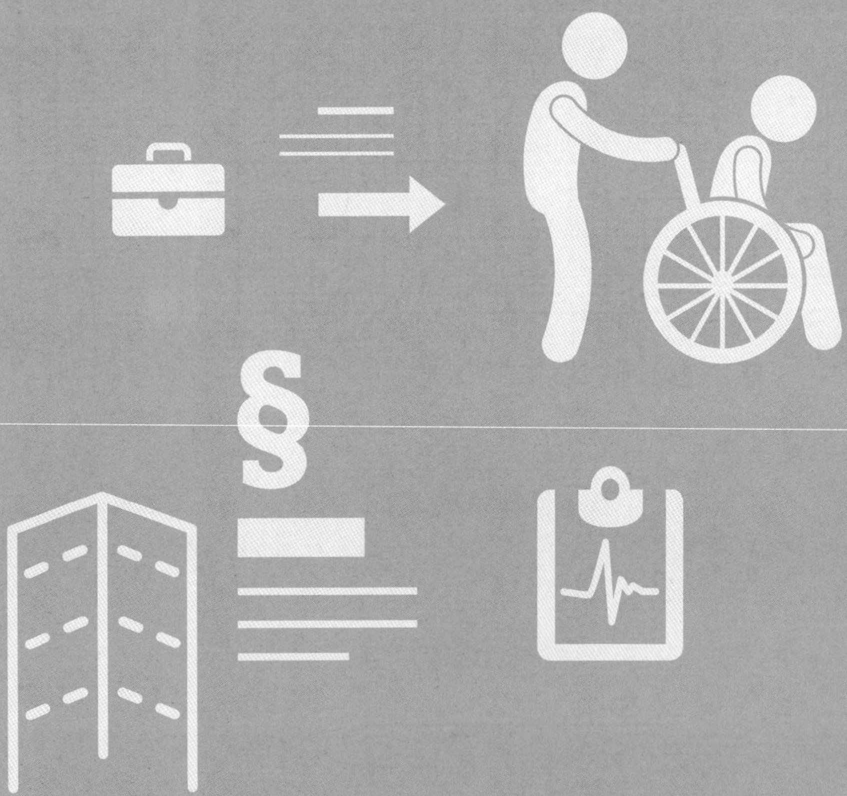

1. Welche Rechtsvorschriften regeln die Pflegefreistellung?

Durch das Bundesgesetz betreffend die Vereinheitlichung des Urlaubsrechtes und die Einführung der Pflegefreistellung wurde für alle AN im Falle der notwendigen Pflege eines erkrankten nahen Angehörigen eine einheitliche Regelung getroffen, die in der Folge ausgeweitet wurde. Für die Praxis wichtig ist in diesem Zusammenhang, dass durch die Zusicherung der Pflegefreistellung bestehende, in verschiedener Hinsicht weiterreichende Rechtsansprüche ungeschmälert aufrecht bleiben. So hat zB § 8 Abs 3 AngG immer schon vorgesehen, dass im Falle eines wichtigen Verhinderungsgrundes die notwendige Zeit unter Fortzahlung des Entgelts freizugeben ist. Zuletzt geändert wurden die Bestimmungen über die Pflegefreistellung mit Wirkung vom 1. Jänner 2013.

2. Haben die Bestimmungen über die Pflegefreistellung trotzdem Bedeutung für Angestellte?

Durch die Festlegung des Personenkreises und das Ausmaß der Pflegefreistellung ist auch für die Angestellten eine Richtlinie gegeben, die einen Mindestanspruch festlegt.

17

3. Woraus ergibt sich die Notwendigkeit einer Pflegefreistellung?

Diese ergibt sich aus der gegenüber der Arbeitspflicht höherwertigen Pflicht jedes Menschen, einen im gemeinsamen Haushalt lebenden nahen Angehörigen im Falle einer Erkrankung zu pflegen oder seine Kinder zu betreuen.

4. Besteht schon am ersten Tag des Arbeitsverhältnisses ein Anspruch auf Pflegefreistellung?

Ja, da der Anspruch an keine Wartezeit gebunden ist. Zu beachten ist aber, dass eine Pflegefreistellung während der Probezeit die Auflösung des Arbverh durch den AG nach sich ziehen kann, da während der Probezeit eine jederzeitige Auflösung des Arbverh ohne Angabe von Gründen möglich ist.

5. Wann besteht ein Anspruch auf Pflegefreistellung?

§

16 UrlG

Für eine Woche pro Arbeitsjahr besteht Anspruch auf Entgeltfortzahlung

1. wegen der notwendigen Pflege eines im gemeinsamen Haushalt lebenden erkrankten nahen Angehörigen oder
2. wegen der notwendigen Betreuung des eigenen Kindes (Wahl- oder Pflegekindes) oder eines im gemeinsamen Haushalt lebenden leiblichen Kindes des anderen Ehegatten, des eingetragenen Partners oder Lebensgefährten infolge eines Ausfalls einer Person, die das Kind ständig betreut hat (zB wegen schwerer Erkrankung oder Aufenthalt in einer Heil- und Pflegeanstalt), oder
3. wegen der Begleitung des eigenen erkrankten Kindes (Wahl- oder Pflegekindes) oder eines im gemeinsamen Haushalt lebenden leiblichen Kindes des anderen Ehegatten, des eingetragenen Partners oder Lebensgefährten bei einem stationären Aufenthalt in einer Heil- und Pflegeanstalt, sofern das Kind das zehnte Lebensjahr noch nicht vollendet hat.

Für das Höchstausmaß einer weiteren Woche gebührt Entgeltfortzahlung wegen der notwendigen Pflege des im gemeinsamen Haushalt lebenden erkrankten eigenen Kindes (Wahl- oder Pflegekindes) oder im gemeinsamen Haushalt lebenden leiblichen Kindes des anderen Ehegatten oder eingetragenen Partners oder Lebensgefährten, welches das zwölfte Lebensjahr noch nicht überschritten hat.

5.1. Kann der Arbeitnehmer zwei Wochen Pflegefreistellung auf einmal konsumieren?

Normalerweise nicht, denn das Kind muss neuerlich erkranken, um die zweite Pflegefreistellungswoche in Anspruch nehmen zu können. Wenn aber eine neuerliche Krankheit im unmittelbaren Anschluss an eine vorausgegangene Erkrankung auftritt, wäre der Anspruch auf die zweite Woche Pflegefreistellung gerechtfertigt.

5.2. Welche Möglichkeiten hat ein Arbeitnehmer, wenn er mit der oben angeführten Pflegefreistellung für sein Kind nicht auskommt?

Wenn der Anspruch auf Entgeltfortzahlung erschöpft und auch kein Anspruch aus sonstigen Dienstverhinderungsgründen mehr gegeben ist, können AN wegen der notwendigen Pflege ihres im gemeinsamen Haushalt lebenden erkrankten Kindes, welches das zwölfte Lebensjahr noch nicht überschritten hat, Urlaub ohne vorherige Vereinbarung mit dem AG antreten.

5.3. Wann ist eine Pflege notwendig?

Dies ist dann der Fall, wenn der AN alle zumutbaren Vorkehrungen getroffen hat, um eine Arbeitsverhinderung wegen eines Pflegefalles hintanzuhalten, der erkrankte nahe Angehörige aber trotzdem vom AN gepflegt werden muss. Eine Pflege durch den AN wird vor allem dann nicht notwendig sein, wenn eine andere geeignete Person zur Pflege vorhanden ist und dieser auch die Pflege zumutbar ist.

5.4. Besteht ein Anspruch auf Pflegefreistellung, wenn ein erkrankter naher Angehöriger im Spital behandelt wird?

Normalerweise nicht, denn hier ist im Regelfall die Pflege durch das Spital gewährleistet. Wenn das Spital jedoch die Notwendigkeit der Pflege bestätigt, kann auch in diesem Fall Pflegefreistellung beansprucht werden. Seit 1. Jänner 2013 kann Pflegefreistellung auch beansprucht werden wegen der Begleitung des eigenen erkrankten Kindes (Wahl- oder Pflegekindes) oder eines im gemeinsamen Haushalt lebenden leiblichen Kindes des anderen Ehegatten, des eingetragenen Partners oder Lebensgefährten bei einem stationären Aufenthalt in einer Heil- und Pflegeanstalt, sofern das Kind das zehnte Lebensjahr noch nicht vollendet hat.

5.5. Ist der Arbeitnehmer verpflichtet, vorrangig die Pflege selbst vorzunehmen oder Pflegepersonal heranzuziehen?

Es ist davon auszugehen, dass der AN die im Gesetz genannten Angehörigen in erster Linie selbst pflegen wird und dass die Heranziehung dritter Personen (zB Pflegepersonal) im Normalfall nicht zugemutet werden kann.

5.6. Wann ist ein gemeinsamer Haushalt gegeben?

Dies ist dann gegeben, wenn zwischen AN und Angehörigen eine Wirtschafts- und Wohngemeinschaft besteht (nicht also ein bloßes Nebeneinanderwohnen). Dabei ist es gleichgültig, ob der AN dem Angehörigen gegenüber unterhaltspflichtig, erziehungsberechtigt oder auch keines von beiden ist. Seit 1. Jänner 2013 ist bei eigenen (leiblichen) Kindern (und Wahl- oder Pflegekindern) ein gemeinsamer Haushalt nicht mehr Voraussetzung für die Berechtigung, Pflegefreistellung in Anspruch nehmen zu können. Damit kann auch der mit dem Kind nicht im gemeinsamen Haushalt lebende Elternteil Pflegefreistellung beanspruchen. Außerdem besteht seit 1. Jänner 2013 auch Anspruch auf Pflegefreistellung für Kinder, die zwar nicht die eigenen (leiblichen) Kinder des AN sind, aber die leiblichen Kinder des anderen Ehegatten, des eingetragenen Partners oder Lebensgefährten – allerdings nur, wenn sie im gemeinsamen Haushalt mit dem AN leben.

5.7. Wer gilt als naher Angehöriger?

Das sind: der Ehegatte, die Eltern, Großeltern, Urgroßeltern (aufsteigende Linie); Kinder, Enkel, Urenkel (absteigende Linie); Wahlkinder; Pflegekinder und Lebensgefährte.

5.7.1. Was sind Wahlkinder?

Wahlkinder sind Personen, die an Kindes statt angenommen wurden (Adoptivkinder).

5.7.2. Was sind Pflegekinder?

Pflegekinder sind Kinder, die lediglich in Pflege genommen wurden. Pflege ist die Sorge um die Bedürfnisse eines Kindes, die sein leibliches Wohl sowie seine geistige, seelische und sittliche Entwicklung betreffen.

5.7.3. Was versteht man unter Lebensgefährten?

Unter Lebensgefährten versteht man in Lebensgemeinschaft befindliche Personen, die, ohne miteinander verheiratet zu sein, in einem eheähnlichen Verhältnis miteinander leben.

5.7.4. Kann auch für ein Stiefkind oder das Kind des Lebensgefährten Pflegefreistellung in Anspruch genommen werden, wenn der Arbeitnehmer weder Vater noch Mutter des Kindes ist?

Ja, seit 1. Jänner 2013, wenn das Kind mit dem AN im gemeinsamen Haushalt lebt.

5.8. Besteht bei jeder Erkrankung eines nahen Angehörigen Anspruch auf Pflegefreistellung?

Es ist unwichtig, ob es sich um eine akute oder plötzlich auftretende Erkrankung handelt. Entscheidend ist immer die Notwendigkeit der Pflege. So kann zB die Pflegebedürftigkeit auch durch einen Unfall oder ein chronisches Leiden bedingt sein.

5.9. Besteht Anspruch auf Pflegefreistellung aus Anlass der Entbindung der Ehegattin oder Lebensgefährtin?

Ein solcher besteht nur dann, wenn der Arzt oder das Spital die Pflegebedürftigkeit bestätigt, da die Entbindung an sich keine Erkrankung darstellt.

5.10. Wann hat der Arbeitnehmer die Inanspruchnahme der Pflegefreistellung mitzuteilen?

Der AN hat den AG ohne schuldhafte Verzögerung von der Inanspruchnahme der Pflegefreistellung zu informieren, wenn möglich schon vor der Inanspruchnahme.

5.11. Wie muss die Pflegebedürftigkeit nachgewiesen werden?

Dafür ist durch das Gesetz keine bestimmte Form vorgeschrieben. Verlangt der AG keine ärztliche Bestätigung, dann genügen auch nur die Angaben des AN.

5.11.1. Wer hat allfällige Kosten einer ärztlichen Bestätigung zu tragen?

Verlangt der AG als Nachweis eine ärztliche Bestätigung, dann hat er auch die anfallenden Kosten zu übernehmen.

5.11.2. Was hat die ärztliche Bestätigung zu beinhalten?

Diese hat auszusagen, dass der Angehörige aufgrund seines Gesundheitszustandes pflegebedürftig ist.

5.11.3. Was kann bei bewusst falschen Angaben passieren?

Bewusst falsche Angaben können zu einer berechtigten Entlassung führen.

5.12. Wie hoch ist das Entgelt während der Pflegefreistellung?

Der AN darf während der Pflegefreistellung finanziell nicht schlechter gestellt werden, als wenn er arbeiten würde (Ausfallsprinzip).

5.12.1. Wie wird bei schwankendem Verdienst das Entgelt bemessen?

Wenn sich nicht feststellen lässt, wie viel der AN während der Zeit der Pflegefreistellung verdient hätte, da er regelmäßig anfallende Entgeltbestandteile in unterschiedlicher Höhe erhält (zB Akkord, Zulagen, Überstunden, leistungsbezogene Prämien usw), ist das durchschnittliche Entgelt der letzten 13 Wochen zu bezahlen.

5.12.2. Werden auch ausnahmsweis geleistete Arbeiten bei der Berechnung mit berücksichtigt?

Nein, denn nur ausnahmsweis geleistete Arbeiten fallen nicht regelmäßig an. Regelmäßigkeit bedeutet, dass etwa während der Hälfte der 13 Wochen unterschiedliche Entgeltbestandteile anfallen.

5.12.3. Was gilt nicht als Entgelt?

Aufwandsentschädigungen jeglicher Art (zB Diäten, Auslösen, Zehrgelder, Nächtigungsgelder, Kilometergelder, Fahrtkostenzuschüsse) bleiben dabei unberücksichtigt. Durch Kollektivvertrag kann geregelt werden, welche Leistungen als Entgelt für die Zeit der Pflegefreistellung anzusehen sind und wie diese berechnet werden.

5.12.4. Wie lange kann Pflegefreistellung unter Entgeltfortzahlung in Anspruch genommen werden?

Pro Arbeitsjahr besteht ein Entgeltfortzahlungsanspruch wie oben angeführt, im Ausmaß der jeweils regelmäßigen wöchentlichen Arbeitszeit. Das ist bei Vollbeschäftigten die wöchentliche Normalarbeitszeit von 40 Stunden oder die durch Branchenkollektivvertrag verkürzte Arbeitszeit. Werden regelmäßig Überstunden geleistet, sind diese miteinzubeziehen. Teilzeitbeschäftigte haben Anspruch auf die vereinbarte (kürzere) Wochenarbeitszeit.

5.12.5. Besteht für jeden einzelnen Pflegefall ein Anspruch auf Pflegefreistellung für eine Woche?

Nein. Der Anspruch auf Pflegefreistellung ist mit einem Höchstausmaß innerhalb eines Arbeitsjahres begrenzt. Er kann sowohl durch eine länger dauernde Freistellung als auch durch mehrere kürzere Freistellungen ausgeschöpft werden. Nach § 8 Abs 3 AngG ist bei jedem Pflegefall eines erkrankten Angehörigen die absolut notwendige kurze Zeit unter Fortzahlung des Entgelts freizugeben.

5.13. Kann die Pflegefreistellung auch tage- oder stundenweise genommen werden?

Die Freistellung kann bei entsprechendem Bedarf auch tageweise oder stundenweise in Anspruch genommen werden.

5.14. Kann der Pflegefreistellungsanspruch vom Arbeitsjahr auf das Kalenderjahr oder einen anderen Zeitraum umgestellt werden?

Nein. Dieser Anspruch kann im Gegensatz zum Urlaubs- und zum Entgeltfortzahlungsanspruch im Krankheitsfall nach dem Entgeltfortzahlungsgesetz nicht durch Kollektivvertrag oder Betriebsvereinbarung auf einen anderen Zeitraum umgestellt werden.

5.15. Kann ein nicht verbrauchter Anspruch auf das nächste Arbeitsjahr übertragen werden?

Nein, es erfolgt keine Übertragung des Restanspruches auf das nächste Arbeitsjahr. Ab Beginn des neuen Arbeitsjahres läuft immer ein voller neuer Anspruch auf Pflegefreistellung.

5.16. Kann durch eine Pflegefreistellung der Urlaub unterbrochen werden?

Nach einer Entscheidung des OGH wird durch die Pflegefreistellung der Urlaub unterbrochen, wie bei der Unterbrechung des Urlaubs im Falle einer Erkrankung, da auch in diesem Falle der Erholungswert des AN nicht gewährleistet ist (siehe dazu Frage 19 des Kapitels 15 „Urlaub").

Entgeltfortzahlung im Krankheitsfall

Kapitel 18

1. Wo wird die Entgeltfortzahlung im Krankheitsfall geregelt?

§§ 8, 9 AngG, EFZG, 1154b ABGB

Der Entgeltfortzahlungsanspruch im Krankheitsfall (Unglücksfall) gegenüber dem AG wird für Angestellte durch die §§ 8 und 9 AngG, für Arbeiter durch das Entgeltfortzahlungsgesetz (EFZG) geregelt. Für AN, die weder dem AngG noch dem EFZG unterliegen, wird die Entgeltfortzahlung durch § 1154b ABGB geregelt.

2. Was soll die Entgeltfortzahlung im Krankheitsfall bewirken?

Die Entgeltfortzahlung im Krankheitsfall soll bewirken, dass AN im Falle eines Krankenstandes keinen wirtschaftlichen Schaden erleiden.

3. In welchen Fällen gebührt Entgeltfortzahlung?

Soweit der AN die Arbeitsverhinderung nicht vorsätzlich oder grob fahrlässig herbeigeführt hat, gebührt Entgeltfortzahlung in folgenden Fällen:

» bei Krankheit oder einem Unglücksfall;
» bei Kur- und Erholungsaufenthalten;
» bei Arbeitsunfall oder Berufskrankheit.

3.1. Was versteht man unter Krankheit und Unglücksfall?

Krankheit ist ein regelwidriger Körper- oder Geisteszustand, der eine Krankenbehandlung notwendig macht. Unglücksfälle sind Unfälle im privaten Freizeitbereich.

3.2. Inwiefern muss während eines Kur- und Erholungsaufenthaltes Entgelt weiterbezahlt werden?

Für Kur- und Erholungsaufenthalte muss das Entgelt dann weiterbezahlt werden, wenn sie von einem Träger der Sozialversicherung bewilligt oder angeordnet werden. Der Aufenthalt in einem Kur- oder Erholungsheim eines Versicherungsträgers gilt als Krankenstand, ohne dass es hiezu einer Krankschreibung durch den behandelnden Vertragsarzt bedarf. Erhält der Versicherte jedoch vom Versicherungsträger nur einen Zuschuss für einen Landaufenthalt oder Kurmittel für einen Kuraufenthalt an einem Kurort, so liegt ein Krankenstand nur dann vor, wenn dieser von der Krankenkasse bestätigt wird oder wenn der Versicherte von einem Vertragsarzt krankgeschrieben wurde.

5.4. Werden auch Aufwandsentschädigungen zum Entgelt gezählt?

Aufwandsentschädigungen jeglicher Art (zB Diäten, Auslösen, Zehrgelder, Nächtigungsgelder, Kilometergelder, Fahrtkostenzuschüsse) bleiben bei der Durchschnittsberechnung unberücksichtigt.

5.5. Was steht für Feiertage während des Krankenstands zu?

Hierfür ist Feiertagsentgelt zu zahlen. Feiertage dürfen nicht als Krankenstandstage abgebucht werden.

6. Zu welchen Terminen muss das Entgelt für die Zeit des Krankenstandes bezahlt werden?

Entgeltfortzahlung heißt, dass das Entgelt für die gesetzlich vorgesehene Dauer in jener Weise fortzuzahlen ist, als wäre keine Arbeitsverhinderung eingetreten. Das Entgelt ist daher auch zu den vertraglichen oder gesetzlichen Gehalts- bzw Lohnzahlungsterminen fällig, unabhängig davon, ob der Krankenstand beendet ist oder nicht.

7. Kann während des Krankenstands gekündigt werden?

Ein Krankenstand allein schließt eine Kündigung nicht aus. Im Falle einer AG-Kündigung während des Krankenstandes ist daher zu prüfen, ob der AN nicht aufgrund einer sonstigen Rechtsvorschrift (zB Kollektivvertrag oder Betriebsvereinbarung) einen Kündigungsschutz geltend machen kann.

8. Wann besteht der Anspruch auf Entgeltfortzahlung nur bis zur Beendigung des Arbeitsverhältnisses?

Wenn das Arbverh

» während der Probezeit gelöst wird;
» durch Zeitablauf endet;
» durch den AN gekündigt wird;
» durch begründete Entlassung durch den AG endet;
» durch unbegründeten oder vom AG nicht verschuldeten Austritt des AN endet;
» durch einvernehmliche Lösung beendet wird;
» durch Kündigung des AG gelöst, der Krankenstand jedoch erst nach der Kündigung angetreten wird.

9. Wann besteht Anspruch auf Entgeltfortzahlung auch über das Ende des Arbeitsverhältnisses hinaus?

§§ *9 AngG, 5 EFZG*

Wenn das Arbverh nach Antritt des Krankenstandes

» vom AG gekündigt wurde;

» durch Entlassung ohne wichtigen Grund endet oder

» aus Verschulden des AG durch vorzeitigen Austritt endet.

10. Wie kann der Entgeltfortzahlungsanspruch durchgesetzt werden?

Kommt der AG seiner Verpflichtung zur Fortzahlung des Entgelts nicht nach, so kann der AN, sofern die diesbezüglichen außergerichtlichen Bemühungen erfolglos bleiben, diese Ansprüche beim Arbeits- und Sozialgericht einklagen.

11. Was ist der Unterschied zwischen Krankenentgelt und Krankengeld?

Solange der AG verpflichtet ist, im Falle der Erkrankung eines AN Leistungen zu erbringen, spricht man von Krankenentgelt. Krankengeld ist hingegen eine Leistung der Krankenkasse.

12. Wann erhält der Arbeitnehmer Krankengeld von der Krankenkasse?

§§ *138 ff ASVG*

Nach Ausschöpfung des Entgeltfortzahlungsanspruchs seitens des AG beginnt die Leistungsverpflichtung der Krankenkasse. Das Krankengeld ruht allerdings zur Gänze für jene Zeit, für die der AN Anspruch auf mehr als die Hälfte seines vor dem Krankenstand bezogenen Entgelts hat. Hat er nur noch Anspruch auf Fortbezug der Hälfte seines Entgelts, so ruht auch das Krankengeld nur zur Hälfte. In diesem Fall hat also der AN den Anspruch auf das halbe Krankengeld. Beträgt der Anspruch auf Entgeltfortzahlung nur mehr ein Viertel des Entgelts, so steht dem AN das Krankengeld in voller Höhe aus der Krankenversicherung zu.

13. Wann erhält der Arbeitnehmer von seinem Arbeitgeber nur noch Teilentgelt?

Der AN erhält nach Ausschöpfen des Vollanspruches Teilentgelt vom AG. Darüber hinaus sehen auch einzelne Arbeiter-Kollektivverträge Teilzuschüsse zum Krankengeld vor.

14. Wie lange erhält der Angestellte Entgeltfortzahlung?

§ 8 AngG

Der Angestellte behält seinen Anspruch auf das Entgelt für einen bestimmten Zeitraum, dessen Länge nach der Dauer des Arbverh gestaffelt ist. Dieser beträgt bei

» Krankheit, Unglücksfall und Kuraufenthalt:

Dauer des Arbeitsverhältnisses	volles Entgelt	pro Krankheit halbes Entgelt	pro Krankenstand höchstens
bis 5 Jahre vom	6 Wochen	4 Wochen	10 Wochen
6.–15. Jahr vom	8 Wochen	4 Wochen	12 Wochen
16.–25. Jahr ab	10 Wochen	4 Wochen	14 Wochen
dem 26. Jahr	12 Wochen	4 Wochen	16 Wochen

» Arbeitsunfall, Berufskrankheit:

Bei Krankenstand aufgrund eines Arbeitsunfalles oder einer Berufskrankheit gebührt das volle Entgelt bei einer Dienstzeit von unter fünf Jahren bis zu acht Wochen, dies jedoch nur dann, wenn der entgeltfällige Zeitraum von sechs Wochen durch Arbeitsunfall (Berufskrankheit) überschritten wird. Bei einer längeren Betriebszugehörigkeit gelten die oben stehenden längeren Fristen.

15. Welche Ansprüche hat der Angestellte bei neuerlicher Erkrankung?

Ergibt sich nach Wiederantritt der Arbeit innerhalb von sechs Monaten nach Beendigung des ersten Krankenstandes mit Vollanspruch ein neuerlicher Krankenstand oder mehrere Krankenstände, so gebührt zunächst der Entgeltanspruch in dem Umfang, als der „Grundanspruch" (zB sechs Wochen voll und vier Wochen halb bei einem Arbverh bis zu fünf Jahren) noch nicht ausgeschöpft ist.

15.1. Was kommt nach dem Grundanspruch?

Wird der Grundanspruch mit einem oder mehreren neuerlichen Krankenständen überschritten, gebührt dem Angestellten während der Sechs-Monats-Frist ein zusätzlicher Anspruch auf Entgeltfortzahlung gegenüber dem AG in Höhe des halben Grundanspruchs (zB sechs Wochen halb und vier Wochen viertel).

15.2. Besteht für die Zeit des Teilentgeltanspruches gegen den Arbeitgeber ein Anspruch auf weitergehende Unterstützung durch die Krankenkasse?

Im Falle eines Halbanspruchs erhält der AN das halbe Krankengeld von der Krankenkasse, beim Viertelanspruch das volle Krankengeld von der Krankenkasse.

16. Wie lange besteht für den einzelnen Krankenstand Entgeltfortzahlungspflicht für den Arbeitgeber?

Pro durchgehendem Krankenstand steht dem Angestellten der Engeltfortzahlungsanspruch gegenüber dem AG für einen Zeitraum in der Höhe des Grundanspruches zu, das sind:

bis 5 Jahre	10	(6+4)	Wochen
bei einem Arbeitsunfall	12	(6+2+4)	Wochen
vom 6.–15. Jahr	12	(8+4)	Wochen
vom 15.–25. Jahr	14	(10+4)	Wochen
ab dem 26. Jahr	16	(12+4)	Wochen

Die erste Karenzzeit aus Anlass der Elternschaft im Arbverh wird auf die Dauer der Dienstzugehörigkeit bis zum Höchstausmaß von zehn Monaten angerechnet.

17. Wann entsteht wieder ein neuer Grundanspruch (Vollanspruch)?

Tritt ein neuerlicher Krankenstand erst nach sechs Monaten, gerechnet vom Zeitpunkt des Wiederantritts der Arbeit nach Beendigung des „ersten Krankenstandes“ ein, so wird dieser Krankenstand wieder als „erster Krankenstand“ mit vollem neuen Anspruch gewertet. Als „erster Krankenstand“ mit Vollanspruch gilt in jedem Fall somit der tatsächlich erste Krankenstand seit Beginn des Arbverh und jeder Krankenstand, dem eine Periode von sechs Monaten ohne Krankenstand vorausgegangen ist.

18. Wodurch unterscheidet sich das Entgeltfortzahlungsgesetz (EFZG) vom Angestelltenrecht?

Der Anspruch auf Entgeltfortzahlung eines Arbeiters ist bezogen auf das Arbeitsjahr zeitmäßig begrenzt, ohne dass es darauf ankommt, wie oft der Arbeiter im Arbeitsjahr krank ist. Bei Ausschöpfung des Anspruchs im Arbeitsjahr hat der Arbeiter, im Gegensatz zu den Angestellten, keinen weiteren Anspruch mehr. Dafür erhält der Arbeiter für jeden Arbeitsunfall einen separaten Anspruch auf volle Entgeltfortzahlung im Ausmaß von acht Wochen bis 15 Jahren und ab 15 Jahre von zehn Wochen.

18.1. Ist eine Umstellung auf das Kalenderjahr oder einen anderen Zeitraum zulässig?

Ja, durch KollV oder BV ist dies möglich.

19. Welche Dienstzeiten werden für die Entgeltfortzahlung zusammengerechnet?

Für die Bemessung der Dauer des Entgeltfortzahlungsanspruches sind Arbeitszeiten bei demselben AG, die keine längere Unterbrechung als jeweils 60 Tage aufweisen, zusammenzurechnen, außer wenn der AN das Arbverh selbst aufgekündigt hat, aus seinem Verschulden entlassen wurde oder ohne wichtigen Grund vorzeitig ausgetreten ist. Die erste Karenzzeit aus Anlass der Elternschaft im Arbverh wird auf die Dauer der Dienstzugehörigkeit bis zum Höchstausmaß von zehn Monaten angerechnet.

20. Wie lange gebührt dem Arbeiter Entgeltfortzahlung?

§ *2 EFZG*

Der Arbeiter behält den Anspruch auf Fortzahlung des Entgelts im Krankheitsfall (Unglücksfall) gegenüber seinem AG je nach Dauer seines Arbverh für folgende Zeiträume pro Arbeitsjahr:

Dauer des Arbeitsverhältnisses	volles Entgelt	pro Krankheit halbes Entgelt	pro Krankenstand höchstens
bis 5 Jahre vom	6 Wochen	4 Wochen	10 Wochen
6.–15. Jahr vom	8 Wochen	4 Wochen	12 Wochen
16.–25. Jahr ab	10 Wochen	4 Wochen	14 Wochen
dem 26. Jahr	12 Wochen	4 Wochen	16 Wochen

21. Für welchen Zeitraum besteht ein solcher Anspruch?

Der Anspruch des AN auf Entgeltfortzahlung bei Krankheit (Unglücksfall) ist auf das Arbeitsjahr abgestellt.

21.1. Kann vom Arbeitsjahr abgegangen werden?
Eine rechtsverbindliche Umstellung des Anspruchszeitraumes auf das Kalenderjahr oder einen anderen Zeitraum ist nur durch KollV oder BV möglich.

22. Welcher Anspruch besteht bei wiederholten Krankenständen?

Wiederholte Arbeitsverhinderungen innerhalb eines Arbeitsjahres sind nur im Rahmen des noch nicht ausgeschöpften Anspruchs entgeltpflichtig.

22.1. Besteht für die Zeit des Teilentgeltanspruches gegen den Arbeitgeber ein Anspruch auf weitergehende Unterstützung durch die Krankenkasse?
Im Falle eines Halbanspruchs erhält der AN das halbe Krankengeld von der Krankenkasse.

23. Kann ein nicht verbrauchter Krankenstand auf das nächste Arbeitsjahr übertragen werden?

Nein, es tritt keine Übertragung des Restanspruches auf das nächste Arbeitsjahr ein. Ab Beginn des neuen Arbeitsjahres entsteht aber jeweils wieder ein voller neuer Anspruch.

24. Wie verhält es sich, wenn während des Krankenstandes nur noch Krankengeld gebührt und ein neues Arbeitsjahr beginnt?

Der Oberste Gerichtshof hat entschieden, dass dem AN bei Krankheit oder Privatunfall Entgelt ab dem Beginn des neuen Arbeitsjahres zusteht, auch wenn er am Ende des letzten Arbeitsjahres keinen Entgeltanspruch, sondern nur noch Krankengeldanspruch hatte. Dies gilt nicht bei einem Arbeitsunfall. Das gilt allerdings nicht, wenn das Arbverh bereits beendet wurde und das neue Arbeitsjahr bloß fiktiv beginnt.

25. Welchen Anspruch haben Arbeiter im Falle eines Arbeitsunfalls (Berufskrankheit)?

Da Arbeiter im Allgemeinen einem höheren Arbeitsunfallrisiko ausgesetzt sind als Angestellte, sieht das EFZG auch einen separaten Anspruch für diese Fälle vor, ohne Rücksicht auf andere Zeiten einer Arbeitsverhinderung durch Krankheit (Unglücksfall).

25.1. Wie lange gebührt die Entgeltfortzahlung im Falle eines Arbeitsunfalls (Berufskrankheit)?

Es gebührt Entgeltfortzahlung bei einer Dauer des Arbverh bis 15 Jahre für acht Wochen und ab dem 16. Jahr für zehn Wochen.

26. Welchen Anspruch hat der Arbeitnehmer bei mehreren Arbeitsunfällen?

Im Gegensatz zur Krankheit (Unglücksfall) ist bei einem Arbeitsunfall der Anspruch auf den Anlassfall abgestellt, das bedeutet, dass dem AN für jeden Arbeitsunfall (Berufskrankheit) ein eigener voller Anspruch zusteht.

27. Wieweit ist der Beginn des Arbeitsjahres bei einem Arbeitsunfall (Berufskrankheit) von Bedeutung?

Dies hat jedenfalls Bedeutung für das Ausmaß der Entgeltfortzahlungsfrist (siehe Frage 25.1 dieses Kapitels). Bei einem Arbeitsunfall ist der Beginn eines neuen Arbeitsjahres nur dann von Bedeutung, wenn eine neuerliche Arbeitsverhinderung in unmittelbarem und ursächlichem Zusammenhang mit einem bereits erlittenen Arbeitsunfall oder einer Berufskrankheit eintritt (Folgekrankheit). In diesem Falle kann aber kein durchgehender Krankenstand genommen werden, der über die acht (zehn) Wochen hinausgeht, auch wenn in der Zwischenzeit ein neues Arbeitsjahr entstehen würde.

28. Ab wann besteht ein Anspruch auf Entgeltfortzahlung beim Arbeitsunfall?

Er entsteht mit Beginn des Arbverh.

29. Welchen Entgeltfortzahlungsanspruch hat ein Arbeitnehmer, der weder dem Angestelltengesetz noch dem Entgeltfortzahlungsgesetz untersteht?

Für diese AN gilt § 1154b ABGB (oder ein entsprechendes Sondergesetz wie zB Hausbesorgergesetz, Journalistengesetz ...), der die Entgeltfortzahlung wortgleich wie bei den Arbeitern regelt.

30. Welche Möglichkeit gibt es nach einem langen Krankenstand langsam wieder einzusteigen?

§§ *13a AVRAG, 143d ASVG*

Mit Wirkung ab 1.7.2017 wurde das Wiedereingliederungsteilzeitgesetz eingeführt. Damit soll ein arbeits- und sozialversicherungsrechtliches Modell normiert werden, das für längere Zeit erkrankten AN den langsamen Wiedereinstieg in den Arbeitsprozess ermöglicht.

30.1. Muss das Arbeitsverhältnis schon länger gedauert haben, damit Wiedereinstellungsteilzeit vereinbart werden kann?

Ja, das Arbverh muss bereits sechs Monate gedauert haben.

30.2. Wie lange muss der Krankenstand bereits gedauert haben?

Wiedereingliederungsteilzeit kann erst nach einem Krankenstand vereinbart werden, der durchgehend sechs Wochen gedauert hat.

30.3. Müssen die Arbeitnehmer zu Beginn der Teilzeit wieder gesund sein?

Ja, AN müssen zu Beginn der Teilzeit vom Krankenstand abgeschrieben sein.

30.4. Gibt es eine Mindest- oder Höchstdauer für die Teilzeit?

Ja, die Teilzeit muss mindestens einen Monat dauern, darf aber sechs Monate nicht übersteigen. Sofern weiterhin die arbeitsmedizinische Zweckmäßigkeit der Wiedereingliederungsteilzeit gegeben ist, kann einmalig eine Verlängerung der Wiedereingliederungsteilzeit für die Dauer von mindestens einem Monat bis zu drei Monaten schriftlich vereinbart werden (alles zusammen höchstens neun Monate!).

30.5. Welche Vorschriften gibt es zur Dauer der wöchentlichen Teilzeit?

Die wöchentliche Normalarbeitszeit muss um mindestens ein Viertel und höchstens die Hälfte verkürzt werden (zB bei einer NAZ von 40 Stunden pro Woche: min um zehn aber max um 20 Stunden weniger also zwischen 20 und 30 Stunden pro Woche Teilzeit). Die Dauer der wöchentlichen Normalarbeitszeit darf aber nicht unter zwölf Stunden liegen.

30.5.1. Gibt es eine Möglichkeit zur ungleichmäßigen Verteilung der wöchentlichen Verteilung der Normalarbeitszeit über mehrere Wochen?

In der Vereinbarung kann die wöchentliche Normalarbeitszeit für bestimmte Monate auch abweichend von der geregelten Bandbreite der Arbeitszeitreduktion festgelegt werden. Bei der Festlegung dieser abweichenden Verteilung der Arbeitszeit darf das Stundenausmaß 30 Prozent der ursprünglichen wöchentlichen Normalarbeitszeit nicht unterschreiten. Eine ungleichmäßige Verteilung der vereinbarten Arbeitszeit innerhalb des Kalendermonats ist nur dann zulässig, wenn das vereinbarte Arbeitszeitausmaß im Durchschnitt eingehalten und das vereinbarte Arbeitszeitausmaß in den einzelnen Wochen jeweils nicht um mehr als 10 Prozent unter- oder überschritten wird.

30.6. Wieviel muss ein Arbeitnehmer während der Wiedereingliederungsteilzeit verdienen?

Das dem AN im Kalendermonat gebührende Entgelt muss über der Geringfügigkeitsgrenze (2017: € 425,70) liegen.

30.7. Besteht ein Rechtsanspruch auf Wiedereingliederungsteilzeit?

Nein, Voraussetzung ist eine schriftliche Vereinbarung zwischen AG und AN. Die Vereinbarung hat

» Beginn,
» Dauer,
» Ausmaß und
» Lage der Teilzeitbeschäftigung

zu enthalten, wobei die betrieblichen Interessen und die Interessen des AN zu berücksichtigen sind.

30.8. Welche Beratungsmöglichkeiten bzw. -verpflichtungen gibt es für den Arbeitnehmer und Arbeitgeber?

Voraussetzung für die Inanspruchnahme ist eine Beratung des AN und des AG über die Gestaltung der Wiedereingliederungsteilzeit. Dafür steht fit2work zur Verfügung. Gemeinsam soll ein Wiedereingliederungsplan erstellt werden. Die Beratung kann entfallen, wenn AN, AG und der zuständige Arbeitsmediziner nachweislich der Wiedereingliederungsvereinbarung und dem Wiedereingliederungsplan zustimmen.

30.9. Welche Mitwirkungsmöglichkeit hat der Betriebsrat?

Der BR ist den Verhandlungen beizuziehen.

30.10. Ändert die Wiedereingliederungsteilzeit etwas an den anderen Vereinbarungen des Arbeitsvertrages?

Nein, das Gesetz ordnet ausdrücklich an, dass die sonstigen geschuldeten Leistungen unverändert bleiben. Das betrifft zB auch den Arbeitsort, die vereinbarte Tätigkeit, Einstufung usw.

30.11. Darf der Arbeitgeber während der Teilzeit Mehrstunden anordnen?

Nein, das ist ausdrücklich im Gesetz verboten.

30.12. Darf der Arbeitgeber einseitig das Ausmaß der wöchentlichen Arbeitszeit oder die vereinbarte Lage der Normalarbeitszeit ändern?

Nein, auch das ist gesetzlich verboten. Daher kann der AG auch nicht einseitig den täglichen Arbeitsbeginn oder das tägliche Arbeitsende verändern.

30.13. Kann die getroffene Vereinbarung geändert werden?

Nach Antritt der Wiedereingliederungsteilzeit darf im Einvernehmen zwischen AN und AG höchstens zweimal eine Änderung der Teilzeitbeschäftigung (Verlängerung, Änderung des Stundenausmaßes) erfolgen.

30.14. Welches Entgelt steht dem Arbeitnehmer während der Teilzeit zu?

Während der Wiedereingliederungsteilzeit hat der AN gegenüber dem AG Anspruch auf das entsprechend der Arbeitszeitreduktion aliquot zustehende Entgelt.

30.15. Sind Arbeitnehmer während der Teilzeit kündigungsgeschützt?

Spricht der AG wegen der Teilzeit eine Kündigung aus, kann diese bei Gericht angefochten werden. Es gelten die Vorschriften für die Kündigungsanfechtung gemäß § 105 ArbVG (siehe Kapitel 24, Frage 8 und folgende).

30.16. Gibt es einen finanziellen Zuschuss während der Teilzeit?

§ *143d ASVG*

Ja, AN haben während der Teilzeit Anspruch auf Wiedereingliederungsgeld. Dieses beträgt bei AZ-Reduktion um 50 Prozent die Hälfte des Krankengeldes und wird von der Krankenkasse ausbezahlt. Bei Reduktion um einen geringeren Prozentsatz wird das Wiedereingliederungsgeld entsprechend gekürzt. Das Wiedereingliederungsgeld ist bei der Krankenkasse zu beantragen und steht erst zu, wenn diese den Antrag bewilligt.

Die AK hat zum Thema „Entgeltfortzahlung im Krankheitsfall" eine ausführliche Broschüre verfasst.

> Diese kann unter **https://www.arbeiterkammer.at/service/broschueren/arbeitundrecht/Entgeltfortzahlung_im_Krankheitsfall.html** heruntergeladen werden.

Sonstige Arbeitsverhinderungsgründe

Kapitel 19

1. Was ist unter „sonstige Arbeitsverhinderungsgründe“ zu verstehen?

Sonstige Arbeitsverhinderungsgründe sind solche, die weder aus Krankenstand oder Pflegefreistellung noch aus Umständen der Schwangerschaft, Entbindung und Karenz sowie des Präsenz- und Zivildienstes gegeben sind.

Sie können aus folgenden Umständen abgeleitet werden:
» familiäre Pflichten
» öffentliche Pflichten
» Ausübung des Betriebsratsmandates
» faktische Verhinderung und sonstige Gründe.

2. Bekommt der Arbeitnehmer für die Zeit der Verhinderung immer sein Entgelt weiterbezahlt?

Nein, nicht immer! Es gibt Gründe, die nur die Freistellung von der Arbeit nach sich ziehen und solche, bei denen darüber hinaus auch das Entgelt weiterbezahlt werden muss.

3. Welche Bestimmungen regeln diese Fragen?

Für Angestellte wird die bezahlte Arbeitsverhinderung aus sonstigen Gründen durch § 8 Abs 3 AngG, für Arbeiter durch § 1154b Abs 5 und 6 ABGB geregelt. Diese beiden Gesetzesstellen sind zwar gleichlautend, ein Unterschied ist aber trotzdem wesentlich. Die Regelung des AngG ist zwingend und somit nicht abänderbar, während die Regelung des ABGB durch andere arbeitsrechtliche Vorschriften mit Ausnahmen abänderbar ist. Vor allem Kollektivverträge, aber auch Betriebsvereinbarungen enthalten häufig einschränkende Bestimmungen zu diesem Thema.

4. Welcher Unterschied besteht nun diesbezüglich zwischen Angestellten- und Arbeiterkollektivverträgen?

Während die Regelungen der Angestelltenkollektivverträge ein Mindestausmaß festlegen, sind die Regelungen des Arbeiterkollektivvertrages zumeist immer das Höchstausmaß.

Beispiel:
Anlässlich des Ablebens der Großeltern ist sowohl im Angestellten- als auch im Arbeiterkollektivvertrag ein freier Arbeitstag vorgesehen. Dieser freie Arbeitstag wird in den meisten Fällen mehr als ausreichend für diesen Anlass sein. Für den Fall aber, dass die Großeltern an einem weiter entfernten Ort im Bundesgebiet wohnen, wird diese Zeit möglicherweise nicht mehr ausreichend sein. Da der Arbeiterkollektivvertrag aber zumeist ein Höchstausmaß festlegt, erhält der Arbeiter nur diesen einen Tag, die weitere Zeit kann ihm in Form von Gutstunden oder Geld abgezogen werden. Der Angestelltenkollektivvertrag kann durch die zwingenden Vorschriften des Angestelltengesetzes in diesem Fall kein Höchstausmaß festlegen. Der Angestellte hat immer die „notwendige" Freizeit zu erhalten. Das kann in so einem Fall auch mehr als ein Tag sein.

5. Welches sind die häufigsten Fälle einer Arbeitsverhinderung aus persönlichen Gründen?

» Todesfall und Begräbnis von nahen Familienangehörigen, wie Ehegatte, Lebensgefährte, Eltern, Schwiegereltern, Großeltern, Kinder, Geschwister und andere nahe Verwandte;
» eigene Hochzeit und Hochzeit von nahen Verwandten;
» Entbindung der Ehefrau oder der Lebensgefährtin;
» Wohnungswechsel;
» Aufsuchen eines Arztes oder eines Ambulatoriums, soweit dies während der Arbeitszeit notwendig ist.

6. Welches sind die häufigsten Fälle einer Arbeitsverhinderung aus öffentlichen Pflichten?

» Vorladung bei Ämtern, Behörden und Gerichten;
» Pflicht eines Mandatars zur Teilnahme an Sitzungen der Vertretungskörper;
» Teilnahme an Wahlen zu einem allgemeinen Vertretungskörper;
» Stellungspflicht;
» Dienstleistungen bei der freiwilligen Feuerwehr, Wasserrettung, Bergrettung oder beim Roten Kreuz;
» Hinderungsgründe aufgrund von sanitätsgesetzlichen Bestimmungen.

7. Welche Fälle der Arbeitsverhinderung können durch das Betriebsratsmandat gegeben sein?

Nach dem ArbVG erhält der Betriebsrat Freizeit unter Fortzahlung seines Entgelts für folgende Ansprüche:

» Für die Erledigung von Aufgaben, die zum Tätigkeitsbereich des Betriebsrats gehören, die notwendig und in diesem Rahmen zu erledigen sind (§ 116 ArbVG); (siehe dazu Fragen 7.1 bis 7.3 dieses Kapitels);
» auf Antrag des Betriebsrats sind in Betrieben mit mehr als 150 AN ein Betriebsratsmitglied, mit mehr als 700 AN zwei Betriebsratsmitglieder, mit mehr als 3.000 AN drei Betriebsratsmitglieder, je weitere 3.000 AN ein Betriebsratsmitglied von der Arbeitsleistung unter Fortzahlung des Entgelts von der Arbeit freizustellen (§ 117 ArbVG) (siehe auch Frage 7.4 und 7.5 dieses Kapitels);
» wenn Betriebsratsmitglieder von der Bildungsfreistellung Gebrauch machen. Die Höhe des Anspruchs beträgt für jede Funktionsperiode (fünf Jahre) ein Ausmaß von drei Wochen und drei Arbeitstagen, bei besonderem Interesse an einer Ausbildung kann der Anspruch auf fünf Wochen ausgedehnt werden (§ 118 ArbVG) (siehe Frage 7.6 bis 7.11).

7.1. Welche Aufgaben eines Betriebsrates sind „notwendig“, um Freizeitgewährung in Anspruch nehmen zu können?

Dazu zählen zB die Vertretung von AN des Betriebes bei Ämtern, Behörden, Gerichten, Beratungsgespräche mit den AN, Vorsprachen bei Gewerkschaften und Arbeiterkammern zwecks Einholung notwendiger Rechtsauskünfte, Abhaltung von Betriebsratssitzungen usw.

7.2. Aufgrund neuerer arbeitsrechtlicher Entscheidungen des OGH wird seitens der Gewerkschaft ein eintägiges Seminar veranstaltet, um die Betriebsräte zu informieren. Gilt das als Freizeitgewährung im Sinne des § 116 ArbVG?

19

Nein, denn der Besuch eines Seminars dient in erster Linie der Weiterbildung des Betriebsrates und hat nur mittelbar, nicht aber unmittelbar mit Belangen des Betriebes zu tun. Für Weiterbildungsveranstaltungen gibt es die Bildungsfreistellung (§ 118 ArbVG) für den Betriebsrat.

7.3. Ein Mitarbeiter des Betriebes soll gekündigt werden und der Betriebsratsvorsitzende ist auf Urlaub. Der Vorsitzende-Stellvertreter ist erstmals allein mit diesem Problem konfrontiert. Er will sich informieren und begibt sich in die Rechtsabteilung der Arbeiterkammer. Gilt das als Freizeitgewährung im Sinne des § 116 ArbVG?

Ja, denn diese Information hat unmittelbar mit einem Problem im Betrieb zu tun und aus diesem Grunde ist die bezahlte Freistellung gerechtfertigt.

7.4. Gibt es auch eine Freistellung, wenn in keinem Betrieb des Unternehmens die notwendige Anzahl von Arbeitnehmern erreicht wird, wohl aber ein Zentralbetriebsrat besteht?

In diesem Fall kann auf Antrag des Zentralbetriebsrats ein Mitglied von der Arbeitsleistung unter Fortzahlung des Entgelts freigestellt werden, wenn im Unternehmen mehr als 400 AN (Arbeiter und Angestellte) beschäftigt sind.

7.5. In einem Konzern mit mehr als 400 Arbeitnehmern sind in den einzelnen Betrieben keine 150 Arbeitnehmer und in den einzelnen Unternehmen auch keine 400 Arbeitnehmer beschäftigt. Gibt es noch eine Möglichkeit der Freistellung?

Nur dann, wenn eine Arbeitsgemeinschaft der Betriebsräte im Konzern besteht, kann die Arbeitsgemeinschaft beschließen, dass ein in der Arbeitsgemeinschaft vertretener Betriebsrat (Zentralbetriebsrat) für eines seiner Mitglieder die Freistellung von der Arbeitsleistung unter Fortzahlung seines Entgelts in Anspruch nehmen kann.

7.6. Ab wie vielen Arbeitnehmern erhält der Betriebsrat Entgeltfortzahlung durch den Arbeitgeber bei einer Bildungsfreistellung?

Der Anspruch auf Entgeltzahlung durch den AG ist erst in Betrieben ab 20 AN gegeben.

7.7. Ein Betriebsrat hatte während seiner Funktionsperiode bereits drei Wochen Ausbildung im Arbeits- und Sozialrecht erhalten. Er hat jetzt ein weiteres Interesse an Rhetorik und an der Gestaltung einer Betriebszeitung. Hat er Anspruch auf bezahlte Bildungsfreistellung?

Soweit kein besonders gravierender Umstand vorliegt, wird der Betriebsrat in diesem Falle keinen Anspruch auf bezahlte Bildungsfreistellung über drei Wochen hinaus haben.

7.8. Ein Betriebsrat hat während seiner Funktionsperiode an Bildungsfreistellung bereits eine Woche Rhetorikseminar, eine Woche Betriebszeitung und eine Woche Sozialversicherung verbraucht. Er hat nunmehr ein weiteres Interesse an Arbeitsrecht, vor allem da in nächster Zeit Kündigungen ausgesprochen werden sollen. Hat er Anspruch auf bezahlte Bildungsfreistellung?

19

In diesem Fall wird er sehr wohl einen Anspruch auf eine über die drei Wochen hinausgehende Ausbildung haben.

7.9. Welche Art von Schulungs- und Bildungsveranstaltungen berechtigen den Betriebsrat, Bildungsfreistellung in Anspruch zu nehmen?

Die Schulungs- und Bildungsveranstaltungen müssen von kollektivvertragsfähigen Körperschaften der AN oder der AG veranstaltet sein oder von diesen übereinstimmend als geeignet anerkannt werden und vornehmlich die Vermittlung von Kenntnissen zum Gegenstand haben, die der Ausübung der Funktion als Mitglied des Betriebsrates dienen. Es ist nicht notwendig, dass es sich um eine mehrtägige Veranstaltung handeln muss (klargestellt durch die Neufassung der BR-GO 2012).

7.10. Wann ist dem Arbeitgeber die beabsichtigte Bildungsfreistellung mitzuteilen?

Der Betriebsrat hat den AG mindestens vier Wochen vor Beginn der Bildungsfreistellung davon in Kenntnis zu setzen, wobei der Zeitpunkt einvernehmlich unter Berücksichtigung der gegenseitigen Interessen festgelegt werden muss. Nur im Streitfalle entscheidet das Gericht.

7.11. Wie viel Bildungsfreistellung hat ein nachrückendes Ersatzmitglied des Betriebsrates?

Ein Ersatzmitglied, welches in ein Mandat eintritt, hat den Anspruch, der für dieses Mandat noch nicht ausgeschöpft ist.

8. Was ist eine erweiterte Bildungsfreistellung des Betriebsrates?

§ *118 ArbVG*

In Betrieben mit mehr als 200 AN ist neben der Bildungsfreistellung auf Antrag des Betriebsrates ein weiteres Betriebsratsmitglied für die Teilnahme an Schulungs- und Bildungsmaßnahmen bis zum Höchstausmaß eines Jahres ohne Fortzahlung des Entgelts von der Arbeitsleistung freizustellen.

8.1. Um welche Veranstaltungen handelt es sich in diesem Fall?

Es handelt sich hier um internatsmäßige Schulungen, wobei die Veranstalter (zB AK) auch für den Ausfall des Entgelts aufkommen.

9. Was ist unter faktischen Arbeitsverhinderungen und Verhinderungen aus sonstigen Gründen zu verstehen?

§§ *8 Abs 3 AngG, 1154 Abs 5 und 6 ABGB*

Diese Arbeitsverhinderungen liegen außerhalb des unmittelbaren Einflussbereiches des AN. Dazu gehören insbesondere Naturereignisse (zB Lawinen, Muren, Hochwasser, unpassierbare Straßen, Schneeverwehungen, Wasser- oder Gasgebrechen), Verkehrsstörungen und plötzlich notwendiges Aufsuchen eines Arztes oder Spitals. Seit 1. Jänner 2013 gelten darüber hinaus auch Verhinderungen aufgrund persönlicher Betroffenheit des AN durch eine Katastrophe als Dienstverhinderungen mit Entgeltfortzahlungsverpflichtung. Eine persönliche Betroffenheit ist vor allem dann anzunehmen, wenn zum Beispiel das Haus des AN überflutet wird.

9.1. Im Winter sind die Straßen, die zur Arbeitsstelle führen, durch Schneeverwehungen unpassierbar. Was muss der Arbeitnehmer tun, und bekommt er für diese Zeit sein Entgelt weiterbezahlt?

Wenn der AN erkennt, dass er nicht zur Arbeitsstelle kommen kann, ist er verpflichtet, den AG davon unverzüglich in Kenntnis zu setzen. Für den Fall, dass es auch keine Telefonverbindung gibt, muss er, nachdem die Störung behoben ist, dies unverzüglich nachholen. Mit dieser Mitteilung ist er vorerst seiner Informationspflicht nachgekommen. Eine aus diesem Grund ausgesprochene Entlassung wäre ungerechtfertigt. Ist der AN Angestellter, bekommt er sein Entgelt für die Dauer der Verhinderung weiterbezahlt. Ist der AN aber Arbeiter und sind seine sonstigen Arbeitsverhinderungsgründe durch Kollektivvertrag oder Betriebsvereinbarung geregelt, kann sich eine allfällige Entgeltfortzahlung aus diesen Vorschriften ergeben.

10. Behält der Arbeitnehmer seinen Anspruch auf das Entgelt bei Verkehrsstörungen oder wenn er einen Arzt aufsuchen muss?

Im Gegensatz zu den Naturereignissen sind diese Verhinderungsfälle durch einen kürzeren Arbeitsausfall gekennzeichnet. Der AN ist aber auch hier verpflichtet, die Verspätung unverzüglich dem AG zu melden, und er wird in der Folge vom Besuch beim Arzt eine Bestätigung vorweisen müssen.

11. Ist dem Arbeitnehmer für jeden Arztbesuch die notwendige Freizeit unter Fortzahlung des Entgelts einzuräumen?

Grundsätzlich muss der AN bemüht sein, seine Arztbesuche weitgehend außerhalb der Arbeitszeit zu erledigen. Das kann aber dann nicht erfolgen, wenn eine unmittelbare Notwendigkeit gegeben ist (zB starke Zahnschmerzen, blutende Verletzung) oder eine Behandlung außerhalb der Arbeitszeit nicht möglich ist (zB physikalische Behandlung im Ambulatorium). Eine Notwendigkeit eines Arztbesuches innerhalb der Arbeitszeit wird auch dann gegeben sein, wenn zB Fachärzte Termine zur Untersuchung vorschreiben.

12. Muss ein teilzeitbeschäftigter Arbeitnehmer immer in seiner Freizeit zum Arzt, ins Spital oder ins Ambulatorium gehen?

Einem teilzeitbeschäftigten AN werden wohl mehr Besuche dieser Art während seiner Freizeit zugemutet werden können, aber wenn sich die Notwendigkeit ergibt, muss auch diesem AN bezahlte Freizeit gewährt werden.

13. Wird dem Arbeitnehmer, der ein Ambulatorium aufsuchen muss, nur die Zeit vergütet, die auf der Zeitbestätigung ausgewiesen ist, oder auch die Zeit der Hin- und Rückfahrt?

Die Hin- und Rückfahrt zu einem Ambulatorium ist notwendig und daher auch zu bezahlen. Der AN muss aber bemüht sein, die Verhinderung so kurz wie möglich zu halten und kann aus diesem Grund, wenn das Ambulatorium zB um 8.00 Uhr seinen

Dienstbetrieb beginnt, nicht erst um 8.00 Uhr von zu Hause wegfahren, sondern hat sich bereits um 8.00 Uhr beim Ambulatorium einzufinden.

14. Hat ein Arbeitnehmer einen Anspruch, während der Arbeitszeit seine Bank aufzusuchen?

Wenn der AG vereinbarungsgemäß die Entgeltauszahlung mittels Banküberweisung auf das Konto des AN überweist, ist der AN für die notwendige Zeit unter Entgeltfortzahlung freizustellen, um bei notwendigem Bedarf die nächstgelegene Filiale aufsuchen zu können. Dabei ist aber darauf Bedacht zu nehmen, dass in diesen Fällen ebenfalls in erster Linie versucht werden muss, alle anderen Möglichkeiten auszuschöpfen (langer Banktag, Bankomat, Überweisung usw).

Elternschaft

Kapitel 20

1. Wo gibt es Regelungen über Mutterschutz?

Diese Thematik ist großteils im Mutterschutzgesetz (MSchG) und Väter-Karenzgesetz (VKG) enthalten. Das Kinderbetreuungsgeldgesetz (KBGG) regelt den finanziellen Anspruch auf Kinderbetreuungsgeld, das ASVG legt den Anspruch auf Wochengeld fest. Außerdem finden sich im AngG wichtige Bestimmungen hinsichtlich eines Abfertigungsanspruches und im UrlG hinsichtlich der Urlaubsregelung im Zusammenhang mit Karenz und der Teilzeitbeschäftigung. Hinsichtlich des Geltungsbereichs des Mutterschutzgesetzes ist festzuhalten, dass hier am 1.1.2016 eine wesentliche Änderung in Kraft getreten ist: Bis zu diesem Datum galten die unten ausgeführten Schutzbestimmungen der §§ 3 und 5 MSchG nur für Dienstnehmerinnen und Heimarbeiterinnen. Nun gelten diese Schutzbestimmungen auch für alle arbeitnehmerähnlichen freien Dienstnehmerinnen, was eine große Verbesserung darstellt.

Die AK hat eine Reihe sehr informativer Broschüren erstellt. Diese können auch im Internet unter **http://www.arbeiterkammer.at/service/broschueren/BerufundFamilie/index.html** heruntergeladen werden.

2. Wann sollte dem Arbeitgeber von der Arbeitnehmerin die Schwangerschaft gemeldet werden?

§ *3 MSchG*

Sobald die AN von der Schwangerschaft weiß, sollte sie dem AG dies mitteilen, weil der AG ab diesem Zeitpunkt verpflichtet ist, besondere AN-Schutzvorschriften zu berücksichtigen.

20

2.1. In welchen Fällen kann eine sofortige Meldung auch Nachteile für die Arbeitnehmerin haben?

AN, die sich noch in der Probezeit befinden, sind grundsätzlich nicht kündigungsgeschützt. Somit kann ein Arbverh mit AN, die noch in der Probezeit stehen, vom AG trotz Schwangerschaft jederzeit aufgelöst werden. Es besteht zwar die Möglichkeit, auf Basis des Gleichbehandlungsgesetzes eine Beendigung in der Probezeit zu bekämpfen, da dies jedoch nicht unkompliziert ist, ist es aus Sicht der AN ratsam, die Schwangerschaft erst nach der Probezeit zu melden. Spätestens aber vier Wochen vor dem Beginn der Schutzfrist muss dem AG die Schwangerschaft gemeldet werden.

2.2. Wie ist dem Arbeitgeber die Schwangerschaft mitzuteilen?

Die Mitteilung ist an keine Form gebunden, das heißt, sie kann auch bloß mündlich erfolgen. Auf Verlangen ist dem AG eine ärztliche Bescheinigung über den Zeitpunkt der Entbindung vorzulegen. Vorteilhaft: bei Übernahme der Bestätigung Nachweis durch eine Gegenzeichnung auf Kopie.

2.3. Wer trägt die Kosten für diesen ärztlichen Nachweis?

Wenn der AG einen über die kassenärztliche Bescheinigung hinausgehenden Nachweis verlangt, muss er allfällige Kosten dafür tragen.

2.4. Welche Verpflichtungen treffen den Arbeitgeber, wenn er erfährt, dass eine seiner Arbeitnehmerinnen schwanger ist?

Er muss das Arbeitsinspektorat unverzüglich schriftlich verständigen und eine Kopie an die AN aushändigen. Ab der Mitteilung der Schwangerschaft muss der AG die besonderen AN-Schutzbestimmungen für werdende Mütter beachten.

3. Welche Tätigkeiten dürfen schwangere Frauen nicht ausüben?

§ *4 MSchG*

Sie dürfen all jene Tätigkeiten nicht machen, die für sie oder für das Kind schädlich sein können. Das sind vor allem:

» Heben und Tragen schwerer Lasten;
» Arbeiten, die überwiegend im Stehen zu verrichten sind und solche, die in ihrer statischen Belastung diesen gleichkommen;
» Arbeiten mit gesundheitsgefährdenden Stoffen oder Strahlen, Staub, Gasen oder Dämpfen;
» Arbeiten, bei denen eine Gefahr der Berufserkrankung besteht;
» Arbeiten, bei denen die AN Hitze, Kälte oder Nässe ausgeliefert ist;
» Beschäftigung auf Beförderungsmitteln;
» Arbeiten unter Zeit- oder Leistungsdruck (Akkord- und Fließbandarbeit ab dem sechsten Monat);
» Arbeiten mit hoher Unfallgefahr;
» belastende Arbeiten im Sitzen oder Stehen ab der 20. Schwangerschaftswoche.

20

Das Arbeitsinspektorat hat Details dazu im Internet zusammengefasst:
https://www.arbeitsinspektion.gv.at/inspektorat/Personengruppen

3.1. Wie schwer darf eine schwangere Frau heben?

Schwangere Frauen dürfen Arbeiten, die mit dem regelmäßigen Heben von mehr als fünf Kilogramm Gewicht oder gelegentlichem Heben von mehr als zehn Kilogramm ohne mechanische Hilfsmittel verbunden sind, nicht ausführen. Auch das Schieben oder sonstige Bewegen von Lasten ohne mechanische Hilfsmittel ist verboten, wenn es regelmäßig mehr als acht Kilogramm schwere oder gelegentlich mehr als 15 Kilogramm schwere Lasten betrifft. Werden aber solche Hilfsmittel verwendet, kann das Arbeitsinspektorat in Zweifelsfällen feststellen, ob eine Gesundheitsgefährdung vorliegt.

3.2. Wann sind Arbeiten im Stehen verboten?

Während der ersten fünf Monate der Schwangerschaft dürfen Arbeiten, die überwiegend im Stehen verrichtet werden oder gleichwertige Arbeiten (zB Verkäuferin im Handel, Friseurin, Kellnerin und Ladnerin) nicht verrichtet werden, sofern nicht eine Sitzgelegenheit zum kurzen Ausruhen gegeben ist. Danach sind solche Arbeiten verboten, sofern sie länger als vier Stunden dauern, auch wenn eine Sitzgelegenheit vorhanden ist.

3.3. Ist Bildschirmarbeit eine gesundheitsgefährdende Arbeit?

Nach dem derzeitigen Wissensstand werden bei Arbeit am Bildschirm durch die auftretenden Strahlen weder die Gesundheit der Mutter noch die des Kindes gefährdet. Hat die AN aber in Verbindung mit dem Bildschirm auch eine Tastatur zu bedienen, kann wegen des Zeit- oder Leistungsdrucks eine Gesundheitsgefährdung sehr wohl gegeben sein. Dies kann das Arbeitsinspektorat für den Einzelfall feststellen.

3.4. Was ist unter einem Beförderungsmittel zu verstehen?

Das sind alle motorisch oder manuell angetriebenen Fahrzeuge, egal ob sie der Beförderung von Menschen oder Gütern dienen. Dieses Arbeitsverbot dient der Vermeidung von Erschütterung und der Verringerung des Unfallrisikos.

3.5. Was sind Arbeiten mit besonderer Unfallgefährdung?

Das sind vor allem Arbeiten auf Gerüsten, Leitern und erhöhten Standplätzen. Im Übrigen sind all jene Arbeiten verboten, die an die Schwangere Anforderungen stellen, die sie aufgrund ihrer körperlichen und seelischen Situation nicht mehr erbringen kann (zB Arbeiten, die einen besonderen Gleichgewichtssinn erfordern oder mit dem Umgang mit gefährlichen Tieren verbunden sind; Infektionsstoffe, Röntgenstrahlen).

3.6. Wann sind Arbeiten im Sitzen verboten?

Das ist dann der Fall, wenn diese ständig im Sitzen zu verrichten sind und keine Gelegenheit zu kurzen Pausen gegeben ist.

3.7. Wer beurteilt, ob eine schwangere Frau eine bestimmte Arbeit ausführen darf oder nicht?

Zuständig ist das Arbeitsinspektorat, welches bei Fragen diesbezüglich sofort kontaktiert werden sollte.

20

3.8. Wie kann sich eine schwangere Arbeitnehmerin gegen die Belastung durch rauchende Kollegen schützen?

Sie kann sich an den Vorgesetzten wenden, denn der AG ist verpflichtet, werdende Mütter so einzusetzen, dass sie nicht den Einwirkungen durch rauchende Kollegen ausgesetzt sind.

4. Was ist, wenn schon vor der Schutzfrist durch die Tätigkeit eine Gefahr für die Gesundheit von Mutter oder Kind besteht?

§

Die AN kann auch schon vor Beginn der Schutzfrist von der Arbeit nach einem dies befürwortenden ärztlichen Attest und der Genehmigung durch das Arbeitsinspektorat bzw des Amtsarztes freigestellt werden (vorzeitiger Mutterschutz). *3 Abs 3 MSchG*

4.1. Was ist für diese vorzeitige Schutzfrist zu bezahlen?

Der AN steht auch in diesem Fall Wochengeld von der Krankenkasse zu.

5. Dürfen schwangere Frauen in der Nacht arbeiten?

§ 6 MSchG

Nein, denn in der Zeit von 20.00 Uhr bis 6.00 Uhr ist die Arbeit für sie verboten, nur in Ausnahmefällen ist eine Betätigung bis 22.00 Uhr gestattet (zB im Gastgewerbe).

6. Dürfen schwangere Frauen an Sonn- und Feiertagen arbeiten?

§ 7 MSchG

Nein, aber es bestehen auch hier für bestimmte Branchen (zB Gastgewerbe) Ausnahmen.

7. Dürfen schwangere Arbeitnehmerinnen Überstunden oder Mehrarbeitsstunden leisten?

§ 8 MSchG

Nein. Schwangere AN dürfen nicht über die gesetzliche oder die kollektivvertraglich festgesetzte tägliche Arbeitszeit beschäftigt werden. Keinesfalls darf die wöchentliche Arbeitszeit 40 Stunden, die tägliche Arbeitszeit neun Stunden überschreiten.

8. Inwiefern ist eine schwangere Arbeitnehmerin kündigungsgeschützt?

20

§ 10 MSchG

Siehe Kapitel 24 „Kündigung", Frage 20 ff.

8.1. Sind schwangere Arbeitnehmerinnen vor dem Ablauf eines befristeten Arbeitsverhältnisses geschützt?

§ 10a MSchG

Ein befristetes Arbverh, das während der Schwangerschaft vereinbarungsgemäß ablaufen würde, verlängert sich automatisch bis zum Beginn der Schutzfrist. Das ist dann nicht der Fall, wenn eine Verlängerung nicht im Interesse der AN oder sachlich gerechtfertigt wäre; zB wenn die AN lediglich als Vertretung für eine andere AN aufgenommen wurde und diese AN ihre Arbeit wieder aufnimmt, wenn sie zu Ausbildungszwecken für die Zeit einer Saison oder zur Erprobung aufgenommen wurde und besondere Gründe für die längere Probezeit gegeben sind.

8.2. Inwieweit sind Väter kündigungsgeschützt?

Siehe dazu Kapitel 24 „Kündigung", Frage 21 ff.

8.3. Inwiefern ist eine schwangere Arbeitnehmerin entlassungsgeschützt?

Siehe Kapitel 25 „Entlassung“, Frage 51 ff.

9. Wie lange vor der Entbindung ist die Arbeitnehmerin von der Arbeitsverpflichtung zur Gänze freizustellen?

§ *3 MSchG*

Spätestens acht Wochen vor der voraussichtlichen Entbindung beginnt die Schutzfrist. Ab diesem Zeitpunkt ist es absolut verboten, die AN unselbstständig zu beschäftigen.

10. Welche Auswirkung auf die Schutzfrist hat eine Verschiebung des Geburtstermines auf einen späteren Zeitpunkt?

Wenn die AN bereits in der Schutzfrist steht, gibt es kein Problem. Die achtwöchige Schutzfrist vor der Geburt verlängert sich eben um die notwendige Zeit. Wenn die AN aber – aufgrund einer neuerlichen Berechnung des Geburtstermines – noch länger als acht Wochen bis zur Geburt hat, müsste sie wieder arbeiten gehen, da die Schutzfrist noch nicht begonnen hat.

11. Welche Auswirkungen auf die Schutzfrist hat es, wenn das Kind vor dem berechneten Termin zur Welt kommt?

Dann verkürzt sich zwar die Schutzfrist vor der Geburt, es verlängert sich aber die Schutzfrist nach der Geburt um diesen Zeitraum, längstens aber auf 16 Wochen. Wenn die AN im vorzeitigen Mutterschutz (siehe Punkt 4) war, verlängert sich die Schutzfrist nach der Geburt nicht.

12. Wie lange darf die Arbeitnehmerin nach der Geburt nicht beschäftigt werden?

§ 5 MSchG

Für jedenfalls acht Wochen, im Fall einer Frühgeburt, Mehrlingsgeburt oder Kaiserschnittentbindung jedoch für mindestens zwölf Wochen.

13. Welche Auswirkungen hat es, wenn das Kind tot geboren wird?

Wenn das Kind ein Körpergewicht von mindestens 500 Gramm hat, ist die AN trotzdem für mindestens acht Wochen von der Beschäftigung freizustellen.

14. Was ist im Fall einer Frühgeburt?

Im Fall einer Frühgeburt hat die Mutter Anspruch auf Freistellung von zumindest zwölf Wochen. Ob eine längere Schutzfrist erforderlich ist, muss der behandelnde Arzt (Spital) feststellen. Ob eine Frühgeburt vorliegt, richtet sich nach medizinischen Kriterien. Im Einzelfall hat der behandelnde Arzt zu prüfen, ob eine Frühgeburt gegeben ist.

15. Was ist im Fall einer Fehlgeburt?

Eine Fehlgeburt liegt dann vor, wenn es vor der 28. Schwangerschaftswoche zu einer Ausstoßung einer nicht lebensfähigen Frucht kommt, die zudem weniger als 500 Gramm Körpergewicht aufweist. Die Zeit der Arbeitsunfähigkeit nach der Geburt ist als Krankenstand zu betrachten. Seit 1. Jänner 2016 ist eine AN nach einer Fehlgeburt auch kündigungsgeschützt (näheres dazu Kap 24, Frage 20.10).

16. Für wie lange hat die Arbeitnehmerin Anspruch auf Gehalt/Lohn und Sonderzahlungen vom Arbeitgeber vor der Geburt?

Ein solcher besteht bis zum Beginn der Schutzfrist. Auch die Sonderzahlungen werden aliquot bis zum Beginn der Schutzfrist berechnet.

17. Von wem bekommt die Arbeitnehmerin während der Schutzfrist bezahlt?

Sie hat Anspruch auf Wochengeld von der zuständigen Krankenkasse. Dieser Anspruch besteht für alle versicherungspflichtigen oder diesen gleichgestellten (zB arbeitslosen) AN.

18. Wie hoch ist das Wochengeld?

Das Wochengeld ist so hoch wie der Nettoverdienst der AN während der letzten voll gearbeiteten drei Kalendermonate vor der Entbindung zuzüglich eines Zuschlages für die anteiligen Sonderzahlungen während der Schutzfrist. Dieser Zuschlag gebührt als Abgeltung der Sonderzahlungen.

19. Welche Papiere muss der Arbeitgeber ausstellen, wenn die Arbeitnehmerin in den Mutterschutz geht?

Der AG hat eine Endabrechnung, eine Arbeits- und Entgeltbestätigung für die Krankenkasse und eine Arbeitsbescheinigung für das Arbeitsamt auszustellen.

20

20. Für wie lange besteht Anspruch auf (Eltern-) Karenz?

§§ *15 ff MSchG, 2 ff VKG*

Elternkarenz kann längstens bis zum Ende des zweiten Lebensjahres des Kindes beansprucht werden. Sie beginnt im Anschluss an die Schutzfrist nach der Geburt. Ein Aufschub von drei Monaten bis zum Ende des siebten Lebensjahres ist möglich (siehe unten Frage 21.1).

20.1. Darf während der (Eltern-)Karenz eine andere unselbstständige Beschäftigung angenommen werden?

Grundsätzlich ja. Eine über die Geringfügigkeitsgrenze (2016: 415,72 Euro pro Monat; 2017: 425,70 Euro pro Monat) hinausgehende Beschäftigung darf jedoch nur für maximal 13 Wochen pro Jahr angenommen werden, widrigenfalls die (Eltern-)Karenz als beendet gilt.

21. Haben beide Eltern Anspruch?

Ja. Bei Geburten ab dem 1. Jänner 2000 hat der Vater einen eigenständigen Anspruch auf (Eltern-)Karenz.

21.1. Kann die (Eltern-)Karenz aufgeschoben werden?

Ein Aufschub im Ausmaß von drei Monaten bis zum siebten Geburtstag ist möglich. Dieser muss spätestens drei Monate vor Ablauf der (Eltern-)Karenz dem AG gemeldet werden. Kommt keine Vereinbarung zwischen AG und AN zustande, kann der AG bei Gericht klagen oder die AN kann den Antrag zurückziehen und stattdessen (Eltern-)Karenz bis zum zweiten Geburtstag des Kindes geltend machen.

22. Muss die gesamte Karenzzeit auf einmal angemeldet werden?

Nein. Die Mindestdauer beträgt zwei bzw drei Monate. Beabsichtigt ein Elternteil danach (Eltern-)Karenz in Anspruch zu nehmen oder die bereits konsumierte Karenzzeit zu verlängern, muss dies dem AG im Allgemeinen spätestens drei Monate vor Beginn der beabsichtigten bzw verlängerten Karenzzeit bekanntgegeben werden. (Zum Kündigungsschutz siehe Kapitel 24 „Kündigung", Frage 20 ff.) Zum Kinderbetreuungsgeld siehe Frage 31 dieses Kapitels.

23. Unter welchen Bedingungen kann die Karenzzeit zwischen Mutter und Vater geteilt werden?

Ein Teil muss mindestens zwei Monate betragen. Es kann zweimal gewechselt werden (zB Mutter – Vater – Mutter).

24. Kann auch gleichzeitig Karenz in Anspruch genommen werden?

Grundsätzlich nein. Aber im Fall der Teilung kann beim erstmaligen Wechsel zwischen den Eltern ein Monat gleichzeitig in Anspruch genommen werden. In diesem Fall besteht jedoch in diesem Monat nur ein Anspruch auf Kinderbetreuungsgeld. Die mögliche Höchstdauer der Karenz verkürzt sich in diesem Fall um einen Monat.

25. Innerhalb welcher Frist ist die Elternkarenz beim Arbeitgeber geltend zu machen?

Grundsätzlich ist die Karenz der Mutter innerhalb der Schutzfrist nach der Geburt des Kindes, die des Vaters innerhalb von acht Wochen nach der Geburt des Kindes geltend zu machen. Spätestens drei Monate vor Ablauf der Karenz muss die Verlängerung oder die Inanspruchnahme durch den anderen Elternteil gemeldet werden. Bei Inanspruchnahme einer Karenz von nur zwei Monaten muss die Verlängerung zwei Monate vor Ende der Karenz bekanntgegeben werden. Neu ist die seit 1.1.2016 bestehende Möglichkeit eines zweiten Meldezeitpunktes. Dies hat dann Bedeutung, wenn ein Elternteil keinen Anspruch auf Karenz hat (wenn er nicht unselbständig erwerbstätig ist). In diesem Fall kann der andere Elternteil die Karenz auch bis spätestens drei Monate vor dem Antritt melden.

§§ *15 ff MSchG, 2 ff VKG*

Dabei sollte die Geltendmachung so rechtzeitig erfolgen, dass der AG spätestens am letzten Tag der Frist von der Geltendmachung erfährt. Der Postlauf geht zulasten des AN.

25.1. Welche Möglichkeiten gibt es nach Ablauf der Fristen?

Es kann mit dem AG eine Vereinbarung über die Karenz auch nach Ablauf der Fristen geschlossen werden. In diesem Fall gelten auch die Kündigungs- und Entlassungsschutzbestimmungen wie bei fristgerechter Geltendmachung.

26. In welcher Form ist die (Eltern-)Karenz geltend zu machen?

Grundsätzlich bestehen dafür keine Formvorschriften. Es ist ratsam, dies schriftlich mittels eingeschriebenen Briefs, von dem eine Kopie aufbewahrt wird, zu machen. Auf Verlangen hat der AG über die Dauer der Karenz eine schriftliche Bestätigung auszustellen, die von einem Elternteil zu unterzeichnen ist.

27. Kann der Arbeitgeber die (Eltern-)Karenz ablehnen?

Nein, dies ist bei Einhaltung der Fristen zur Geltendmachung auch nicht aus zwingenden betrieblichen Gründen möglich.

28. Gibt es den Anspruch auf Karenz auch für Adoptiv- oder Pflegeeltern?

Ja. Auch Adoptiveltern haben Karenzanspruch, ebenso wie Pflegeeltern, und zwar auch in dem Fall, wenn die Pflegeeltern nicht die Absicht haben, das Kind zu adoptieren. Voraussetzung ist jedoch, dass aus der Übernahme der Pflege kein Entgelt bezogen wird.

29. Gibt es ein Recht auf Teilzeitbeschäftigung bzw Änderung der Lage der Arbeitszeit aus Anlaß der Elternschaft?

§§ *15h ff MSchG, 8 ff VKG*

Ja. Seit 1. Juli 2004 gibt es, abhängig von der Dauer der Betriebszugehörigkeit und der Größe des Betriebes, Möglichkeiten, eine Verringerung der Arbeitszeit bzw Änderung der Lage der Arbeitszeit aus Anlass der Elternschaft herbeizuführen. Voraussetzung ist ua eine Vereinbarung zwischen AN und AG über Beginn, Dauer, Ausmaß und Lage der Teilzeitarbeit. Auf Wunsch der AN ist der Betriebsrat beizuziehen.

29.1. Um wie viel muss die wöchentliche Arbeitszeit verringert werden?

Bis 31.12.2015 gab es kein Mindestmaß, um welches die wöchentliche Arbeitszeit verringert werden musste. Für Geburten ab 1.1.2016 wurde nunmehr eine Bandbreite für die Reduktion festgelegt: Die Arbeitszeitreduktion muss zumindest 20 Prozent der wöchentlichen Normalarbeitszeit betragen, während die Mindestarbeitszeit mit zwölf Wochenstunden festgelegt werden muss. Eine reine Änderung der Lage der Arbeitszeit ist von den Regelungen betreffend Arbeitszeitänderung aus Anlass der Elternschaft ebenfalls umfasst und weiterhin möglich.

29.2. In welcher Form ist die Teilzeitbeschäftigung geltend zu machen?

Dies hat schriftlich zu erfolgen. Dabei ist nicht nur die Anzahl der Stunden, auf die reduziert werden soll, sondern auch die Verteilung auf die einzelnen Wochentage sowie Dauer der Elternteilzeit (Beginn und Ende) anzugeben. Sinnvollerweise ist auch dieser Antrag mittels eingeschriebenen Briefes an den AG zu senden oder der Erhalt vom AG mit Datum und Unterschrift zu bestätigen.

30. Kann der Arbeitgeber die Teilzeitbeschäftigung ablehnen?

Das ist in der Praxis nur dann möglich, wenn die Tätigkeit der Mutter/des Vaters organisatorisch nicht teilbar ist. Wenn dies vom AG behauptet wird, muss durch eine

Klage beim Arbeits- und Sozialgericht geklärt werden, ob ein Anspruch auf Teilzeitbeschäftigung besteht. Lehnt das Gericht den Anspruch auf eine Teilzeitbeschäftigung ab, so kann die oder der betroffene AN statt der Teilzeitbeschäftigung auch volle (Eltern-)Karenz im zweiten Lebensjahr des Kindes beanspruchen, wenn dies unverzüglich nach dem Urteil beantragt wird. Das gerichtliche Verfahren zur Durchsetzung des Anspruchs auf Elternteilzeit ist äußerst kompliziert. Sollte es daher im Zuge der Verhandlungen über den Anspruch auf Elternteilzeit zu Unstimmigkeiten mit dem AG kommen, wird angeraten, unverzüglich eine Beratung bei Ihrer AK oder Gewerkschaft in Anspruch zu nehmen.

31. Kann die Teilzeitbeschäftigung zwischen Vater und Mutter geteilt werden?

Ja. Im Gegensatz zur Karenz kann die Teilzeitbeschäftigung nur einmal geteilt werden. Ein Teil muss mindestens drei Monate betragen bzw für Geburten ab 31. Dezember 2009 zwei Monate.

31.1. Für wie lange kann Teilzeitbeschäftigung beansprucht werden?

§ *15h MSchG*

Teilzeitbeschäftigung aus Anlass der Elternschaft kann in Betrieben mit mindestens 20 Arbeitnehmern maximal bis zur Vollendung des siebten Lebensjahres des Kindes in Anspruch genommen werden. Bis zum vierten Geburtstag des Kindes, für das Elternteilzeit in Anspruch genommen wird, besteht auch ein absoluter Kündigungsschutz. In Betrieben mit weniger als 20 Arbeitnehmern kann Elternteilzeit nur bis zum vollendeten vierten Lebensjahr des Kindes in Anspruch genommen werden.

32. Wer hat Anspruch auf Kinderbetreuungsgeld?

Anspruch hat ein Elternteil (unabhängig von einer früheren Erwerbstätigkeit), wenn er

1. für dieses Kind Anspruch auf Familienbeihilfe hat (oder nur deswegen nicht hat, weil er eine gleichartige ausländische Leistung beanspruchen kann),
2. mit dem Kind im gemeinsamen Haushalt lebt und dies der gemeinsame Hauptwohnsitz ist,
3. der Lebensmittelpunkt des antragstellenden Elternteils in Österreich ist, ebenso wie der Lebensmittelpunkt des Kindes und ein rechtmässiger Aufenthalt in Österreich vorliegt
4. die vorgeschriebenen Mutter-Kind-Pass-Untersuchungen durchgeführt wurden,
5. die Zuverdienstgrenze nicht überschritten wurde,
6. einen Antrag gestellt hat.

Die AK hat zum Kinderbetreuungsgeld eine eigene Broschüre erstellt, die unter **http://media.arbeiterkammer.at/wien/PDF/Publikationen/Kinderbetreuungsgeld_2014_neu.pdf** auch als PDF heruntergeladen werden kann.

Details finden sich auch auf der Homepage des BM für Familien und Jugend unter **http://www.bmfj.gv.at/familie/finanzielle-unterstuetzungen/kinderbetreuungsgeld/kinderbetreuungsgeld.html**

32.1. Gibt es verschiedene Möglichkeiten des Bezugs des Kinderbetreuungsgeldes?

Ja. Für Geburten ab dem 1.3.2017 gibt es eine völlig neue Variante für den Bezug von Kinderbetreuungsgeld, und zwar das Kinderbetreuungsgeld-Konto, das die bisherigen vier Pauschalmodelle ersetzt. Ebenso gibt es eine völlig neue Geldleistung, den Familienzeitbonus (näheres dazu unter Punkt 42. Unten). Geblieben ist das Modell des einkommensabhängigen Kinderbetreuungsgeldes.

32.2. Ist der Antrag auf eine Variante bindend?

Grundsätzlich müssen sich die Eltern bei der erstmaligen Antragstellung für eine der Varianten entscheiden. Seit 1. Jänner 2013 besteht jedoch die Möglichkeit, innerhalb von 14 Tagen nach Antragstellung bei der zuständigen Gebietskrankenkasse zu korrigieren.

32.3. Wie lange kann man einkommensabhängiges Kinderbetreuungsgeld beziehen und in welcher Höhe?

Ein Elternteil kann das einkommensabhängige KbG bis zum zwölften Lebensmonat des Kindes beanspruchen. Wenn auch der andere Elternteil die Betreuung des Kindes für mindestens zwei Monate übernimmt, kann um zusätzlich zwei Monate länger KbG bezogen werde. Höhe: 80 Prozent des Wochengelds bei Wochengeldbeziehern, bei Vätern gilt 80 Prozent eines fiktiv zu berechnenden Wochengelds. Zu den unter Punkt 32. angeführten allgemeinen Voraussetzungen für den Bezug von KbG kommt bei dieser Variante hinzu, dass der KbG beziehende Elternteil in den letzten sechs Kalendermonaten vor dem Beginn des Beschäftigungsverbotes durchgehend erwerbstätig war. Zu beachten ist, dass das Dienstverhältnis zum Zeitpunkt der Geburt des Kindes aufrecht sein muss, lediglich eine Unterbrechung von nicht mehr als 14 Tagen in den letzten sechs Monaten schadet nicht.

32.4. Wie hoch ist der Bezug beim KBG-Konto?

Wenn ein Elternteil das KBG-Konto in Anspruch nimmt, beträgt die Summe 12.366,20 Euro. Nehmen beide Elternteile das KBG-Konto in Anspruch, beträgt die Summe 15.449,28 Euro. Von diesem Betrag stehen dem 2. Elternteil 3.083,08 Euro unübertragbar als Partneranteil zu.

32.5. Wie lange kann KBG bezogen werden?

Die Bezugsdauer kann innerhalb eines Zeitrahmens gewählt werden, wobei die gewählte Dauer die Höhe des Tagesbetrages bestimmt:

Bezieht nur ein Elternteil das KBG-Konto, kann die Bezugsdauer zwischen 365 Tagen und maximal 851 Tagen ab der Geburt gewählt werden – also ca vom 12. bis zum 28. Lebensmonat.

Teilen sich die Eltern das KBG-Konto, kann die Bezugsdauer zwischen 456 Tagen und maximal 1.063 Tagen ab der Geburt des Kindes gewählt werden, also ca vom 15. bis zum 35. Lebensmonat.

Zur Errechung der Bezugshöhe gibt es auf der Homepage des Bundesministeriums für Familie und Jugend einen Online-Rechner: **www.bmfj.gv.at**

32.6. Können die Eltern das KBG untereinander aufteilen?

Ja, die Eltern können sich aber maximal zwei mal abwechseln, sodass sich maximal drei Blöcke ergeben.

32.7. Kann man die Anspruchsdauer verändern?

Ja, pro Kind kann die Anspruchsdauer einmal geändert werden, ein Antrag muss spätestens 91 Tage vor dem Ablauf der ursprünglichen Anspruchsdauer gestellt werden.

33. Besteht ein Anspruch für Kinder im Ausland?

Nein. Es besteht kein Anspruch für Kinder, die sich ständig im Ausland aufhalten.

34. Wer hat Anspruch auf Kinderbetreuungsgeld, wenn beide Eltern Karenz oder Teilzeitbeschäftigung gleichzeitig beanspruchen?

Karenz kann nur in engen Grenzen gleichzeitig beansprucht werden (siehe dazu Frage 24. dieses Kapitels). In beiden Fällen kann nur einer – nämlich der, der das Kind überwiegend betreut – Kinderbetreuungsgeld beanspruchen.

35. Wie viel Kinderbetreuungsgeld steht bei Mehrlingsgeburten zu?

Bei Mehrlingsgeburten erhöht sich das KbG für das zweite und jedes weitere Kind um 50 Prozent des gewählten Betrages. Beim einkommensabhängigen Kinderbetreuungsgeld gibt es keinen Mehrlingszuschlag.

36. Wie viel darf während des Bezugs von Kinderbetreuungsgeld dazuverdient werden?

Die Grenze ist abhängig vom individuellen Einkommen und von der gewählten Bezugsvariante. Beim einkommensabhängigen Kinderbetreuungsgeld ist ein Zuverdienst bis maximal 6.800 Euro pro Kalenderjahr zulässig. Dies erlaubt pro vollem Bezugsmonat einen Zuverdienst in Höhe der Geringfügigkeitsgrenze von 425,70 Euro brutto (2017, 14x pro Jahr).
Beim KBG-Konto gilt, dass nicht mehr als 16.200 Euro dazuverdient werden dürfen, was einem Bruttogehalt bzw. Bruttolohn iHv 1.230 Euro pro Monat entspricht.
Eine Hilfestellung bei der Berechnung gibt der Onlinerechner des Familienministeriums. Wenn Sie den Antrag auf KBG als Konto stellen, erhalten Sie vom Krankenversicherungsträger eine Mitteilung über das KBG und als Serviceleistung wird auch die Höhe der maximalen Zuverdienstgrenze angeführt, wobei ein Einkommensteuerbescheid für das betreffende Jahr vorliegen muss.

37. Was passiert, wenn man zu viel dazuverdient hat?

Zurückzuzahlen ist der Teil des KBG, um den die Zuverdienstgrenze überschritten wurde. Es ist jedoch zulässig, auf das KBG rechtzeitig zu verzichten. Dieser Verzicht kann binnen sechs Monaten widerrufen werden.

38. Wie viel beträgt das Kinderbetreuungsgeld?

Das hängt davon ab, wie lange KBG bezogen wird. Siehe Frage 31.1 dieses Kapitels.

39. Gibt es weitere Voraussetzungen für den Anspruch auf Kinderbetreuungsgeld?

Ja. Es müssen die Mutter-Kind-Pass-Untersuchungen fristgerecht durchgeführt und auch nachgewiesen werden (Eintrag im Mutter-Kind-Pass). Es sind fünf Untersuchungen der werdenden Mutter und fünf Untersuchungen des Kindes Voraussetzung. Der entsprechende Nachweis muss der Krankenkasse vorgelegt werden. Fehlen die Untersuchungen, wird das KBG pro Elternteil um 1.300 Euro gekürzt. Beim zweiten Teil nur dann, wenn er KBG bezogen hat.

40. Wann steht erhöhtes Kinderbetreuungsgeld zu?

§ 9f KBGG

Anspruch auf eine Beihilfe zum Kinderbetreuungsgeld haben tatsächlich allein stehende Elternteile und solche, die zwar zusammen mit dem Kind und dem anderen Elternteil wohnen, dieser aber kein oder nur ein geringes Einkommen erzielt. Die Beihilfe beträgt 6,06 Euro täglich und wird für maximal zwölf Monate gewährt. Anspruch auf diese Beihilfe haben – sofern die Kinder ab dem 1.3.2017 geboren sind – nur die Bezieher des KBG-Kontos.

41. Gibt es die Möglichkeit der Verlängerung der Bezugsdauer in Härtefällen?

Ja. Wenn einer der beiden Elternteile aufgrund eines Härtefalls den KBG-Partneranteil nicht beziehen kann, verlängert sich die Bezugsdauer des betreuenden Elternteils um maximal 91 Tage. Als Härtefälle gelten Tod, Aufenthalt in einer Heil- und Pflegeanstalt, Verbüßung einer Freiheitsstrafe und gerichtlich oder behördlich festgestellte häusliche Gewalt.
Auch für Alleinerziehende gibt es die Möglichkeit einer Bezugsverlängerung: Wenn ein Antrag auf Festsetzung des Unterhalts gestellt wurde, aber noch kein Unterhalt bezogen wurde oder wenn ein vom Gericht zugesprochener Unterhalt den Betrag von 100 Euro nicht übersteigt. Eine weitere Voraussetzung ist, dass das maximale Nettoeinkommen von 1.400 Euro in den letzten 121 Tagen nicht überstiegen wurde. Im Verlängerungszeitraum erhöht sich diese Grenze um je 300 Euro für jede weitere Person im Haushalt, für die Unterhalt geleistet wird.
Diese Regelung gilt nur für das KBG-Konto.

42. Was ist der Familienzeitbonus?

Seit 1. März 2017 gibt es eine Geldleistung für den Vater bzw. den zweiten Elternteil, der sich zeitnah nach der Geburt des Kindes eine berufliche Auszeit für die Familie nehmen möchte. Voraussetzung für den Antrag auf den Familienzeitbonus ist der Bezug von Familienbeihilfe, ein gemeinsamer Haushalt und der Hauptwohnsitz mit dem Kind und dem anderen Elternteil, der Lebensmittelpunkt in Österreich und in den letzten 182 Tagen vor Bezugsbeginn durchgehend eine in Österreich kranken- und pensionsversicherungspflichtige Erwerbstätigkeit.
Der Familienzeitbonus kann nicht zusätzlich zum KBG bezogen werden. Nimmt der Vater oder der zweite Elternteil das KBG später in Anspruch, wird dieses um den Familienzeitbonus vermindert.
Auf die Familienzeit besteht kein Rechtsanspruch. Sie muss mit dem Arbeitgeber vereinbart werden.

43. Was ist der Partnerschaftsbonus?

Für den Partnerschaftsbonus müssen die Eltern in etwa gleich lang Kinderbetreuungsgeld für dasselbe Kind beziehen. Konkret im Verhältnis 40:60 bis 50:50, wobei jeder Elternteil mindestens 124 Tage lang KBG beziehen muss. Sind diese Voraussetzungen erfüllt, hat jeder Elternteil Anspruch auf einmalig 500 Euro als Partnerschaftsbonus.

44. Wann muss ein Elternteil in der (Eltern-)Karenz das Arbeitsverhältnis beenden, wenn er seinen Anspruch auf Abfertigung wahren will?

§ *23a AngG*

Er muss bis spätestens drei Monate vor Beendigung der (Eltern-)Karenz den Austritt aus Anlass der Elternschaft erklären. Ein Abfertigungsanspruch ist aber in diesem Fall nur dann gegeben, wenn der Elternteil bereits fünf Jahre im Unternehmen beschäftigt war. Die Zeit der (Eltern-)Karenz wird dabei nicht berücksichtigt. Nur ganz wenige Kollektivverträge sehen eine Teilanrechnung der (Eltern-)Karenz für die Berechnung des Abfertigungsanspruches vor.

44.1. Wie hoch ist die Abfertigung in diesem Fall?

Sie beträgt die Hälfte der gesetzlichen Abfertigung für den „Normalfall“. Maximal beträgt der Anspruch das Dreifache des letzten monatlichen Entgelts.

44.2. Wird die Zeit einer geringfügigen Beschäftigung während der (Eltern-)Karenz angerechnet?

Nein.

44.3. Was gilt bei Teilzeitbeschäftigung aus Anlass der Elternschaft?

Eine Abfertigung gebührt auch, wenn das Arbverh während einer Teilzeitbeschäftigung aus Anlass der Elternschaft durch den AN gekündigt wird. Es gelten dieselben Bedingungen wie bei einer vollen Karenz. Die Höhe der Basis für die Berechnung der Abfertigung ist der Durchschnitt der Arbeitszeit der letzten fünf Jahre (ohne Eltern-Karenz).

45. In welchen Fällen wird die (Eltern-)Karenz für Ansprüche, die sich nach der Dauer des Arbeitsverhältnisses richten, mitberücksichtigt?

§ *15 MSchG*

Die erste (Eltern-)Karenz im Arbverh wird bis zu einem Höchstausmaß von zehn Monaten nur in Bezug auf die Länge der Kündigungsfristen, die Dauer der Entgeltfortzahlung im Krankheitsfall und die Bemessung des Urlaubsausmaßes angerechnet. In allen anderen Fällen – so auch bei der Bemessung der Abfertigung oder weiterer (Eltern-)Karenz – wird die (Eltern-)Karenz nicht mitberücksichtigt, wenn keine anderslautende kollektiv- oder einzelvertragliche Vereinbarung getroffen wurde.

46. Unter welcher Voraussetzungen darf innerhalb der Karenz gearbeitet werden?

Dabei ist unabhängig zum Anspruch auf KBG auch darauf Bedacht zu nehmen, dass das Arbverh auch während der Karenz grundsätzlich weiter aufrecht ist. Nebenbeschäftigungen sind daher nur zulässig, soweit sie auch während der anderen Zeit des Arbverh zulässig sind. Darüber hinaus kann der Kündigungsschutz verloren gehen, wenn im Kalenderjahr mehr als 13 Wochen ein Gehalt/Lohn über die Geringfügigkeitsgrenze (2016: 415,72 Euro; 2017: 425,70 Euro) hinaus verdient wird.

Lohn-(Gehalts-)exekution

Kapitel 21

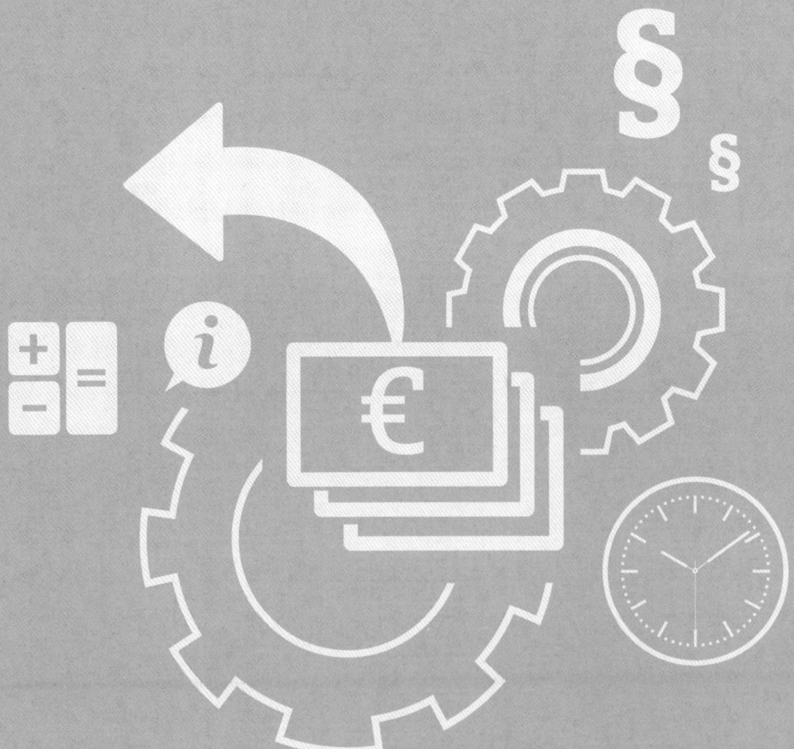

1. Wo ist die Lohnpfändung geregelt?

Die Lohnpfändung wurde ab 1. März 1992 durch die Exekutionsordnungsnovelle 1991 (EO-Nov 1991) neu geregelt. Das 2. Euro-Justiz-Begleitgesetz, das ab 1. Jänner 2002 in Kraft getreten ist, brachte auch hinsichtlich der Exekutionsordnung einige Änderungen und Vereinfachungen mit sich, weiters wurden auch die beschränkt pfändbaren einmaligen Leistungen (§ 291d Abs 1) neu geregelt. Mit EO-Nov 2005 wurden Änderungen im Recht der Lohnpfändung geregelt, die Erleichterungen für den AG als Drittschuldner und für den betreibenden Gläubiger bringen.

Die AK hat dazu eine sehr informative Broschüre erstellt, die unter **https://media.arbeiterkammer.at/wien/PDF/Publikationen/ArbeitundRecht/Lohnpfaendung_2017.pdf** als PDF heruntergeladen werden kann.

2. Welche Änderungen wurden durch die EO-Novelle 2005 neu geregelt?

Mit der Zahlung des im Rahmen des vereinfachten Bewilligungsverfahrens gepfändeten Betrags, der nach § 303a EO erst nach vier Wochen dem betreibenden Gläubiger gezahlt werden darf, kann der Drittschuldner bis zum nächsten Auszahlungstermin zuwarten, jedoch nicht länger als acht Wochen. Es wird in § 299 Abs 2 und 3 EO festgelegt, dass auch bei einem Bezug unter dem Existenzminimum und bei Absinken des Bezugs unter das Existenzminimum ein zeitlich unbefristetes Pfandrecht begründet wird bzw aufrecht bleibt. In § 299 Abs 1 EO wird klargestellt, dass eine Karenzierung keine Unterbrechung im Sinne der EO ist, somit das Pfandrecht unabhängig von der Dauer der Karenz aufrecht bleibt. Die Frist, während der trotz Unterbrechung das Pfandrecht aufrecht bleibt, wird nach § 299 Abs 1 EO auf ein Jahr ausgedehnt. Das Pfandrecht erlischt nur, wenn der Bezug mehr als ein Jahr unterbrochen wird. Entsprechend der Praxis in § 294 Abs 3 EO wird eine Weiterleitung des Zahlungsverbots innerhalb des Konzerns vorgesehen. Eine Verpflichtung besteht nicht. Der weiterleitende Drittschuldner hat hievon den betreibenden Gläubiger zu verständigen.

3. Welche Arten von Pfändungen werden bei der Lohn-(Gehalts-)exekution unterschieden?

Bei der Lohnpfändung wird zwischen Unterhaltsansprüchen und Privatschulden (zB Bankschulden) unterschieden.

4. Was wird durch die Lohnexekution geregelt?

Die Lohnexekution regelt vor allem die Pfändung von Privatschulden (zB Bankschulden), für die rechtskräftig gerichtliche Entscheidungen, gerichtliche Vergleiche und Notariatsakte ergangen sind. Mit diesem „Anspruch" (Exekutionstitel) kann der Gläubiger beim Exekutionsgericht einen Exekutionsantrag stellen, der im Falle der Bewilligung durch das Gericht dem betreibenden Gläubiger ein Pfandrecht an der Lohnforderung einräumt.

5. Wodurch wird der Arbeitgeber verpflichtet, vom Entgelt des Arbeitnehmers Abzüge vorzunehmen?

§ *301 EO*

Auf Antrag des betreibenden Gläubigers wird der AG veranlasst, eine Drittschuldnererklärung abzugeben. Wenn die Pfändung der Lohnforderung vom Exekutionsgericht bewilligt wird, so spricht dieses an den AG ein Zahlungsverbot aus. Ab diesem Zeitpunkt darf der AG dem AN vom laufenden Entgelt nur noch jene Beträge auszahlen, die sich aus dem Gesetz ergeben.

6. Von welcher Berechnungsgrundlage ist bei der Lohnpfändung auszugehen?

§ *291 EO*

Als Grundlage für die Ermittlung des pfändbaren Einkommens ist immer vom jeweiligen Netto-Gesamtbezug (Geld- und Naturalleistungen) auszugehen, wobei dieser Betrag abzurunden ist, und zwar auf einen durch 20 Euro teilbaren Betrag bei monatlicher, durch fünf Euro bei wöchentlicher und ein Euro bei täglicher Berechnung. Der Rundungsbetrag fällt dem Gläubiger zu.

7. Nach welchen Richtlinien wird das Existenzminimum ermittelt?

§ *292f EO*

Das Existenzminimum wird jährlich durch die Existenzminimum-Verordnung neu festgelegt, die sich am jeweiligen Ausgleichszulagenrichtsatz orientiert.

8. Welcher Betrag des Netto-Gesamtbezugs unterliegt nicht der Pfändung?

§§ *291a ff EO*

Der unpfändbare Grundbetrag (Existenzminimum) beträgt:

€ 882,– monatlich (Ausgleichszulagenrichtsatz ab 1. Jänner 2016),
€ 205,– wöchentlich (7/30) und
€ 29,– täglich (1/30);

€ 889,– monatlich (Ausgleichszulagenrichtsatz ab 1. Jänner 2017),
€ 207,– wöchentlich (7/30) und
€ 29,– täglich (1/30).

Der allgemeine Grundbetrag erhöht sich um ein Sechstel, wenn der AN im Rahmen des der Forderung unterliegenden ArbVerh überhaupt keine Leistung an Sonderzahlungen (Weihnachtsremuneration, Urlaubszuschuss) erhält.

€ 1.029,– monatlich (ab 1. Jänner 2016),
€ 240,– wöchentlich (7/30) und
€ 34,– täglich (1/30);

€ 1.038,– monatlich (ab 1. Jänner 2017),
€ 242,– wöchentlich (7/30) und
€ 34,– täglich (1/30).

9. Sind Unterhaltsverpflichtungen des Verpflichteten bei der Pfändung ebenfalls zu berücksichtigen?

21

Bei Unterhaltsverpflichtungen gegenüber dem Ehegatten, dem früheren Ehegatten, dem ehelichen oder unehelichen Kind oder einem sonstigen Verwandten erhöht sich der unpfändbare Betrag für jede Person, welcher Unterhalt gewährt wird, um den Unterhaltsgrundbetrag, das sind 20 Prozent des Existenzminimums.

€ 176,– monatlich (ab 1. Jänner 2016),
€ 41,– wöchentlich und
€ 5,– täglich;

€ 177,– monatlich (ab 1. Jänner 2017),
€ 41,– wöchentlich und
€ 5,– täglich;

höchstens jedoch (für fünf Unterhaltsberechtigte = 100 Prozent des Existenzminimums) um

€ 880,–	monatlich (ab 1. Jänner 2016),
€ 205,–	wöchentlich und
€ 25,–	täglich;
€ 885,–	monatlich (ab 1. Jänner 2017),
€ 205,–	wöchentlich und
€ 25,–	täglich.

10. Was geschieht mit dem verbleibenden Mehrbetrag?

Wenn das Netto-Arbeitseinkommen den unpfändbaren Teil übersteigt, so können von dem verbleibenden Mehrbetrag weitere

3/10 für den Verpflichteten (allgemeiner Steigerungsbetrag) und
1/10 für jeden Unterhaltspflichtigen (Unterhaltssteigerungsbetrag),

höchstens aber 50 Prozent (für fünf Unterhaltsberechtigte) abgezogen werden. Auf jeden Fall unterliegen der Pfändung aber 2/10 des Mehrbetrages.

10.1. Ist die Berechnungsgrundlage nach oben begrenzt?

Ja, der Teil der Berechnungsgrundlage, der

€ 3.520,–	monatlich (ab 1. Jänner 2016),
€ 820,–	wöchentlich und
€ 117,–	täglich;
€ 3.540,–	monatlich (ab 1. Jänner 2017),
€ 830,–	wöchentlich und
€ 118,–	täglich

übersteigt, ist zur Gänze pfändbar.

Beispiel:
Ein AN, verheiratet, ein Kind, verdient 1.550 Euro netto monatlich. Unterhaltsberechtigt ist nur sein minderjähriges Kind. Wie groß ist sein pfändbares Einkommen ab 1. Jänner 2017?

€	*1.550,–*	*Nettolohn*
€	*1.540,–*	*Nettolohn, abgerundet auf €*
		(€ 10,– Rundungsbetrag erhält Gläubiger)
€	*889,–*	*Freibetrag für Verpflichteten*
€	*177,–*	*Freibetrag für Kind*
€	*474,–*	*Mehrbetrag*

21

Vom Mehrbetrag wird die Zehntelregelung vorgenommen (für den Verpflichteten 3/10 und für das Kind 1/10), somit insgesamt 4/10, die dem Verpflichteten verbleiben. Der pfändungsgeschützte Lohn beträgt daher:

€	*1.066,00*	*(€ 889,– + € 177,–)*
+ €	*189,60*	*(4/10 von € 474,– Mehrbetrag)*
€	*1.255,60*	*verbleiben dem Verpflichteten*

6/10 des Mehrbetrages, € 284,40 + Rundungsbetrag € 10,–, insgesamt € 285,40 werden abgeführt.

11. Welche für den Arbeitnehmer wichtigen Leistungen werden neben dem Arbeitseinkommen der Pfändung unterworfen?

Krankengeld, Wochengeld, Arbeitslosengeld, Notstandshilfe, Sonderunterstützung, Pensionen, gesetzliche Unterhaltsleistungen ua.

12. Können für die Lohnexekution Kosten verrechnet werden?

§§ *292h ff EO*

Der AG als Drittschuldner kann als Kostenersatz für die Verrechnung und Überweisung des pfändbaren Betrages an den betreibenden Gläubiger je Exekution

» bei der ersten Zahlung an den betreibenden Gläubiger zwei Prozent, höchstens aber acht Euro,
» bei den weiteren Zahlungen ein Prozent, höchstens jedoch vier Euro,

einbehalten.

13. Welche Besonderheiten gelten bei Exekution von Unterhaltsansprüchen?

§ *291b EO*

Bei Unterhaltsansprüchen verbleiben dem Verpflichteten nur 75 Prozent des unpfändbaren Freibetrages, wobei dem Verpflichteten für jene Personen, die wegen Unterhaltsansprüchen Exekution führen, ein Unterhaltsgrund- und ein Unterhaltssteigerungsbetrag nicht gebührt.

14. In welcher Weise unterliegen die Sonderzahlungen der Pfändung?

§

290b EO

Die Sonderzahlungen (13. und 14. Monatsbezug, Urlaubszuschuss, Weihnachtsremuneration) werden neben dem laufenden Bezug als eigener Bezug der Pfändung unter Berücksichtigung der unpfändbaren Freibeträge unterworfen.

15. In welcher Weise unterliegt die Abfertigung der Pfändung?

§

291d EO

Alle beschränkt pfändbaren einmaligen Netto-Leistungen zusammen, die dem Verpflichteten bei Beendigung seines ArbVerh gebühren, dazu zählen insbesondere die Abfertigung und die Urlaubsersatzleistung (die Kündigungsentschädigung wird separat wie ein laufender Monatsbezug behandelt), sind wie ein Monatsbezug zu behandeln, für den nur ein erhöhter allgemeiner Grundbetrag nach § 291a Abs 2 Z 1 EO berechnet wird (ab 1. Jänner 2016: 1.029 Euro, ab 1. Jänner 2017: 1.038 Euro). Dazu kommt bei der Unterhaltsverpflichtung der Unterhaltsgrundbetrag; vom verbleibenden Mehrbetrag verbleibt weiters der allgemeine Steigerungsbetrag und der Unterhaltssteigerungsbetrag. Die Höchstbemessungsgrundlage nach § 291a Abs 3 (ab 1. Jänner 2016: 3.520 Euro, ab 1. Jänner 2017: 3.540 Euro) vervielfacht sich mit der Anzahl der Monate, für die diese Leistung zusteht.

21

16. Welche Beträge sind bei den einmaligen Beendigungsleistungen unpfändbar?

Von der Berechnungsgrundlage verbleiben dem Verpflichteten somit:

» der erhöhte Grundbetrag, nach § 291a Abs 2 Z 1 EO (2016: 1.029 Euro, 2017: 1.038 Euro)
» der Unterhaltsgrundbetrag (2016: 176 Euro, 2017: 177 Euro je Unterhaltsberechtigten)
» der allgemeine Steigerungsbetrag von 30 Prozent des Mehrbetrages
» der Unterhaltssteigerungsbetrag von 10 Prozent des Mehrbetrages

mit der Begrenzung von 3.520 Euro (ab 1. Jänner 2016), 3.540 Euro (ab 1. Jänner 2017) je Monat, für die diese Leistung zusteht.

17. Welche monatlichen Höchstwerte sind zu berücksichtigen?

Je nach Anzahl der Monatsentgelte bestehen folgende Höchstwerte, wobei Teile von Monaten auf volle Monate aufgerundet werden:

§ *291a Abs 3 EO*

(ab 1. Jänner 2016)

1 Monatsentgelt	3.520 €	7 Monatsentgelte	24.640 €
2 Monatsentgelte	7.040 €	8 Monatsentgelte	28.160 €
3 Monatsentgelte	10.560 €	9 Monatsentgelte	31.680 €
4 Monatsentgelte	14.080 €	10 Monatsentgelte	35.200 €
5 Monatsentgelte	17.600 €	11 Monatsentgelte	38.720 €
6 Monatsentgelte	21.120 €	12 Monatsentgelte	42.240 €

(ab 1. Jänner 2017)

1 Monatsentgelt	3.540 €	7 Monatsentgelte	24.780 €
2 Monatsentgelte	7.080 €	8 Monatsentgelte	28.320 €
3 Monatsentgelte	10.620 €	9 Monatsentgelte	31.860 €
4 Monatsentgelte	14.160 €	10 Monatsentgelte	35.400 €
5 Monatsentgelte	17.700 €	11 Monatsentgelte	38.940 €
6 Monatsentgelte	21.240 €	12 Monatsentgelte	42.480 €

Beispiel:
Ein Angestellter mit Abfertigung alt und einem Monatsgehalt von brutto 2.160 Euro, mit einer Verpflichtung für zwei Unterhaltsberechtigte, ist am 1. September 2002 eingetreten und wird von der Firma am 31. Mai 2016 zum 30. September 2016 gekündigt. Er hat einen Anspruch auf sechs Monatsentgelte Abfertigung, wovon drei Monatsentgelte am 30. September 2016 fällig sind, die weiteren Zahlungen können monatlich mit 31. Dezember 2016, 31. Jänner und 28. Februar 2017 bezahlt werden.

Berechnung der Abfertigung 1 Monatsgehalt € 2.160,–

+ 1/12 Weihnachtsremuneration	*€*	*180,–*
+ 1/12 Urlaubszuschuss	*€*	*180,–*
= 1 Monatsentgelt	*€*	*2.520,– × 6 Monatsentgelte*
Abfertigung brutto	*€*	*15.120,–*
abzüglich 6 % Lohnsteuer	*€*	*907,20*
Abfertigung netto	*€*	*14.212,80*
Abfertigung netto gerundet	*€*	*14.200,–*
Freibetrag für Verpflichteten (ab 1. 1. 2016)	*€*	*882,–*
Freibetrag für 2 Unterhaltsberechtigte (ab 1. 1. 2016)	*€*	*352,–*

= Mehrbetrag € 12.966,– Allgemeiner Steigerungsbetrag € 3.889,80 → (30 % von € 12.966,– Mehrbetrag) Unterhaltssteigerungsbetrag €2.593,20 → (20 % von € 12.966,– Mehrbetrag) Der dem Verpflichteten verbleibende Betrag setzt sich aus folgenden Bestandteilen zusammen:

€ 882,– + € 352,– + € 3.889,80 + € 2.593,20 = € 7.717,00.

17.1. Besteht eine günstigere Möglichkeit, die Abfertigung zu berechnen?
Ja. Nur auf Antrag des Verpflichteten beim Exekutionsgericht kann dieses die gesetzliche Abfertigung nach der alten Regelung in monatliche Entgelte teilen und jedes dieser Monatsentgelte wird separat der monatlichen Pfändung unterworfen.

18. In welcher Weise unterliegt die Abfertigung neu (MVK) der Exekution?

§ *291d EO*

Bei der Abfertigung nach dem Betrieblichen Mitarbeitervorsorgegesetz erhöht sich die Höchstbemessungsgrundlage ab dem vierten Jahr um ein Drittel.

19. In welcher Weise unterliegt die Ersatzleistung für den nicht verbrauchten Urlaub der Pfändung?

§ *291d EO*

Die Urlaubsersatzleistung ist wie die Abfertigung eine einmalige Leistung, die dem Verpflichteten bei Beendigung seines Arbverh wie bei der Abfertigung alt zusteht (siehe oben). Auch von der Urlaubsersatzleistung hat dem Verpflichteten der erhöhte unpfändbare Freibetrag und der Unterhaltsgrundbetrag zu verbleiben. Wird jedoch eine Abfertigung und eine Ersatzleistung bezahlt, sind diese Beträge zusammenzurechnen und davon ist der erhöhte allgemeine Grundbetrag und der Unterhaltsgrundbetrag nur einmal abzuziehen. Vom verbleibenden Rest wird der allgemeine Steigerungsbetrag und der Unterhaltssteigerungsbetrag ermittelt.

20. Kann der unpfändbare Freibetrag verändert werden?

§ *292b EO*

Auf Antrag kann das Exekutionsgericht den unpfändbaren Betrag angemessen erhöhen oder herabsetzen.

21. In welcher Form werden Geld- und Sachleistungen berechnet?

§ 292 EO

Bei der Zusammenrechnung von Geldforderungen mit Ansprüchen auf Sachleistungen vermindert sich der unpfändbare Freibetrag der Gesamtforderung um den Wert der Sachleistungen. Dem Verpflichteten haben jedoch bei den Geldforderungen mindestens

€ 441,00 monatlich,
€ 102,50 wöchentlich und
€ 14,50 täglich

zu verbleiben (Werte ab 1. Jänner 2016), bzw 444,50 Euro monatlich, 103,50 Euro wöchentlich und 14,50 Euro täglich (Werte ab 1. Jänner 2017), bei Unterhaltsexekutionen 75 Prozent davon (absolutes Existenzminimum).

22. Welcher Haftung unterliegt der Drittschuldner (Arbeitgeber)?

Der Drittschuldner haftet nur noch für Vorsatz oder grobe Fahrlässigkeit.

23. Welcher Kostenersatz steht dem AG für die Berechnung des Existenzminimums zu?

Dem AG steht für die Berechnung des Existenzminimums zu:

1. bei der ersten Zahlung an den betreibenden Gläubiger zwei Prozent von dem dem betreibenden Gläubiger zu zahlenden Betrag, höchstens jedoch acht Euro,
2. bei den weiteren Zahlungen ein Prozent, höchstens jedoch vier Euro.

Dieser Betrag ist von dem dem AN zustehenden Betrag einzubehalten, sofern dadurch das Existenzminimum nicht geschmälert wird, sonst von dem dem betreibenden Gläubiger zustehenden Betrag. Ist die Berechnung des dem AG zustehenden Betrags strittig, so hat hierüber das Exekutionsgericht auf Antrag eines Beteiligten zu entscheiden.

Beendigung des Arbeitsverhältnisses durch den Arbeitgeber

Kapitel 22

1. Welche Möglichkeiten hat der Arbeitgeber, ein unbefristetes Arbeitsverhältnis zu beenden?

Er hat folgende Möglichkeiten der ordnungsgemäßen Beendigung:

- Auflösung im Probemonat jederzeit und ohne Angabe von Gründen,
- das Arbverh einseitig zu kündigen, mit Ausnahme von kündigungsgeschützten AN (siehe Kapitel 24 „Kündigung“),
- mit dem AN eine einvernehmliche Lösung zu vereinbaren (siehe Kapitel 26 „Einvernehmliche Lösung“),
- den AN aus wichtigem Grund fristlos zu entlassen, unter Berücksichtigung eines allfällig bestehenden Entlassungsschutzes (siehe Kapitel 25 „Entlassung“).

2. Welche Möglichkeiten hat ein Arbeitgeber, ein befristetes Arbeitsverhältnis aufzulösen?

Dazu stehen ihm folgende Möglichkeiten offen:

- Er kann mit dem AN eine einvernehmliche Lösung vereinbaren (siehe Kapitel 26 „Einvernehmliche Lösung“),
- er kann den AN aus wichtigem Grund fristlos entlassen, unter Berücksichtigung eines allfällig bestehenden Entlassungsschutzes (siehe Kapitel 25 „Entlassung“),
- das Arbverh endet automatisch mit Ablauf der Befristung, wenn AG und AN keine Verlängerung vereinbaren (siehe aber Kapitel 20 „Mutterschutz“, Frage 8.1).

2.1. Kann ein befristetes Arbeitsverhältnis vom Arbeitgeber gekündigt werden?

Befristete Arbverh können weder vom AG noch vom AN gekündigt werden, es sei denn, es ist ausdrücklich die Möglichkeit einer Kündigung vereinbart worden.

3. Wird das Arbeitsverhältnis durch den Tod des Arbeitgebers beendet?

In den meisten Fällen wird das Arbverh durch den Tod des AG nicht beendet. Die Erben können das Arbverh jedoch ordnungsgemäß auflösen. Nur wenn das Arbverh ohne die Person des AG nicht fortgesetzt werden kann, da die Arbeitsleistung nur dieser Person erbracht werden musste, endet es automatisch mit dessen Tod (zB Krankenpflege).

Beendigung des Arbeitsverhältnisses durch den Arbeitnehmer

Kapitel 23

1. Welche Möglichkeiten hat ein Arbeitnehmer, ein unbefristetes Arbeitsverhältnis zu beenden?

Er hat drei Möglichkeiten:

» Er kann kündigen (siehe Kapitel 24 „Kündigung“);
» er kann vorzeitig austreten (siehe Kapitel 27 „Vorzeitiger Austritt“) und
» er kann mit dem AG eine einvernehmliche Lösung vereinbaren (siehe Kapitel 26 „Einvernehmliche Lösung“).

2. Welche Möglichkeiten hat ein Arbeitnehmer, ein befristetes Arbeitsverhältnis zu beenden?

Er hat folgende Möglichkeiten:

» Er kann mit dem AG eine einvernehmliche Lösung vor dem Ablauf der Befristung vereinbaren (siehe Kapitel 26 „Einvernehmliche Lösung“);
» er kann vorzeitig austreten (siehe Kapitel 27 „Austritt“),
» das Arbverh endet automatisch mit Ablauf der Befristung, wenn AG und AN keine Verlängerung vereinbaren.

2.1. Können befristete Arbeitsverhältnisse auch durch den Arbeitnehmer gekündigt werden?

Eine Kündigung eines befristeten Arbverh durch den AN ist grundsätzlich nicht möglich. Der AN hat sich in seinem Arbeitsvertrag dazu verpflichtet, eine bestimmte Zeit für den AG zu arbeiten. Dieser Verpflichtung kann sich der AN durch eine Kündigung zu einem früheren Zeitpunkt nur dann entziehen, wenn er die Möglichkeit dazu ausdrücklich vereinbart hat. Ist eine Befristung für die Lebenszeit des AN oder für länger als fünf Jahre vereinbart, kann der AN nach Ablauf von fünf Jahren unter Einhaltung einer Kündigungsfrist von sechs Monaten kündigen.

3. Wird durch den Tod des Arbeitnehmers das Arbeitsverhältnis beendet?

Ja, das Arbverh endet automatisch mit dem Tod des AN (siehe Kapitel 31 „Endabrechnung“, Frage 13).

Kündigung

Kapitel 24

1. Was ist eine Kündigung?

Eine Kündigung ist eine einseitige, empfangsbedürftige Willenserklärung, die auf die Auflösung eines Arbverh gerichtet ist. Ein wichtiger Grund, wie etwa bei der Entlassung oder dem vorzeitigen Austritt, muss nicht vorliegen.

1.1. Was ist unter „Willenserklärung" zu verstehen?

Das ist eine Äußerung, aus der die ernstliche Absicht des Erklärenden hervorgeht, das Arbverh aufzulösen.

1.2. Was ist unter „einseitig" zu verstehen?

Darunter versteht man, dass die Kündigung auch ohne Zustimmung des Vertragspartners grundsätzlich gültig ist.

1.3. Was ist unter „empfangsbedürftig" zu verstehen?

Das bedeutet, dass die Kündigung erst gilt, wenn sie dem Vertragspartner zugegangen ist (siehe Frage 31 dieses Kapitels).

2. Wann kann eine Kündigung ausgesprochen werden?

In unbefristeten Arbverh ist eine Kündigung unter Beachtung der Kündigungsfristen und -termine immer möglich. Zu beachten ist jedoch der allgemeine, für alle AN geltende und der besondere Kündigungsschutz, der nur für bestimmte Gruppen von AN gilt. In befristeten Arbverh ist eine Auflösung nur mit Zustimmung des Vertragspartners möglich, soweit nicht ausdrücklich eine Kündigungsmöglichkeit vereinbart wurde (siehe Frage 2.1 des Kapitels 23). Eine besondere Situation ist bei Lehrlingen gegeben (siehe Frage 26 dieses Kapitels).

24

3. Was muss der Arbeitgeber beachten, wenn ein Betriebsrat besteht?

Der Betriebsinhaber muss den Betriebsrat von jeder beabsichtigten Kündigung verständigen, dieser kann innerhalb einer Woche hiezu Stellung nehmen.

§ *105 ArbVG*

3.1. Was gilt für Betriebe, in denen kein Betriebsrat gewählt wurde?

In diesen Fällen entfällt diese Verpflichtung.

3.2. In welcher Form muss die Verständigung des Betriebsrates erfolgen?

Diese kann sowohl schriftlich als auch mündlich erfolgen.

3.3. An wen ist diese Verständigung zu richten?

Die Verständigung von der Kündigungsabsicht kann nur an den Betriebsratsvorsitzenden oder bei dessen Verhinderung an einen seiner Stellvertreter erfolgen. Auf die Rechtzeitigkeit ist dabei besonderes Augenmerk zu richten, denn diese gilt erst mit dem Datum zugegangen, mit dem der Betriebsratsvorsitzende oder bei dessen Verhinderung sein Stellvertreter davon Kenntnis erlangte.

3.4. Was ist, wenn die Verständigung zu spät oder überhaupt nicht erfolgte?

In diesem Fall ist die Kündigung rechtsunwirksam. Der AN hat die Möglichkeit, beim Arbeits- und Sozialgericht die Rechtsunwirksamkeit dieser Kündigung mittels Klage feststellen zu lassen. Wird ihm Recht gegeben, so geht das Arbverh weiter, als wäre keine Kündigung ausgesprochen worden.

3.5. Welche Möglichkeiten hat der Betriebsrat während der einwöchigen Frist?

Er kann entweder gar keine Stellungnahme abgeben, der Kündigung ausdrücklich widersprechen oder der Kündigung zustimmen (2/3-Mehrheit erforderlich). Stimmt der Betriebsrat der Kündigung zu, kann der AN eine Anfechtung wegen Sozialwidrigkeit nicht mehr vornehmen (Sperrrecht). Bei Motivkündigungen gibt es kein Sperrrecht (siehe dazu unten Fragen 9 und 10).

3.6. Wie wird die einwöchige Frist berechnet?

Die Frist beginnt um 0.00 Uhr des Tages zu laufen, der dem Tag des Erhaltens der Verständigung folgt. Tage des Postlaufs zählen nicht mit. Dazu finden sich in der BR-GO 2012 folgende Beispiele: Die Frist beginnt um 0.00 Uhr des Tages zu laufen, der dem Tag des Erhaltens der Verständigung folgt. Tage des Postlaufs zählen nicht mit. Die Wochenfrist endet mit dem Ablauf desjenigen Tages der folgenden Woche, der durch seine Benennung dem Tag entspricht, an dem der Betriebsrat von der Kündigungsabsicht verständigt worden ist. Die Frist endet allerdings nicht an einem Samstag, Sonntag, Feiertag oder an einem Karfreitag. In diesem Fall wäre der nächste Werktag der letzte Tag der Frist. Dazu finden sich in der neuen BR-GO 2012 folgende Beispiele:

Beispiel I:
Die Verständigung des BR von der beabsichtigten Kündigung erfolgt am Freitag, den 28. Jänner, um 10.00 Uhr. Die einwöchige Frist endet am Freitag, den 4. Februar, um 24.00 Uhr.

Beispiel II:
Die Verständigung des BR von der beabsichtigten Kündigung erfolgt am Freitag, den 19. Dezember, um 14.00 Uhr. Die einwöchige Frist endet am Montag, den 29. Dezember, um 24.00 Uhr.

3.7. Wann kann die Kündigung frühestens ausgesprochen werden, wenn der Betriebsrat keine Stellungnahme abgibt?

Die Kündigung kann erst am sechsten Tag nach der Verständigung ausgesprochen werden. Der AG darf vor diesem Tag die Kündigung auch nicht zur Post geben, selbst wenn der AN erst nach diesem Tag von der Kündigung Kenntnis erlangt.

4. Kann auch während des Krankenstandes gekündigt werden?

Ja, soweit dies nicht ein Kollektivvertrag oder eine Betriebsvereinbarung ausdrücklich ausschließt. Von diesem Recht kann sowohl der AG als auch der AN Gebrauch machen (siehe aber Kapitel 18 „Entgeltfortzahlung im Krankheitsfall“, Frage 7).

5. Kann während des Urlaubs eine Kündigung ausgesprochen werden?

Ja, sowohl AN als auch AG können während des Urlaubs kündigen. Es muss jedoch sichergestellt sein, dass die Kündigung des AG dem AN und umgekehrt zugegangen ist. Im Falle einer Kündigung durch den AG könnte bei einer kurzen Kündigungsfrist (ein bis zwei Wochen) der Erholungswert des Urlaubs für den AN infrage gestellt werden. In diesem Fall muss die Kündigungsfrist dem Urlaub angeschlossen werden. Ob dies zutreffend ist, muss im Einzelfall geprüft werden.

6. Muss der Arbeitgeber den Grund für die Kündigung nennen?

Nein, denn die Kündigung ist bloß eine einseitige und empfangsbedürftige Willenserklärung. Sie bedarf in der Regel keiner Begründung (Ausnahme: besonders geschützte AN, wie zB Präsenzdiener, Frauen im Mutterschutz, siehe auch Fragen 18 ff).

7. Welche Gesetzesstelle regelt den allgemeinen Kündigungsschutz?

24

7.1. In welchen Fällen ist der AG verpflichtet, das zuständige AMS von Kündigungen zu verständigen?

§§ *105 ArbVG, 15 AVRAG, 45a AMFG*

Eine derartige Verständigungspflicht ist gegeben, wenn innerhalb von vier Wochen durch den AG eine von der Betriebsgröße abhängige Zahl von AN gekündigt werden soll, nämlich:

in Betrieben mit	20 bis	99 AN	– min 5 AN,
in Betrieben mit	100 bis	600 AN	– min 5 Prozent der AN,
in Betrieben mit	mehr als	600 AN	– min 30 AN und

min 5 AN, die bereits 50 Jahre alt sind
(außer in Saisonbetrieben – siehe unten).

7.2. Wann hat die Anzeige zu erfolgen?

Die Anzeige ist spätestens 30 Tage vor Ausspruch der ersten innerhalb der Vierwochenfrist erfolgten Kündigung einzubringen.

7.3. In welcher Form ist der Betriebsrat einzubinden?

Er hat eine Durchschrift der Anzeige zu erhalten.

7.4. Was ist, wenn der AG nicht ordnungsgemäß verständigt?

In diesem Fall ist die Kündigung rechtsunwirksam.

7.5. Wann darf der AG kündigen, wenn er ordnungsgemäß verständigt?

Damit nach Einlangen einer Anzeige rechtswirksam eine Kündigung ausgesprochen werden kann, muss vorher eine Zustimmung durch das AMS erfolgt sein. Ohne derartige Zustimmung sind Kündigungen rechtsunwirksam.

§ *45a AMFG*

7.6. Dürfen AN, die über 50 Jahre alt sind, gekündigt werden?

Grundsätzlich ja. Wie oben angemerkt, besteht jedoch die Verpflichtung für den AG, das zuständige AMS zu verständigen, wenn fünf oder mehr AN gekündigt werden sollen, die 50 Jahre und älter sind.

8. Inwiefern sind Arbeitnehmer, für die keine Besonderheiten gelten, kündigungsgeschützt?

Der allgemeine Kündigungsschutz bedeutet, dass eine Kündigungsanfechtung möglich ist, wenn

» mindestens fünf AN dauernd im Betrieb beschäftigt sind und
» AN aus bestimmten verpönten Gründen gekündigt werden (sogenannte Motivkündigungen) oder
» wenn Männer der Jahrgänge 1935 bis 1942 oder Frauen der Jahrgänge 1940 bis 1947 gekündigt werden und
» die Kündigung für den AN sozial ungerechtfertigt ist und dieser bereits sechs Monate im Betrieb beschäftigt ist.

24

9. Was sind „verpönte Motive" für eine Kündigung?

§ *105 Abs 3 Z 1 lit a–j ArbVG*

Eine Motivkündigung liegt vor, wenn sie wegen

» eines Beitrittes zur Gewerkschaft,
» der Tätigkeit in einer Gewerkschaft,
» der Einberufung einer Betriebsversammlung,
» der Tätigkeit als Mitglied eines Wahlvorstandes, einer Wahlkommission oder als Wahlzeuge,
» der Bewerbung als Betriebsrat oder wegen der früheren Tätigkeit als Betriebsrat,

» der Tätigkeit als Mitglied in der Schlichtungsstelle,
» der Tätigkeit als Sicherheitsvertrauensperson, Leiter des sicherheitstechnischen Dienstes oder als Betriebsarzt,
» der bevorstehenden Einberufung zum Präsenzdienst,
» der nicht offenbar ungerechtfertigten Geltendmachung vom AG infrage gestellter Ansprüche oder
» wegen seiner Tätigkeit als Sprecher bei Errichtung eines „besonderen Verhandlungsgremiums" in Euro-Konzernen erfolgte.

9.1. Welche Motive sind zusätzlich bei einer Kündigungsanfechtung zu beachten?

» Kündigungen, die im Zuge einer Betriebsübernahme zur Umgehung des AVRAG erfolgen (nichtige Kündigung!),
» Kündigungen, die im Zusammenhang mit der Inanspruchnahme einer Bildungskarenz, Inanspruchnahme einer Teilzeitbeschäftigung aus Anlass der Elternschaft, einer Freistellung gegen Entfall des Arbeitsentgelts, der Inanspruchnahme des Solidaritätsprämienmodells und der Herabsetzung der Arbeitszeit im Sinne der §§ 11 bis 14 AVRAG erfolgen sowie
» bei einem Verstoß gegen das Gleichbehandlungsgesetz, vor allem im Zusammenhang mit der sexuellen Belästigung am Arbeitsplatz.

9.2. Kann eine Kündigung angefochten werden, wenn sie als Reaktion auf die Forderung von noch nicht bezahlten Überstunden ausgesprochen wird?

Ja, denn es handelt sich dabei um eine unzulässige Motivkündigung, wenn der AN Forderungen geltend macht, die ihm durch Gesetz oder Kollektivvertrag zustehen.

9.3. Unter welchen Bedingungen kann eine Kündigung wegen Ungleichbehandlung aufgrund des Geschlechtes angefochten werden?

§ *12 Gleichbehandlungsgesetz*

Eine Anfechtung einer Kündigung, welche vom AG wegen des Geschlechtes des Arbeitnehmers oder der Arbeitnehmerin ausgesprochen wurde oder weil der oder die Betroffene Ansprüche im Sinne des Gleichbehandlungsgesetzes geltend gemacht hat, ist binnen einer Frist von 14 Tagen ab ihrem Zugang beim AN möglich (siehe auch Kapitel 34 „Gleichbehandlung der Geschlechter").

10. Wann können Arbeitnehmer aus sozialen Gründen eine Kündigung anfechten?

§§ *105 Abs 3 Z 2 lit a und b ArbVG, 15 AVRAG*

Diese Möglichkeit besteht für jene AN, die bereits sechs Monate in einem Unternehmen oder Betrieb beschäftigt sind, in dem regelmäßig mehr als fünf AN beschäftigt werden oder in kleineren Betrieben auch für männliche AN der Jahrgänge 1935 bis 1942 oder für weibliche AN der Jahrgänge 1940 bis 1947.

10.1. Welche sozialen Gründe müssen vorliegen?

Es müssen wesentliche Interessen des AN durch die Kündigung betroffen sein. Das ist zB dann gegeben, wenn der AN mit langer Arbeitslosigkeit zu rechnen hat oder wahrscheinlich erst nach langer Zeit einen gleichwertigen (!) Posten finden wird und dadurch einen wesentlichen Einkommensverlust erleidet. Die Beurteilung dieser Frage hängt allerdings sehr vom Einzelfall ab.

10.2. Wann kann der Arbeitnehmer trotz einer Beeinträchtigung wesentlicher Interessen vom Arbeitgeber gekündigt werden?

Das ist dann möglich, wenn betriebliche oder persönliche Gründe für die Kündigung sprechen.

10.3. Was sind in diesem Zusammenhang betriebliche Gründe?

Damit ist gemeint, dass es dem AG möglich sein muss, einen AN zu kündigen, wenn es wirtschaftlich nicht mehr möglich ist, diesen weiter zu beschäftigen. Das ist zB denkbar, wenn allgemein Personal abgebaut wird, um das Überleben des Unternehmens zu gewährleisten.

10.4. Genügt es, dass sich der Betrieb Kosten erspart, indem er ältere Arbeitnehmer durch jüngere ersetzt?

Auch in einem solchen Fall muss geprüft werden, ob eine Weiterbeschäftigung des älteren AN für den AG zumutbar ist.

10.5. Was sind „persönliche" Kündigungsgründe?

Das bedeutet, dass, wenn sich ein AN etwas zu Schulden kommen ließ, bei einer Kündigungsanfechtung dieser Umstand berücksichtigt wird (zB wenn zwar kein Entlassungsgrund vorliegt, aber dem AN doch Umstände vorgeworfen werden können, die einem Entlassungsgrund zumindest nahe kommen).

24

11. Welche Möglichkeit hat der Betriebsrat, an der Kündigungsanfechtung mitzuwirken?

Er kann die Kündigung, sofern er dieser ausdrücklich widersprochen hat, beim Arbeits- und Sozialgericht innerhalb einer Woche ab Zugang anfechten, wenn er dazu vom AN ausdrücklich aufgefordert wurde.

12. Wann kommt es zu einem Vergleich sozialer Gesichtspunkte (Sozialvergleich) zwischen einzelnen Arbeitnehmern bei der Kündigungsanfechtung?

§ 105 Abs 3 Z 2 ArbVG

Wenn bei Gegenüberstellung der sozialen Gesichtspunkte die Kündigung für den gekündigten AN eine größere Härte bedeutet als für andere vergleichbare AN, die demselben Betrieb angehören und in der gleichen Tätigkeit beschäftigt sind, kommt es zum sogenannten „Sozialvergleich". Ein solcher ist nur in Betrieben möglich, in denen ein für den AN zuständiger Betriebsrat vorhanden ist, welcher der Kündigung ausdrücklich widersprochen hat.

13. Wie kann der Arbeitnehmer selbst gegen die Kündigung vorgehen?

Er kann, wenn der Betriebsrat (BR) der Kündigung ausdrücklich widersprochen oder keine Stellungnahme abgegeben hat, die Kündigung selbst bei Gericht mittels Klage anfechten. Hat der BR keine Stellungnahme abgegeben, kann der AN binnen zwei Wochen ab Zugang der Kündigung eine Anfechtungsklage bei Gericht einbringen. Im Falle eines Widerspruches des BR gegen die Kündigung muss der AN den BR am besten unverzüglich zur Anfechtung auffordern. Kommt der BR dieser Aufforderung nicht nach, hat der AN zwei weitere Wochen Zeit, eine Klage beim zuständigen Arbeitsgericht einzubringen. Örtlich zuständig ist jenes Gericht, in dessen Sprengel sich der Betrieb befindet. Da die Fristen in diesem Fall sehr kurz sind, sollte sofort nach Zugang einer Kündigung fachkundiger Rat eingeholt werden!

14. Kann der Arbeitnehmer die Kündigung wegen Sozialwidrigkeit anfechten, wenn der Betriebsrat der Kündigung zugestimmt hat?

Nein.

15. Kann der Arbeitnehmer eine Motivkündigung anfechten, wenn der Betriebsrat der Kündigung ausdrücklich zugestimmt hat?

Ja.

16. Welche Möglichkeit haben Arbeitnehmer in Betrieben, in denen kein Betriebsrat gewählt wurde?

§§ *107 ArbVG, 15 AVRAG*

In betriebsratspflichtigen Betrieben, in denen aber kein Betriebsrat eingerichtet ist, kann der AN binnen zwei Wochen nach Zugang der Kündigung oder Entlassung diese beim Gericht anfechten. AN in nicht betriebsratspflichtigen Betrieben (also Betrieben mit weniger als fünf AN), können eine Kündigung anfechten, wenn es sich bei den Gekündigten um Männer der Jahrgänge 1935 bis 1942 oder um Frauen der Jahrgänge 1940 bis 1947 handelt, in diesem Fall beträgt die Frist zur Einbringung der Klage beim Arbeits- und Sozialgericht jedoch nur eine Woche.

16.1. Was kann man machen, wenn man die Frist versäumt hat?

In diesem Fall empfiehlt es sich, sofort Rücksprache mit der zuständigen AK oder Gewerkschaft zu halten! In bestimmten Fällen ist bei Vorliegen eines plötzlichen und unerwarteten Hindernisses ohne Verschulden des AN eine Wiedereinsetzung in den vorherigen Stand möglich.

17. Kann eine sittenwidrige Kündigung bekämpft werden?

Eine Kündigung kann auch gem § 879 ABGB sittenwidrig sein. Bei der Beurteilung, ob eine Kündigung sittenwidrig ist, kommt vor allem der mittelbaren Grundrechtswirkung besondere Bedeutung zu. Eine Kündigung ist zB als sittenwidrig anzusehen, wenn sie ohne sachlichen Grund ausgesprochen wurde und aus Gründen des Persönlichkeitsschutzes zu missbilligen ist. So kann eine Kündigung zB sittenwidrig sein, wenn sie wegen der Mitgliedschaft zu einer politischen Partei ausgesprochen wurde. Der wesentliche Unterschied einer nach § 879 ABGB ausgesprochenen sittenwidrigen Kündigung zu den gesetzlich genannten Motivkündigungen liegt darin, dass sie nicht anfechtbar, sondern nichtig ist.

18. Welche Personen dürfen vom Arbeitgeber nicht oder nur unter erschwerten Bedingungen gekündigt werden?

Besondere Regeln gelten für Belegschaftsvertreter, AN während der Schwangerschaft und bis zum Ablauf von vier Monaten nach der Entbindung, Eltern nach der Geltendmachung ihrer Karenzzeit oder ihrer Teilzeitbeschäftigung aus Anlass der Elternschaft, Präsenz- oder Zivildienstpflichtige, AN, die Familienhospizkarenz beanspruchen, Behinderte und Opferbefürsorgte, Vertragsbedienstete, Hausbesorger mit Dienstwohnung nach dem alten Hausbesorgergesetz.

19. Wer ist als Belegschaftsvertreter nur unter erschwerten Bedingungen kündbar?

§§ *120 ff ArbVG*

Das sind in erster Linie die Mitglieder des Betriebsrats, des Jugendvertrauensrates, Behindertenvertrauenspersonen. Darüber hinaus können auch unter bestimmten Bedingungen Ersatzmitglieder des Betriebsrates, Mitglieder von Wahlvorständen, Wahlwerber uÄ unter erschwerten Bedingungen gekündigt werden.

19.1. Während welchen Zeitraumes ist ein Betriebsratsmitglied kündigungsgeschützt?

Diese sind während ihrer tatsächlichen Mandatsausübung bis zum Ablauf von drei Monaten nach Erlöschen der Mitgliedschaft zum Betriebsrat, im Falle der dauernden Einstellung des Betriebes mit Ablauf der Tätigkeitsdauer des Betriebsrates kündigungsgeschützt.

19.2. Während welchen Zeitraumes sind Ersatzmitglieder eines Betriebsrates kündigungsgeschützt?

Diese sind nur dann „kündigungsgeschützt", wenn sie Betriebsratsmitglieder tatsächlich durch mindestens zwei Wochen ununterbrochen vertreten haben, und zwar bis zum Ablauf von drei Monaten nach der Beendigung dieser Tätigkeit. Voraussetzung dafür ist, dass der AG vom Beginn und Ende der Vertretung unverzüglich verständigt wurde.

19.3. Während welchen Zeitraumes sind Mitglieder von Wahlvorständen kündigungsgeschützt?

Dieser Zeitraum dauert von der Bestellung zum Mitglied eines Wahlvorstandes bis zum Ablauf der Frist zur Anfechtung der Wahl.

19.4. Während welchen Zeitraumes sind Wahlwerber kündigungsgeschützt?

Beginn dieser Frist ist der Zeitpunkt, in dem die Absicht des Wahlwerbers zu kandidieren offenkundig wird. Das kann auch schon vor der Abgabe des Wahlvorschlages der Fall sein. Scheint der Wahlwerber auf einem Wahlvorschlag auf, wird aber nicht gewählt, endet die Frist mit dem Ablauf der Anfechtung der Wahl. Wird er gewählt, ist er als Mitglied des Betriebsrates oder Jugendvertrauensrates kündigungs- und entlassungsgeschützt. Scheint der Wahlwerber jedoch auf keinem Wahlvorschlag auf, endet der „Kündigungsschutz" bereits mit dem Ende der Frist für deren Einreichung.

19.5. Sind Rechnungsprüfer kündigungsgeschützt?

Nein, Rechnungsprüfer sind keine „Belegschaftsvertreter".

19.6. Wann können „Belegschaftsvertreter" gekündigt werden?

Diese sind nur nach vorheriger Zustimmung des Gerichtes kündbar.

19.7. Unter welchen Bedingungen darf das Gericht der Kündigung einer dieser kündigungsgeschützten Personen zustimmen?

Das Gericht darf einer Kündigung nur zustimmen, wenn

» der Betrieb dauernd stillgelegt wird, darüber hinaus auch, wenn es zu einer Einschränkung des Betriebes oder zu einer Stilllegung einzelner Betriebsabteilungen kommt. In diesen Fällen ist eine Kündigung aber nur dann möglich, wenn der AG nachweisen kann, dass er das betroffene Betriebsratsmitglied nicht in einem anderen Bereich des Unternehmens ohne erheblichen Schaden für den Betrieb weiterbeschäftigen kann;

» das Betriebsratsmitglied unfähig wird, die im Arbeitsvertrag vereinbarte Leistung zu erbringen und dieser Umstand länger andauert;

» das Betriebsratsmitglied seine Pflichten aus dem Arbverh beharrlich verletzt und dem AG die Weiterbeschäftigung daher nicht zugemutet werden kann.

20. Inwieweit sind schwangere Frauen kündigungsgeschützt?

§ *10 MSchG*

Frauen, welche die Schwangerschaft dem AG mitgeteilt haben, können nur nach vorheriger Zustimmung des Gerichtes vom AG gekündigt werden. Diese Zustimmung ist im Falle einer Betriebseinschränkung oder -stilllegung zu erteilen. Im zweiten bis vierten Lebensjahr des Kindes hat das Gericht einer Kündigung dann zuzustimmen, wenn eine Weiterbeschäftigung der AN aus wirtschaftlichen oder persönlichen Gründen dem AG nicht mehr zugemutet werden kann. Ist der Betrieb, in dem die betreffende AN beschäftigt war, bereits stillgelegt worden, ist für eine Kündigung keine Zustimmung des Gerichtes mehr erforderlich.

20.1. Wann beginnt der Kündigungsschutz für schwangere Arbeitnehmerinnen?

Dieser beginnt grundsätzlich mit dem Zeitpunkt der Mitteilung der Schwangerschaft an den AG.

20.2. Wann endet der Kündigungsschutz für schwangere Frauen?

Schwangere AN können bis zum Ablauf von vier Monaten nach der Entbindung oder von vier Wochen nach Beendigung der (Eltern-)Karenz oder Inanspruchnahme einer Teilzeitbeschäftigung wegen Mutterschaft nicht gekündigt werden.

20.3. Welche Möglichkeiten hat die Arbeitnehmerin, wenn der Arbeitgeber die Kündigung bereits ausgesprochen hat, diese aber eine ihr schon bekannte Schwangerschaft dem Arbeitgeber noch nicht mitgeteilt hat?

Wenn die AN zum Zeitpunkt des Ausspruchs der Kündigung bereits schwanger war, kann sie dies noch innerhalb von fünf Arbeitstagen nach dem Ausspruch der Kündigung dem AG mitteilen.

20.4. Welche Möglichkeit hat eine Arbeitnehmerin, wenn sie erst nach Ausspruch der Kündigung von der Schwangerschaft erfährt?

Sollte die AN erst zu einem späteren Zeitpunkt von ihrer Schwangerschaft erfahren, muss sie dies dem AG unverzüglich mitteilen, um kündigungsgeschützt zu sein. Die Kündigung kann sowohl während des aufrechten Arbverh als auch nach der Beendigung gerichtlich bekämpft werden.

20.5. Ist eine schwangere Arbeitnehmerin bei Ablauf eines befristeten Arbeitsverhältnisses geschützt?

Siehe Kapitel 20 „Elternschaft", Frage 8.1.

20.6. Besteht für schwangere Arbeitnehmerinnen, die im Probemonat stehen, ein Kündigungsschutz?

Grundsätzlich nicht. Lösungen durch den AG wegen der Schwangerschaft sind unzulässig (siehe Kapitel 20 „Elternschaft", Frage 2.1).

20.7. Sind schwangere Ausländerinnen, die ohne Arbeitsbewilligung beschäftigt werden, kündigungsgeschützt?

Nein.

20.8. Wann beginnt der Kündigungsschutz, wenn die Mutter nicht unmittelbar nach der Schutzfrist, sondern im Anschluss an den Vater Karenz in Anspruch nimmt?

In diesem Fall beginnt der Kündigungsschutz erst mit der späteren Bekanntgabe, frühestens jedoch vier Monate vor Antritt des Karenzteiles der Mutter. Da der Kündigungsschutz aus Anlass der Geburt vier Monate nach derselben endet, besteht ein kündigungsschutzfreier Zeitraum dazwischen.

20.9. Sind auch freie Dienstnehmerinnen im Falle der Schwangerschaft kündigungsgeschützt?

Ja. Seit 1.1.2016 können freie Dienstnehmerinnen, die wegen ihrer Schwangerschaft oder eines Beschäftigungsverbots bis vier Monate nach der Geburt gekündigt werden, eine solche Kündigung bei Gericht anfechten. Die freie Dienstnehmerin muss den Anfechtungsgrund glaubhaft machen. Die Klage ist nur dann abzuweisen, wenn bei Abwägung aller Umstände eine höhere Wahrscheinlichkeit dafür spricht, dass ein anderes vom Dienstgeber glaubhaft gemachtes Motiv für die Kündigung ausschlaggebend war.

20.10. Besteht auch nach einer Fehlgeburt ein Kündigungsschutz?

Ja, auch hier gibt es seit 1.1.2016 eine neue Regelung, wonach eine Kündigung bis zum Ablauf von vier Wochen nach einer erfolgten Fehlgeburt rechtsunwirksam ist. Auf Verlangen des Dienstgebers hat die Dienstnehmerin eine ärztliche Bescheinigung vorzulegen.

21. Inwieweit sind Väter kündigungsgeschützt?

§ *6 Väterkarenzgesetz*

Väter, die ihrem AG frühestens ab der Geburt bis acht Wochen nach der Entbindung ihres Kindes mitteilen, dass sie eine Elternkarenz oder eine Teilzeitbeschäftigung aus Anlass der Elternschaft in Anspruch nehmen wollen, sind nur nach vorhergehender Zustimmung durch das zuständige Gericht kündbar. Hinsichtlich der Frage, wann das Gericht der Kündigung zustimmen muss, gelten die gleichen Voraussetzungen wie bei den Müttern.

21.1. Sind männliche Arbeitnehmer auch schon vor der Geburt ihres Kindes kündigungsgeschützt?

Nein, weil die Inanspruchnahme einer (Eltern-)Karenz oder einer Teilzeitbeschäftigung infolge Elternschaft erst nach einer Lebendgeburt möglich ist. Väter sollten ihren Wunsch nach (Eltern-)Karenz erst nach der Geburt ihres Kindes bekannt geben, da vorher die Gefahr einer Kündigung besteht.

21.2. Wann beginnt der Kündigungsschutz für Väter?

Dieser beginnt mit Bekanntgabe, frühestens jedoch vier Monate vor Antritt der Karenz.

21.3. Wann endet der Kündigungsschutz von Vätern?

Dieser endet vier Wochen nach Ende der (Eltern-)Karenz oder der Teilzeitbeschäftigung.

21.4. Sind Arbeitnehmer und Arbeitnehmerinnen, die Teilzeitbeschäftigung aus Anlass ihrer Elternschaft in Anspruch nehmen, kündigungsgeschützt?

Ja. Der Kündigungsschutz endet vier Wochen nach dem Ende der Teilzeitbeschäftigung.

22. Sind Präsenz-(Zivil-)dienstpflichtige kündigungsgeschützt?

§§ *12 ff APSG*

AN, die zum Präsenzdienst beim österreichischen Bundesheer oder Zivildienst einberufen sind, dürfen ohne Zustimmung des Arbeits- und Sozialgerichtes nicht gekündigt werden. Details zum Thema Präsenzdienst und Auswirkungen auf den Arbeitsplatz hat das BM für Landesverteidigung unter
http://grundwehrdienst.bundesheer.at/Soziales_Arbeitsplatz-145
im Internet zusammengefasst.

22.1. Wann muss ein Arbeitnehmer dem Arbeitgeber seinen Einberufungsbefehl (Zuweisungsbescheid) vorlegen, um den Kündigungsschutz zu wahren?

Der AN hat dem AG unverzüglich nach Zustellung des Einberufungsbefehls (Zuweisungsbescheides) hievon Mitteilung zu machen. Hat der AG in Unkenntnis über die erfolgte Einberufung (Zuweisung) innerhalb einer Frist von 14 Tagen ab Zustellung der Einberufung (Zuweisung) die Kündigung ausgesprochen, so ist diese rechtsunwirksam, wenn der AN binnen dreier Arbeitstage ab Zugang der Kündigung den AG hievon in Kenntnis setzt.

22.2. Wie lange sind Präsenz-(Zivil-)dienstpflichtige kündigungsgeschützt?

Eine Kündigung darf bis zum Ablauf eines Monats nach der Beendigung des Präsenz-(Zivil-)dienstes nicht ausgesprochen werden. Dauert der Präsenz-(Zivil-)dienst allerdings weniger als zwei Monate, so sind diese AN für die Dauer der Hälfte des Präsenz-(Zivil-)dienstes nach der Beendigung desselben kündigungsgeschützt. Bei der Berechnung dieser Frist sind Bruchteile von Tagen als ganze Tage zu rechnen.

22.3. Sind auch Arbeitnehmer, die zu Truppenübungen einberufen werden, kündigungsgeschützt?

Ja, sofern es sich bei diesen Truppenübungen um solche im Rahmen des Präsenzdienstes handelt.

22.4. Sind „ausländische Arbeitnehmer", die im Ausland zum Präsenzdienst einberufen werden, kündigungsgeschützt?

Nein, es sei denn, die betreffenden AN sind Staatsbürger eines EU-Landes.

22.5. Sind Zeitsoldaten kündigungsgeschützt?

Ja, im Höchstausmaß von vier Jahren. Der Kündigungsschutz von Zeitsoldaten, deren Verpflichtung länger als vier Jahre dauert, endet mit Ablauf des vierten Jahres.

23. Welchen Kündigungsschutz haben Arbeitnehmer, die Familienhospizkarenz beanspruchen?

§ *15a AVRAG*

AN können ab Bekanntgabe und Dauer bis zum Ablauf von vier Wochen nach Ende der Familienhospizkarenz rechtswirksam nur mit Zustimmung des Arbeits- und Sozialgerichts gekündigt werden.

24. Inwiefern sind begünstigte Behinderte kündigungsgeschützt?

§ *8 BehEinstG*

In diesem Bereich sind mit 1. Jänner 2011 umfassende gesetzliche Änderungen in Kraft getreten. Begünstigt Behinderte sind österreichische Staatsbürger mit einem Grad der Behinderung von mindestens 50 Prozent. Auch EU-Bürger, EWR-Bürger, Schweizer Staatsbürger und deren Familienangehörige sowie Personen mit bestimmten Aufenthaltstiteln und Flüchtlinge, denen Asyl gewährt wurde, können vom Begriff des begünstigt Behinderten umfasst sein. Seit 1. Jänner 2014 sind auch Drittstaatsangehörige gleichgestellt, die berechtigt sind, sich in Österreich aufzuhalten und einer Beschäftigung nachzugehen (kombinierte Aufenthalts- und Beschäftigungsbewilligung). Eine Kündigung von begünstigt Behinderten kann nur mit Zustimmung des Behindertenausschusses rechtswirksam ausgesprochen werden. Die Kündigungsfrist beträgt mindestens vier Wochen. Längere gesetzliche, kollektivvertragliche oder einzelvertragliche Kündigungsfristen sind zu beachten. Dieser erhöhte Kündigungsschutz gilt nicht:

» Während der ersten vier Jahre eines ab 1. Jänner 2011 neu begründeten Arbverh mit einem begünstigten Behinderten;
» während der ersten sechs Monate eines ab 1. Jänner 2011 neu begründeten Arbverh mit einem noch nicht begünstigten Behinderten, der während dieses Arbverh begünstigter Behinderter wird;
» während der ersten sechs Monate eines vor 1. Jänner 2011 begründeten Arbverh. Ausnahmen bestehen im Fall von Arbeitsplatzwechsel im Konzern und wenn die Begünstigteneigenschaft aufgrund eines Arbeitsunfalls zuerkannt wird. Das Sozialministeriumservice (vormals Bundessozialamt) kann die Zustimmung zur Kündigung nach einer Interessensabwägung erteilen, wenn es dem Dienstgeber nicht zumutbar ist, den begünstigten Behinderten weiter zu beschäftigen (zB wenn dessen Tätigkeitsbereich wegfällt oder wenn der begünstigte Behinderte die ihm aufgrund des Dienstverhältnisses obliegenden Pflichten beharrlich verletzt).

25. Inwieweit sind Hausbesorger kündigungsgeschützt?

§ *18 HausbG*

Hausbesorger sind nur dann kündigungsgeschützt, wenn ihnen auch eine Dienstwohnung eingeräumt wird. Eine Kündigung kann in diesem Fall nur aus erheblichen Gründen, die im HausbG angeführt sind, gerichtlich erfolgen. Das Hausbesorgergesetz ist aber nur auf jene Arbverh anwendbar, die vor dem 1. Juli 2000 begonnen haben. Für danach begründete Arbverh als Hausbesorger gelten die normalen Bestimmungen über die Kündigung.

26. Können Lehrlinge gekündigt werden?

§ *15 BAG*

Ein Lehrverhältnis kann grundsätzlich nicht gekündigt werden (siehe aber Frage 26.2 unten). Während der ersten drei Monate kann sowohl der Lehrberechtigte als auch der Lehrling das Lehrverhältnis jederzeit einseitig auflösen (Probezeit). Erfüllt der Lehrling seine Schulpflicht in einer lehrgangsmäßigen Berufsschule während der ersten drei Monate, kann sowohl der Lehrberechtigte als auch der Lehrling das Lehrverhältnis während der ersten sechs Wochen der Ausbildung im Lehrbetrieb jederzeit einseitig auflösen. Eine Auflösung ist danach aber im beiderseitigen Einvernehmen (siehe Kapitel 26 „Einvernehmliche Lösung", Frage 3). Fristlos kann das Lehrverhältnis nur aus den im BAG angeführten Gründen aufgelöst werden. Weiters enthält das BAG Gründe, die zur automatischen Beendigung des Lehrverhältnisses führen (zB Tod des Lehrberechtigten, Entzug der Lehrberechtigung). Die Auflösung muss schriftlich erfolgen und bedarf überdies der Zustimmung des gesetzlichen Vertreters, wenn ein minderjähriger Lehrling fristlos auflösen möchte.

26.1. Wann endet ein Lehrverhältnis, wenn der Lehrling die Lehrabschlussprüfung erfolgreich abgelegt hat?

Das Lehrverhältnis endet mit dem Ablauf der Woche, in der die Prüfung (gegebenenfalls bei geteilten Prüfungen der zweite Teil) abgelegt wird. Ab diesem Zeitpunkt ist der ehemalige Lehrling „ganz normaler" AN mit Anspruch auf entsprechendes Entgelt.

26.2. Kann das Lehrverhältnis vor Lehrzeitende „gekündigt" werden?

§ *15a Ausbildungsübertritt*

Sowohl der Lehrberechtigte als auch der Lehrling können das Lehrverhältnis zum Ablauf des letzten Tages des zwölften Monats der Lehrzeit und bei Lehrberufen mit einer festgelegten Dauer der Lehrzeit von drei, dreieinhalb oder vier Jahren überdies zum Ablauf des letzten Tages des 24. Monats der Lehrzeit unter Einhaltung einer Frist von einem Monat einseitig außerordentlich auflösen. Die außerordentliche Auflösung des Lehrverhältnisses durch den Lehrberechtigten ist nur dann wirksam, wenn der Lehrberechtigte die beabsichtigte außerordentliche Auflösung und die geplante Aufnahme eines Mediationsverfahrens spätestens am Ende des neunten bzw 21. Lehrmonats dem Lehrling, der Lehrlingsstelle und gegebenenfalls dem Betriebsrat sowie dem Jugendvertrauensrat mitgeteilt hat und vor der Erklärung der außerordentlichen Auflösung ein Mediationsverfahren durchgeführt wurde und gemäß Abs 6 beendet ist. Die Voraussetzung der Durchführung und Beendigung eines Mediationsverfahrens entfällt, wenn der Lehrling die Teilnahme am Mediationsverfahren schriftlich ablehnt. Diese Ablehnung kann vom Lehrling innerhalb einer Frist von 14 Tagen schriftlich widerrufen werden. Die Mitteilung hat den Namen des Lehrlings, seine Adresse, seinen Lehrberuf sowie den Beginn und das Ende der Lehrzeit zu enthalten. Die Lehrlingsstelle hat die Arbeiterkammer binnen angemessener Frist über die Mitteilung zu informieren.

27. Muss eine Kündigung schriftlich erfolgen?

Dies ist nur dann erforderlich, wenn dies der anzuwendende Kollektivvertrag ausdrücklich vorsieht. In der Regel genügt eine mündlich (telefonisch) ausgesprochene Kündigung. Zu Beweiszwecken ist es aber ratsam, die Kündigung schriftlich vorzunehmen. Die schriftliche Kündigung ist dann sinnvoll, wenn entweder ihr Erhalt mit Datum auf einer Kopie des Schreibens bestätigt wird oder sie mittels eingeschriebenen Briefes, von dem sich der Absender einen Durchschlag zurückbehält, zugesendet wird.

28. Welchen Wortlaut soll eine Kündigung haben?

Ich kündige mein Arbeitsverhältnis unter Einhaltung der gesetzlichen (kollektivvertraglichen oder vereinbarten) Kündigungsfrist zum … (Datum des letzten Tages des Arbeitsverhältnisses). Mit freundlichen Grüßen …

29. Was ist ein Kündigungstermin?

Der Kündigungstermin ist immer der letzte Tag des Arbverh. Damit ist also nicht der Tag des Ausspruchs der Kündigung gemeint.

30. Was ist unter Kündigungsfrist zu verstehen?

Die Kündigungsfrist ist jene Zeit, die zwischen dem Zugang der Kündigung und dem Kündigungstermin zumindest liegen muss.

31. Ist der Tag des Poststempels oder der Tag des Einlangens beim Empfänger bei einer Kündigung der entscheidende Tag für den Zugang?

Es zählt nicht das Datum des Poststempels. Entscheidend ist, wann das Kündigungsschreiben dem Empfänger zugegangen ist.

31.1. Wann gilt ein Kündigungsschreiben, das mit der Post gesandt wird, dem Empfänger als ordnungsgemäß zugestellt?

Das ist dann der Fall, wenn beim Empfänger das Schreiben von der Post im Postkasten hinterlegt wird oder bei eingeschriebenen Briefen der Tag, an welchem es dem AN zum ersten Mal möglich ist, den bei der Post hinterlegten Brief abzuholen.

31.2. Wann gilt eine Kündigung als zugegangen, wenn sich der Arbeitnehmer auf Urlaub befindet?

Hat der AN dem AG seine Urlaubsadresse nicht bekannt gegeben – wozu er nicht verpflichtet ist –, so gilt eine Kündigung dann als zugegangen, wenn sie an die Wohnadresse zugestellt wurde. Ist die Kündigungsfrist allerdings sehr kurz (ein bis zwei Wochen), kann der Erholungszweck des AN vereitelt werden. Es wird wohl in einem solchen Fall das Arbverh nicht verlängert, der AN kann aber einen Anspruch auf Kündigungsentschädigung bis zum Ende einer dem Urlaub angeschlossenen fiktiven Kündigungsfrist geltend machen.

31.3. Wann gilt eine Kündigung als zugegangen, wenn der Arbeitnehmer den Wechsel seiner Wohnadresse nicht bekannt gegeben hat?

In diesem Fall ist die Kündigung mit der Zustellung an der alten, dem AG vom AN bekannt gegebenen Wohnadresse zugegangen.

32. Zu welchen Kündigungsterminen kann ein Arbeitgeber einen Angestellten kündigen?

§ 20 AngG

Das AngG sieht vor, dass der AG einen Angestellten, der mindestens acht Stunden oder bei kollektivvertraglicher Arbeitszeitverkürzung entsprechend kürzer in der Woche beschäftigt ist, soweit nichts anderes vereinbart ist, nur zum letzten Tag eines Kalendervierteljahres kündigen kann. Dies ist also der 31. März, 30. Juni, 30. September und der 31. Dezember eines Jahres. Es kann jedoch vereinbart werden, dass das Arbverh auch zum 15. und Letzten eines jeden Kalendermonats enden kann. Auch durch Kollektivvertrag kann der Kündigungstermin in dieser Form geregelt sein.

33. Wie lange ist die Kündigungsfrist, wenn der Arbeitgeber den Angestellten kündigt?

Für Angestellte, die mindestens acht Stunden oder bei kollektivvertraglicher Arbeitszeitverkürzung eine entsprechend kürzere Zeit pro Woche beschäftigt sind, gelten folgende Kündigungsfristen: Die Kündigungsfrist ist gestaffelt nach der Dienstzugehörigkeit und beträgt sechs Wochen bis zur Vollendung des zweiten Arbeitsjahres, zwei Monate bis zur Vollendung des 5. Arbeitsjahres, drei Monate bis zur Vollendung des 15. Arbeitsjahres, vier Monate bis zur Vollendung des 25. Arbeitsjahres, fünf Monate ab dem 26. Arbeitsjahr.

Die erste Karenzzeit wird bis zum Höchstmaß von zehn Monaten auf die Dauer der Dienstzugehörigkeit für die Bemessung der Kündigungsfrist angerechnet. Für Angestellte, die unter acht Stunden oder bei kollektivvertraglicher Arbeitszeitverkürzung weniger als ein Fünftel der wöchentlichen Arbeitszeit beschäftigt sind, gelten die Kündigungsfristen des ABGB bzw der GewO (siehe Frage 36 dieses Kapitels).

34. Kann die Kündigungsfrist, die der Arbeitgeber im Falle der Kündigung einzuhalten hätte, verkürzt werden?

Einseitig nicht, es ist nur möglich, einvernehmlich einen anderen Auflösungszeitpunkt bzw eine verkürzte Kündigungsfrist für den konkreten Anlassfall zu vereinbaren.

KÜNDIGUNG DURCH DEN ANGESTELLTEN

35. Welchen Kündigungstermin muss der Angestellte beachten?

§ *20 AngG*

Ein Angestellter kann nur zum Ende eines Kalendermonats kündigen. Eine anderslautende Vereinbarung ist möglich, doch darf die Anzahl der Kündigungstermine nicht durch Vertrag verringert werden.

36. Welche Kündigungsfrist hat ein Angestellter einzuhalten?

Ein Angestellter muss eine Kündigungsfrist von einem Monat einhalten. Es kann auch eine längere Kündigungsfrist, höchstens aber sechs Monate vereinbart werden. Die Kündigungsfrist, die der Angestellte einzuhalten hat, darf jedoch nicht länger sein als jene, die der AG einzuhalten hätte.

37. Kann für die Kündigung durch einen Angestellten auch eine Quartalskündigung vereinbart werden?

Nein, denn es kann nur die Kündigungsfrist verlängert, nicht aber die Anzahl der Kündigungstermine eingeschränkt werden.

24

KÜNDIGUNG EINES ARBEITERS

38. Welcher Kündigungstermin und welche Kündigungsfrist sind bei Kündigung eines Arbeiters zu berücksichtigen?

§§ *77 GewO, 1158 ABGB*

Wenn für den AN kein Kollektivvertrag gilt und nichts anderes vereinbart wurde, ist
» nach der GewO eine Kündigung von zwei Wochen
» nach dem ABGB ebenfalls zwei Wochen

Kündigungsfrist einzuhalten. Ausnahmen sind diejenigen Arbeiter, die nur tageweise beschäftigt werden, und jene, die Dienste höherer Art leisten. Wenn jedoch für den AN ein Kollektivvertrag gilt, so sind in diesem auch Bestimmungen über die Kündigungsfrist enthalten. Die Länge der Kündigungsfrist kann von der Dauer des Arbverh abhängen. Dabei gibt es branchenweise Unterschiede. Durch das Arbeitsrechtsänderungsgesetz 2000 wurde auch geregelt, dass die Kündigungsfristen des ABGB im Fall einer Kündigung durch den AG nicht unterschritten werden dürfen. Derartige Vereinbarungen sind unzulässig.

39. Für welche Arbeitnehmer gelten die Kündigungsfristen des ABGB?

Diese gelten für jene AN, die bei AG beschäftigt sind, die nicht der GewO unterliegen (zB Arbeiter bei einem Arzt, Tierarzt, Rechtsanwalt, Notar, Schriftsteller, Wirtschaftstreuhänder, Ziviltechniker) und für Angestellte mit einer wöchentlichen Arbeitszeit von weniger als acht Stunden oder bei einer kollektivvertraglichen Arbeitszeitverkürzung einer dementsprechend kürzeren wöchentlichen Arbeitszeit.

40. Kann der Arbeitnehmer den noch offenen Urlaub auch ohne Zustimmung des Arbeitgebers während der Kündigungsfrist verbrauchen?

§

Nein, auch für die Kündigungsfrist braucht der AN zum Urlaubsverbrauch die Zustimmung des AG. Wenn der AN den Urlaub eigenmächtig antritt, kann er deswegen berechtigt entlassen werden. *4 UrlG*

41. Kann der Arbeitgeber den Arbeitnehmer zum Verbrauch des Urlaubs während der Kündigungsfrist zwingen?

Nein.

42. Verlängert ein Krankenstand während der Kündigungsfrist das Arbeitsverhältnis?

Nein, sollte jedoch das Arbverh durch Kündigung des AG, durch berechtigten vorzeitigen Austritt oder durch ungerechtfertigte Entlassung enden, ist das Entgelt so lange weiterzubezahlen, wie die Entgeltfortzahlungsfrist dauert. Dies muss auch dann erfolgen, wenn die Entgeltfortzahlungsfrist über den letzten Tag des Arbverh hinaus andauert. Siehe hiezu auch Kapitel 18 „Entgeltfortzahlung im Krankheitsfall".

43. Dürfen Arbeitnehmer auch während der Kündigungsfrist in den Krankenstand gehen?

Ja, wenn der Arzt die Arbeitsunfähigkeit bestätigt, ist ein Krankenstand auch während der Kündigungsfrist möglich.

44. Darf während der Kündigungsfrist eine Entlassung ausgesprochen werden?

Wenn der AN einen Entlassungsgrund gesetzt hat, ist das unter den gleichen Bedingungen wie sonst auch möglich.

45. Kann auch nach der Beendigung des Arbeitsverhältnisses ein Urlaub konsumiert werden?

Nein, denn das Arbverh ist mit dem letzten Tag der Kündigungsfrist beendet. Da eine Dienstfreistellung zum Zwecke eines Erholungsurlaubes nur während eines aufrechten Arbverh möglich ist, ist eine Urlaubsvereinbarung für die Zeit nach dem Arbverh sinnwidrig. Lediglich im Baugewerbe ist es für Arbeiter, die unter Regelung der Bauarbeiter-Urlaubs- und Abfertigungskasse stehen, möglich, auch „im Anschluss an ein Arbverh" einen noch offenen Urlaub zu konsumieren. Zwingend vorgeschrieben ist jedoch, dass – außer im Fall des unberechtigten Austrittes eines AN – ein am letzten Tag des Arbverh noch offener Urlaubsanspruch abgegolten werden muss (außer für Arbeiter im Baugewerbe).

46. Kann der Arbeitnehmer, wenn er gekündigt wird, während der Kündigungsfrist auch selbst kündigen?

Ja, er muss aber die Kündigungsfrist einhalten, wenn das Arbverh durch seine Kündigung zu einem früheren Zeitpunkt beendet wird.

47. Welche Möglichkeiten hat ein Arbeitnehmer, der das Arbeitsverhältnis auflösen möchte, aber die Kündigungsfrist nicht mehr einhalten möchte oder kann?

In diesem Fall sollte der AN versuchen, eine einvernehmliche Lösung herbeizuführen oder zumindest die Zustimmung des AG zu einer Verkürzung der Kündigungsfrist zu erlangen. Weiters ist zu prüfen, ob ein vom Gesetz anerkannter Austrittsgrund vorliegt. Ein anderes Arbverh beginnen zu wollen, ist jedoch kein vom Gesetz anerkannter Grund für einen berechtigten vorzeitigen Austritt. Es kann aber niemand physisch dazu gezwungen werden, bei einem bestimmten AG zu arbeiten. Hält der AN die Kündigungsfrist ohne wichtigen Grund nicht ein, so kann er zum Ersatz des dadurch entstandenen Schadens herangezogen werden. Vergleiche hiezu auch Kapitel 27 „Austritt".

48. Muss ein Arbeitgeber, bevor er inländische Arbeitnehmer kündigt, zuerst ausländische Arbeitnehmer kündigen?

Nein.

49. Was sollte ein Arbeitnehmer beachten, wenn er während der Kündigungsfrist vom Dienst freigestellt wird?

Er sollte sich diese Dienstfreistellung zur Beweissicherung schriftlich bestätigen lassen. Wenn der AG keine Bestätigung ausstellen will, sollte der AN dem AG einen eingeschriebenen Brief senden, von dem eine Kopie zurückbehalten wird. In diesem Schreiben sollte in kurzen Worten festgehalten werden, was mündlich vereinbart wurde. Sollte der AG dem AN für diese Zeit einen Urlaub verrechnen wollen, ist dies nur zulässig, wenn der AN diesem Urlaubsverbrauch zustimmt.

Entlassung

Kapitel 25

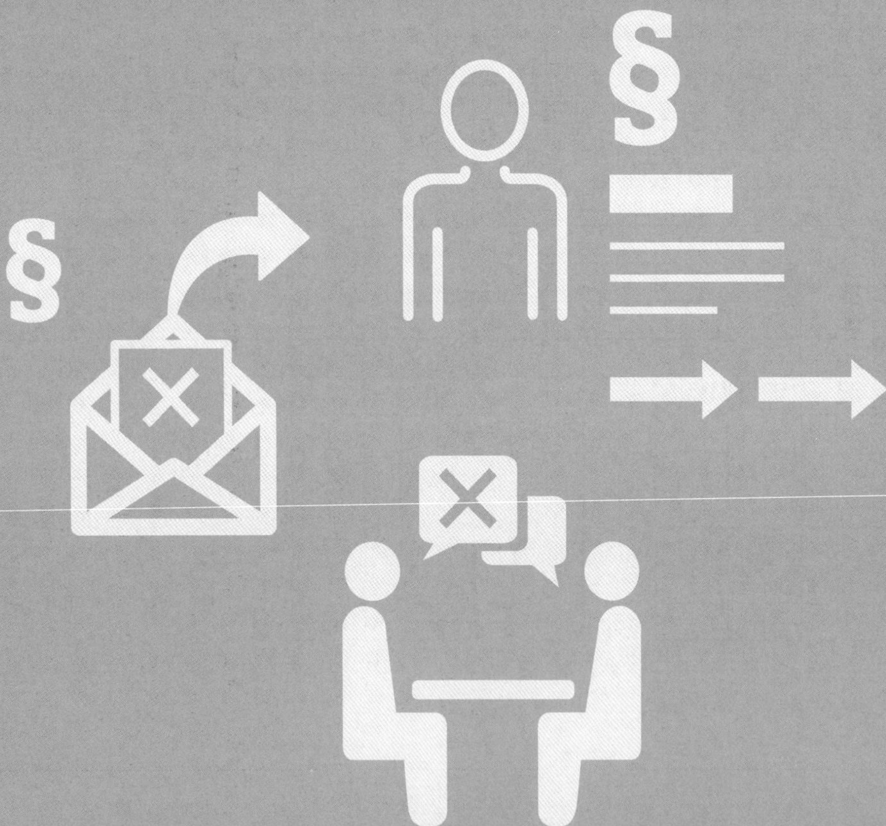

1. Was ist eine Entlassung?

§§ *27 AngG, 82 GewO*

Eine Entlassung ist eine fristlose Beendigung des Arbverh durch den AG aus wichtigem Grund.

2. In welcher Form muss eine Entlassung erfolgen?

Eine Entlassung kann sowohl schriftlich, mündlich als auch schlüssig erfolgen. Es muss aber für den AN klar erkennbar sein, dass der AG das Arbverh fristlos beenden will. Eine schlüssig vorgenommene Entlassung kann beispielsweise dann angenommen werden, wenn der AG dem AN die ausgefüllten Arbeitspapiere nach Hause sendet.

2.1. Muss das Wort „Entlassung“ unbedingt verwendet werden?

Nein, es muss aber aus dem gesamten Zusammenhang eindeutig hervorgehen, dass eine Entlassung gemeint ist.

3. In welchem zeitlichen Zusammenhang mit dem Entlassungsgrund muss eine Entlassung ausgesprochen werden?

Die Entlassung muss unmittelbar nach Bekanntwerden des Entlassungsgrundes erfolgen. Dem AG muss in fraglichen Fällen eine angemessene Überlegungsfrist zugebilligt werden. Vor allem in größeren Unternehmungen können, bedingt durch die erschwerte innerbetriebliche Willensbildung, Überlegungsfristen bis zu etwa drei Tagen gerechtfertigt sein. Eine über drei Tage hinausgehende Überlegungsfrist wird von der Rechtssprechung nur in außergewöhnlichen Fällen anerkannt.

4. Kann der Arbeitgeber eine einmal ausgesprochene Entlassung einseitig wieder zurücknehmen?

Zur rechtsgültigen Zurücknahme einer Entlassung ist die Zustimmung des AN erforderlich. Nur wenn die Zurücknahme zu einem Zeitpunkt erfolgt, zu dem der AN von der Entlassung noch keine Kenntnis erlangt hat, bedarf sie nicht der Zustimmung des AN.

5. Kann eine Entlassung auch rückwirkend ausgesprochen werden?

Nein, denn eine Entlassung ist eine empfangsbedürftige Willenserklärung, die immer nur mit dem Tag wirksam wird, an dem der AN erstmalig davon Kenntnis erlangt.

6. Wann gilt eine Entlassung als zugestellt, die mit der Post an den Arbeitnehmer gesendet wird?

Die Entlassung ist dem AN dann zugegangen, wenn der Brief im Postkasten ist bzw bei einem eingeschriebenen Brief, wenn er übernommen oder die Benachrichtigung hinterlegt wird.

7. Kann ein bereits gekündigter Arbeitnehmer noch entlassen werden?

Ja, dies ist aber nur dann gerechtfertigt, wenn der AN während der Kündigungsfrist auch einen Entlassungsgrund setzt.

8. Wenn der Arbeitgeber wegen eines bestimmten Anlassfalles bereits eine Kündigung ausgesprochen hat, ist dann eine Entlassung aus demselben Grund noch gerechtfertigt?

Nein, denn der AG hat zu erkennen gegeben, dass ihm die Einhaltung der Kündigungsfrist zugemutet werden kann.

9. Ist es zulässig, über die im AngG angeführten Entlassungsgründe im Arbeitsvertrag noch weitere zu vereinbaren?

Dies ist nur dann zulässig, wenn die vereinbarten den gesetzlichen Entlassungsgründen gleichwertig sind. Weniger schwerwiegende Gründe können nur dann vertraglich zu Entlassungsgründen gemacht werden, soweit sie nicht gegen gesetzliche Vorschriften oder gegen die guten Sitten verstoßen. Sittenwidrig wäre zB, wenn eine Eheschließung des AN den AG vertraglich zur Entlassung berechtigen würde.

10. Muss der Arbeitgeber dem Arbeitnehmer den Entlassungsgrund sofort bei Ausspruch der Entlassung bekannt geben?

Nein, es genügt, dass dieser Entlassungsgrund tatsächlich zum Zeitpunkt der Entlassung vorgelegen ist und vom AG im Prozess vor dem Arbeits- und Sozialgericht benannt und bewiesen werden kann.

11. Können nachträglich Entlassungsgründe vor Gericht geltend gemacht werden, die zwar zum Zeitpunkt des Ausspruches schon vorlagen, dem Arbeitgeber aber noch nicht bekannt waren?

Hilfsweise wird von dieser Möglichkeit auch Gebrauch gemacht.

12. Muss der Arbeitnehmer oder der Arbeitgeber bei Gericht beweisen, ob ein Entlassungsgrund vorgelegen ist?

Der AG muss beweisen, dass die von ihm ausgesprochene Entlassung gerechtfertigt war.

13. Aus welchen Gründen kann ein Arbeitnehmer gerechtfertigterweise entlassen werden?

Eine Entlassung ist dann gerechtfertigt, wenn es dem AG nicht mehr zugemutet werden kann, den AN während der Kündigungsfrist noch weiter zu beschäftigen.

25

14. Wo sind die Entlassungsgründe im Gesetz geregelt?

Für Angestellte im § 27 AngG, für Arbeiter im § 82 GewO, für Landarbeiter im § 34 Landarbeitsgesetz, für Schauspieler im § 38 Schauspielergesetz, für Gutsangestellte im § 26 Gutsangestelltengesetz, für Hausgehilfen im § 14 HGHAngG, für schwangere, in Karenz oder Elternteilzeit befindliche Frauen in § 12 MSchG, für in Karenz oder Elternteilzeit befindliche Väter im VKG, für Betriebsräte im § 122 ArbVG, für Präsenz-(Zivil-)diener im § 15 APSG.

15. Aus welchen Gründen kann ein Angestellter entlassen werden?

Nach § 27 AngG kann der Angestellte entlassen werden (beispielhafte Aufzählung), wenn er

- » im Dienst untreu ist, sich in seiner Tätigkeit ohne Wissen oder Willen des AG von dritten Personen unberechtigt Vorteile zuwenden lässt, insbesondere entgegen den Bestimmungen des § 13 AngG eine Provision oder eine sonstige Belohnung annimmt oder wenn er sich einer Handlung schuldig macht, die ihn des Vertrauens des AG unwürdig erscheinen lässt;
- » wenn er unfähig ist, die versprochenen oder die den Umständen nach angemessenen Dienste zu leisten;
- » wenn er unter die in § 1 AngG bezeichneten Angestellten fällt und ohne Einwilligung des AG ein selbstständiges kaufmännisches Unternehmen betreibt oder im Geschäftszweig des AG für eigene oder fremde Rechnung Handelsgeschäfte abschließt oder dem Konkurrenzverbot (siehe Kapitel 8, Frage 10) zuwiderhandelt;
- » wenn er ohne einen rechtmäßigen Hinderungsgrund während einer den Umständen nach erheblichen Zeit die Arbeitsleistung unterlässt; sich beharrlich weigert, seine Arbeit zu leisten bzw sich den durch den Gegenstand der Arbeitsleistung gerechtfertigten Anordnungen des AG zu fügen; wenn er andere Bedienstete zum Ungehorsam gegen den AG zu verleiten versucht;
- » wenn er durch eine längere Freiheitsstrafe oder durch Abwesenheit einer den Umständen nach erheblichen Zeit, ausgenommen wegen Krankheit oder Unglücksfalls, an der Verrichtung der Arbeit gehindert ist;
- » wenn er sich Tätlichkeiten, Verletzungen der Sittlichkeit oder erhebliche Ehrverletzungen gegen den AG, dessen Stellvertreter, deren Angehörige oder Mitbedienstete zu Schulden kommen lässt.

16. Untreue

16.1. Wann liegt Untreue vor?

Dies ist dann gegeben, wenn der Angestellte bewusst Handlungen setzt, die sich gegen die Interessen des AG richten.

16.2. Muss es sich dabei immer um ein Vergehen während der Arbeitszeit handeln?

Nein, aber es muss zumindest ein Zusammenhang mit der Arbeitsleistung bestehen. Siehe auch Frage 18 dieses Kapitels.

16.3. Muss dabei eine gerichtlich strafbare Handlung vorliegen?

Nein.

16.4. Muss der Angestellte in der Absicht gehandelt haben, den Arbeitgeber zu schädigen?

Nein.

16.5. Ist für das Vorliegen von Untreue der Eintritt eines Schadens beim Arbeitgeber erforderlich?

Nein.

16.6. Beispiele von Untreue

» Wenn der Angestellte über betriebliche oder sonst für das Unternehmen wichtige Angelegenheiten unwahre Angaben macht;
» wenn der Angestellte unberechtigterweise Inkassobeträge nicht abführt;
» wenn der Angestellte Betriebs- und Geschäftsgeheimnisse auskundschaftet und diese weiterverbreitet;
» wenn der Angestellte sich vom AG durch gefälschte Reiseberichte Diäten auszahlen lässt;
» wenn der Angestellte seine Lohnbestätigung fälscht;
» wenn der Angestellte eine Kundenkartei vertragswidrig verheimlicht, um sie zu seinem persönlichen finanziellen Vorteil zu nutzen.

16.7. Muss der Angestellte die Kosten eines Detektivs ersetzen, den der Arbeitgeber zum Nachweis seiner Untreue beschäftigt hat?

Das ist nur dann möglich, wenn durch die Nachforschungen des Detektivs auch der Entlassungsgrund nachgewiesen werden kann und darüber hinaus keine andere Möglichkeit der Beweisführung gegeben war oder eine solche unverhältnismäßig höhere Kosten hervorgerufen hätte.

17. Zuwendung unberechtigter Vorteile

17.1. Muss es sich dabei um ein gerichtlich strafbares Delikt handeln?

Nein.

17.2. Muss der Arbeitgeber durch das Verhalten des Angestellten geschädigt worden sein, damit eine Entlassung gerechtfertigt ist?

Nein.

18. Vertrauensunwürdigkeit

18.1. Wann setzt der Angestellte Handlungen, die ihn des Vertrauens seines Arbeitgebers unwürdig werden lassen?

Dies ist dann der Fall, wenn der AG durch die Handlungen des AN befürchten muss, dass seine Interessen gefährdet werden.

18.2. Genügt es hiezu schon, dass der Arbeitgeber behauptet, befürchten zu müssen, dass der Angestellte seine Interessen gefährdet?

Nein, denn es muss ein objektiver Maßstab angelegt werden. Das heißt, dass jeder vernünftige andere AG in einer solchen Situation ebenso nur mit einer Entlassung reagieren würde.

18.3. Muss es sich dabei um ein Verhalten handeln, das der Angestellte während der Arbeitszeit setzt?

Nein, denn es ist der Gesamtzusammenhang maßgeblich. Es muss also ein enger Bezug zu der Tätigkeit des Angestellten gegeben sein.

18.4. Ist die Absicht des Angestellten, den Arbeitgeber durch sein Verhalten zu schädigen, Voraussetzung für eine gerechtfertigte Entlassung?

Nein, es muss die Handlung des Angestellten nicht darauf ausgerichtet sein, dem AG einen Schaden zuzufügen.

18.5. Ist es für die Berechtigung zur Entlassung erforderlich, dass dem Arbeitgeber durch das Verhalten des Angestellten tatsächlich ein Schaden erwachsen ist?

Nein.

18.6. Beispiele für Vertrauensunwürdigkeit hervorrufendes Verhalten

» Wenn sich der Angestellte, auch außerhalb seiner Arbeitszeit, durch besondere Verantwortungslosigkeit einer gerichtlich strafbaren Handlung aus Gewinnsucht schuldig macht;
» wenn der Angestellte wiederholt in betrunkenem Zustand sein Dienstfahrzeug in Betrieb nimmt;
» wenn der Angestellte versucht, Mitarbeiter zu einem Konkurrenzunternehmen abzuwerben;
» wenn der Angestellte den AG bewusst falsch über seine Stellung in einem Strafverfahren informiert;
» wenn ein Sicherheitsorgan sich eines Diebstahls schuldig macht;
» wenn ein Kfz-Lenker während seiner Freizeit einen Unfall mit seinem Privat-Pkw mit Personenschaden in alkoholisiertem Zustand verursacht;
» wenn ein Angestellter Fahrerflucht mit dem Firmenfahrzeug begeht und einen schweren Unfall verschuldet hat;
» wenn ein AN sich im Krankenstand in erheblichem Ausmaß den Anordnungen des Arztes widersetzt und dadurch die Heilung verzögert;
» wenn ein Angestellter den dringenden Verdacht, ein Kollege würde schwere Diebstähle im Unternehmen begehen, dem AG nicht meldet.

18.7. Berechtigt der Diebstahl einer Sache von lediglich unbedeutendem Wert zur Entlassung?

Grundsätzlich ja, denn das Vertrauen des AG in den Angestellten wird nicht nur durch den Wert des gestohlenen Gegenstandes erschüttert, sondern durch die Tatsache des Diebstahls an sich.

18.8. Ist der Arbeitgeber berechtigt, einen Angestellten zu entlassen, der ihm berechtigterweise mit einer Anzeige bei der zuständigen Behörde (zB Arbeitsinspektorat) gedroht hat?

Nein, denn die Verfolgung berechtigter Interessen des Angestellten ist legitim. Aber auch, wenn die Anzeige nicht im Interesse des Angestellten ist, ist eine Entlassung ungerechtfertigt, wenn sich der AG eines Vergehens schuldig gemacht hat.

18.9. Ist der Arbeitgeber berechtigt, einen Angestellten zu entlassen, der einen unbedingt erforderlichen Krankenstand erst am ersten Tag desselben mitteilt, obwohl der Angestellte schon längere Zeit von der Notwendigkeit des Krankenstandes wusste?

Nein.

19. Entlassungsgrund „Unfähigkeit, die versprochenen oder die den Umständen nach angemessenen Dienste zu leisten"

19.1. Ist damit nur die körperliche und geistige Fähigkeit gemeint?

Nein, auch wenn die rechtliche Zulässigkeit fehlt, ist eine Entlassung möglich.

19.2. Genügt auch schon eine vorübergehende Arbeitsunfähigkeit?

Nein, es muss sich jedenfalls um eine so lange andauernde Arbeitsunfähigkeit handeln, dass es dem AG nicht mehr zuzumuten ist, den Angestellten selbst für die Kündigungsfrist noch zu beschäftigen. Dies wird aber nur in extremen Fällen gegeben sein. Einen zeitlichen Rahmen zu setzen, ist nicht möglich, da dies sehr vom Einzelfall abhängig ist. Eine lediglich mehrere Wochen dauernde Dienstunfähigkeit ist jedoch in der Regel zu kurz.

19.3. Was ist, wenn die Arbeitsunfähigkeit bereits bei Beginn des Arbeitsverhältnisses bestanden hat?

Wenn dem AG die Unfähigkeit schon bei Vertragsabschluss bekannt war, kann er diese in der Folge nicht mehr als Entlassungsgrund geltend machen.

19.4. Ist unterdurchschnittliche Arbeitsleistung schon ein Entlassungsgrund?

Nein, denn eine Entlassung ist erst dann gerechtfertigt, wenn der Angestellte tatsächlich unfähig ist, die versprochenen Aufgaben zu erfüllen.

19.5. Berechtigt der Verlust des Führerscheins zur Entlassung eines Vertreters im Außendienst?

Das ist jedenfalls dann gerechtfertigt, wenn der Führerschein für längere Zeit abgenommen wurde und die Erledigung der erforderlichen Arbeiten ohne Führerschein nicht möglich ist. Wird der Führerschein lediglich für einige Tage abgenommen, so ist eine Entlassung nicht gerechtfertigt. Dies ist aber sehr vom Einzelfall abhängig.

20. Wann rechtfertigt ein Verstoß gegen das Konkurrenzverbot eine Entlassung?

Das ist dann gerechtfertigt, wenn der Angestellte eine Tätigkeit ausführt, die dem Konkurrenzverbot widerspricht. Vergleiche hiezu Kapitel 8 „Inhalt eines Arbeitsvertrages", Frage 10.

21. Verletzung der Arbeitspflicht oder des Weisungsrechts des Arbeitgebers

21.1. Kann ein Angestellter, der einmal eine Weisung des Arbeitgebers nicht ordnungsgemäß befolgt, deshalb gerechtfertigterweise entlassen werden?

Nein, denn es ist notwendig, dass der Angestellte wiederholt seiner Arbeitspflicht nicht nachkommt oder Weisungen des AG nicht befolgt. Sollte es sich aber aus den Umständen ergeben, dass der AN zwar nur einmal eine Weisung des AG nicht befolgt hat, dies aber mit großer Wahrscheinlichkeit auch in Zukunft tun wird, ist eine Entlassung auch bei einmaliger Nichtbefolgung einer Weisung gerechtfertigt.

21.2. Können Angestellte auch entlassen werden, wenn sie undurchführbare Weisungen nicht befolgen?

Grundsätzlich ist dies nicht gerechtfertigt. Ein Problem liegt jedoch in der Beurteilung der Frage, ob die angeordnete Tätigkeit tatsächlich undurchführbar war. Die Beweislast hiefür liegt beim Angestellten. Es ist für den Angestellten empfehlenswert, ein ernstliches Bemühen zu zeigen und im Fall des Scheiterns dieser Bemühungen zur Beweissicherung eventuelle Zeugen zu erkennen zu geben.

21.3. Können Angestellte auch gerechtfertigterweise entlassen werden, wenn sie entgegen der Weisung des Arbeitgebers strafbare Handlungen verweigern?

Nein, das ist nicht gestattet. Dies betrifft sowohl strafgerichtlich verfolgbare Handlungen als auch im Verwaltungsweg zu ahndende Vergehen. Ein Angestellter darf also zB nicht entlassen werden, wenn er sich – entgegen der Weisung des AG – an die Verkehrsregeln, wie Höchstgeschwindigkeit, Parkverbote oder Ähnliches, hält.

21.4. Kann ein Angestellter gerechtfertigterweise entlassen werden, wenn er wiederholt zu spät kommt?

Dies ist jedenfalls dann möglich, wenn der AG den Angestellten wiederholt wegen des Zuspätkommens verwarnt hat. Diesbezügliche Verwarnungen sind jedoch nur heranzuziehen, wenn sie berechtigt ausgesprochen wurden.

21.4.1. Kann eine Verwarnung wegen Zuspätkommens auch berechtigt ausgesprochen werden, wenn der Angestellte nur wenige Minuten zu spät kommt?

Dies ist dann möglich, wenn sich der Angestellte – gemessen an den Umständen des Einzelfalles – erheblich verspätet. Das wird beim Zuspätkommen um wenige Minuten kaum der Fall sein. Lediglich dann, wenn dem AG ein Schaden dadurch entstünde, ist diese Vorgangsweise denkbar. In der Praxis ist das zB dann gegeben, wenn der Angestellte bestimmte Geräte einschalten muss. Im „normalen" Bürobetrieb ist nur unter ganz besonderen Bedingungen eine Verwarnung wegen einmaligen Zuspätkommens um fünf Minuten berechtigt. Wenn der Angestellte jedoch um eine wesentlich längere Zeit verschuldeterweise zu spät kommt – etwa eine halbe Stunde oder noch länger – ist eine berechtigte Verwarnung denkbar.

21.4.2. Ist eine Verwarnung auch berechtigt, wenn der Angestellte aus einem wichtigen Grund am rechtzeitigen Erscheinen gehindert war?

Nein. Ein solcher wichtiger Grund ist zB Krankheit, Autounfall, unvorhersehbarer Stau oder sonst ein Unglücksfall. Ist der Stau jedoch vorhersehbar, hat der AN zeitgerecht den Weg zur Arbeit anzutreten.

21.4.3. Was sollte ein Angestellter gegen eine ungerechtfertigte Verwarnung wegen Zuspätkommens machen?

Er sollte unbedingt schriftlich gegen die Verwarnung Stellung nehmen. Der Brief sollte entweder eingeschrieben zur Post gegeben werden oder zumindest auf einer Kopie der Erhalt durch den AG bestätigt werden. Überdies ist es ratsam, sich eine Kopie des Schreibens aufzuheben. Soweit ein Betriebsrat errichtet wurde, ist es empfehlenswert, auch diesem eine Kopie zu übermitteln.

21.5. Ist eine Entlassung gerechtfertigt, wenn der Angestellte zwar schon mehrmals verwarnt wurde, aber am fraglichen Tag ein berechtigter Hinderungsgrund für das Befolgen einer Weisung oder das rechtzeitige Erscheinen am Arbeitsplatz vorliegt?

In solchen Fällen darf eine Entlassung nicht ausgesprochen werden. Dass ein solcher Hinderungsgrund vorgelegen ist, hat der Angestellte zu beweisen. Als Hinderungsgrund denkbar: Krankheit, Unglücksfall, notwendige Pflege von nahen Angehörigen, Behördenwege, Arztbesuche sowie andere der Arbeitspflicht vorgehende Verpflichtungen (zB die Sorge um Kleinkinder, das Versorgen eines Unfallopfers). Das Vorliegen eines solchen Hinderungsgrundes muss jedoch spätestens vor Gericht bewiesen werden.

21.6. Ist der Arbeitgeber berechtigt, einen Angestellten, der eigenmächtig seinen Urlaub verlängert, zu entlassen?

Ja.

21.7. Wann ist die Verleitung von Mitarbeitnehmern zu Ungehorsam ein Entlassungsgrund?

Das ist immer dann der Fall, wenn der Angestellte versucht, einen anderen AN zur Nichtbefolgung von Weisungen des AG zu verleiten.

22. Entlassungsgrund „lang andauernde Arbeitsverhinderung"

22.1. Kann ein Angestellter auch wegen langer Krankheit entlassen werden?

Nein, denn Arbeitsverhinderungen wegen Krankheit oder Unglücksfall stellen keinen Entlassungsgrund dar.

22.2. Wann kann ein Angestellter wegen der Verbüßung einer Freiheitsstrafe gerechtfertigterweise entlassen werden?

Das ist dann möglich, wenn die Tat an sich schon eine Vertrauensunwürdigkeit darstellt (zB Diebstahl durch einen Bankkassier). Aber auch wenn die strafbare Handlung keinen Zusammenhang zur Tätigkeit des Angestellten aufweist, ist eine Entlassung gerechtfertigt, wenn der Angestellte zu einer längeren Gefängnisstrafe verurteilt worden ist. Kurze Anhaltungen stellen nur in besonderen Fällen einen Entlassungsgrund dar. Dabei ist es unerheblich, ob es sich um eine gerichtlich verhängte Freiheitsstrafe oder Verwaltungsstrafe gehandelt hat.

23. Entlassungsgrund „Tätlichkeiten, Verletzungen der Sittlichkeit und der Ehre"

23.1. Wann berechtigt eine Tätlichkeit zu einer Entlassung des Angestellten?

Dies ist immer dann der Fall, wenn der Angestellte den AG oder andere Personen (siehe nächste Frage) körperlich angreift.

23.2. Gegen wen muss sich die Tätlichkeit richten, damit eine Entlassung gerechtfertigt ist?

In erster Linie gegen den AG und seinen Stellvertreter. Aber auch der Angriff gegen einen Kollegen berechtigt zur Entlassung.

23.3. Ist auch ein Angriff aus Spaß ein Entlassungsgrund?

Auf das Motiv für den Angriff kommt es nicht an. Daher kann es auch bei einem Angriff aus Spaß in Extremfällen zu einer gerechtfertigten Entlassung kommen.

23.4. Berechtigt eine Ohrfeige zur Entlassung?

Ja.

23.5. Berechtigt ein versehentliches Anstoßen zu einer Entlassung?

Nein, denn dabei handelt es sich nicht einmal um einen Angriff. Auch ein irrtümliches Verletzen eines Kollegen oder Vorgesetzten berechtigt nicht zu einer Entlassung.

23.6. Stellt ein Liebesverhältnis zwischen zwei Angestellten eine Verletzung der Sittlichkeit dar?

Das ist dann gegeben, wenn dieses Liebesverhältnis so weit „ausartet", dass es zu unzüchtigen Handlungen kommt, die in der Öffentlichkeit sichtbar sind. Ein kurzer Kuss zwischen einem Liebespaar gehört zwar nicht auf den Arbeitsplatz, belastet das Arbverh aber nicht so sehr, dass eine Entlassung gerechtfertigt erscheint.

23.7. Ist der Arbeitgeber berechtigt, zwei Angestellte, die miteinander während der Arbeitszeit flirten, zu entlassen?

Nein, denn in der Regel wird dadurch noch nicht die Sittlichkeit verletzt. Anders kann der Fall liegen, wenn ein Angestellter eine Kollegin gegen deren Willen bedrängt oder sexuell belästigt. Diese Fälle sind aber sehr auf den konkreten Sachverhalt bezogen zu beurteilen.

23.8. Muss es sich bei der Verletzung der Sittlichkeit um eine gerichtlich strafbare Handlung handeln?

Nein, denn die gerichtliche Strafbarkeit ist nicht Voraussetzung für die Zulässigkeit der Entlassung.

23.9. Wann berechtigt eine Ehrverletzung zur Entlassung?

Dies ist nur dann gerechtfertigt, wenn der AN Handlungen setzt, die geeignet sind, den AG, dessen Familienangehörige, sonstige Vorgesetzte oder Kollegen in seinem bzw ihrem Ansehen herabzusetzen.

25

23.10. Muss es sich dabei um eine gerichtlich strafbare Handlung gehandelt haben?

Nein.

23.11. Ist eine Entlassung auch dann berechtigt, wenn der Betroffene die Äußerung des Angestellten gar nicht als Beleidigung empfunden hat?

Nein, denn dann ist der Betroffene gar nicht in seiner Ehre gekränkt. Dies ist auch dann der Fall, wenn der Betroffene die Äußerung des Angestellten nur falsch verstanden hat.

23.12. Ist eine Entlassung gerechtfertigt, wenn die anderen Arbeitnehmer, welche die Äußerung des Angestellten, die gegen den Arbeitgeber oder andere geschützte Personen gerichtet war, gehört haben, diese aber nicht als Beleidigung empfunden haben?

Nein, denn dann ist die Äußerung nicht ausreichend, das Ansehen des Betroffenen herabzusetzen.

23.13. Durch eine Äußerung eines Angestellten wurde der Arbeitgeber beleidigt. Auch Kollegen, welche diese Äußerung gehört haben, empfanden diese als Beleidigung. Ist eine Entlassung auch dann gerechtfertigt, wenn der Angestellte diese Äußerung gar nicht beleidigend gemeint hat?

Das ist nur in Extremfällen denkbar. In solchen Fällen kann es jedoch zu Beweisschwierigkeiten für den entlassenen AN kommen.

23.14. Wie schwer muss die Beleidigung sein, um eine Entlassung zu rechtfertigen?

Die Handlung des Angestellten muss es dem AG unzumutbar machen, diesen während der Kündigungsfrist weiter zu beschäftigen. Ob dies gegeben ist, kann nur im Einzelfall beurteilt werden. Zu berücksichtigen ist dabei aber der Umgangston zwischen den Betroffenen und die sonstigen Begleitumstände, wie Nervosität oder Provokationen.

23.15. Kann ein Angestellter wegen einer sachlichen Kritik an seinem Vorgesetzten gerechtfertigt entlassen werden?

Dies ist dann nicht möglich, wenn der Angestellte eine „anständige" Form wahrt.

23.16. Kann der Angestellte entlassen werden, wenn der beleidigte Arbeitgeber die Beleidigung verziehen hat?

Nein.

23.17. Kann sich der Angestellte vor einer Entlassung schützen, wenn er für den Beleidigten eine Ehrenerklärung vor den selben Zeugen abgibt?

Nein, außer der Beleidigte akzeptiert die Entschuldigung.

23.18. Kann ein Angestellter auch entlassen werden, wenn er sich Tätlichkeiten, Verletzungen der Sittlichkeit und der Ehre am Arbeitgeber, dessen Angehörigen oder anderen Arbeitnehmern des Unternehmens außerhalb des Unternehmens und außerhalb der Arbeitszeit zu Schulden kommen lässt?

Im Wesentlichen ja, es sei denn, es steht in überhaupt keinem Zusammenhang mit der Tätigkeit im Betrieb. In diesem Fall kann daher auch das Ansehen des Beleidigten im Betrieb nicht herabgesetzt werden.

24. Aus welchen Gründen kann ein Arbeiter entlassen werden?

Die Entlassungsgründe für Arbeiter sind im § 82 Gewerbeordnung (GewO) abschließend geregelt. Das heißt, dass eine Entlassung eines Arbeiters nur gerechtfertigt ist, wenn er:

- » bei Abschluss des Arbeitsvertrages den Gewerbeinhaber durch Vorzeigen falscher oder verfälschter Ausweiskarten oder Zeugnisse hintergangen oder ihn über das Bestehen eines anderen, den Arbeiter gleichzeitig verpflichtenden Arbverh in Irrtum versetzt hat;
- » zu der mit ihm vereinbarten Arbeit unfähig befunden wird;
- » der Trunksucht verfällt und deswegen wiederholt fruchtlos verwarnt wurde;
- » sich eines Diebstahls, einer Veruntreuung oder einer sonstigen strafbaren Handlung schuldig macht, die ihn des Vertrauens des Gewerbeinhabers unwürdig erscheinen lässt;
- » ein Geschäfts- oder Betriebsgeheimnis verrät oder ohne Einwilligung des Gewerbeinhabers ein der Verwendung beim Gewerbe abträgliches Nebengeschäft betreibt;
- » die Arbeit unbefugt verlässt oder beharrlich seine Pflichten vernachlässigt; die übrigen Arbeiter oder die Hausgenossen zum Ungehorsam, zur Auflehnung gegen den Gewerbeinhaber, zu unordentlichem Lebenswandel oder zu unsittlichen oder gesetzwidrigen Handlungen zu verleiten versucht;
- » sich einer groben Ehrenbeleidigung, Körperverletzung oder gefährlichen Drohung gegen den Gewerbeinhaber oder dessen Hausgenossen oder gegen die übrigen Hilfsarbeiter schuldig macht;
- » ungeachtet vorausgegangener Verwarnung mit Feuer und Licht unvorsichtig umgeht;
- » durch eigenes Verschulden arbeitsunfähig wird;
- » durch länger als 14 Tage gefänglich angehalten wird.

25. Vorzeigen falscher oder verfälschter Ausweise und Zeugnisse

25.1. Was versteht man unter einem „falschen" Zeugnis?

Falsch ist ein Zeugnis, wenn es nicht von dem ausgestellt wurde, von dem es dem äußeren Anschein nach stammt. Dies ist zB dann gegeben, wenn der Arbeiter dem AG ein Zeugnis vorlegt, das er selbst geschrieben und auch unterschrieben hat.

25.2. Ist eine Entlassung gerechtfertigt, wenn durch das falsche Zeugnis tatsächlich bestehende Arbeitsverhältnisse nachgewiesen werden?

Nein, denn der AG wurde dann durch die Vorlage des falschen oder verfälschten Zeugnisses nicht in die Irre geführt. Eine Entlassung ist also nicht möglich, wenn der Arbeiter richtige Tatsachen durch eine falsche Urkunde nachweist.

25.3. Was versteht man unter einem verfälschten Zeugnis?

Ein verfälschtes Zeugnis liegt vor, wenn es zwar von dem stammt, der es unterschrieben hat, am Inhalt jedoch Veränderungen von einem anderen vorgenommen wurden.

25.4. Ist nur das Vorlegen von falschen oder verfälschten Ausweiskarten oder Zeugnissen ein Entlassungsgrund?

Ja, denn das Vorlegen anderer falscher oder gefälschter Papiere berechtigt nicht zu einer Entlassung aus diesem Grund. Liegt jedoch eine strafbare Handlung vor, die mit einer länger als vierzehntägigen Gefängnisstrafe bestraft wird, ist eine Entlassung deshalb gerechtfertigt.

25.4.1. Ist ein Entlassungsgrund gegeben, wenn das Zeugnis zwar von dem stammt, der es unterschrieben hat, aber versucht wird, unrichtige Umstände nachzuweisen?

Nein, es sei denn, der Arbeiter hat an der unrichtigen Ausstellung mitgewirkt oder sie zur Kenntnis genommen, ohne den AG darauf hinzuweisen.

25.4.2. Berechtigt die Vorlage eines solchen Zeugnisses während des gesamten Arbeitsverhältnisses zur Entlassung?

Nein, nur wenn die Vorlage beim Abschluss des Arbeitsvertrages erfolgt, ist eine Entlassung gerechtfertigt. Während eines bereits bestehenden Arbverh kann der Arbeiter aber dann entlassen werden, wenn er eine länger als 14 Tage dauernde Gefängnisstrafe verbüßt.

26. Irreführung über das Bestehen eines anderen Arbeitsverhältnisses

26.1. Muss ein Arbeiter alle Nebenbeschäftigungen beim Abschluss des Arbeitsvertrages bekannt geben?

Nein, er kann solche verschweigen, die mit seiner Tätigkeit vereinbar sind. Weiters muss er, ohne danach gefragt zu werden, seine Nebenbeschäftigungen nicht bekannt geben. Erst wenn er gefragt wird und mit seiner Tätigkeit unvereinbare Nebenbeschäftigungen verheimlicht, kann er deswegen gerechtfertigterweise entlassen werden.

26.2. Ist eine Entlassung auch wegen einer selbstständigen Tätigkeit gerechtfertigt?

Nein, denn dabei handelt es sich nicht um ein den Arbeiter verpflichtendes Arbverh.

26.3. Berechtigt auch ein während des laufenden Arbeitsverhältnisses begründetes anderes Arbeitsverhältnis den Arbeitgeber zur Entlassung?

Nein, es sei denn, der Arbeiter vernachlässigt dadurch wiederholt seine Pflichten (siehe jedoch Frage 32).

27. Unfähigkeit, die vereinbarte Arbeit zu leisten

Dieser Tatbestand deckt sich mit der Regelung für Angestellte. Vgl Frage 19.

28. Trunksucht trotz wiederholter Verwarnung

28.1. Berechtigt eine einmalige Trunkenheit zur Entlassung?

Nein, denn dieser Tatbestand erfordert eine zumindest zweimalige Verwarnung.

28.2. Wie kann sich ein Arbeiter gegen eine ungerechtfertigt ausgesprochene Verwarnung wehren?

Es ist ratsam, dieser Verwarnung schriftlich zu widersprechen und, wenn ein Betriebsrat in diesem Betrieb errichtet worden ist, diesem eine Kopie des Schreibens zu übergeben.

28.3. Wie viel Alkohol muss ein Arbeiter zu sich nehmen, damit eine Entlassung gerechtfertigt wäre?

Das kommt auch auf die Tätigkeit an, die der Arbeiter ausführt. Arbeiter, die Tätigkeiten verrichten, die besondere Konzentration erfordern, können mitunter schon verwarnt werden, wenn sie nur geringe Mengen Alkohol getrunken haben. Dies ist vor allem dann berechtigt, wenn der AG den AN darauf vorher ausdrücklich aufmerksam gemacht hat.

29. Diebstahl und Veruntreuung

29.1. Muss der Diebstahl oder die Veruntreuung am Arbeitgeber begangen worden sein?

Nein, auch wenn der Diebstahl außerhalb der Arbeitszeit an einem Dritten begangen worden ist, ist eine Entlassung gerechtfertigt.

29.2. Was versteht man unter einer Veruntreuung?

Eine Veruntreuung begeht, wer ein Gut, das ihm anvertraut ist, sich selbst oder einem Dritten zueignet, um sich selbst oder diesen Dritten zu bereichern. Das heißt, es muss sich um ein Gut handeln, das dem Arbeiter anvertraut wurde. Dieses Gut muss er sich oder einem Dritten zueignen – also demjenigen, der ihm das Gut anvertraut hat, gänzlich entziehen – wollen. Dies alles muss geschehen, um sich selbst oder einen Dritten dadurch zu bereichern.

29.3. Wer begeht einen Diebstahl?

Einen Diebstahl begeht, wer eine fremde, bewegliche Sache einem anderen mit dem Vorsatz wegnimmt, sich oder einen Dritten durch deren Zueignung zu bereichern.

29.4. Genügt schon der Verdacht eines Diebstahls oder einer Veruntreuung für eine gerechtfertigte Entlassung?

Nein.

29.5. Genügt schon der versuchte Diebstahl oder die versuchte Veruntreuung, um eine Entlassung zu rechtfertigen?

Ja.

29.6. Ist eine Entlassung gerechtfertigt, wenn der Arbeiter lediglich „kleine" Diebstähle begangen hat?

Ja, denn auf den Wert der gestohlenen Sache kommt es nicht an. Wenn ein Arbeiter aber lange Jahre zur besten Zufriedenheit des AG gearbeitet hat, kann für den AG die Einhaltung der Kündigungsfrist in einem solchen Fall zumutbar sein.

30. Ist der Arbeitgeber bei jeder strafbaren Handlung des Arbeiters berechtigt, diesen zu entlassen?

Nein, denn es muss eine solche Handlung sein, die das Vertrauen des AG in den Arbeiter erschüttert. Im Wesentlichen gelten hiebei die gleichen Regelungen wie für die Entlassung eines Angestellten. Siehe Frage 18 in diesem Kapitel.

31. Was ist ein Betriebs- oder Geschäftsgeheimnis?

Das ist eine betriebliche Angelegenheit, die nur einem kleinen Personenkreis bekannt ist. Auch fahrlässiges Handeln berechtigt zur Entlassung.

32. Betreiben eines abträglichen Nebengeschäfts

32.1. Muss es sich dabei um ein den Arbeitgeber konkurrenzierendes Geschäft handeln?

Nein. Es muss sich um ein der Tätigkeit beim AG abträgliches Nebengeschäft handeln. Darunter versteht man eine Tätigkeit, welche die Arbeitsleistung des Arbeiters so stark herabsetzt, dass eine Weiterbeschäftigung für den AG nicht mehr zumutbar ist. Ob dies aber im konkreten Fall gegeben ist, hängt von der Person des Arbeiters ab und kann deshalb nur nach Kenntnis aller Umstände beantwortet werden. Es empfiehlt sich, diesbezüglich nähere Erkundigungen einzuholen.

32.2. Muss ein Arbeiter vor einer Entlassung wegen eines abträglichen Nebengeschäftes vom Arbeitgeber verwarnt werden?
Nein, dies ist nicht erforderlich.

32.3. Ist schon eine einmalige Arbeitsleistung ein abträgliches Nebengeschäft?
Nein, eine einmalige Arbeitsleistung erfüllt im Regelfall nicht die Voraussetzung einer gerechtfertigten Entlassung.

32.4. Sind „Pfuscharbeiten" im Geschäftszweig des Arbeitgebers ein abträgliches Nebengeschäft?
Ja, außer der AG hat der Tätigkeit ausdrücklich zugestimmt.

32.5. Sind „Pfuscharbeiten" außerhalb des Geschäftszweiges des Arbeitgebers ein abträgliches Nebengeschäft?
Nein, es sei denn, durch die Tätigkeit wird die Arbeitsleistung des Arbeiters so weit herabgesetzt, dass eine Weiterbeschäftigung für den AG selbst während der Kündigungsfrist nicht zumutbar ist.

32.6. Stellt schon die Bewerbung um einen Posten in einem konkurrenzierenden Unternehmen einen Entlassungsgrund dar?
Nein, erst ab Aufnahme der Arbeit ist ein Entlassungsgrund gegeben.

33. Unbefugtes Verlassen der Arbeit

33.1. Wann verlässt ein Arbeiter seinen Arbeitsplatz unbefugt, so dass deshalb eine Entlassung gerechtfertigterweise ausgesprochen werden kann?
Dazu ist es erforderlich, dass
» das Verlassen der Arbeit pflichtwidrig und
» schuldhaft,
» die versäumte Arbeit erheblich und
» außerdem kein Rechtfertigungsgrund gegeben war.

25

33.2. Ist eine Entlassung auch gerechtfertigt, wenn der Arbeiter die Weisung, zu einer Baustelle zu fahren, falsch verstanden hat und sie deshalb nicht befolgt, sondern nach Hause geht?
Nein, denn das Verlassen der Arbeit erfolgte nicht schuldhaft. Anders ist der Fall, wenn der Arbeiter nach den Gegebenheiten im Unternehmen die Aufforderung des AG richtig verstehen hätte müssen, hätte er die gehörige Sorgfalt an den Tag gelegt. Oder anders formuliert: Eine Entlassung ist gerechtfertigt, wenn der Arbeiter die Weisung wohl richtig verstanden hat, aber eine undeutliche Formulierung des AG bewusst falsch auslegt.

33.3. Ist eine Entlassung auch gerechtfertigt, wenn der Arbeiter eine Weisung nicht befolgt, die er nach seinem Arbeitsvertrag nicht befolgen muss?
Nein, denn sein Verhalten ist nicht pflichtwidrig.

33.4. Ist eine Entlassung gerechtfertigt, wenn der Arbeitgeber über das zulässige Maß Überstunden anordnet und der Arbeiter diese Überstundenleistung verweigert?
Nein, denn sein Verhalten ist nicht pflichtwidrig.

33.5. Ist eine Entlassung gerechtfertigt, wenn der Arbeitgeber vom Arbeiter Leistungen verlangt, zu denen sich dieser in seinem Arbeitsvertrag nicht verpflichtet hat?
Nein, denn sein Verhalten ist nicht pflichtwidrig. Dabei ist es unerheblich, ob ein schriftlicher Vertrag abgeschlossen wurde. Auch mündliche Vereinbarungen gelten, mitunter sind sie aber schwerer zu beweisen. Es empfiehlt sich, vor einer Leistungsverweigerung nähere Informationen einzuholen. Sollte es zweifelhaft sein, ob die Weisung befolgt werden muss oder nicht, ist folgende Vorsichtsmaßnahme anzuraten: Der Arbeiter soll der Weisung unter Protest nachkommen und eine Klage auf Feststellung beim Arbeits- und Sozialgericht einbringen. Dies ist aber nur dann sinnvoll, wenn es sich um eine Versetzung oder zumindest um die Zuweisung einer Tätigkeit für längere Zeit handelt. Einmaligen Weisungen kann auf diese Weise nur schwer begegnet werden.

33.6. Ist eine Entlassung gerechtfertigt, wenn der Arbeiter kurze Zeit vor dem Ende der vereinbarten Arbeitszeit die Arbeit verlässt oder um kurze Zeit zu spät zur Arbeit erscheint?
Dies ist nur dann gerechtfertigt, wenn durch das Zuspätkommen oder das Verlassen der Arbeit erhebliche betriebliche Nachteile entstanden sind. Dies muss nach den Umständen des Einzelfalles beurteilt werden. Wenn der Arbeiter zB für den AG dringende Termingeschäfte zu erledigen gehabt hätte, ist es denkbar, dass ein erheblicher Schaden für den AG entstanden ist. Gleiches gilt für einen besonders großen Geschäftsanfall an einem Tag, an dem der Arbeiter aus gerechtfertigten persönlichen Gründen zu spät zur Arbeit erschienen ist, wenn er weiß, dass seine Arbeitsleistung an diesem Tag unbedingt erforderlich ist. In einem solchen Fall muss der Arbeiter persönliche Angelegenheiten, wenn dies möglich ist, an einem anderen Tag erledigen.

33.7. Welche Gründe können das pflichtwidrige Verlassen der Arbeit rechtfertigen?
Ein Rechtfertigungsgrund ist dann gegeben, wenn der Arbeiter aus einer im Vergleich zur Arbeitspflicht höherwertigen Pflicht (zB Betreuung eines Kleinkindes, Aufsuchen eines Arztes, Vorladung zu einer Behörde oder einem Gericht) handelt.

33.8. Rechtfertigt die Teilnahme an einer Führerscheinprüfung das Verlassen der Arbeit?
In der Regel ja.

33.9. Rechtfertigen Fahrstunden für die Führerscheinprüfung das Verlassen der Arbeit, wenn außerhalb der Arbeitszeit keine Fahrstunden möglich sind?
Nein, außer der AG gibt diese Stunden ausdrücklich frei.

34. Beharrliche Vernachlässigung der Pflichten

34.1. Was versteht man unter einer beharrlichen Pflichtvernachlässigung?
Dies ist dann gegeben, wenn der Arbeiter wiederholt seine Pflichten verletzt. Eine einmalige Pflichtverletzung kann nur dann für eine Entlassung genügen, wenn der Arbeiter dem AG zu verstehen gibt, auch in Zukunft diese Weisung nicht befolgen zu wollen.

34.2. Rechtfertigt das einmalige Verlängern der Mittagspause eine Entlassung?
Nein, denn es mangelt an der Beharrlichkeit.

35. Verleiten zu Ungehorsam gegen den Arbeitgeber

35.1. Ist eine Entlassung aus diesem Grund gerechtfertigt, wenn diesbezügliche Bemühungen des Arbeiters keinen Erfolg haben?
Ja.

35.2. Ist eine Entlassung gerechtfertigt, wenn der Arbeiter nicht im Unternehmen beschäftigte Personen zum Ungehorsam gegen den Arbeitgeber verleitet?
Dies ist nur dann gegeben, wenn es eine Person betrifft, die im Haushalt des AG aufgenommen ist. Denkbar ist zB, dass der Arbeiter das Kind des AG dazu verleitet, dass es seinen Eltern nicht mehr folgt.

35.3. Ist eine Entlassung gerechtfertigt, wenn ein Arbeiter seine Kollegen dazu auffordert, ihre berechtigten Forderungen gegen den Arbeitgeber zu stellen?
Nein, denn das sind keine pflichtwidrigen Handlungen.

35.4. Ist eine Entlassung gerechtfertigt, wenn der Arbeiter Unterschriften sammelt, um die Gewerkschaft oder den Betriebsrat zu unterstützen?
Nein, außer er verwendet den Umständen nach erhebliche Arbeitszeit für diese Tätigkeit.

35.5. Ist eine Entlassung gerechtfertigt, wenn der Arbeiter seine Kollegen auffordert, Arbeiten zu verweigern, weil die notwendigen Sicherheitsvor-

kehrungen nicht gegeben sind?
Nein, denn der Arbeiter verleitet seine Kollegen nicht zum Ungehorsam gegen den AG. Sinnvoll wird es sein, zuvor mit dem Arbeitsinspektorat Kontakt aufzunehmen, wenn es sich um eine Verletzung von AN-Schutzvorschriften handelt.

36. Ist eine Entlassung gerechtfertigt, wenn der Arbeiter eine nicht bei seinem Arbeitgeber beschäftigte Person zu unordentlichem, unsittlichem oder gesetzwidrigem Lebenswandel verleitet?

Nein, es sei denn, der Arbeiter verleitet Hausgenossen des AG zu ebensolchen Handlungen. Hausgenossen sind Personen, die mit dem AG im selben Haushalt wohnen. Es genügt also nicht, dass sie nur in der gleichen Wohnung leben. Es muss vielmehr auch eine gemeinsame Wirtschaftsführung bestehen.

37. Ehrenbeleidigung, Körperverletzung und gefährliche Drohung

Dieser Entlassungsgrund deckt sich mit dem für die Angestellten. Siehe Frage 23 in diesem Kapitel.

38. Unvorsichtiges Hantieren mit Feuer und Licht

38.1. Ist eine Entlassung auch gerechtfertigt, wenn der Arbeiter mit anderen Sachen als mit Feuer und Licht unvorsichtig umgeht?

Dies ist dann gegeben, wenn dadurch ähnliche Gefahren bewirkt werden. Denkbar ist das bei Sprengstoff, Radioaktivität und sonstigen giftigen Stoffen.

38.2. Ist es erforderlich, dass ein Schaden eingetreten ist, damit eine Entlassung gerechtfertigt ist?

Nein, denn schon das unvorsichtige Hantieren kann eine Entlassung rechtfertigen.

38.3. Wann hantiert ein Arbeiter unvorsichtig mit Feuer und Licht?

Immer dann, wenn er die Weisungen des AG nicht befolgt oder gesetzliche oder in sonstigen Vorschriften verankerte Vorsichtsmaßregeln wider besseren Wissens nicht befolgt. In erster Linie hat der AG auf die Einhaltung dieser Vorsichtsmaßregeln zu achten. Nur wenn der Arbeiter trotz Hinweis darauf nicht genügende Vorsicht an den Tag legt, ist eine Entlassung gerechtfertigt.

39. Ist die Entlassung eines HIV-(„Aids-Erreger"-) infizierten Arbeiters gerechtfertigt?

Nein, da die Gefahr einer Ansteckung im Arbeitsleben bei gehöriger Sorgfalt nicht gegeben sein wird.

40. Arbeitsunfähigkeit durch eigenes Verschulden

40.1. Kann ein Arbeiter gerechtfertigt entlassen werden, wenn er durch einen Freizeitunfall arbeitsunfähig wird?

Dies ist nur dann möglich, wenn er sich verletzen wollte – zB, um einige Tage nicht arbeiten zu müssen oder zumindest, wenn er ernstlich mit einer Krankheit (Unfall) rechnen musste und die Handlung trotzdem nicht unterlassen hat. Nicht der Fall ist dies aber bei gefährlichen Tätigkeiten, wie Schifahren, Eislaufen oder Ähnlichem, wenn nicht ein erschwerender Umstand hinzutritt.

40.2. Ist eine Entlassung gerechtfertigt, wenn der Arbeiter nur für kurze Zeit an der Arbeitsleistung verhindert war?

Nein, dies vor allem dann, wenn der AG eine längere Kündigungsfrist einzuhalten hätte, als der Krankenstand wahrscheinlich dauern würde. Es lässt sich aber keine allgemein gültige Grenze festlegen. Im Einzelfall kommt es auf die Gesamtumstände an. Dabei ist auch das Verschulden des Arbeiters zu berücksichtigen.

40.3. Ist eine Entlassung auch nach dem Wiederantritt der Arbeit durch den Arbeiter aus diesem Grund gerechtfertigt?

Nein. Eine Entlassung ist unverzüglich auszusprechen, es sei denn, die Umstände werden erst später bekannt.

40.4. Muss die Entlassung unverzüglich nach dem Beginn des Krankenstandes ausgesprochen werden?

Nein. Die Entlassung ist während der gesamten Dauer des Krankenstandes möglich.

41. Länger als 14-tägige gefängliche Anhaltung

41.1. Ist eine Entlassung nur wegen einer gerichtlich verhängten Gefängnisstrafe gerechtfertigt?

Nein, denn auch eine im Verwaltungsverfahren verhängte Haftstrafe berechtigt zu einer Entlassung. Damit sind die sogenannten „Polizeistrafen" gemeint.

41.2. Kommt es dabei auf den Grund für die Bestrafung an?

Nein.

41.3. Kann ein Arbeiter auch wegen einer nur bedingt ausgesprochenen Haftstrafe gerechtfertigt entlassen werden?

Dies ist bei einer längeren Haftstrafe nicht möglich, wenn die Haftstrafe dabei nur im Wiederholungsfall tatsächlich angetreten werden muss. Denkbar ist jedoch, dass aufgrund des Vertrauensverlustes an sich eine Entlassung gerechtfertigt ist.

41.4. Kann die Entlassung auch noch nach der Beendigung der Haftstrafe gerechtfertigterweise ausgesprochen werden?

Nein.

41.5. Rechtfertigt auch eine unverschuldete Untersuchungshaft eine Entlassung?

Ja, wenn diese länger als vierzehn Tage dauert.

42. Wird auch durch eine ungerechtfertigt ausgesprochene Entlassung das Arbeitsverhältnis beendet?

Ja, und zwar zu dem Zeitpunkt, zu dem der AG die Entlassung ausgesprochen hat. Hinsichtlich der finanziellen Ansprüche des Arbeiters siehe Kapitel 31 „Endabrechnung", Frage 6.

43. Muss der Arbeiter einer Zurücknahme einer einmal ausgesprochenen Entlassung zustimmen?

Nein.

25

44. Muss der Arbeiter einer Umwandlung einer ungerechtfertigt ausgesprochenen Entlassung in eine ordnungsgemäße Kündigung zustimmen?

Nein. Stimmt er jedoch zu, so muss er für die Kündigungszeit auch für den AG arbeiten. Stimmt er nicht zu, ist er finanziell so zu stellen, als ob er ordnungsgemäß zum nächstmöglichen Termin durch den AG gekündigt worden wäre (siehe Kapitel 31 „Endabrechnung", Frage 6).

45. Was muss der Arbeitgeber beim Ausspruch einer Entlassung im Hinblick auf das Informationsrecht des Betriebsrates beachten?

Der Betriebsrat muss von jeder Entlassung unverzüglich verständigt werden. Innerhalb von drei Arbeitstagen nach dieser Verständigung hat der AG mit dem Betriebsrat zu beraten, wenn dieser es verlangt. § *106 ArbVG*

46. Wie kann der Betriebsrat während der 3-Tage-Frist zur Entlassung Stellung nehmen?

Er kann – wie auch bei der Kündigung – der Entlassung zustimmen, dieser widersprechen oder sich überhaupt nicht dazu äußern.

47. Kann eine Entlassung angefochten werden, wenn der Betriebsrat derselben ausdrücklich zugestimmt hat?

Das ist nur dann möglich, wenn die Entlassung ungerechtfertigt ausgesprochen wurde und bei der Prüfung, ob ein Kündigungsanfechtungsgrund gegeben ist, auf ein verpöntes Motiv zurückgegriffen werden kann (siehe Kapitel 24 „Kündigung", Frage 9). Sonst ist eine Anfechtung nicht möglich.

25

48. Welche Voraussetzungen müssen gegeben sein, damit die Entlassung nach dem ArbVG angefochten werden kann?

» Die Entlassung muss ungerechtfertigt sein,
» der Betriebsrat darf der Entlassung nicht zugestimmt haben, soweit keine Kündigungsanfechtung wegen verpönter Gründe möglich ist,
» es muss ein Kündigungsanfechtungsgrund gegeben sein. Welche Gründe dies sind, siehe Kapitel 24 „Kündigung", Frage 9 und 10.

49. Was passiert, wenn der Betriebsrat nicht oder zu spät von der Entlassung verständigt wird?

Die Entlassung, von welcher der Betriebsrat nicht verständigt wurde, bleibt wohl vorläufig rechtswirksam. Sie kann aber angefochten werden. Wird der Betriebsrat zu spät verständigt, verlängert dies die Frist zur Anfechtung.

BESONDERER ENTLASSUNGSSCHUTZ

50. Welche Arbeitnehmer können nur unter erschwerten Bedingungen entlassen werden?

Einen besonderen Entlassungsschutz genießen

» Präsenz- und Zivildienstpflichtige,
» Betriebsräte (Belegschaftsvertreter),
» Mütter und Väter nach dem Mutterschutz- bzw VKG,
» AN, welche Familienhospizkarenz in Anspruch nehmen,
» Hausbesorger (in vor dem 1. Juli 2000 begonnenen Arbverh) und
» Lehrlinge.

§ *122 ArbVG*

51. Wer kann als „Belegschaftsvertreter“ erschwert entlassen werden?

25

Dies trifft auf Mitglieder des Betriebsrates, von Wahlvorständen, des Jugendvertrauensrates, auf Wahlwerber, Behindertenvertrauenspersonen und Ersatzmitglieder des Betriebsrates unter bestimmten Bedingungen zu.

51.1. Welches Verfahren ist vom Arbeitgeber im Fall der Entlassung eines „Belegschaftsvertreters“ einzuhalten?

Das Gesetz sieht vor, dass eine Entlassung nur dann zulässig ist, wenn der AG vor der Entlassung die Zustimmung des Arbeits- und Sozialgerichtes eingeholt hat. Nur in zwei Fällen kann die Zustimmung zur Entlassung im Nachhinein eingeholt werden (siehe Frage 51.5 dieses Kapitels).

51.2. Was bewirkt die Nichteinhaltung dieser Verfahrensvorschriften?

Die Entlassung ist absolut nichtig. Dies ist auch dann der Fall, wenn tatsächlich ein Entlassungsgrund gegeben wäre. Das Arbverh des Belegschaftsvertreters geht somit weiter, als wenn keine Entlassung ausgesprochen worden wäre.

51.3. Innerhalb welcher Frist muss der Arbeitgeber die Zustimmung zur Entlassung im Nachhinein vom Gericht einholen?

Dies muss unverzüglich geschehen.

51.4. Aus welchen Gründen darf ein Betriebsrat (Belegschaftsvertreter) nach vorheriger Zustimmung des Gerichtes entlassen werden?

» wenn er den AG über Umstände, die für den Vertragsabschluss wesentlich sind, in Irrtum versetzt hat,
» wenn er im Dienst untreu ist oder
» sich in seiner Tätigkeit ohne Wissen des AG von Dritten unberechtigte Vorteile zuwenden lässt,
» wenn er Betriebs- und Geschäftsgeheimnisse verrät oder
» ohne Einwilligung des AG ein der Verwendung im Betrieb abträgliches Nebengeschäft betreibt.

51.5. Aus welchen Gründen darf ein Belegschaftsvertreter sofort, gegen nachträgliche Zustimmung des Gerichtes, entlassen werden?

Die Zustimmung des Gerichtes kann auch im Nachhinein eingeholt werden, wenn die Entlassung aus folgenden Gründen ausgesprochen wurde:

» wenn sich der Belegschaftsvertreter einer mit Vorsatz begangenen, mit einer mehr als einjährigen Freiheitsstrafe bedrohten oder mit Bereicherungsvorsatz begangenen gerichtlich strafbaren Handlung schuldig gemacht hat, sofern diese Handlung von Amts wegen oder auf Antrag des AG verfolgt wurde;
» wenn er sich Tätlichkeiten oder erhebliche Ehrverletzungen gegen den AG, dessen Familienangehörige im Betrieb oder AN des Betriebes zu Schulden kommen lässt, sofern dadurch eine sinnvolle Zusammenarbeit zwischen Belegschaftsvertreter und AG nicht mehr erwartet werden kann.

52. Innerhalb welcher Frist kann eine Arbeitnehmerin, die unter Mutterschutz steht, rechtswirksam ohne Zustimmung des Gerichtes nicht entlassen werden?

25

§ *10 MSchG*

Soweit dem AG die Schwangerschaft mitgeteilt wurde, besteht der Entlassungsschutz vom Zeitpunkt der Mitteilung der Schwangerschaft bis zum Ablauf von vier Monaten nach der Entbindung, im Falle der Inanspruchnahme einer Karenz aus Anlass der Elternschaft oder einer Teilzeitbeschäftigung aus Anlass der Elternschaft bis vier Wochen nach deren Beendigung.

52.1. Ist bei einer Entlassung eines/einer entlassungsgeschützten Arbeitnehmers/Arbeitnehmerin infolge Vater-(Mutter-)schaft ein besonderes Verfahren einzuhalten?

Ja, eine Entlassung kann grundsätzlich nur mit Zustimmung des Arbeits- und Sozialgerichtes rechtswirksam ausgesprochen werden.

52.2. Welche Gründe rechtfertigen eine Entlassung eines Arbeitnehmers/ einer Arbeitnehmerin, der (die) infolge Vater-(Mutter-)schaft einen Entlassungsschutz hat?

§§ *12 MSchG, 6 VKG*

Das Gericht darf die Zustimmung zur Entlassung nur erteilen, wenn der (die) AN

a) die ihm (ihr) aufgrund des Arbverh obliegenden Pflichten schuldhaft gröblich verletzt, insbesondere wenn er (sie) ohne einen rechtmäßigen Hinderungsgrund während einer den Umständen nach erheblichen Zeit die Arbeitsleistung unterlässt;
b) im Dienst untreu ist oder sich in seiner (ihrer) Tätigkeit ohne Wissen des AG von dritten Personen unberechtigte Vorteile zuwenden lässt;
c) ein Geschäfts- oder Betriebsgeheimnis verrät oder ohne Einwilligung des AG ein der Verwendung im Betrieb (Haushalt) abträgliches Nebengeschäft betreibt;
d) sich Tätlichkeiten oder erhebliche Ehrverletzungen gegen den AG, dessen im Betrieb (Haushalt) tätige oder anwesende Familienangehörige oder AN des Betriebes (Haushalts) zu Schulden kommen lässt;
e) sich einer gerichtlich strafbaren Handlung, die nur vorsätzlich begangen werden kann und mit mehr als einjähriger Freiheitsstrafe bedroht ist, oder einer mit Bereicherungsvorsatz begangenen gerichtlich strafbaren Handlung schuldig macht.

In den Fällen von a) und d) ist der durch die Schwangerschaft bzw durch die Entbindung der AN bedingte außerordentliche Gemütszustand zu berücksichtigen. In den Fällen von d) und e) kann die Entlassung des (der) AN auch gegen nachträgliche Einholung der Zustimmung des Gerichts ausgesprochen werden.

52.3. Gibt es auch einen Entlassungsschutz nach einer Fehlgeburt?

Ja. Seit 1.1.2016 darf auch eine Entlassung bis zum Ablauf von vier Wochen nach einer erfolgten Fehlgeburt nur nach vorheriger Zustimmung des Gerichts erfolgen.

52.4. Kann eine Arbeitnehmerin entlassen werden, wenn sie bei Abschluss des Arbeitsvertrages ihre Schwangerschaft verschweigt?

Nein, sogar dann nicht, wenn sie den AG bewusst falsch informiert hat.

53. Welches Verfahren ist zur Entlassung eines Präsenz-(Zivil-)dienstpflichtigen notwendig?

§ *15 APSG*

Der AG kann nur nach vorheriger Zustimmung des Arbeits- und Sozialgerichts einem Präsenz-(Zivil-)dienstpflichtigen die Entlassung rechtswirksam aussprechen.

53.1. Aus welchen Gründen darf das Arbeits- und Sozialgericht die Zustimmung zu einer Entlassung eines Präsenz-(Zivil-)dienstpflichtigen erteilen?

Das Gericht darf die Zustimmung nur erteilen, wenn der AN

» den AG absichtlich über Umstände, die für den Vertragsabschluss oder den Vollzug des in Aussicht genommenen Arbverh wesentlich sind, in Irrtum versetzt hat,

» die Arbeitspflicht schuldhaft gröblich verletzt, insbesondere wenn er ohne einen rechtmäßigen Hinderungsgrund während einer den Umständen nach erheblichen Zeit die Arbeitsleistung unterlässt,
» im Dienst untreu ist oder sich in seiner Tätigkeit ohne Wissen des AG von dritten Personen unberechtigt Vorteile zuwenden lässt,
» ein Geschäfts- oder Betriebsgeheimnis verrät oder ohne Einwilligung des AG ein der Verwendung im Betrieb abträgliches Nebengeschäft betreibt,
» sich Tätlichkeiten oder erhebliche Ehrverletzungen gegen den AG, dessen im Betrieb tätige oder anwesende Familienangehörige oder AN des Betriebes zu Schulden kommen lässt,
» sich einer gerichtlich strafbaren Handlung, die nur vorsätzlich begangen werden kann und mit einer mehr als einjährigen Freiheitsstrafe bedroht ist oder mit Bereicherungsvorsatz einer anderen gerichtlich strafbaren Handlung schuldig macht.

53.2. Kann ein Präsenz-(Zivil-)diener ohne vorherige Zustimmung des Gerichts entlassen werden?

Nein, es ist immer vor Ausspruch der Entlassung die Zustimmung des Gerichts einzuholen (Ausnahme: Betriebsstilllegung).

54. Können Arbeitnehmer, die Familienhospizkarenz in Anspruch nehmen, entlassen werden?

§ *15a AVRAG*

AN, die Familienhospizkarenz in Anspruch nehmen, können rechtswirksam ab Bekanntgabe der Maßnahme bis vier Wochen nach Ende nur mit Zustimmung des Arbeits- und Sozialgerichts entlassen werden.

55. Aus welchen Gründen können Hausbesorger gerechtfertigterweise entlassen werden?

§ *20 HausbG*

Nur anwendbar auf vor dem 1. Juli 2000 begonnene Arbverh als Hausbesorger!
Dies ist aus folgenden Gründen möglich:
» wenn sie sich einer gerichtlich strafbaren Handlung, die vorsätzlich begangen wurde und mit einer mehr als einjährigen Freiheitsstrafe bedroht ist oder sonst einer von Amts wegen zu verfolgenden strafbaren Handlung aus Gewinnsucht oder gegen die öffentliche Sicherheit schuldig machen;
» wenn der Hausbesorger sich einer strafbaren Handlung gegen das Eigentum, die Sittlichkeit oder die körperliche Sicherheit gegen den Hauseigentümer, dessen Stellvertreter oder einen Hausbewohner schuldig macht, sofern es sich nicht um Fälle handelt, die nach den Umständen als geringfügig betrachtet werden können;
» wenn er sich einer strafbaren Handlung gegen die Sicherheit der Ehre des Hauseigentümers, dessen Stellvertreters oder deren Angehöriger schuldig macht, sofern es sich nicht um Umstände handelt, die als geringfügig bezeichnet werden können;

» wenn er wesentliche Vertragspflichten gröblich und trotz vorheriger schriftlicher Verwarnung durch den Hauseigentümer beharrlich vernachlässigt;
» wenn er seine Stellung zur Vereitlung der im öffentlichen Interesse getroffenen Wohnungsfürsorgemaßnahmen aus Gewinnsucht missbraucht.

56. Aus welchen Gründen kann ein Lehrverhältnis seitens des Lehrbeauftragten vorzeitig fristlos aufgelöst werden?

§ *15 BAG*

Dies ist aus folgenden Gründen möglich:
» wenn sich der Lehrling eines Diebstahls, einer Veruntreuung oder einer sonstigen strafbaren Handlung schuldig macht, die ihn des Vertrauens des Lehrberechtigten unwürdig macht oder
» der Lehrling länger als einen Monat in Haft, ausgenommen Untersuchungshaft, gehalten wird;
» wenn der Lehrling den Lehrberechtigten, dessen Betriebs- oder Hausangehörige tätlich oder erheblich wörtlich beleidigt oder
» gefährlich bedroht hat oder
» der Lehrling die Betriebsangehörigen zur Nichtbefolgung von betrieblichen Anordnungen, zu unordentlichem Lebenswandel oder zu unsittlichen oder gesetzwidrigen Handlungen zu verleiten versucht;
» wenn der Lehrling trotz wiederholter Ermahnungen die ihm obliegenden Pflichten verletzt oder vernachlässigt;
» wenn der Lehrling ein Geschäfts- oder Betriebsgeheimnis anderen Personen verrät oder es ohne Zustimmung des Lehrberechtigten verwertet oder
» einen seiner Ausbildung abträglichen Nebenerwerb betreibt oder ohne Einwilligung des Lehrberechtigten Arbeiten seines Lehrberufes für Dritte verrichtet und dafür ein Entgelt verlangt;
» wenn er den Lehrplatz unbefugt verlässt;
» wenn er unfähig wird, den Lehrberuf zu erlernen, sofern innerhalb der vereinbarten Lehrzeit die Wiedererlangung der Fähigkeit nicht zu erwarten ist.

56.1. Welche Formvorschriften sind bei der „Entlassung" eines Lehrlings einzuhalten?

§ *15 BAG*

Die Entlassung ist schriftlich auszustellen. In diesem Schreiben müssen die Gründe für die vorzeitige Lösung angegeben sein.

Einvernehmliche Lösung

Kapitel 26

1. Was versteht man unter einer einvernehmlichen Lösung?

Das ist die Vereinbarung zwischen AN und AG, das Arbverh zu einem bestimmten Zeitpunkt zu lösen.

2. Ist im Fall einer einvernehmlichen Lösung eine Kündigungsfrist einzuhalten?

Nein, da es sich nicht um eine Kündigung handelt. Die Vertragsparteien können irgendeinen beliebigen Tag als letzten Tag des Arbverh wählen, genau so wie sie einen beliebigen Tag als Beginn ihres Arbverh wählen können.

3. Welcher Formvorschrift unterliegt die einvernehmliche Lösung?

§§ *15 BAG, 16 APSG, 21 MSchG*

Grundsätzlich bestehen keine besonderen Formvorschriften für die einvernehmliche Auflösung, es ist aber empfehlenswert, diese schriftlich festzuhalten. Kündigungsgeschützte Eltern und Präsenz- oder Zivildienstpflichtige müssen die einvernehmliche Auflösung während des kündigungsgeschützten Zeitraumes schriftlich festhalten, da sie sonst rechtsunwirksam ist. Letztere und minderjährige Eltern benötigen außerdem noch eine Bestätigung ihrer gesetzlichen Interessensvertretung oder des Gerichtes, aus der hervorgeht, dass sie über den Kündigungsschutz belehrt wurden. Minderjährige Lehrlinge benötigen zu einer einvernehmlichen Auflösung die Zustimmung ihres gesetzlichen Vertreters. Nach der Probezeit von zwei Monaten ist es darüber hinaus nötig, dass der Lehrling eine Bescheinigung der Kammer für Arbeiter und Angestellte vorweisen kann, aus der hervorgeht, dass er über seinen Kündigungsschutz belehrt wurde.

4. In welcher Weise kann der Betriebsrat an einer einvernehmlichen Auflösung mitwirken?

26

§ *104a ArbVG*

Der AN kann, bevor er die einvernehmliche Lösung abschließt, eine Beratung mit dem Betriebsrat verlangen. In diesem Fall wäre eine einvernehmliche Lösung ohne Beratung innerhalb der folgenden zwei Tage rechtsunwirksam.

5. Besteht im Falle einer einvernehmlichen Lösung nach Beendigung des Arbeitsverhältnisses ein Anspruch auf Arbeitslosengeld?

Ja, es müssen aber auch die sonstigen Voraussetzungen gegeben sein (zB die Erfüllung der Anwartschaft, kein Grund des Ruhens und Ähnliches mehr). Siehe Kapitel 33 „Arbeitslosengeld".

6. Welche arbeitsrechtlichen Umstände sollten bei der Frage einer einvernehmlichen Lösung beachtet werden?

Die einvernehmliche Lösung, die vom AG vorgeschlagen wird, beinhaltet zumeist eine nur sehr kurze Zeit zwischen Vereinbarung und Auflösung des Arbverh.

» Die AN – vor allem jene mit einer längeren Kündigungsfrist – sollten dabei bedenken, dass sie sich damit freiwillig meist früher als bei Einhaltung der vollen Kündigungsfrist in die Arbeitslosigkeit begeben.
» Auch die Freizeit während der Kündigungsfrist wird bei schnellem Auflösen eingeschränkt.

26

Austritt

Kapitel 27

1. Wann ist der Arbeitnehmer berechtigt, sein Arbeitsverhältnis ohne Einhaltung einer Kündigungsfrist zu beenden?

Das ist einerseits möglich, wenn der AG hiezu seine Zustimmung gibt, in diesem Fall kann es sich um eine sogenannte einvernehmliche Lösung (siehe dazu Kapitel 26 „Einvernehmliche Lösung") oder eine Kündigung mit einvernehmlich verkürzter Kündigungsfrist handeln. Stimmt der AG der sofortigen Auflösung des Arbverh nicht zu, kann es durch den AN nur dann berechtigt fristlos beendet werden, wenn ein wichtiger Grund vorliegt. Es muss sich dabei um einen so wichtigen Umstand handeln, dass dem AN die Einhaltung einer Kündigungszeit nicht zugemutet werden kann. In diesem Fall spricht man von einem berechtigten Austritt.

2. Wo sind die Austrittsgründe gesetzlich geregelt?

Für Angestellte sind im § 26 AngG, für Arbeiter im § 82a GewO die Austrittsgründe angeführt. Wichtige Bestimmungen finden sich aber auch im § 25 Insolvenzordnung. In einzelnen Sondergesetzen sind die Austrittsgründe für die betreffende Arbeitnehmergruppe geregelt, wie zB für Hausbesorger im HausbG, für Landarbeiter im Landarbeitsgesetz, für Schauspieler im Schauspielergesetz usw.

3. Kann ein Arbeitnehmer das Arbeitsverhältnis sofort lösen, wenn weder ein wichtiger Grund für einen Austritt vorliegt noch der Arbeitgeber der einvernehmlichen Auflösung zustimmt?

Der AN kann physisch nicht gezwungen werden, während der Kündigungsfrist tatsächlich zu arbeiten. Wenn jedoch kein Grund für einen berechtigten vorzeitigen Austritt gegeben ist, so ist der AN unberechtigt vorzeitig ausgetreten. Dies kann finanziell nachteilige Folgen für den AN haben.

27

4. Welchen Anspruch auf Bezahlung hat ein Arbeitnehmer, wenn er ohne wichtigen Grund vorzeitig austritt?

Er hat Anspruch auf das Entgelt bis zum letzten Tag des Arbverh. Dies beinhaltet die Bezahlung von geleisteten Arbeitsstunden, Überstunden, Provisionen, Prämien oder ähnliche Leistungen. Bei Arbeitern entfällt durch den Kollektivvertrag häufig auch der Urlaubszuschuss und die Weihnachtsremuneration. Angestellte haben bei Gewährung von Sonderzahlungen immer Anspruch auf den aliquoten Teil. An Urlaub ist nur jener, der aus den vorhergegangenen Urlaubsjahren nicht verbraucht wurde, voll zu entschädigen. Der Urlaub des laufenden Urlaubsjahres verfällt. Ein Anspruch auf Abfertigung besteht nicht. Überdies ist der AN zum Ersatz eines allfällig verursachten Schadens verpflichtet (zB Kosten für Zeitungsinserate).

4.1. Inwiefern besteht in einem solchen Fall eine Schadenersatzpflicht des Arbeitnehmers?

Da der AN wesentliche vertragliche Verpflichtungen verletzt, ist er zum Ersatz des dadurch dem AG entstandenen Schadens verpflichtet. Voraussetzung dafür ist, dass tatsächlich ein Schaden eingetreten ist. Die Höhe dieses Schadens muss vom AG nachgewiesen werden, wobei der AG verpflichtet ist, den Schaden möglichst gering zu halten. Weiters muss vom AG bewiesen werden, dass der Schaden in der behaupteten Höhe auch durch den AN verschuldet wurde. Beispiele für Arbverh, in denen eine solche Schadenersatzpflicht gegeben sein könnte:

» Wenn der AN mit Termingeschäften betraut war und der AG diese Terminverpflichtungen wegen des unberechtigten vorzeitigen Austrittes nicht erfüllen konnte.
» Wenn der AN allein ein Geschäft betreut und dieses in der Früh aufsperren muss, kann dem AG möglicherweise dadurch, dass er einige Stunden oder Tage das Geschäft nicht offen halten kann, ein finanzieller Schaden entstehen.
» Wenn ein Bilanzbuchhalter fünf Tage vor dem Abschluss der Bilanz ganz einfach nicht mehr erscheint, muss der AG einen Steuerberater mit der Fertigstellung der Bilanz betrauen. Die Mehrkosten für diesen Steuerberater könnten dem AN in Rechnung gestellt werden.

5. Aus welchen Gründen kann ein Angestellter berechtigt vorzeitig austreten?

Nach § 26 AngG ist der Angestellte zum Austritt berechtigt,

» wenn er zur Fortsetzung seiner Arbeitsleistung unfähig wird oder diese ohne Gefahr für seine Gesundheit oder Sittlichkeit nicht fortsetzen kann;
» wenn der AG das dem Angestellten zustehende Entgelt ungebührlich schmälert oder vorenthält, ihn bei Naturalbezügen durch Gewährung ungesunder oder unzureichender Kost oder ungesunder Wohnung benachteiligt oder andere wesentliche Vertragsbestimmungen verletzt;
» wenn der AG den ihm zum Schutz des Lebens, der Gesundheit oder der Sittlichkeit des Angestellten gesetzlich obliegenden Verpflichtungen nachzukommen verweigert;
» wenn der AG sich Tätlichkeiten, Verletzungen der Sittlichkeit oder erhebliche Ehrverletzungen gegen den Angestellten oder dessen Angehörige zu Schulden kommen lässt oder es verweigert, den Angestellten gegen solche Handlungen eines Mitbediensteten oder eines Angehörigen des AG zu schützen.

6. Aus welchen Gründen kann ein Arbeiter berechtigt vorzeitig austreten?

Nach § 82a GewO ist der Arbeiter zum Austritt berechtigt,

» wenn er ohne nachweislichen Schaden für seine Gesundheit die Arbeit nicht fortsetzen kann;

» wenn der Gewerbeinhaber sich einer tätlichen Misshandlung oder einer groben Ehrenbeleidigung gegen ihn oder dessen Angehörige schuldig macht;

» wenn der Gewerbeinhaber oder dessen Angehörige den Arbeiter oder dessen Angehörige zu unsittlichen oder gesetzwidrigen Handlungen zu verleiten sucht;

» wenn der Gewerbeinhaber ihm die bedungenen Bezüge ungebührlich vorenthält oder andere wesentliche Vertragsbestimmungen verletzt;

» wenn der Gewerbeinhaber außer Stande ist, dem Arbeiter Verdienst zu geben.

6.1. Ist der Arbeitnehmer zum Austritt berechtigt, wenn der Arbeitgeber immer wieder nach dem AZG unzulässige Überstunden verlangt?

Dies wäre nur in Extremfällen denkbar, wenn der AG auch in Zukunft nicht bereit ist, die Vorschriften über die höchstzulässige Arbeitszeit einzuhalten. Jedenfalls empfiehlt es sich, vorher Rat von Rechtskundigen einzuholen.

6.2. Ist der Arbeitnehmer berechtigt, vorzeitig auszutreten, wenn der Arbeitgeber die Anmeldung zur Krankenkasse nicht durchführt?

Die jüngere Judikatur hat in einem Fall den Austritt des AN wegen Nichtanmeldung zur Krankenkasse anerkannt. Ein Austritt aus diesem Grunde ist aber trotzdem nicht risikolos, da der AN ja auch selbst die Möglichkeit hat, die zuständige Krankenkasse davon zu informieren, die ihrerseits die notwendigen Schritte zu unternehmen hat.

6.3. Ist der Arbeitnehmer berechtigt, vorzeitig auszutreten, wenn ihn der Arbeitgeber versetzen will und die Versetzung nicht durch den Arbeitsvertrag gedeckt ist?

In den allermeisten Fällen ist ein Austritt aus diesem Grund nicht möglich. Der AN hat jedoch die Möglichkeit, sich gemäß seiner arbeitsvertraglichen Vereinbarung arbeitsbereit zu erklären. Das heißt, dass er sich bereit erklärt, nur jene Arbeiten zu leisten, zu denen er sich in seinem Arbeitsvertrag verpflichtet hat.

6.4. Ist ein Austritt gerechtfertigt, wenn der Arbeitgeber den Arbeitnehmer nicht in die richtige Beschäftigungsgruppe einstuft?

Häufig ergibt sich durch eine falsche Einstufung auch eine falsche Bemessung des Entgelts. In einem solchen Fall genügt es, sich darauf zu berufen, dass der AG das Entgelt nicht zum Fälligkeitszeitpunkt vollständig ausbezahlt, soweit die falsche Einstufung nicht strittig ist.

6.5. Kann der Arbeitnehmer berechtigt vorzeitig austreten, wenn der Arbeitgeber von sich aus die vereinbarte tägliche oder wöchentliche Arbeitszeit ändert?

Ein Austritt kann in diesem Fall mit Problemen verbunden sein. Es wird in diesem Zusammenhang sinnvoll sein, den AG auf die getroffene Arbeitszeitvereinbarung hinzuweisen und sich gemäß dieser Vereinbarung arbeitsbereit zu erklären. Wird die Wochenarbeitszeit einseitig herabgesetzt und das Entgelt geschmälert – ausgenommen Kurzarbeit –, kann ein berechtigter Austritt vorgenommen werden. Bei strittigen Weisungen ist zu empfehlen, die Arbeitszeitveränderung vorerst unter Protest anzunehmen und in der Folge eine Klage beim Arbeits- und Sozialgericht auf Feststellung einzubringen, dass der AN nur zu den ursprünglich vereinbarten Zeiten arbeiten muss.

6.6. Kann der Arbeitnehmer berechtigt vorzeitig austreten, wenn er einen besseren Arbeitsplatz gefunden hat und die Kündigungsfrist deswegen nicht mehr einhalten kann?

Nein, das ist kein vom Gesetz anerkannter Grund für einen gerechtfertigten Austritt. Der AN hat in diesem Fall nur die Möglichkeit, mit dem AG eine einvernehmliche Lösung zu vereinbaren oder unberechtigt vorzeitig auszutreten.

6.7. Berechtigen persönliche Differenzen mit dem Arbeitgeber den Arbeitnehmer zum vorzeitigen Austritt?

Nein, es sei denn, der AG macht sich einer erheblichen Ehrenbeleidigung, Tätlichkeit oder Sittlichkeitsverletzung schuldig, wobei zu beachten ist, dass dieser Umstand bewiesen werden muss.

7. Welche Form muss der Austritt haben?

Er kann schriftlich, mündlich, aber auch schlüssig erklärt werden. An die schlüssige Erklärung ist jedoch ein besonders strenger Maßstab zu legen. Es muss aus den Gesamtumständen unzweifelhaft ersichtlich sein, dass der AN dieses Arbverh nicht mehr fortsetzen will.

8. Genügt es, dass der Arbeitgeber vermutet, dass ein vorzeitiger Austritt gegeben ist?

27

Nein, eine bloße Vermutung des AG genügt nicht.

9. Genügt es, dass der Arbeitgeber auf der Arbeitsbescheinigung „vorzeitiger Austritt“ anzeichnet?

Nein, denn die Arbeitsbescheinigung soll das bescheinigen, was geschehen ist. An den tatsächlichen Gegebenheiten ändert eine falsche Arbeitsbescheinigung nichts.

10. Welche Ansprüche hat ein Arbeitnehmer, der berechtigt austritt?

Hiebei ist zu unterscheiden, ob der AN aus Verschulden des AG ausgetreten ist oder nicht. Trifft den AG ein Verschulden an der vorzeitigen Auflösung des Arbverh, so ist der AN finanziell so zu stellen, als ob das Arbverh vom AG ordnungsgemäß zum nächstmöglichen Termin gelöst worden wäre. Trifft den AG allerdings kein Verschulden an der vorzeitigen Auflösung des Arbverh (zB bei Austritt aus gesundheitlichen Gründen), so hat der AN lediglich Anspruch auf Entgelt (inklusive Sonderzahlungen) bis zum letzten Tag des Arbverh, nach sechs Monaten immer die Abgeltung des noch offenen Urlaubs (Urlaubsersatzleistung) und, soweit ein Anspruch besteht, auf die Abfertigung. Er hat jedoch keinen Anspruch auf Kündigungsentschädigung. Siehe Kapitel 31 „Endabrechnung", Frage 6 und 10.

11. Wie sollte sich ein Arbeitnehmer verhalten, wenn ihm der Arbeitgeber einen ungerechtfertigten Austritt unterstellt?

Der AN sollte versuchen, einen möglichen Irrtum unverzüglich aufzuklären, indem er dem AG mitteilt, dass er keinen Austritt erklärt hat und er seine Arbeitsbereitschaft anbietet. Lehnt der AG eine Weiterbeschäftigung trotzdem ab, kann der AN auf Weiterbeschäftigung beharren und gegebenenfalls diese auch gerichtlich durchsetzen. Wenn die Weigerung des AG als Beendigungserklärung (Entlassung) verstanden werden kann, ist der AN finanziell so zu stellen, als ob der AG eine ordnungsgemäße Kündigung ausgesprochen hätte (siehe Kapitel 25 „Entlassung").

12. Welche Möglichkeiten eines Austritts bei Insolvenz hat nunmehr der Arbeitnehmer?

Siehe dazu ausführlich im folgenden Kapitel 28 „Zahlungsschwierigkeiten des AG".

> Eine Zusammenfassung der möglichen Beendigungsarten ist auf der Homepage der AK nachzulesen, diese ist über folgenden Link abrufbar:
> **http://www.arbeiterkammer.at/beratung/arbeitundrecht/Insolvenz/Arbeitsverhaeltnis_im_Insolvenzfall.html**

Zahlungsschwierigkeiten des Arbeitgebers

Kapitel 28

1. Welche Möglichkeiten hat der Arbeitnehmer, wenn der Arbeitgeber die Gehälter oder Löhne nicht oder nicht pünktlich ausbezahlt?

Dabei kann nach folgender Reihenfolge vorgegangen werden:
» Feststellung, dass nicht zum Fälligkeitstermin bezahlt wird;
» mündliche Aufforderung;
» Mahnbrief mit Fristsetzung.

Wenn weiterhin das ausstehende Entgelt nicht einlangt, gibt es zwei Möglichkeiten:
» berechtigter vorzeitiger Austritt und wenn nötig Klage auf Zahlung des ausständigen Entgelts nach Beendigung oder
» Klage auf Zahlung des ausständigen Entgelts während des aufrechten Arbverh.

2. Was ist ein Mahnbrief?

Ein Mahnbrief ist ein Schreiben, das ein Gläubiger seinem Schuldner (der AN dem AG) sendet, mit dem er seine offenen Ansprüche zu einem bestimmten Zeitpunkt einfordert.

2.1. Welche Form soll ein Mahnbrief haben?

Zwecks Beweissicherung soll dieses Schreiben eingeschrieben an den AG gesendet und eine Kopie davon zurückbehalten werden. Eine weitere Möglichkeit der Beweissicherung wäre auch, sich den Erhalt mit Datum auf der Kopie bestätigen zu lassen.

2.2. Was kann der Mahnbrief beinhalten?

Sehr geehrter Herr ...! Sehr geehrte Frau ...! Der guten Ordnung halber halte ich fest, dass mir mein Gehalt/Lohn für den Monat ... noch nicht ausbezahlt wurde. Ich ersuche Sie, mir den ausständigen Betrag zu überweisen, so dass er bis zum ... (etwa 14 Tage Frist) auf meinem Konto Nr. ... bei der Bank ... für mich verfügbar ist, da auch ich meine Zahlungen pünktlich zu leisten habe und unverschuldet in Verzug gerate.
Mit freundlichen Grüßen

Im Falle eines beabsichtigten vorzeitigen Austritts wegen Vorenthaltens des Entgelts kann in dem Mahnschreiben der Austritt auch angekündigt werden. In diesem Fall muss aber damit gerechnet werden, dass der säumige AG, wenn sich eine Gelegenheit ergibt, vor Ablauf der Frist auch eine (ungerechtfertigte) Entlassung aussprechen könnte. Wenn das im konkreten Fall wahrscheinlich ist, sollte der Austritt nicht erwähnt werden, da dies in der Folge zu unnötigen Erschwernissen bei der gerichtlichen Durchsetzung führen kann.

2.3. Warum soll ein Mahnbrief geschrieben werden? Genügt es nicht auch, mündlich auf die fehlenden Beträge hinzuweisen?

Grundsätzlich genügt auch die mündliche Mahnung, vor allem dann, wenn es sich lediglich um ein Missverständnis oder einen unbeabsichtigten Verzug gehandelt hat. AN müssen jedoch berücksichtigen, dass in Kollektivverträgen auch Verfallsfristen enthalten sein können, die bewirken können, dass Ansprüche, wenn sie nicht innerhalb einer bestimmten Frist gegenüber dem AG nachweislich geltend gemacht werden, untergehen und somit verloren sind. Zu Beweiszwecken ist es daher unbedingt anzuraten, die Forderung auf jeden Fall spätestens dann, wenn die mündliche Mahnung keinen Erfolg verspricht, schriftlich nachzureichen.

2.4. Wie lange soll die Nachfrist sein?

Die Nachfrist soll etwa 14 Tage, aber keinesfalls kürzer als acht Tage sein.

3. Muss ein Arbeitnehmer noch weiter für einen Arbeitgeber arbeiten, wenn dieser ihm das Gehalt oder den Lohn nicht pünktlich bezahlt?

Grundsätzlich besteht ein Zurückbehaltungsrecht an der Arbeit, wenn der AG seine Pflicht zur Entgeltleistung nicht erfüllt. Da bei Arbeitsverweigerung immer die Gefahr einer Entlassung besteht, sollte vorher Rat bei AK oder Gewerkschaft eingeholt werden.

4. Was kann ein Arbeitnehmer machen, wenn sein Arbeitgeber die fälligen Forderungen trotz Setzung einer Nachfrist nicht erfüllt?

Er kann die ausständigen Beträge entweder bei aufrechtem Arbverh bei Gericht einklagen oder den berechtigten Austritt erklären. Zu bedenken ist, dass eine Klage bei aufrechtem Arbverh das Betriebsklima schwer belastet. Aber auch die verspätete Bezahlung des Entgelts belastet das gegenseitige Vertrauen schwer. Für beide Teile steht die Möglichkeit einer Kündigung offen.

5. Was geschieht, wenn der Arbeitgeber die Forderungen innerhalb der gesetzten Nachfrist bezahlt?

Es bleibt alles beim Alten. Das Arbverh bleibt weiter aufrecht. Der AN muss entsprechend seinem Arbeitsvertrag für den AG weiterarbeiten, und der AG muss ihm das dafür zustehende Entgelt bezahlen.

6. Zu welchem Zeitpunkt soll ein berechtigter Austritt erklärt werden?

Soweit die Frist nur mit einem Kalendertag fixiert wurde, hätte der AG die theoretische Möglichkeit, bis 24.00 Uhr dieses Tages zu bezahlen. Aus diesem Grund ist zu empfehlen, einen Tag nach der gesetzten Frist zu überprüfen, ob Zahlungen eingegangen sind. Wenn dies nicht erfolgt ist, kann der Austritt ohne Risiko erklärt werden. Eine weitere Möglichkeit bei der Nachfristsetzung wäre, das Ende der Frist mit Datum und Uhrzeit anzugeben. In einem solchen Fall kann der Austritt nach Ablauf der angegebenen Uhrzeit erfolgen.

7. Was kann ein Arbeitnehmer im Fall eines berechtigten vorzeitigen Austrittes wegen Nichtbezahlung von Entgelt alles vom Arbeitgeber verlangen?

Er kann verlangen, dass er finanziell so gestellt wird, als ob ihn der AG am Tag des berechtigten vorzeitigen Austrittes ordnungsgemäß gekündigt hätte (siehe Kapitel 31 „Endabrechnung", Frage 6).

8. Was ist ein Insolvenzverfahren?

Darunter versteht man Verfahren, in welchen einem überschuldeten Schuldner die Verfügungsmöglichkeit über sein Vermögen zur Gänze oder zum Teil entzogen wird, um sein noch verbliebenes Vermögen zum Teil oder zur Gänze zwangsweise den Gläubigern zukommen zu lassen. Durch das IRÄG 2010 (Insolvenzrechtsänderungsgesetz), das am 1. Juli 2010 in Kraft getreten und grundsätzlich nur auf ab diesem Zeitpunkt neu eröffnete Insolvenzverfahren anzuwenden ist, wurde anstelle der früheren Unterteilung in Konkurs- und Ausgleichsverfahren ein einheitliches Insolvenzverfahren geschaffen. Bei rechtzeitiger Vorlage eines Sanierungsplans wird es als Sanierungsverfahren, ansonsten als Konkursverfahren bezeichnet.

8.1. Was ist ein Sanierungsverfahren?

Beim Sanierungsverfahren wird versucht, den Fortbestand eines sich in Zahlungsschwierigkeiten befindenden, aber trotzdem lebensfähigen Unternehmens zu sichern.

8.2. Welche Arten von Sanierungsverfahren gibt es?

Das Sanierungsverfahren mit Eigenverwaltung: Dieses kann der Schuldner selbst beantragen. Voraussetzung für die Eigenverwaltung ist im Wesentlichen bei Antragsstellung die Vorlage eines genauen Sanierungsplans mit einer Mindestquote von 30 Prozent in zwei Jahren ab Annahme des Sanierungsplans durch die Gläubiger. Bei einem Sanierungsverfahren mit Eigenverwaltung bestellt das Gericht einen Sanierungsverwalter, der die Geschäfte des Unternehmens überwacht.
Weiters gibt es auch das Sanierungsverfahren ohne Eigenverwaltung: Dieses kann ebenfalls vom Schuldner selbst beantragt werden, er muss ebenfalls einen Sanierungsplan vorlegen, allerdings mit einer Mindestquote von 20 Prozent. Bei diesem Verfahren wird ein Insolvenzverwalter bestellt, der die Rolle des AG übernimmt.

8.2.1. Was ist ein Konkursverfahren?

Das ist ein gerichtliches Verfahren, in welchem das noch verbliebene Vermögen überschuldeter Personen oder Unternehmen zwangsweise zu Geld gemacht wird, um damit den Gläubigern wenigstens noch einen (geringen) Teil zukommen zu lassen. Das Insolvenzgericht eröffnet einen Konkurs mit Masseverwalter, wenn der Schuldner keinen Sanierungsplan vor Eröffnung des Insolvenzverfahrens vorlegt. Der Gesetzgeber räumt jedoch auch die Möglichkeit ein, das Unternehmen fortzuführen, um einerseits durch die Konkurseröffnung das verbliebene Vermögen des Unternehmens bestmöglich verwerten zu können und andererseits eine Chance zur Erholung des Unternehmens nicht ungenützt verstreichen zu lassen. Die Abwicklung des Konkurses und die Verwaltung des verbliebenen Vermögens wird vom Gericht einem sogenannten Masseverwalter übertragen.

§§ *71 ff IO*

8.2.2. Was ist, wenn das verbleibende Vermögen des Schuldners nicht einmal die Kosten des Verfahrens deckt?

In diesem Fall hat das Gericht den Insolvenzantrag mangels hinreichenden Vermögens abzuweisen. Zur Eröffnung des Insolvenzverfahrens ist dann ein Kostenvorschuss bei Gericht (zB vom betreibenden Gläubiger) zu hinterlegen. Für diesen Betrag müssen auch die Geschäftsführer von Kapitalgesellschaften (AG, GmbH) mit ihrem Privatvermögen einstehen.

8.3. Welche Bedeutung hat die Eröffnung eines Insolvenzverfahrens über einen Arbeitgeber für die Arbeitnehmer?

Die wichtigste Bedeutung ist, dass die Forderungen der AN durch den Insolvenz-Entgelt-Fonds ganz oder teilweise übernommen werden, wenn sie innerhalb der gesetzlich vorgesehenen Frist beantragt werden und einige andere Bedingungen erfüllt sind. Darüber hinaus besteht im Falle der Insolvenz für den AN unter Umständen die Möglichkeit, gemäß § 25 IO gerechtfertigt auszutreten. Auch der Insolvenzverwalter kann unter Umständen leichter als im Normalfall kündigen (siehe dazu im Detail unten die Fragen 9 und 10).

9. Wie wirkt sich eine Insolvenzeröffnung auf den Weiterbestand bzw die Beendigungsmöglichkeiten eines Dienstverhältnisses aus?

Ist der Schuldner Arbeitgeber, so übt der Insolvenzverwalter die Rechte und Pflichten des AG aus. Ist das Abverh bereits angetreten worden, so kann es *§ 25 IO*

1. im Schuldenregulierungsverfahren innerhalb eines Monats nach Eröffnung des Schuldenregulierungsverfahrens,
2. sonst innerhalb eines Monats nach
   a) öffentlicher Bekanntmachung des Beschlusses, mit dem die Schließung des Unternehmens oder eines Unternehmensbereichs angeordnet, bewilligt oder festgestellt wird, oder
   b) der Berichtstagsatzung, es sei denn, das Gericht hat dort die Fortführung des Unternehmens beschlossen, oder
3. im vierten Monat nach Eröffnung des Insolvenzverfahrens, wenn bis dahin keine Berichtstagsatzung stattgefunden hat und die Fortführung des Unternehmens nicht in der Insolvenzdatei bekannt gemacht wurde,

vom AN durch vorzeitigen Austritt, wobei die Eröffnung des Insolvenzverfahrens als wichtiger Grund gilt, und vom Insolvenzverwalter unter Einhaltung der gesetzlichen, kollektivvertraglichen oder der zulässigerweise vereinbarten kürzeren Kündigungsfrist unter Bedachtnahme auf die gesetzlichen Kündigungsbeschränkungen gelöst werden. Bei AN mit besonderem gesetzlichem Kündigungsschutz ist die oben angeführte Frist gewahrt, wenn die Klage bzw der Antrag auf Zustimmung zur Kündigung durch den Insolvenzverwalter fristgerecht eingebracht worden ist. Gleiches gilt auch für die Anzeigeverpflichtung nach § 45a AMFG. Vorsicht ist dann geboten, wenn die Insolvenz des Arbeitgebers in zeitlichem Zusammenhang mit einem möglichen Betriebsübergang erfolgt. Durch den Austritt wird unter Umständen ein Wahlrecht ausgeübt, das dazu führen kann, dass aus dem Betriebsübergang keine Ansprüche mehr geltend gemacht werden können.

9.1. Was gilt, wenn nicht das gesamte Unternehmen, sondern nur ein Unternehmensteil geschlossen wird?

Wurde nicht die Schließung des gesamten Unternehmens, sondern nur eines Unternehmensbereichs angeordnet, bewilligt oder festgestellt, so stehen das oben angeführte Austrittsrecht und das Kündigungsrecht nur den AN bzw nur in Bezug auf die AN zu, die in dem betroffenen Unternehmensbereich beschäftigt sind. Hat das Gericht in der Berichtstagsatzung die Fortführung des Unternehmens beschlossen, so kann der Insolvenzverwalter nur AN, die in einzuschränkenden Bereichen beschäftigt sind, innerhalb eines Monats nach der Berichtstagsatzung kündigen. Dem gekündigten AN steht ein Austrittsrecht zu. Im Sanierungsverfahren mit Eigenverwaltung kann der Schuldner AN, die in einzuschränkenden Bereichen beschäftigt sind, überdies innerhalb eines Monats nach der öffentlichen Bekanntmachung des Eröffnungsbeschlusses mit Zustimmung des Sanierungsverwalters kündigen, wenn die Aufrechterhaltung des Arbverh das Zustandekommen oder die Erfüllbarkeit des Sanierungsplans oder die Fortführung des Unternehmens gefährden könnte. Wird das Arbverh nach Abs 1 gelöst, so kann der AN den Ersatz des verursachten Schadens als Insolvenzforderung verlangen.

9.2. Kann man auch nach Eröffnung des Insolvenzverfahrens aus dem Grund der Entgeltvorenthaltung austreten?

Nach Eröffnung des Insolvenzverfahrens ist ein Austritt unwirksam, wenn er nur darauf gestützt wird, dass dem AN das vor Eröffnung des Insolvenzverfahrens zustehende Entgelt ungebührlich geschmälert oder vorenthalten wurde. Aufgrund der komplizierten Rechtslage im Insolvenzrecht sollte jedenfalls vor der Abgabe von Erklärungen fachkundiger Rat von Gewerkschaft oder Arbeiterkammer eingeholt werden!

10. Wer erfüllt im Falle einer Insolvenz die Forderungen der Arbeitnehmer gegenüber dem Arbeitgeber?

Die Forderungen sind zum Teil durch den Insolvenz-Entgelt-Fonds gedeckt.

11. In welchen Fällen übernimmt der Insolvenz-Entgelt-Fonds die Ansprüche der Arbeitnehmer?

» Im Falle der Eröffnung eines Insolvenzverfahrens über das Vermögen des AG;
» im Falle der Nichteröffnung des Insolvenzverfahrens mangels kostendeckenden Vermögens;
» im Falle der Ablehnung der Eröffnung des Insolvenzverfahrens gemäß § 68 IO wegen Vermögenslosigkeit;
» im Falle der Zurückweisung des Antrages auf Insolvenzeröffnung gem § 63 IO (mangels Zuständigkeit eines inländischen Gerichtes);
» im Falle von Beschlüssen des Verlassenschaftsgerichtes, wonach über das Vermögen des verstorbenen AG entweder gar kein Verlassenschaftsverfahren eröffnet worden ist oder es einigen Verlassenschaftsgläubigern an Zahlungsstatt überlassen worden ist;
» im Falle der Löschung gemäß § 40 oder 42 des Firmenbuchgesetzes, wegen Vermögenslosigkeit. Wenn ein Beschluss eines Gerichtes in diesem Sinn vorliegt, können AN erfolgreich Ansprüche beim Insolvenz-Ausfallgeld-Fonds geltend machen.

12. Wo kann man erfahren, ob ein solcher Beschluss eines Gerichtes ergangen ist?

Diese Information erhält man beim zuständigen Insolvenzgericht. In Wien ist dies das Handelsgericht, in den anderen Bundesländern das Landesgericht, in dessen Sprengel das Unternehmen seinen Sitz hatte bzw hat. Weiters können AN diese Informationen auch von den zuständigen Arbeiterkammern und der IEF Service GmbH erhalten. Überdies sind diese Beschlüsse auch im „Amtsblatt zur Wiener Zeitung“ veröffentlicht.

Im Internet unter www.edikte.justiz.gv.at sind alle diesbezüglichen Daten für jeden zugänglich. Sollte ein ausländischer AG zahlungsunfähig geworden und ein AN betroffen sein, der auch im Ausland beschäftigt war, ist ein Anspruch gegenüber dem Insolvenz-Ausfallgeld-Fonds von den internationalen Verträgen zwischen Österreich und dem betreffenden Land abhängig. Diese Information kann die IEF Service GmbH erteilen.

13. Hat jeder Arbeitnehmer eines insolventen Arbeitgebers Anspruch auf Insolvenz-Ausfallgeld?

Grundsätzlich hat jeder AN eines insolventen AG Anspruch auf Insolvenz-Ausfallgeld (siehe aber die Frage 16).

§§ *1 ff IESG*

13.1. Wie ist das bei Lehrlingen?

Auch Lehrlinge haben Anspruch auf Insolvenz-Ausfallgeld.

13.2. Was ist, wenn der anspruchsberechtigte Arbeitnehmer verstorben ist?

Dann haben die Hinterbliebenen (Erben) oder Rechtsnachfolger von Todes wegen Anspruch auf Insolvenz-Ausfallgeld.

13.3. Welche „Arbeitnehmer“ haben keinen Anspruch auf Insolvenz-Ausfallgeld?

Keinen Anspruch haben insbesondere

» AN, die in einem Arbverh zum Bund, einem Bundesland, zu einer Gemeinde stehen;
» Gesellschafter, die einen beherrschenden Einfluss auf die Gesellschaft haben.

14. Für welche Forderungen besteht Anspruch auf Insolvenz-Ausfallgeld?

Ein Anspruch besteht jedenfalls dann nicht, wenn die Forderungen erfüllt wurden, verjährt oder ausgeschlossen sind.

14.1. Welche Forderungen sind verjährt?

Normalerweise verjähren arbeitsrechtliche Forderungen aus einem Arbverh binnen drei Jahren nach ihrem Entstehen. Es müssen allerdings kürzere Verfallsfristen beachtet werden (siehe Kapitel 35 „Durchsetzung von Ansprüchen“).

14.2. Welche Forderungen sind im Rahmen des laufenden Entgelts gedeckt?

§ *3a IESG*

Dazu gehört das laufende Gehalt oder der laufende Lohn, Sonderzahlungen (zB Urlaubszuschuss und Weihnachtsremuneration) oder das Entgelt, das der AG im Falle eines Krankenstandes dem AN bezahlen hätte müssen.

§ *3a IESG*

14.2.1. Ab welchem Zeitpunkt sind offene Forderungen auf laufendes Entgelt gesichert?

Laufendes Entgelt ist für den Zeitraum von sechs Monaten vor dem Stichtag (zB Insolvenzeröffnung) oder für die letzten sechs Monate vor dem Ende des Arbverh gesichert, wenn dieses vor dem Stichtag endet. Die Differenz zum kollektivvertraglichen Mindestlohn ist uU für einen längeren Zeitraum gesichert, wenn vor dem Stichtag geklagt wurde. Aus den Umständen des Einzelfalles kann sich insbesondere bei ungewöhnlicher Nahebeziehung zwischen AG und AN auch bei weniger als sechs Monate offenem Lohn oder Gehalt eine sittenwidrige Überwälzung des Risikos auf den Insolvenz-Entgelt-Fonds ergeben. In derartigen Fällen wären alle Forderungen aus dem Arbverh nicht gesichert.

§ *3a IESG*

14.2.2. Für wie lange sind offene Forderungen auf laufendes Entgelt im Falle der Insolvenz vom Insolvenz-Ausfallgeld-Fonds zu bezahlen?

Jedenfalls gesichert sind Entgeltforderungen

- » bis zur Berichtstagssatzung,
- » bis zum rechtlichen Ende des Arbverh, wenn es vor der Berichtstagssatzung gelöst wird,
- » wenn keine Berichtstagssatzung stattfindet, die bis zum Ende des dritten Monats fällig sind, der der Eröffnung der Insolvenz folgt,
- » bis zum rechtlichen Ende des Arbverh, wenn es bis zum Ende des dritten Monats nach der Berichtstagssatzung nach den Vorschriften der Insolvenzordnung gelöst wurde (siehe Frage 9 dieses Kapitels)
- » bis zum rechtlichen Ende des Arbverh als Ausfallshaftung, wenn der AN nach der Berichtstagssatzung oder nach dem Ende des dritten Monats nach Konkurseröffnung infolge der ersten nicht erfüllten Zahlung sofort seinen Austritt erklärt. In diesem Fall ist jenes Entgelt, dessentwegen der AN den Austritt erklärt, jedoch nicht gesichert!

14.2.3. Was versteht man in diesem Zusammenhang unter Ausfallshaftung?

Darunter versteht man, wenn der zuständige Insolvenzverwalter schriftlich erklärt, dass die Masse (= übrig gebliebenes Vermögen des AG) oder der AG (im Falle des Ausgleiches) zur Zahlung des laufenden Entgelts nicht oder nicht zur Gänze in der Lage sind.

14.2.4. Inwieweit sind Forderungen auf laufendes Entgelt im Falle der Anordnung der Geschäftsaufsicht vom Insolvenz-Ausfallgeld-Fonds zu bezahlen?

Jedenfalls gesichert sind Entgeltforderungen,

- » die bis zum Ende des Monats, in dem die Anordnung der Geschäftsaufsicht erfolgt, entstehen,
- » danach nur dann, wenn der AN, nachdem erstmalig Entgelt vorenthalten wird, austritt.

14.2.5. Für wie lange sind offene Entgeltforderungen im Falle der Anordnung der Geschäftsaufsicht vom Insolvenz-Ausfallgeld-Fonds zu bezahlen?

Gesichert sind nur jene laufenden Entgelte, die bis zum Ende des dritten Monats entstanden sind, welcher der Insolvenzeröffnung folgt und wenn der Verwalter schriftlich erklärt, dass der AG nicht in der Lage ist, die Forderungen zu erfüllen.

14.3. Für wie lange sind die Ansprüche auf laufendes Entgelt in anderen Anlassfällen gesichert?

Bei den unter Punkt 11. dieses Kapitels angeführten Anlassfällen ist das laufende Entgelt einschließlich der Sonderzahlungen gesichert, soweit es bis zum Ende des dritten Monats entstanden ist, der auf den Stichtag (= zB der Beschluss auf Abweisung des Insolvenzantrages) folgt.

15. Welche Beendigungsansprüche sind durch den Insolvenz-Entgelt-Fonds gedeckt?

Dazu gehören zB die nach der alten Rechtslage (siehe Kapitel 30) zustehende Abfertigung bzw die nach der neuen Rechtslage durch den AG zu leistenden Beiträge, die Abgeltung des zum Zeitpunkt der Beendigung noch zustehenden Urlaubs, aber auch die sogenannte Kündigungsentschädigung. Das ist jener Betrag, den der AG für die Nichteinhaltung der Kündigungsfrist zB an Gehalt und Sonderzahlungen bezahlen muss (siehe Kapitel 31 „Endabrechnung", Frage 5). Die Sicherung durch den Insolvenz-Ausfallgeld-Fonds hängt zum einen vom Datum der Fälligkeit und andererseits vom Ende des Arbverh ab.

15.1. Sind die Beendigungsansprüche gesichert, wenn das Arbeitsverhältnis vor der Berichtstagssatzung endet?

Grundsätzlich ja.

15.2. Wie ist das, wenn keine Berichtstagssatzung stattfindet?

In diesem Fall sind die Ansprüche aus der Beendigung jedenfalls gesichert, wenn sie innerhalb der ersten drei Monate nach Insolvenzeröffnung entstehen.

15.3. Wie ist das, wenn auf der Berichtstagssatzung kein Beschluss über die unbefristete Fortführung des Unternehmens gefasst wird?

In diesem Fall sind die Beendigungsansprüche auch dann gesichert, wenn innerhalb eines Monats nach der Berichtstagssatzung gemäß § 25 IO (siehe Frage 9 dieses Kapitels) das Arbverh gelöst wurde.

15.4. Inwiefern sind weitere Ansprüche aus dem Arbeitsverhältnis im Falle der Insolvenz gesichert?

Jedenfalls gesichert sind Ansprüche, die entstanden sind:

» bis zur Berichtstagssatzung,
» bis zum rechtlichen Ende des Arbverh, wenn es vor der Berichtstagssatzung gelöst wird,
» wenn keine Berichtstagssatzung stattfindet, die bis zum Ende des dritten Monats fällig sind, der der Eröffnung der Insolvenz folgt,
» bis zum rechtlichen Ende des Arbverh, wenn es bis zum Ende des dritten Monats nach der Berichtstagssatzung nach den Vorschriften der Insolvenzordnung gelöst wurde (siehe Frage 9 dieses Kapitels),
» bis zum rechtlichen Ende des Arbverh als Ausfallshaftung, wenn der AN nach der Berichtstagssatzung oder nach dem Ende des dritten Monats nach Insolvenzeröffnung infolge der ersten nicht erfüllten Zahlung sofort seinen Austritt erklärt.

Gesichert sind ebenfalls Ansprüche, wenn bis zum Ablauf der oben genannten Fristen

» die Kündigung des Arbverh ausgesprochen wurde,
» die einvernehmliche Auflösung des Arbverh vereinbart wurde,
» die vorzeitige Auflösung des Arbverh ausgesprochen wurde oder
» bei einem einen besonderen Kündigungsschutz und Entlassungsschutz genießenden AN die Klage auf Zustimmung zur Kündigung oder vorzeitigen Auflösung beim zuständigen Gericht erhoben wurde oder ein entsprechender Antrag bei der zuständigen Behörde eingebracht wurde.

15.5. Sind auch Zinsen für den Entfall oder die verspätete Auszahlung von Forderungen an den Arbeitnehmer durch den Insolvenz-Ausfallgeld-Fonds abgedeckt?

Ja, aber nur bis zum Stichtag (zB Konkurseröffnung).

15.6. Sind Spesen oder sonstige Aufwandsentschädigungen durch den Insolvenz-Ausfallgeld-Fonds abgedeckt?

Ja, darunter fallen zB Reisekosten- und Aufwandsentschädigungen, Kilometergelder oder Ähnliches.

15.7. Sind auch der Höhe nach schwankende Bezüge (zB Provisionen oder Prämien) im Rahmen des Insolvenz-Ausfallgeldes enthalten?

Ja, aber nur in der Höhe, die der AN auch gegenüber dem AG geltend machen könnte.

28

§ 3d IESG

15.8. Wie ist das bei Betriebspensionen?

Auch diese sind im Normalfall durch den Insolvenz-Ausfallgeld-Fonds gedeckt. Besteht zum Zeitpunkt der Insolvenzeröffnung bereits ein Anspruch auf Zahlung, so gebührt Insolvenz-Ausfallgeld in der Höhe von 24 Monatsbeträgen. Besteht ein solcher Anspruch auf Zahlung noch nicht, so besteht ein geringerer Anspruch. Handelt es sich um einen Anspruch, der nicht dem Betriebspensionsgesetz unterliegt, sind lediglich zwölf Monatsbeträge als Insolvenz-Ausfallgeld zu bezahlen.

15.9. Können auch Kosten der Vertretung, wie Rechtsanwaltskosten, geltend gemacht werden?

Ja, aber nur die zweckentsprechenden Kosten der Vertretung. Darunter werden jene Gerichts- oder Rechtsanwaltskosten verstanden, die notwendig waren, um die Ansprüche des AN gegenüber dem AG vor dem Arbeits- und Sozialgericht, vor dem Exekutionsgericht sowie vor dem Insolvenzgericht durchzusetzen oder unberechtigte Ansprüche des AG gegenüber dem AN abzuwenden. Kosten vor der IEF Service GmbH (= Insolvenz-Entgelt-Fonds) werden nicht ersetzt, da dieses Verfahren gebührenfrei ist. Kosten, die einem AN bis zum und anlässlich des Abschlusses eines gerichtlichen oder außergerichtlichen Vergleiches oder Anerkenntnisses entstanden sind, sowie Kosten für Formulare, Porti usw können beansprucht werden.

15.10. Wie wirkt sich eine Gehaltsexekution bei Ansprüchen gegenüber dem Insolvenz-Ausfallgeld-Fonds aus?

In Bezug auf die Höhe des vom Insolvenz-Ausfallgeld-Fonds zu berechnenden Betrages überhaupt nicht. Dem AN werden jedoch nur jene Beträge ausbezahlt, die der Pfändung nicht unterliegen. Die restlichen Beträge werden von der IEF Service GmbH direkt an die Gläubiger des AN überwiesen.

16. Für welche Forderungen besteht kein Anspruch auf Insolvenz-Entgelt?

Das sind die sogenannten ausgeschlossenen Ansprüche. Auch Ansprüche, die ein AN aufgrund einer Einzelvereinbarung, die nach dem Antrag auf Eröffnung des Insolvenzverfahrens oder in den letzten sechs Monaten vor Eröffnung des Insolvenzverfahrens abgeschlossen wurde, erworben hat, sind dann nicht vom Insolvenzausfallgeld erfasst, wenn die daraus sich ergebenden Ansprüche über die gesetzlichen, kollektivvertraglichen oder aufgrund von Betriebsvereinbarungen zustehenden Ansprüche hinausgehen und dafür keine sachliche Rechtfertigung besteht.

17. Ein Arbeitnehmer beantragt Kündigungsentschädigung beim Insolvenz-Ausfallgeld-Fonds. Inwieweit ist sein Anspruch zeitlich begrenzt?

28

Ein Anspruch, der über den Zeitraum von drei Monatsentgelten hinausgeht, ist insoweit zeitlich begrenzt, als die Kündigungsentschädigung ab dem vierten Monatsgehalt um diejenigen Beträge vermindert wird, die der AN durch eine andere Arbeit verdient hat. Abgezogen werden aber auch die Beträge, die sich der AN durch den Entfall der Arbeitsleistung erspart hat oder die er absichtlich nicht erworben hat, obwohl er dazu Gelegenheit gehabt hätte. Dies ist zB der Fall, wenn dem AN eine andere Stelle angeboten wird und er diese ohne Grund ablehnt.

18. Inwieweit wirkt sich der Bezug von Arbeitslosengeld auf einen Bezug von Insolvenz-Entgelt aus?

Wenn ein AN Arbeitslosengeld bezieht, so wird ihm der Bezug von Arbeitslosengeld beim Insolvenz-Ausfallgeld angerechnet. Dies jedoch nur, soweit beide Ansprüche für den selben Zeitraum bezahlt werden.

19. Ist das Insolvenz-Entgelt brutto oder netto zu beantragen?

Ab 1. Jänner 2001 ist der Antrag brutto unter Angabe der Sozialversicherungsanteile des AN und sonstiger gesetzlicher Abzüge mit einem bundeseinheitlich aufgelegten Formular zu stellen.

20. Gibt es eine Höchstgrenze für die Berechnung des Insolvenz-Entgelts?

Ja, denn jede Forderung ist mit dem doppelten Satz der Höchstbeitragsgrundlage nach § 45 Abs 1 ASVG begrenzt. 2016 ist dies zB 4.860 Euro, 2017 4.980 Euro. Auf diesen Anspruch müssen jedoch alle Teilleistungen des AG oder Masseverwalters angerechnet werden. Abfertigungen sind bis zur einfachen Höhe der Höchstbeitragsgrundlage gesichert, und darüber hinaus nur pro Monatsentgelt die Hälfte. Maximal ausbezahlt wird jedoch auch in diesem Fall die doppelte Höchstbeitragsgrundlage.

21. Wie wird der Anspruch auf Insolvenz-Ausfallgeld geltend gemacht?

Der Anspruch auf Insolvenz-Ausfallgeld ist schriftlich bei der örtlich zuständigen Geschäftsstelle der Insolvenz-Entgelt-Fonds-Service GmbH mittels eines bundeseinheitlichen Formulars zu stellen. ÖGB und AK haben zur Unterstützung ihrer Mitglieder den Insolvenzschutzverband für ArbeitnehmerInnen gegründet, der betroffene AN berät und im Fall einer Insolvenz auch vertritt.

Die Kontaktdaten finden Sie unter **http://www.arbeiterkammer.at/beratung/arbeitundrecht/Insolvenz/1_Hilfe_bei_Insolvenz.html**

22. Ist der Antrag an eine Frist gebunden?

Ja, der Antrag muss innerhalb von sechs Monaten ab Eröffnung eines Insolvenzverfahrens gestellt werden. Diese Frist beginnt insbesondere neuerlich zu laufen, wenn

- der Anschlusskonkurs eröffnet wird, mit dem Eröffnungstag,
- das Arbverh später als sechs Monate nach dem Stichtag (zB Insolvenzeröffnung) endet, mit dem Ende des Arbverh,
- der Anspruchsberechtigte innerhalb von sechs Monaten nach dem Stichtag (= Insolvenzeröffnung) stirbt, mit dem Sterbetag und
- wenn innerhalb einer Frist von sechs Monaten die Ansprüche eingeklagt werden, mit dem Ende des gerichtlichen Verfahrens.

Für AN, die diese Frist versäumt haben, besteht jedoch die Möglichkeit, den Grund für das Versäumnis gleichzeitig mit der Antragstellung der IEF Service GmbH mitzuteilen. Die IEF Service GmbH muss dann unter Beachtung sozialer Gesichtspunkte entscheiden, ob der Antrag noch rechtzeitig gestellt wurde.

23. Welche Geschäftsstelle der IEF Service GmbH ist zuständig?

Zuständig ist jene Geschäftsstelle, in deren Sprengel das Gericht liegt, von dem der Beschluss stammt, der überhaupt einen Antrag auf Insolvenz-Ausfallgeld ermöglicht.

24. Was muss der Antrag alles beinhalten?

Im Antrag müssen alle Forderungen gegen den AG sowohl dem Grunde als auch der Höhe nach in Brutto- und Nettobeträgen genau aufgeschlüsselt angegeben werden und die auf die AN entfallenden Sozialversicherungsbeiträge und sonstige gesetzliche Abzüge enthalten sein.

24.1. Sollen Beweismittel dem Antrag beigelegt werden?

Ja, unbedingt. Als Beweismittel sind zB arbeitsgerichtliche Urteile, Exekutionsbewilligungen, Lohnzettel, Arbeitsverträge, eventuell Namen und Adressen von Zeugen usw denkbar.

28

25. Gibt es darüber hinaus im Falle der Eröffnung eines Insolvenzverfahrens Besonderheiten?

In diesen Fällen ist es unbedingt nötig, dass der betreffende AN seine Forderungen gegen den AG auch im jeweiligen Insolvenzverfahren anmeldet. Zuständig ist dafür das Gericht, das den Beschluss der Eröffnung eines Insolvenzverfahrens gefasst hat. Die dafür nötigen Formulare (sogenannte Forderungsanmeldungen) liegen beim jeweiligen Gericht auf. Ein Durchschlag von dieser Forderungsanmeldung, der mit dem Eingangsstempel zu versehen ist, ist der IEF Service GmbH vorzulegen. Auch die Kosten des Verfahrens (zB die Kosten der Forderungsanmeldung) müssen in diesem Antrag bereits enthalten sein.

26. Was kann ein Arbeitnehmer machen, wenn es ihm nicht möglich ist, innerhalb der sechsmonatigen Frist seine Ansprüche gegen den Arbeitgeber zu beziffern?

Dieser AN kann auch einen ihm angemessen erscheinenden Betrag in den Antrag einsetzen. Es muss jedoch dann mit einer längeren Bearbeitungszeit durch die IEF Service GmbH gerechnet werden.

27. Wie läuft das Verfahren vor der IEF Service GmbH auf Insolvenz-Ausfallgeld eigentlich ab?

Das Verfahren ist von der Geschäftsstelle der IEF Service GmbH „amtswegig" zu führen. Das heißt, dass sie selbstständig zu ermitteln hat, ob der beantragte Anspruch zu Recht besteht oder nicht. Der antragstellende AN kann zur Mitwirkung herangezogen werden. Es endet mit der Ausstellung eines Bescheides.

28. Wie erfolgt die Auszahlung des Insolvenz-Entgelts?

Über den Antrag entscheidet die IEF Service GmbH mittels Bescheid. Aufgrund dieses Bescheides wird dann vom Insolvenz-Ausfallgeld-Fonds das dem AN zustehende Geld entweder direkt auf das Girokonto des AN überwiesen oder diesem per Post angewiesen.

29. Wie lange dauert ein Verfahren auf Insolvenz-Ausfallgeld?

Es ist mit einer Verfahrensdauer von mehreren Monaten zu rechnen. Grundsätzlich kann gesagt werden, dass das Verfahren umso länger dauert, je umfangreicher das Beweisverfahren zur Feststellung, ob eine Forderung zu Recht besteht, ist. Es ist daher im Interesse des antragstellenden AN, möglichst alle Unterlagen so rasch wie möglich der IEF Service GmbH vorzulegen.

30. Kann das Verfahren aus bestimmten Gründen beschleunigt werden?

§ 4 IESG

Bei Vorliegen berücksichtigungswürdiger Gründe hat die Geschäftsstelle besonders schnell über den Antrag auf Insolvenz-Entgelt zu entscheiden. Berücksichtigungswürdige Gründe liegen dann vor, wenn glaubhaft gemacht werden kann, dass der AN sich in einer die Existenz gefährdenden Situation befindet und die Deckung des Lebensunterhaltes in anderer zumutbarer Weise nicht gewährleistet ist.

31. Welche Möglichkeiten hat ein Arbeitnehmer, den Bescheid auf Ablehnung eines Teiles oder des ganzen beantragten Insolvenz-Ausfallgeldes zu bekämpfen?

AN können, wenn sie der Meinung sind, dass ihnen Insolvenz-Ausfallgeld nicht in dem ihnen zustehenden Ausmaß zuerkannt wurde, gegen den Bescheid Klage beim Arbeits- und Sozialgericht einbringen.

31.1. Ist diese Klage an eine Frist gebunden?

Ja, die Klage muss beim zuständigen Arbeits- und Sozialgericht innerhalb von vier Wochen ab Zustellung des Bescheides und unter dessen Beilage erhoben werden.

Möglichkeiten eines Arbeitnehmers bei Gesundheitsgefährdung

Kapitel 29

1. Welche Möglichkeiten hat ein Arbeitnehmer, wenn er feststellt, dass er ohne Gefährdung seiner Gesundheit seine bisherige Tätigkeit nicht mehr verrichten kann?

§§ *26 AngG, 82a GewO, 1162 ABGB*

Der AN muss den AG auf diesen Umstand aufmerksam machen und um eine andere, gleichwertige Arbeit ersuchen. Kann der AG keine gleichwertige Arbeit anbieten, hat der AN die Möglichkeit, das Arbverh durch berechtigten vorzeitigen Austritt dann aufzulösen, wenn durch fachärztliche Gutachten dieser Zustand bestätigt wird (siehe Frage 4 dieses Kapitels). Kündigt der AN unter Hinweis auf die Gesundheitsgefährdung, so zieht diese Kündigung unter Umständen auch jene Rechtsfolgen nach sich, die bei einem Austritt eingetreten wären. Unbedingt zu beachten ist, dass laut neuester Rechtsprechung eine Gesundheitsbeeinträchtigung erst dann zum Austritt berechtigt, wenn zu erwarten ist, dass sie über den in § 139 ASVG angegebenen Zeitraum (das sind 26 Wochen) andauern und den AN an der Ausübung seiner vertraglich vereinbarten Tätigkeit hindern wird. Dieser Zeitraum stellt aber keine starre Grenze dar, sondern ist als Richtlinie zu sehen, ob die Wiederherstellung der Arbeitskraft in absehbarer Zeit zu erwarten ist.

2. Kann ein Arbeitnehmer berechtigt vorzeitig austreten, wenn die Tätigkeit, die er ausführt, seiner Gesundheit zwar nicht zuträglich ist, diese aber noch nicht gefährdet?

Nein, nur wenn tatsächlich eine Gefährdung der Gesundheit des AN vorliegt, ist der Austritt berechtigt.

3. Was ist, wenn der Arbeitnehmer zur Fortsetzung seiner Arbeit durch Krankheit unfähig wird?

Denkbar wäre dies zB im Fall der Erblindung eines AN. Er ist nicht mehr in der Lage, die Arbeit zu leisten, obwohl in diesem Fall keine Gesundheitsgefährdung vorliegen würde. Ein Austrittsgrund ist in diesem Fall nur für Angestellte, nicht aber für Arbeiter im Gesetz vorgesehen (siehe Kapitel 27 „Austritt").

4. Wer stellt fest, ob die Gesundheit des Arbeitnehmers durch seine Tätigkeit gefährdet ist?

Dazu ist nur ein Arzt (Facharzt) berechtigt. Weder AG noch AN sind hiezu in den allermeisten Fällen in der Lage.

4.1. In welcher Form muss die Gesundheitsgefährdung von einem Arzt festgestellt werden?

Dies sollte in Form eines schriftlichen Gutachtens erfolgen. Aus diesem Gutachten soll möglichst eindeutig hervorgehen, dass durch die Tätigkeit, die der AN zur Zeit machen muss, die Gesundheit desselben gefährdet wird. Die Bezeichnung der Krankheit allein genügt nicht. Nur Formulierungen, die eindeutig ausdrücken, dass durch die Tätigkeit des AN seine Gesundheit tatsächlich gefährdet ist, reichen für einen berechtigten vorzeitigen Austritt aus.

4.2. Muss dieses Gutachten von einem Amtsarzt ausgestellt sein?

Nein, grundsätzlich hat jeder Arzt die Möglichkeit, ein Gutachten auszustellen, jedoch ist es anzuraten, eine fachärztliche Urkunde vorzulegen.

4.3. Welche Folgen kann es haben, wenn sich der Arbeitnehmer ein Gefälligkeitsgutachten ausstellen lässt oder den Arzt durch falsche Angaben zu einem falschen Gutachten bringt?

Der AG könnte in diesem Fall den Austritt als ungerechtfertigt ansehen und die Ansprüche, die sich aus einem berechtigten Austritt ergeben, infrage stellen. In der Folge müsste der AN seine Ansprüche gerichtlich geltend machen und vor dem Arbeitsgericht die Bestellung eines Sachverständigen verlangen. Dieser begutachtet dann objektiv, ob eine Gesundheitsgefährdung vorliegt, die einen Austritt rechtfertigt.

4.4. Genügt ein Schreiben der Pensionsversicherung, dass eine Berufsunfähigkeits- oder Invaliditätspension gewährt wird?

Nein, auch das genügt für einen berechtigten Austritt nicht. Denn darin ist nicht ausdrücklich angeführt, dass eine Gesundheitsgefährdung durch die Tätigkeit gegeben ist. Für den Fall der Inanspruchnahme einer Pension aus einem Versicherungsfall der geminderten Arbeitsfähigkeit aus einer gesetzlichen Pensionsversicherung hat der AN aber die Möglichkeit, das Arbverh unter Wahrung seiner Ansprüche – auch der Abfertigung – durch Kündigung zu lösen.

5. Welcher Ablauf ist vom Arbeitnehmer einzuhalten, wenn er einen berechtigten Austritt aufgrund einer Gesundheitsgefährdung bei seiner Tätigkeit vornehmen möchte?

Der AN sollte mit einem eingeschriebenen Brief den AG auffordern, ihm einen Ersatzarbeitsplatz innerhalb angemessener Frist zur Verfügung zu stellen. Bietet der AG keine Ersatztätigkeit gleichwertiger Art an, die der AN ohne Gefährdung seiner Gesundheit verrichten kann, hat der AN die Möglichkeit, den berechtigten Austritt zu erklären.

5.1. Was hat dieser Brief zu beinhalten?

Ein solcher Brief könnte in etwa folgendermaßen aussehen:

Sehr geehrte Damen und Herren!

Mit diesem Schreiben übersende ich Ihnen das Gutachten des Herrn Dr. ..., aus dem hervorgeht, dass ich ohne Gefährdung meiner Gesundheit die Tätigkeit, die ich bisher bei Ihnen verrichtet habe, nicht mehr ausführen kann.

Ich ersuche Sie, mir innerhalb der nächsten 14 Tage eine gleichwertige, meinem Arbeitsvertrag entsprechende Tätigkeit anzubieten. Sollte es Ihnen nicht möglich sein, mir eine solche Tätigkeit anzubieten, die ich ohne Gefährdung meiner Gesundheit verrichten kann, muss ich meinen berechtigten vorzeitigen Austritt erklären.

Mit freundlichen Grüßen

6. Was geschieht, wenn der Arbeitgeber eine andere Tätigkeit anbietet, die der bisherigen gleichwertig ist und die der Arbeitnehmer ohne Gefährdung seiner Gesundheit verrichten kann?

In diesem Fall kann der AN nicht berechtigt vorzeitig austreten, da er sich zur Leistung dieser Tätigkeit in seinem Arbeitsvertrag verpflichtet hat.

7. Welche Folgen kann es haben, wenn der Arbeitgeber eine andere, nicht die Gesundheit des Arbeitnehmers gefährdende Tätigkeit im Rahmen des Arbeitsvertrages hätte anbieten können, der Arbeitnehmer aber austritt, ohne den Arbeitgeber zuvor aufzufordern, ihm eine andere Tätigkeit zuzuweisen?

In einem solchen Fall wäre der Austritt des AN nicht berechtigt und dies kann somit nachteilige finanzielle Folgen für den AN nach sich ziehen.

8. Welchen finanziellen Anspruch hat ein Arbeitnehmer, der wegen Gefährdung seiner Gesundheit berechtigt vorzeitig ausgetreten ist?

§§ *insbesondere 23 AngG, 10 UrlG*

Er hat Anspruch auf Gehalt oder Lohn bis zum letzten Tag des Arbverh (= Tag des Austrittes). Sonderzahlungen gebühren zumindest aliquot entsprechend der Dauer, die der AN in dem laufenden Jahr beschäftigt war. Ein noch offener Urlaub ist als Ersatzleistung abzugelten (siehe Kapitel 15 „Urlaub“, Frage 25). Ein Abfertigungsanspruch besteht nach der alten Regelung dann, wenn die Anwartschaftszeit erfüllt ist (siehe Kapitel 30 „Abfertigung“).

9. Welche Ansprüche hat ein Arbeitnehmer, der ohne Gefährdung seiner Gesundheit (unberechtigt) austritt?

§§ *23 AngG, 10 UrlG, 1162a ABGB, 28 AngG*

Er hat Anspruch auf die laufende Entlohnung bis zum letzten Tag des Arbverh. Sonderzahlungen gebühren nur Angestellten, und zwar immer nur im aliquoten Ausmaß entsprechend dem laufenden Jahr. Bei Arbeitern entfällt bei unberechtigtem Austritt sehr oft der Anspruch auf Sonderzahlungen. Der Anspruch auf Urlaubsabgeltung für das laufende Urlaubsjahr verfällt. Urlaubsansprüche aus vorangegangenen Jahren müssen immer voll entschädigt werden. Ein Anspruch auf Abfertigung besteht nach der alten Regelung nicht. Das Arbeitslosengeld ist für 28 Kalendertage gesperrt.

10. Ist es für den Arbeitnehmer auch möglich, unter Wahrung des Anspruches auf Abfertigung zu kündigen, wenn ein Austrittsgrund der Gesundheitsgefährdung vorliegt?

Grundsätzlich wird auch eine Kündigung des AN, soweit dabei konkrete Austrittsgründe angeführt werden, von der Rechtsprechung bezüglich der Abfertigung wie ein Austritt behandelt.

29

29

Abfertigung neu – Betriebliche Mitarbeitervorsorge

Kapitel 30

1. Wo ist die Abfertigung gesetzlich geregelt?

Die Abfertigung neu – Betriebliches Mitarbeiter- und Selbständigenvorsorgegesetz (BMVG) – ist durch BGBl I 2002/100 geregelt. Die bisherige Abfertigung (alt) ist – abgesehen von Sondergesetzen – in den §§ 23 und 23a AngG geregelt. Diese Gesetzesstellen sind nach dem § 2 ArbAbfG gleichlautend auch für Arbeiter anzuwenden. Für Arbeiter und Angestellte gelten im Bereich der Abfertigung dieselben gesetzlichen Vorschriften.

> Das BM für Arbeit, Soziales und Konsumentenschutz hat Details in einer Broschüre zusammengefasst, die unter
> **https://broschuerenservice.sozialministerium.at/Home/Download?publicationId=42**
> auch als PDF heruntergeladen werden kann.

2. Welchen Geltungsbereich umfasst die betriebliche Mitarbeitervorsorge?

Der Geltungsbereich der Abfertigung neu – Betriebliche Mitarbeitervorsorge – besteht für Arbverh, die auf einem privatrechtlichen Vertrag beruhen, und umfasst alle Arbeiter, Angestellten, Lehrlinge und Vertragsbedienstete des Bundes. Ausgenommen sind Arbverh:

» zu Ländern, Gemeinden und Gemeindeverbänden,
» AN, für die das Landarbeitsgesetz zur Anwendung kommt,
» zum Bund, auf die zwingende dienstrechtliche Vorschriften anzuwenden sind,
» zu Stiftungen, Anstalten, Fonds oder sonstigen Einrichtungen, auf die das Vertragsbedienstetengesetz anzuwenden ist,
» die dem Kollektivvertrag des Bundesforstgesetzes unterliegen.

Für AN, die dem Bauarbeiter-Urlaubs- und Abfertigungsgesetz (BUAG) unterliegen, ist weiterhin die BUAG zuständig.
Freie Dienstnehmer unterliegen ab 1. Jänner 2008 ebenfalls der BMVK.

3. Für welche Arbeitnehmer kommt die Abfertigung neu zur Anwendung?

Die Abfertigung neu gilt uneingeschränkt für alle Arbverh, die ab 1. Jänner 2003 neu abgeschlossen werden, von oben angeführten Ausnahmen abgesehen. Durch die Abfertigung neu (Betriebliche Mitarbeitervorsorge) werden die bisherigen Abfertigungsbestimmungen ersetzt.

4. Was passiert mit Arbeitsverhältnissen, die am 1. Jänner 2003 bereits bestehen?

» Für alle zum Stichtag 1. Jänner 2003 aufrechten Arbverh bleibt das alte Abfertigungsrecht grundsätzlich unverändert aufrecht.

» Ein Übertritt vom alten in das neue Recht ist möglich, sofern sowohl der AG als auch der betroffene AN diesem Übertritt zustimmen – in Kollektivverträgen und Betriebsvereinbarungen können Rahmenregelungen getroffen werden.

Diese Arbverh unterliegen grundsätzlich dem alten Abfertigungsrecht. Wenn in das neue Abfertigungsrecht gewechselt werden soll, muss das mit dem AG schriftlich vereinbart werden.

5. Wie kann für bereits bestehende Arbeitsverhältnisse das neue Abfertigungsmodell zur Anwendung gebracht werden?

Im Gesetz sind zwei Übertrittsvarianten vorgesehen. Die beiden Varianten unterscheiden sich nur bezüglich der Behandlung der bis zum Stichtag des Übertritts erworbenen Abfertigungsanwartschaften. Der weitere Anwartschaftserwerb richtet sich in beiden Varianten nach neuem Recht, der AG hat ab diesem Zeitpunkt 1,53 Prozent des Bruttobezuges an Beitrag zu zahlen.

5.1. Variante 1: Einfrieren der bisher erworbenen Abfertigungsanwartschaften

Die „eingefrorenen" Anwartschaften bleiben als Direktanspruch gegenüber dem AG bestehen und sind bei späterer Beendigung des Arbverh vom AG zu zahlen, es sei denn, das Arbverh endet durch Arbeitnehmerkündigung, begründete Entlassung oder ungerechtfertigten Austritt. Im Gesetz ist geregelt, dass bei Wahl dieser Übertragungsvariante die Zahl der bis zum Stichtag des Übertritts erworbenen Monatsentgelte eingefroren wird.

5.2. Variante 2: Übertragung der bisher erworbenen Abfertigungsanwartschaften an eine MV-Kasse

Der Übertragungsbetrag wird von der MV-Kasse veranlagt, seine Behandlung richtet sich aber dann zur Gänze nach dem neuem Leistungsrecht. Die Höhe des Übertragungsbetrages ist im Gesetz nicht geregelt. Es heißt dazu nur, dass die Übertragungsvereinbarung vom alten Recht abweichen kann. AN sollten jedenfalls vor Unterzeichnung einer Übertragungserklärung eine Beratung mit dem Betriebsrat oder der Gewerkschaft bzw Arbeiterkammer vornehmen.

6. Welche Beiträge hat der Arbeitgeber zu zahlen?

Die AG haben für jeden AN laufend Abfertigungsbeiträge an eine MV-Kasse zu zahlen. Der Beitragssatz beträgt 1,53 Prozent des jeweiligen Monatsentgelts inkl der Sonderzahlungen. Der AG hat den Abfertigungsbeitrag ab Beginn des zweiten Beschäftigungsmonats zu zahlen.

6.1. Haben nunmehr auch Saisonarbeiter Anspruch auf die Abfertigung neu?

Ja. Wird darüber hinaus innerhalb eines Zeitraumes von zwölf Monaten ab Beginn des (Saison-)Arbeitsverhältnisses mit demselben AG erneut ein Arbverh abgeschlossen, beginnt die Beitragspflicht bereits mit dem ersten Tag des Arbverh und nicht erst ab einem Monat.

7. Wie funktioniert das „Rucksackprinzip"?

Bei Selbstkündigung, verschuldeter Entlassung, ungerechtfertigtem Austritt oder Kündigung durch den AG innerhalb der ersten drei Jahre nach Beginn der Beitragszahlung wird die Abfertigung neu nicht ausbezahlt. Die bis zu diesem Zeitpunkt angesparten Beträge bleiben auf dem jeweiligen Abfertigungskonto des AN. Diese Beträge gehen jedoch nicht – wie beim alten Abfertigungssystem – verloren, sondern werden „im Rucksack" mitgenommen.

8. Wann wird die Abfertigung ausbezahlt?

Die Abfertigung ist grundsätzlich nach Beendigung des Arbverh auszuzahlen mit Ausnahme der oben (Frage 7) angeführten Fälle. Keine Auszahlung erfolgt im Falle der Selbstkündigung, mit Ausnahme einer Kündigung während einer Teilzeitbeschäftigung nach dem Mutterschutz- oder Väterkarenzgesetz bzw sofern noch keine drei Einzahlungsjahre seit der ersten Beitragszahlung oder der letztmaligen Auszahlung einer Abfertigung vergangen sind. Die Auszahlung der Abfertigung kann jedenfalls bei Beendigung des Arbverh nach Vollendung des Pensionsanfallsalters verlangt werden oder wenn der AN seit mindestens fünf Jahren in keinem Arbverh mehr steht, in dem Abfertigungsbeiträge zu leisten sind.

8.1. Wie erfolgt die Auszahlung?

Die Auszahlung der Abfertigung erfolgt nach schriftlicher Bekanntgabe bei der Mitarbeitervorsorge-Kasse, wobei die Abfertigung binnen fünf Werktagen nach Ende des zweiten Monats nach der Geltendmachung des Anspruchs zur Zahlung fällig wird.

9. Wer bezahlt die Beiträge für bestimmte entgeltfreie Zeiten?

Für folgende entgeltfreie Zeiten hat der AG – bei aufrechtem Arbverh – Abfertigungsbeiträge an die MV-Kasse zu zahlen:

» Präsenz- und Zivildienst (Beitragsgrundlage = Höhe des Kinderbetreuungsgeldes)
» Wochengeld und Krankengeld (Beitragsgrundlage = 100 bzw 50 Prozent des vorherigen Entgelts)
» Altersteilzeit, Teilzeitarbeit im Rahmen eines Solidarprämienmodells, Kurzarbeit nach § 27 AMFG (Beitragsgrundlage = Basis der ursprünglich ungekürzten Arbeitszeit)

Für folgende Zeiten erfolgt die Beitragszahlung durch den FLAF:

» Zeiten des Bezugs von Kinderbetreuungsgeld (falls grundsätzlich Anspruch auf Wochengeld gegeben war)
» Zeiten der Bildungskarenz und der Familienhospizkarenz.

10. Kann sich jeder Mitarbeiter seine eigene MV-Kasse aussuchen?

Nein, es gilt der Grundsatz: „Ein AG – eine MV-Kasse". Daher schließt nur der AG den Beitrittsvertrag mit der MV-Kasse ab. Auch ein Wechsel der MV-Kasse ist nur für alle AN möglich.

11. Wie erfolgt die Auswahl der MV-Kasse?

Alle Beitragszahlungen eines AG gehen an die gleiche MV-Kasse. In Betrieben mit einem Betriebsrat ist die Kasse unter Mitwirkung des Betriebsrates auszuwählen und mit einer erzwingbaren Betriebsvereinbarung zu fixieren. In Betrieben ohne Betriebsrat obliegt die Kassenwahl grundsätzlich dem AG. Ist jedoch zumindest ein Drittel der Belegschaft mit der Kassenwahl nicht einverstanden, so kann gegen die Kassenwahl des AG Einspruch erhoben werden, wobei die Fachgewerkschaft zu den Verhandlungen beigezogen werden muss. Der konkrete Beitritt zu einer bestimmten Kasse erfolgt mittels Beitrittsvertrages, in dem unter anderem auch die Höhe der von der Kasse verrechneten Verwaltungskosten zu fixieren ist. Die MV-Kassen sind verpflichtet, beitragswillige AG zu den üblichen Konditionen aufzunehmen (Kontrahierungszwang).

11.1. Gibt es bei einem Arbeitgeberwechsel eine neue MV-Kasse?

Grundsätzlich ja, da jeder AG für sämtliche seiner Mitarbeiter die Beiträge an die MV-Kasse einbezahlt und die Beiträge immer an jene Kasse entrichtet werden, mit welcher der jeweilige AG einen Vertrag abgeschlossen hat.

12. Wie erfolgt die Einhebung der Beiträge?

Die Einhebung der Beiträge erfolgt zusammen mit den Sozialabgaben durch die zuständige Krankenkasse. Die Krankenkasse leitet in der Folge die Beiträge an die auf Betriebsebene ausgewählte MV-Kasse weiter. Die Kontrolle über die Richtigkeit der Beitragszahlungen obliegt der Krankenkasse. Eine allfällige Geltendmachung erfolgt in diesen Fällen auf dem Verwaltungsweg. Es ist keine Klage beim Arbeits- und Sozialgericht erforderlich. Werden Beiträge von den AG nicht rechtzeitig entrichtet, so sind Verzugszinsen in Höhe von 7,2 Prozent, wie bei verspäteter Abführung von Sozialabgaben, zu verrechnen.

13. Wonach bemisst sich die Höhe der Abfertigung?

Die Höhe der Abfertigung neu ergibt sich aus der Summe der eingezahlten Beiträge, unter Berücksichtigung der Veranlagungsergebnisse und der Verwaltungskosten. Die MV-Kassen müssen zumindest den Nominalwert der eingegangenen Abfertigungsbeiträge garantieren. Darüber hinausgehende Zinsgarantien können von den Kassen gegeben werden, sie sind dazu aber nicht verpflichtet. Für die Verwaltungskosten der MV-Kassen sind im Gesetz Obergrenzen festgelegt (bis zu 3,5 Prozent von den laufenden Beiträgen und bis zu ein Prozent vom veranlagten Kapital; dieser Wert sinkt ab 2005 auf 0,8 Prozent). Barauslagen können extra verrechnet werden.

14. Welche Möglichkeiten ergeben sich bei Vorliegen eines Auszahlungsanspruchs?

» Inanspruchnahme der Abfertigung als Kapitalbetrag,
» Belassen der Abfertigung in der MV-Kasse und Weiterveranlagung des Kapitalbetrages (unter Umständen bis zur Pensionierung),
» Übertragung der Abfertigung in die MV-Kasse des neuen AG,
» Übertragung der Abfertigung in eine private Pensionszusatzversicherung oder in eine betriebliche bzw überbetriebliche Pensionskasse, soweit diese vorliegt.

15. Wie wird die Abfertigung neu steuerrechtlich behandelt?

» Der gesetzliche Abfertigungsbeitrag (1,53 Prozent) ist zum Zeitpunkt der Einzahlung weder lohnsteuer- noch abgabenpflichtig.
» Die Veranlagungsbeiträge in den MV-Kassen sind von der Kapitalertragsteuer befreit.
» Abfertigungszahlungen werden wie bisher mit sechs Prozent besteuert, wobei bei Inanspruchnahme der Rentenoption keine Versteuerung erfolgt.

Die Unternehmen können Abfertigungsrückstellungen (für Altabfertigungen) ab dem

Jahr 2004 nur noch in einem Ausmaß von 45 Prozent geltend machen – bisher lag dieser Wert bei 50 Prozent (2003 gilt ein Übergangswert). Gleichzeitig wird den Unternehmen die Möglichkeit geboten, die alten Rückstellungen steuerneutral aufzulösen und künftige Zahlungen von Altabfertigungen oder Übertragungsbeträge an MV-Kassen voll als Betriebsausgabe geltend zu machen.

16. Welche Richtlinien gelten für Bauarbeiter?

Die Bestimmungen des Abschnitts III des Bauarbeiter-Urlaubs- und Abfertigungsgesetzes (Abfertigungsbestimmungen alt) gelten weiterhin für AN, die am 31. Dezember 2002 bereits einen Anspruch auf Abfertigung (alt) haben oder diese am 31. Dezember 2002 nicht erfüllen, aber bereits Beschäftigungswochen erworben haben und die Voraussetzungen auf Erwerb einer Abfertigung bis 31. Dezember 2005 erfüllen. AN, welche die Voraussetzungen auf Abfertigung (alt) innerhalb des Drei-Jahres-Zeitraums wegen einer länger als 22 Wochen dauernden Unterbrechung der Beschäftigung beim selben AG oder wegen Aufnahme eines anderen Arbverh zu einem anderen AG nicht mehr erfüllen können, unterliegen mit Beginn jenes Arbverh, das auf die länger als 22 Wochen dauernde Unterbrechung folgt oder mit Beginn eines Arbverh zu einem anderen AG den Bestimmungen des BMSVG.

17. Ab wann unterliegen Lehrlinge der Abfertigung neu?

Lehrlinge, die am 1. Jänner 2003 in einem Lehrverhältnis stehen, unterliegen mit diesem Tag den Bestimmungen des BMSVG. Die im Lehrverhältnis erworbenen Beschäftigungszeiten sind anzurechnen.

18. Wie erhält der Arbeitnehmer Informationen über seinen Kontostand?

Die MV-Kasse hat für jeden AN ein Konto zu führen, das als Grundlage für die Berechnung der Abfertigung herangezogen wird. Einmal jährlich, zum Bilanzstichtag und nach Beendigung des Arbverh wird der AN schriftlich über alle abfertigungsrelevanten Daten auf diesem Konto informiert.

19. Kann sich der Arbeitnehmer die Abfertigung neu als Zusatzpension auszahlen lassen?

Ja, bei der Pensionierung kann sich der AN die Abfertigung entweder als Kapitalbetrag auszahlen lassen oder als Prämie für eine Pensions-Zusatzversicherung überweisen lassen. Durch Überweisung des angesparten Betrages an ein Kreditinstitut können auch Anteile an Pensionsinvestmentfonds erworben werden.

20. Was passiert bei Tod des Arbeitnehmers?

Bei Tod gebührt die Abfertigung den unterhaltsberechtigten gesetzlichen Erben als Direktanspruch. Sind keine solchen Erben vorhanden, fällt die Abfertigung in die Verlassenschaft.

21. Was passiert mit kollektivvertraglichen Besserstellungen bei der Abfertigung?

Besserstellungen bleiben unberührt, soweit sie mehr Monatsentgelte für eine bestimmte Dauer des Arbverh vorsehen, als bisher im Gesetz geregelt war. Andere Besserstellungen gelten für AN, auf die bereits das neue Recht anzuwenden ist, nicht mehr.

22. Gibt es die Möglichkeit, Abfertigungsbeiträge zusammenzuführen?

Ja, diese Möglichkeit besteht und ist vor allem dann ratsam, wenn der Arbeitsplatz öfter gewechselt wird und daher die Beiträge in unterschiedlichen Abfertigungskassen liegen. Unter der Voraussetzung, dass die bislang angesparten Abfertigungsbeiträge schon mindestens drei Jahre beitragsfrei in einer Vorsorgekasse ruhen, können die alten Beiträge in die Vorsorgekasse des aktuellen AG übertragen werden. Erforderlich sind dazu eine Kopie des Lichtbildausweises und ein entsprechender Antrag.

23. Wo ist die Abfertigung alt gesetzlich geregelt?

Die bisherige Abfertigung (alt) ist – abgesehen von Sondergesetzen – in den §§ 23 und 23a AngG geregelt. Diese Gesetzesstellen sind nach dem § 2 ArbAbfG gleichlautend auch für Arbeiter anzuwenden. Demnach gelten für Arbeiter und Angestellte dieselben gesetzlichen Vorschriften.

24. Haben auch teilzeitbeschäftigte Arbeitnehmer Anspruch auf Abfertigung?

Ja, im gleichen Ausmaß wie Vollzeitbeschäftigte.

25. Wovon hängt es ab, ob ein Anspruch auf Abfertigung besteht oder nicht?

Das hängt davon ab, wie lange der AN ununterbrochen in einem Betrieb beschäftigt war und in welcher Form das Arbverh beendet wurde.

26. Kann eine Abfertigung auch während eines aufrechten Arbeitsverhältnisses ausbezahlt werden?

Nein, es würde sich dann dabei nicht um die gesetzliche Abfertigung handeln, denn diese ist erst mit Beendigung des Arbverh fällig.

26.1. Welche Auswirkung hätte die Auszahlung der Abfertigung bei laufendem Arbeitsverhältnis?

Es würde sich dabei um eine freiwillige Zahlung handeln, und diese unterliegt nicht der begünstigten Besteuerung.

27. Ab wie viel Jahren Betriebszugehörigkeit besteht ein Anspruch auf Abfertigung?

Hat das Arbverh bereits ununterbrochen drei Jahre gedauert, so gebührt, wenn die anderen Voraussetzungen gegeben sind (vor allem hinsichtlich der Auflösung des Arbverh), dem AN eine Abfertigung.

28. Wie hoch ist die Abfertigung?

Das Ausmaß der Abfertigung beträgt nach der Dauer des Arbverh gestaffelt, nach

3-jähriger Dienstzeit	2 Monatsentgelte
5-jähriger Dienstzeit	3 Monatsentgelte
10-jähriger Dienstzeit	4 Monatsentgelte
15-jähriger Dienstzeit	6 Monatsentgelte
20-jähriger Dienstzeit	9 Monatsentgelte
25-jähriger Dienstzeit	12 Monatsentgelte

28.1. Wie hoch ist die Abfertigung, wenn das Arbeitsverhältnis infolge Mutter-(Eltern-)schaft aufgelöst wird?

Diese beträgt nur die Hälfte der sonst zustehenden gesetzlichen Abfertigung, sofern das Arbverh mindestens fünf Jahre gedauert hat, höchstens jedoch drei Monatsentgelte (siehe auch Frage 41 dieses Kapitels).

29. Werden Zeiten als Arbeiter im selben Betrieb berücksichtigt?

Ja, es muss sich jedoch um Arbeiterjahre handeln, die der AN unmittelbar vor der Angestelltentätigkeit beim selben AG geleistet hat, für die er keine Abfertigung erhalten hat.

30. Werden Zeiten als Angestellter für Arbeiter im selben Betrieb mit berücksichtigt?

Ja, es muss sich jedoch um Angestelltenjahre handeln, die der AN unmittelbar vorher beim selben AG geleistet hat, für die er keine Abfertigung erhalten hat.

31. Werden Zeiten als Lehrling für die Abfertigung mit berücksichtigt?

Nur dann, wenn das Arbverh insgesamt – also einschließlich der Lehrzeit – zumindest sieben Jahre gedauert hat, wird auch die Lehrzeit mit berücksichtigt. Lehrzeiten allein begründen keinen Anspruch auf Abfertigung.

32. Werden Präsenz- oder Zivildienstzeiten mit berücksichtigt?

Diese Zeiten sind für die Bemessung der Abfertigung während eines aufrechten Arbverh voll anzurechnen.

33. Werden Zeiten einer Karenz aus Anlass der Elternschaft nach dem MSchG oder VKG mit berücksichtigt?

Diese Zeiten bleiben nach dem Gesetz für die Abfertigung außer Betracht. Vereinzelt gelten jedoch günstigere kollektivvertragliche Regelungen.

34. Werden Zeiten mit berücksichtigt, in denen sich die Arbeitnehmerin in der Schutzfrist vor und nach der Geburt befunden hat?

Ja, die Zeit der Schutzfrist wird voll mit berücksichtigt.

35. Werden Arbeitszeiten bei anderen Arbeitgebern mit berücksichtigt?

Nein, es sei denn, dies wurde ausdrücklich vereinbart.

36. Wie wird die Zeit für den Abfertigungsanspruch berechnet?

Für den Anspruch auf Abfertigung sind vollendete Jahre heranzuziehen. Hat ein AN zB vom 1. Jänner 2002 bis zum 31. Dezember 2004 im selben Unternehmen gearbeitet, so hat er die erforderliche Zeit erfüllt. Es ist somit nicht notwendig, wieder den Tag des Eintritts (1. Jänner) zu erreichen, denn das wären drei Jahre und ein Tag.

37. Was ist unter letztem monatlichen Entgelt zu verstehen?

Damit ist jenes Einkommen gemeint, das sich aus den regelmäßig im Monat wiederkehrenden Bezügen zuzüglich des aliquoten Anteils an Remunerationen und ähnlichen Zuwendungen ergibt, auf der Basis der Höhe des letzten monatlichen Entgelts.

37.1. Welche Berechnungsgrundlage ist bei der Entgeltfindung heranzuziehen, wenn im letzten Monat eine Lohn-(Gehalts-)erhöhung oder Lohn-(Gehalts-)verringerung stattgefunden hat?

Es ist immer von der Basis des letzten monatlichen Entgelts auszugehen. Tritt eine Erhöhung des Entgelts ein, wirkt sich das auf die Berechnungsgrundlage der Abfertigung erhöhend, stimmt aber der AN einer Arbeitszeit- und damit in der Regel auch einer Entgeltkürzung zu, so wirkt sich das vermindernd auf die Berechnungsgrundlage der Abfertigung aus.

37.2. In welcher Weise werden Überstunden bei der Bemessung der Abfertigung berücksichtigt?

Wenn Überstunden regelmäßig anfallen, müssen sie bei der Abfertigung mit berücksichtigt werden. Dabei ist vom Durchschnitt des letzten Jahres auszugehen. Regelmäßig heißt aber nicht, dass tatsächlich in jedem Monat Überstunden anfallen müssen. Nur bloß einmalig geleistete Überstunden bleiben außer Betracht. Bezieht der AN eine Überstundenpauschale, so ist diese jedenfalls dem Monatsbezug zuzuzählen. Nicht berücksichtigt werden Überstunden dann, wenn sie in letzter Zeit nicht mehr angefallen sind und auch zukünftig eine Überstundenleistung nicht mehr erwartet werden kann.

37.3. Inwieweit müssen Provisionen, Prämien oder sonstige Leistungsentgelte mit berücksichtigt werden?

Auch diese Leistungen sind Entgeltbestandteile und müssen zum monatlichen Entgelt hinzugezählt werden. Handelt es sich um schwankende, aber regelmäßige Bezüge, so sind diese im Jahresdurchschnitt zu berücksichtigen.

37.4. Werden Aufwandsentschädigungen wie zB Diäten, Kilometergelder, Spesenersätze oder Ähnliches bei der Berechnung der Abfertigung berücksichtigt?

Nein, denn es handelt sich dabei nicht um Entgeltbestandteile. Diese Beträge werden bezahlt, um tatsächliche Aufwendungen des AN abzugelten.

37.5. Inwieweit werden Sachbezüge wie zB die Privatnutzung eines Dienstfahrzeuges oder Deputate bei der Berechnung der Abfertigung mit berücksichtigt?

Diese sind mit ihrem geldmäßigen Wert in die Berechnungsgrundlage mit einzubeziehen.

37.6. Wird ein Vertretungsgeld für eine Urlaubs- oder Krankenstandsvertretung bei der Berechnung der Abfertigung mit berücksichtigt?

Ein solches Vertretungsgeld wird nur dann berücksichtigt, wenn es regelmäßig anfällt. Einmalige Urlaubs- oder Krankenstandsvertretungen werden bei der Berechnung des Entgelts nicht mitgezählt.

38. Wie lautet die Formel für die Berechnung der Abfertigung?

Ein Monatsgehalt inklusive der durchschnittlichen Überstunden, Provisionen, Prämien oder sonstigen leistungsbezogenen Zahlungen usw

+ 1/12 Urlaubszuschuss
+ 1/12 Weihnachtsremuneration
+ 1/12 allfällige sonstige jährliche Bezüge

Summe = ergibt das letzte monatliche Entgelt.

Dieses monatliche Entgelt ist dann mit der Anzahl der dem AN zustehenden Monate zu multiplizieren. Die Berechnung muss in Bruttobeträgen erfolgen, da die Besteuerung der Abfertigung mit nur sechs Prozent für den AN wesentlich günstiger ist als jene für das laufende Entgelt.

39. In welcher Art muss ein Arbeitsverhältnis beendet werden, damit eine Abfertigung zusteht?

Eine Abfertigung gebührt, wenn das Arbverh durch folgende Beendigungsarten aufgelöst wird:

» Kündigung durch den AG;
» ungerechtfertigte oder unverschuldete Entlassung;
» berechtigter vorzeitiger Austritt;
» Zeitablauf eines befristeten Arbverh;

» einvernehmliche Auflösung eines Arbverh;
» bestimmte Fälle von Kündigungen durch den AN, obwohl dieser einen wichtigen Grund zum vorzeitigen Austritt gehabt hätte.

Der Anspruch auf Abfertigung besteht auch dann, wenn das Arbverh mindestens zehn Jahre ununterbrochen gedauert hat und
» durch Kündigung durch den AN endet, um die vorzeitige Alterspension wegen langer Versicherungsdauer in Anspruch zu nehmen (Frauen 55, Männer 60 Lebensjahre und 35 Versicherungsjahre) oder
» durch Kündigung des AN endet, wenn die Altersgrenze erreicht wird (Frauen 60, Männer 65 Lebensjahre);
» vom AN Gleitpension in Anspruch genommen wird, egal ob das Arbverh beim selben AG mit einem verminderten Arbeitsausmaß fortgesetzt wird oder durch Kündigung endet, um bei einem anderen AG ein Arbverh mit einem für die Gleitpension verminderten Arbeitszeitausmaß anzutreten. Soweit keine zehn Jahre beim selben AG erreicht wurden, kann das Arbverh nur beim bisherigen AG mit vermindertem Ausmaß fortgesetzt werden, um einen Abfertigungsanspruch zu erreichen, allerdings wird die Höhe der Abfertigung dann vom verringerten Entgelt bemessen.

Soweit der AN Anspruch auf Abfertigung hat, gebührt diese immer in voller Höhe, wenn das Arbverh wegen Inanspruchnahme einer
» Pension aus einem Versicherungsfall der geminderten Arbeitsfähigkeit oder
» vorzeitigen Alterspension wegen geminderter Arbeitsfähigkeit aus einer gesetzlichen Pensionsversicherung durch Kündigung seitens des AN endet.

Die Abfertigung gebührt aus Anlass der Mutter-(Eltern-)schaft bei
» Austritt aus Anlass der Mutter- bzw Elternschaft innerhalb der dafür vorgesehenen Fristen (siehe Frage 28.1);
» Kündigung bei Inanspruchnahme von Teilzeitarbeit infolge Elternschaft.

40. Wann steht trotz dreijähriger Betriebszugehörigkeit keine Abfertigung zu?

» Wenn der AN kündigt, ohne dass die in der vorigen Frage aufgezählten Gründe vorliegen;
» wenn der AN ohne wichtigen Grund vorzeitig austritt;
» wenn der AN aus seinem Verschulden entlassen wird.

41. Wann gebührt eine Abfertigung aus dem Anlass der Beendigung infolge Mutter-(Vater-)schaft?

Eine Abfertigung muss dann ausbezahlt werden, wenn

» die oder der AN bereits fünf Jahre im Betrieb beschäftigt war (ausgenommen Zeiten der Karenz) und
» die AN während der Schutzfrist austritt oder
» die/der AN spätestens drei Monate vor Beendigung der Karenz austritt oder bzw zwei Monate vor Beendigung der Karenz, wenn die Karenz nur zwei Monate dauert, oder
» die/der AN während der Teilzeitarbeit wegen Mutter-(Vater-)schaft kündigt und das Arbverh während der Teilzeitbeschäftigung beendet wird.

Diese Regelung gilt auch für Adoptiv- oder Pflegekinder. Die Höhe der Abfertigung in diesen Fällen beträgt die Hälfte der sonst zustehenden Abfertigung, höchstens jedoch drei Monatsentgelte.

42. Wie wird das letzte monatliche Entgelt berechnet, wenn Teilzeitbeschäftigung aus Anlass der Elternschaft in Anspruch genommen wird?

In diesem Fall ist für das letzte monatliche Entgelt vom Durchschnitt der in den letzten fünf Jahren geleisteten Arbeitszeit unter Außerachtlassung der Karenzzeit auszugehen. Wird das Arbverh durch Kündigung seitens des AG, durch ungerechtfertigte Entlassung, gerechtfertigten vorzeitigen Austritt oder einvernehmliche Lösung beendet, so ist bei der Ermittlung des Entgelts die frühere Normalarbeitszeit zugrundezulegen.

43. Welche Auswirkungen hat es, wenn ein Arbeitnehmer jahrelang ganztägig gearbeitet hat, aber in den letzten Monaten seines Arbeitsverhältnisses seine wöchentliche Arbeitszeit auf die Hälfte reduziert hat?

Ausgehend vom Gesetzeswortlaut („letztes monatliches Entgelt“) bekommt er die Abfertigung auf der Basis der Teilzeitbeschäftigung berechnet.

44. Wann muss die Abfertigung tatsächlich ausbezahlt werden?

Bis zum Betrag vom Dreifachen des monatlichen Entgelts ist die Abfertigung am letzten Tag des Arbverh auszuzahlen. Der Rest kann in Raten von je einem monatlichen Entgelt bezahlt werden. Die Erste dieser Raten muss spätestens am Beginn des vierten Monats ab der Beendigung des Arbverh bezahlt werden, die weiteren monatlichen Raten mit Beginn der Folgemonate.

Beispiel:
Der AN hat Anspruch auf das Neunfache des monatlichen Entgelts an Abfertigung und scheidet am 31. März 2004 aus. Das Dreifache muss er am letzten Tag des Arbverh (= 31. März 2004) bekommen. Somit verbleibt ein Rest im Ausmaß von sechs monatlichen Entgelten. Ab 1. Juli bekommt der AN bis 1. Dezember 2004 je ein monatliches Entgelt bezahlt.

Eine besondere Fälligkeitsregel sieht das Gesetz vor, wenn der AN aus Altersgründen oder wegen Inanspruchnahme einer Pension aus einer gesetzlichen Pensionsversicherung kündigt. In diesen Fällen kann die gesamte Abfertigung in Raten ausbezahlt werden. Eine Rate muss jedoch hier mindestens die Hälfte des monatlichen Entgelts betragen.

45. Wie wirkt sich die Bezahlung der Abfertigung in Raten auf die Besteuerung derselben aus?

Da die Abfertigung am Ende des Arbverh fällig ist, aber in Raten ausbezahlt werden kann, ist die Besteuerung der Abfertigung immer mit den begünstigten Steuersätzen vorzunehmen, und die Zahlung erfolgt mit den Restnettobeträgen.

46. Was ist, wenn das Arbeitsverhältnis durch den Tod des Arbeitnehmers beendet wird?

Es haben die gesetzlichen Erben, zu deren Erhaltung der Verstorbene gesetzlich verpflichtet war (zB die Ehefrau mit einem geringen Verdienst, die unterhaltsberechtigten Kinder des Verstorbenen), Anspruch auf die Hälfte der gesetzlichen Abfertigung. Die Abfertigung fällt in diesem Fall nicht in den Nachlass, sondern ist an die berechtigten Erben auszuzahlen.

47. Welcher Anspruch besteht, wenn der Arbeitgeber kündigt und der Arbeitnehmer während der Kündigungsfrist stirbt?

Auch in diesem Fall haben die gesetzlichen Erben, zu deren Erhaltung der Verstorbene verpflichtet war, Anspruch auf zumindest die Hälfte der gesetzlichen Abfertigung. Durch Kollektivvertrag können bessere Regelungen vorgesehen sein.

47.1. Wer zählt zum Kreis der gesetzlichen Erben, zu deren Erhalt der Erblasser gesetzlich verpflichtet war?
Darunter zählen in erster Linie unterhaltsberechtigte Kinder und die Ehegattin des AN, sofern sie kein oder nur ein geringes Einkommen hat.

48. Welche Ansprüche bestehen, wenn ein Arbeitsverhältnis mit Abfertigungsanspruch beendet wurde und der Arbeitnehmer nur vor Auszahlung der ganzen Abfertigung verstirbt?

Die Abfertigung fällt in diesem Fall in den Nachlass und wird gemäß der testamentarischen oder gesetzlichen Erbfolge unter den Erben verteilt, da die Abfertigung mit der Beendigung des Arbverh fällig ist. Dadurch ändert sich auch nichts mit der Möglichkeit einer Ratenzahlung.

49. Besteht ein Anspruch auf Abfertigung bei Übertragung des Unternehmens?

Ein solcher Anspruch besteht gegen den alten Eigentümer nur dann, wenn er das Arbverh aufkündigt. Durch das Arbeitsvertragsrechts-Anpassungsgesetz (AVRAG) ist der neue Firmeninhaber verpflichtet, den AN mit allen Rechten und Pflichten zu den bisherigen Bedingungen unter Anrechnung aller beim Vorgänger verbrachten und anerkannten Dienstzeiten zu übernehmen. Der AN verliert jedoch den Anspruch auf Abfertigung, wenn er dieses Angebot ablehnt. Erhält der AN bei Beendigung des Arbverh nach einer Übertragung des Unternehmens die Abfertigung vom Übernehmer nicht, hat er die Möglichkeit, seine Abfertigungsansprüche gegenüber beiden AG geltend zu machen, gegenüber dem alten AG jedoch nur im Ausmaß der bei ihm verbrachten Dienstzeit.

50. Besteht ein Anspruch auf Abfertigung, wenn das Arbeitsverhältnis durch Auflösung des Unternehmens beendet wird?

In der Regel bleibt die Verpflichtung zur Zahlung der Abfertigung bestehen, da der AG das Arbverh von sich aus beendet. Nur falls sich die „persönliche" Wirtschaftslage des AG derart verschlechtert, dass ihm die Auszahlung der Abfertigung nicht mehr ganz oder nur teilweise zumutbar ist, kann die Verpflichtung zur Gewährung der Abfertigung ganz oder teilweise entfallen. Aus der Formulierung „persönliche Wirtschaftslage" ist zu schließen, dass durch diese Ausnahmebestimmung nur „natürliche" Personen (Einzelunternehmer), nicht aber „juristische" Personen wie Kapitalgesellschaften (Aktiengesellschaften oder Gesellschaften mit beschränkter Haftung) und Vereine begünstigt sind.

50.1. Entfällt, wenn der Insolvenz-Entgeltsicherungsfonds bei Insolvenz einer Einzelfirma einspringt, von der Abfertigung ein Teil oder wird sie zur Gänze bezahlt?
Der Insolvenz-Entgeltsicherungsfonds bezahlt auch bei Liquidation einer Einzelfirma das volle Ausmaß der Abfertigung im Rahmen der jeweils festgesetzten Obergrenzen.

51. Welche Abfertigungsregelungen gelten für Bauarbeiter?

Für diese ANgruppe ist das Bauarbeiter-Urlaubs- und Abfertigungsgesetz anzuwenden. Die Beschäftigungszeiten bei verschiedenen AG, wenn die Voraussetzungen dafür gegeben sind, werden bei der Abfertigungskasse gesammelt und erst dann ausbezahlt, wenn der Bauarbeiter eine gesetzliche Pension in Anspruch nimmt, aus Altersgründen ausscheidet oder mehr als ein Jahr nicht in der Baubranche tätig ist.

52. Welche Ansprüche auf Abfertigung haben Hausgehilfen und Hausangestellte?

Diese Ansprüche sind durch das HGHAngG geregelt. Die Besonderheit bei dieser Regelung ist, dass ein Abfertigungsanspruch erst nach zehn Jahren entsteht, dafür aber unter anderem auch bei Kündigung durch den AN zu bezahlen ist.

End-abrechnung

Kapitel 31

1. Wann besteht ein Anspruch auf Endabrechnung?

Der Anspruch auf Endabrechnung ist immer mit Beendigung des Arbverh gegeben, dabei kommt es nicht auf den Grund oder auf die Art der Beendigung an.

§ *1154 Abs 3 ABGB*

2. Wann muss die Endabrechnung dem Arbeitnehmer übergeben werden?

Die Endabrechnung hat am letzten Tag des Arbverh zu erfolgen. Wird ein Arbverh fristlos aufgelöst oder ist keine Kündigungsfrist einzuhalten, so ist dem AG eine Bearbeitungszeit von einigen Tagen (maximal einer Woche) einzuräumen. Kollektivverträge können diesbezüglich Regelungen enthalten.

3. Genügt es, dass der Arbeitgeber eine Teilabrechnung mit Akonto vornimmt?

Nein, denn die Endabrechnung und das demnach fällige Entgelt ist am letzten Tag des Arbverh vollständig auszufolgen.

4. Muss die Endabrechnung dem Arbeitnehmer schriftlich übergeben werden?

Ja, eine mündliche Abrechnung und die Übergabe des Nettogesamtbetrages genügt nicht. Die Endabrechnung muss in übersichtlicher Weise vorgenommen werden. Dabei muss vor allem erkennbar sein, welche Beträge zur Auszahlung gelangen und welche Abzüge vorgenommen wurden.

§ *78 Abs 5 EStG*

5. Was muss einem Arbeitnehmer bezahlt werden, wenn der Arbeitgeber das Arbeitsverhältnis ordnungsgemäß kündigt?

5.1. Bezug bis zum letzten Tag des Arbeitsverhältnisses

Dieser beinhaltet alle geleisteten Überstunden, Zulagen, Prämien, aber auch alle Aufwandersätze, die der AN zu bekommen hat. Damit sind vor allem alle Reisekostenabrechnungen gemeint. Provisionen können auch erst zu einem späteren Zeitpunkt fällig werden.

§

16 AngG, Kollektivvertrag

5.2. Sonderzahlungen

Urlaubszuschuss und Weihnachtsremuneration sind am letzten Tag des Arbverh zumindest aliquot auszubezahlen. Aliquotiert werden kann nach Monaten (ein Zwölftel pro Monat), Wochen (ein Zweiundfünfzigstel pro Woche) oder nach Tagen (ein Dreihundertfünfundsechzigstel pro Kalendertag) werden.

Beispiel:

Der AN scheidet am 31. Juli des Jahres aus dem Unternehmen aus. Er war also in diesem Kalenderjahr sieben von zwölf Monaten im Unternehmen tätig. Wenn er das ganze Jahr im Unternehmen tätig gewesen wäre, hätte er einen Anspruch auf 1.800 Euro gehabt. Dieser Betrag wird durch zwölf dividiert und das Ergebnis mit sieben multipliziert, das ergibt 1.050 Euro. In manchen Kollektivverträgen ist vorgesehen, dass der verhältnismäßig zu viel bezahlte Teil nicht rückverrechnet werden darf, wenn der Urlaubszuschuss bereits vor dem Ausspruch der Kündigung durch den AG ausbezahlt wurde.

§§

9 und 10 UrlG

5.3. Abgeltung des offenen Urlaubs

Der Urlaubsanspruch wird, soweit er während der Kündigungsfrist nicht konsumiert wurde, in Form einer Ersatzleistung ausbezahlt. Die Ersatzleistung beträgt für das laufende Urlaubsjahr immer den aliquoten Teil, entsprechend der im Urlaubsjahr zurückgelegten Dienstzeit. Urlaub aus vergangenen Urlaubsjahren muss voll abgegolten werden. Näheres siehe Kapitel 15 „Urlaub".

§§

23 AngG, 2 ArbAbfG

5.4. Abfertigung

Wenn das Arbverh durch ordnungsgemäße Kündigung durch den AG endet, steht dem AN – nach der alten Regelung – die volle Abfertigung zu, soweit er anspruchsberechtigt ist. Siehe hiezu Kapitel 30 „Abfertigung".

6. Nicht ordnungsgemäße Kündigung durch den Arbeitgeber, ungerechtfertigte Entlassung und gerechtfertigter, vom Arbeitgeber auch verschuldeter Austritt

6.1. Laufender Bezug

Der laufende Lohn/Gehalt ist immer bis zum letzten Tag des Arbverh zu bezahlen. Hat der AN also zB bis zum 15. eines Monats gearbeitet, so müssen ihm bis zu diesem Zeitpunkt sein Lohn oder sein Gehalt, die offenen Zulagen, Prämien, Überstunden, aber auch die noch nicht bezahlten Aufwandsentschädigungen bezahlt werden.

§§

29 AngG, 1162b ABGB

6.2. Kündigungsentschädigung

Der AN ist in diesen Fällen finanziell so zu stellen, als ob ihn der AG ordnungsgemäß zum nächstmöglichen Zeitpunkt gekündigt hätte. Das bedeutet, dass der AN das Entgelt bis zu dem Tag bekommen muss, der im Falle der Einhaltung der vorgeschriebenen Kündigungsfrist bzw des Ablaufs der Befristung der letzte Tag des Arbverh gewesen wäre. Sollte während dieser fiktiven Frist ein neuer Urlaubsanspruch entstehen, so muss auch dieser als Urlaubsersatzleistung anteilig abgegolten werden. Siehe hiezu Frage 6.4 dieses Kapitels. Soweit der Zeitraum für die Kündigungsentschädigung drei Monate übersteigt, muss sich der AN das anrechnen lassen, was er sich durch das Unterbleiben der Arbeitsleistung erspart oder durch eine andere Verwendung (zB in einem Arbverh) erworben oder zu erwerben absichtlich versäumt hat.

6.2.1. Besteht während der Zeit, für die Kündigungsentschädigung bezahlt wird, eine Pflicht zur Arbeitsleistung?

Die Kündigungsentschädigung ist ein pauschalierter Schadenersatzanspruch. Eine Arbeitspflicht besteht für diesen Zeitraum nicht. Das Arbverh endet mit dem vom AG bekannt gegebenen Datum, es sei denn, der AN stimmt einer Berichtigung der nicht ordnungsgemäßen Lösung des Arbverh durch den AG zu.

6.2.2. Was versteht man unter Entgelt in diesem Zusammenhang?

Unter Entgelt versteht man dabei Lohn oder Gehalt, die regelmäßig geleisteten Überstunden im Durchschnitt, Prämien, Zulagen und vor allem anteilige Sonderzahlungen. Nicht dazu zählen nur Aufwandsentschädigungen, wie zB Reisekosten, Taggelder und Nächtigungsgelder.

6.2.3. Innerhalb welcher Zeit muss die Kündigungsentschädigung beim Gericht eingeklagt werden?

§§ *34 AngG, 1162d ABGB*

Dieser Anspruch muss innerhalb von sechs Monaten ab der Beendigung des Arbverh gerichtlich geltend gemacht werden, da ansonsten ein Verfall eintritt. Die Verfallsfrist (Präklusivfrist) für diese Ansprüche ist um Wesentliches kürzer als für andere Ansprüche aus dem Arbverh, die der gesetzlichen Verjährung unterliegen.

6.3. Sonderzahlungen

§ *16 AngG, Kollektivvertrag*

Die Sonderzahlungen sind aliquot bis zum letzten Tag des Arbverh abzurechnen (siehe auch Frage 5.2 dieses Kapitels). Da der AN hinsichtlich aller seiner Ansprüche aber so zu stellen ist, als ob ihn der AG ordnungsgemäß gekündigt hätte – also die vom Gesetz, Kollektivvertrag oder Einzelvertrag vorgeschriebene Kündigungsfrist bzw Zeitablauf eingehalten hätte –, gilt dies auch für die Sonderzahlungen. Diese Sonderzahlungsanteile sind jedoch im Rahmen der Kündigungsentschädigung geltend zu machen. Das bedeutet, dass sie ebenfalls innerhalb eines halben Jahres ab Beendigung des Arbverh gerichtlich geltend gemacht werden müssen, da sonst der Anspruch verfällt.

Beispiel:
Der AN ist ungerechtfertigt entlassen worden. Sein letzter Arbeitstag war der 15. Juni. Bei ordnungsgemäßer Kündigung hätte er aber als Angestellter bis zum 30. September beschäftigt werden müssen. Ihm sind also die Sonderzahlungen bis zum 15. Juni im Rahmen des laufenden Entgelts auszubezahlen. Da er aber finanziell so zu stellen ist, als ob ihn der AG ordnungsgemäß bis zum 30. September beschäftigt hätte, stehen ihm auch noch zusätzlich die Sonderzahlungen für den Zeitraum vom 16. Juni bis zum 30. September zu. Auch dieser Teil des Anspruchs gilt als Kündigungsentschädigung und unterliegt der sechsmonatigen Verfallsfrist.

§§ 9 und 10 UrlG

6.4. Urlaubsersatzleistung

Die Ersatzleistung für den offenen Urlaubsanspruch für das laufende Urlaubsjahr ist aliquot auszuzahlen, Urlaub aus vergangenen Jahren ist immer voll abzurechnen. (Siehe dazu auch Kapitel 15 „Urlaub".) Die Auszahlung der Ersatzleistung für nichtverbrauchten Urlaub kann innerhalb der normalen dreijährigen Verjährungsfrist bei Gericht eingeklagt werden. Allfällige kürzere Verfallsfristen müssen dabei beachtet werden. Wenn während der Kündigungsfrist, die der AG einzuhalten gehabt hätte, ein neuer Urlaubsanspruch entstanden wäre, so ist dieser ebenfalls aliquot auszuzahlen. Ein solcher Urlaubsanspruch entsteht, wenn in der fiktiv einzuhaltenden Kündigungsfrist ein neues Urlaubsjahr beginnen würde. Dieser Urlaubsanspruch ist im Rahmen der Kündigungsentschädigung geltend zu machen. Das heißt, er muss innerhalb von sechs Monaten ab dem Ablauf des Tages, an dem die Beendigung stattfand, beim Arbeits- und Sozialgericht eingeklagt werden, da er sonst verfällt.

Beispiel:

Ein AN wird am 15. Juni ungerechtfertigt entlassen. Sein Urlaubsjahr beginnt mit dem 1. Juli. Bei ordnungsgemäßer Kündigung durch den AG hätte er aber bis zum 30. September beschäftigt werden müssen. Es wäre ihm also bei ordnungsgemäßer Kündigung ab 1. Juli ein neuer Urlaubsanspruch im Ausmaß von fünf Wochen entstanden. Diesen Urlaubsanspruch muss der AN aliquot (92/365) als Urlaubsersatzleistung ausbezahlt bekommen. Hinzu kommt noch der anteilige Urlaubsanspruch für die Zeit vom 15. bis 30. Juni im Ausmaß von (15/365 des Jahresurlaubes), es sei denn, der Urlaub wurde verbraucht.

§§ 23 AngG, 2 ArbAbfG, 14 (2) BMSVG

6.5. Abfertigung

Hinsichtlich des Abfertigungsanspruches ist der AN so zu stellen, als hätte ihn der AG ordnungsgemäß gekündigt. Somit ist nach dem „alten Recht" auch ein bestehender Anspruch auf Abfertigung gegeben, soweit das Arbverh mindestens drei Jahre ununterbrochen gedauert hat. Wenn aber innerhalb der vom AG nicht ordnungsgemäß eingehaltenen Kündigungsfrist erst der Abfertigungsanspruch entstanden oder eine Erhöhung des Abfertigungsanspruchs angefallen wäre, so handelt es sich hier ebenfalls um einen Anspruch im Rahmen der Kündigungsentschädigung, der innerhalb von sechs Monaten nach Beendigung des Arbverh gerichtlich geltend zu machen ist, da er sonst verfällt. Diese kurze Verfallsfrist gilt aber nur für jenen Teil der Abfertigung, der im Rahmen der Kündigungsentschädigung auszuzahlen ist.

Beispiel:

Ein AN ist seit 1. August 2003 als Angestellter beschäftigt. Am 15. Mai 2008 wird der AN zum 30. Juni 2008 vom AG gekündigt. Aufgrund der AG-Kündigung hat der AN Anspruch auf Abfertigung in Höhe von zwei Monatsentgelten, da vom 1. August 2003 bis zum 30. Juni 2008 der AN mehr als drei, aber noch keine fünf Jahre im Unternehmen beschäftigt war. Dieser Anspruch unterliegt der gesetzlichen Verjährungsfrist von drei Jahren, soweit keine kürzere Verfallsfrist besteht. Bei ordnungsgemäßer Kündigung durch den AG (Quartalskündigung) und Einhaltung der Kündigungsfrist (zwei Monate) hätte der AN aber bis zum 30. September 2008 beschäftigt werden müssen. Zu diesem Zeitpunkt wäre der AN aber bereits länger als fünf Jahre im Betrieb beschäftigt gewesen. Daher steht dem AN insgesamt nicht bloß das Zweifache, sondern das Dreifache des monatlichen

Entgelts an Abfertigung zu. Dieses zusätzliche monatliche Entgelt muss der AG aber im Rahmen der Kündigungsentschädigung auszahlen, und es verfällt innerhalb von sechs Monaten ab Beendigung des Arbverh, wenn es nicht gerichtlich geltend gemacht wird. Im neuen System der Mitarbeitervorsorge besteht bei Vorliegen der sonstigen Voraussetzungen ein Anspruch auf Auszahlung des in der MV-Kasse liegenden Betrages.

7. Welche Ansprüche erhält ein Arbeitnehmer im Falle einer von ihm verschuldeten gerechtfertigten Entlassung?

7.1. Laufender Bezug

Der AG muss auch bei einer gerechtfertigten Entlassung den Lohn oder Gehalt und alle Zulagen, Prämien, Überstunden, die der AN bis zum letzten Tag des Arbverh gearbeitet hat, ausbezahlen.

7.2. Sonderzahlungen

§ *16 AngG, Kollektivvertrag*

Urlaubszuschuss und Weihnachtsremuneration sind dem Angestellten immer aliquot zu bezahlen. Bei Arbeitern verfällt zumeist der Anspruch auf Sonderzahlungen, wenn sie gerechtfertigterweise entlassen werden. Nur in ganz wenigen Kollektivverträgen sind aliquote Sonderzahlungen trotz Entlassung vorgesehen.

7.3. Ersatzleistung für nicht verbrauchten Urlaub

§ *10 UrlG*

Für das laufende Urlaubsjahr wird der offene Urlaub nur aliquot als Ersatzleistung abgegolten. Ein bereits verbrauchter Jahresurlaub ist im vollen Ausmaß vom aliquoten Urlaubsausmaß abzurechnen. Hat der AN mehr Urlaub konsumiert als das aliquote Ausmaß, so hat er im Falle einer verschuldeten Entlassung oder eines unberechtigten vorzeitigen Austritts das zu viel erhaltene Urlaubsentgelt rückzuerstatten. Nur Urlaubsansprüche aus bereits abgelaufenen Urlaubsjahren müssen immer voll abgegolten werden.

7.4. Abfertigung

§§ *23 AngG, 2 ArbAbfG, 14 (2) BMSVG*

Bei einer gerechtfertigten verschuldeten Entlassung besteht nach der alten Rechtslage kein Anspruch auf Abfertigung und nach der neuen Mitarbeitervorsorgeregelung kein Anspruch auf Auszahlung der in der MV-Kasse liegenden Beträge.

8. Welche Ansprüche erhält ein AN im Falle einer ordnungsgemäßen AN-Kündigung?

8.1. Laufender Bezug

Der AN hat Anspruch auf Bezahlung seines Lohns oder Gehalts bis zum letzten Tag des Arbverh. Dies betrifft auch Überstunden, Prämien, Zulagen und Ähnliches mehr.

§
16 AngG, Kollektivvertrag

8.2. Sonderzahlungen

Diese müssen aliquot, bezogen auf die Zeit, die der AN im Kalenderjahr tatsächlich beschäftigt war, ausbezahlt werden. Nur in manchen Kollektivverträgen ist der Berechnungszeitraum für den Urlaubszuschuss nicht nach dem Kalender-, sondern dem Arbeitsjahr vorzunehmen.

§
10 UrlG

8.3. Ersatzleistung für nicht verbrauchten Urlaub

Die Ersatzleistung für den offenen Urlaubsanspruch für das laufende Urlaubsjahr ist aliquot abzurechnen. Ein über das aliquote Ausmaß hinaus verbrauchter Jahresurlaub darf nicht rückverrechnet werden. Urlaub aus vergangenen Jahren ist immer voll abzugelten. (Siehe dazu auch Kapitel 15 „Urlaub“)

§§
23 AngG, 2 ArbAbfG, 14 (2) BMSVG

8.4. Abfertigung

Grundsätzlich besteht bei Kündigung durch den AN nach der alten Rechtslage kein Anspruch auf Abfertigung bzw nach der neuen Mitarbeitervorsorgeregelung kein Anspruch auf Auszahlung der in der MV-Kasse liegenden Beträge. Ausgenommen sind nur jene Fälle, wenn der AN kündigt, und zwar:

» nach zehnjähriger Betriebszugehörigkeit wegen Erreichung der Altersgrenze (Frauen 60, Männer 65 Jahre) oder
» nach zehnjähriger Betriebszugehörigkeit wegen Inanspruchnahme der vorzeitigen Alterspension wegen langer Versicherungsdauer oder
» um eine Pension oder vorzeitige Alterspension aus einer gesetzlichen Pensionsversicherung wegen geminderter Arbeitsfähigkeit in Anspruch zu nehmen oder
» obwohl er einen Grund für einen vorzeitigen Austritt gehabt hätte und diesen Umstand bei der Kündigung auch angegeben hat oder
» nach fünfjähriger Betriebszugehörigkeit, wenn der/die Betreffende aus Anlass der Elternschaft spätestens drei Monate vor Ende der Karenzzeit austritt oder bei Inanspruchnahme einer Teilzeitbeschäftigung kündigt bzw die AN während der Schutzfrist das Arbverh auflöst. In diesen Fällen gebührt jedoch nur die Hälfte der Abfertigung, maximal drei Monatsentgelte.

9. Einvernehmliche Lösung

9.1. Laufender Bezug

Dieser muss bis zum letzten Tag des Arbverh bezahlt werden. Damit sind auch Ansprüche auf Überstundenentgelt, Prämien, Zulagen oder Ähnliches gemeint.

§
16 AngG, Kollektivvertrag

9.2. Sonderzahlungen

Es gebühren Urlaubs- und Weihnachtsremuneration aliquot für die Zeit, die im Kalenderjahr (manchmal auch im Arbeitsjahr) gearbeitet wurde. Vereinzelt schließen Kollektivverträge eine Rückverrechnung eines bereits ausbezahlten Urlaubszuschusses aus, wenn vor Ablauf des Kalenderjahres (Arbeitsjahres) das Arbverh durch einvernehmliche Lösung endet.

9.3. Ersatzleistung für nicht verbrauchten Urlaub

Die Ersatzleistung für den offenen Urlaubsanspruch für das laufende Urlaubsjahr ist aliquot auszuzahlen, Urlaub aus vergangenen Jahren wird immer voll abgerechnet (Siehe dazu auch Kapitel 15 „Urlaub“).

§ 10 UrlG

9.4. Abfertigung

Bei einvernehmlicher Lösung steht grundsätzlich nach der alten Rechtslage die gesamte Abfertigung bzw nach der neuen Mitarbeitervorsorgeregelung die Auszahlung der in der MV-Kasse liegenden Beträge zu. Nach der alten Abfertigungsregelung können auch abweichende Vereinbarungen getroffen werden. Ist die einvernehmliche Lösung nur auf Wunsch und Initiative des AN erfolgt, kann sie auch analog einer Kündigung behandelt werden.

§§ 23 AngG, 2 ArbAbfG, 14 BMSVG

10. Gerechtfertigter, vom Arbeitgeber aber nicht verschuldeter Austritt (zB wegen Gefährdung der Gesundheit)

10.1. Laufender Bezug

Lohn oder Gehalt, Überstunden, Prämien, Zulagen oder Ähnliches müssen bis zum letzten Tag des Arbverh bezahlt werden.

10.2. Kündigungsentschädigung

Es besteht kein Anspruch auf Kündigungsentschädigung.

§§ 29 AngG, 1162 ABGB

10.3. Sonderzahlungen

Diese müssen aliquot für die Zeit ausbezahlt werden, die der AN im Betrieb beschäftigt war. In manchen Kollektivverträgen ist eine Rückverrechnung eines bereits zur Gänze bezogenen Urlaubszuschusses nicht vorgesehen.

§ 16 AngG, Kollektivvertrag

10.4. Ersatzleistung für nicht verbrauchten Urlaub

Die Ersatzleistung für den offenen Urlaubsanspruch für das laufende Urlaubsjahr ist aliquot auszuzahlen, Urlaub aus vergangenen Jahren wird immer voll abgerechnet (Siehe dazu auch Kapitel 15 „Urlaub“).

§ 10 UrlG

10.5. Abfertigung

Soweit bereits ein Abfertigungsanspruch besteht, hat der AN nach der alten Rechtslage Anspruch auf Abfertigung bzw nach der neuen Mitarbeitervorsorgeregelung Anspruch auch auf Auszahlung der in der MV-Kasse liegenden Beträge.

§§ 23 AngG, 2 ArbAbfG, 14 BMSVG

11. Nicht ordnungsgemäße Kündigung durch den Arbeitnehmer und unberechtigter vorzeitiger Austritt des Arbeitnehmers

11.1. Laufender Bezug

Dieser steht bis zum letzten Tag des Arbverh zu. Geleistete Überstunden, erarbeitete Provisionen, Prämien oder Zulagen müssen ausbezahlt werden.

§
16 AngG, Kollektivvertrag

11.2. Sonderzahlungen

Angestellte haben Urlaubs- und Weihnachtsremuneration aliquot zu bekommen. Arbeiter haben in der Regel keinen Anspruch auf Sonderzahlungen. Nur vereinzelt sehen Kollektivverträge eine aliquote Abgeltung vor.

§
10 UrlG

11.3. Ersatzleistung für nicht verbrauchten Urlaub

Der Urlaub für das laufende Urlaubsjahr entfällt. Hat der AN im laufenden Urlaubsjahr bereits mehr als den aliquoten Anteil seines Urlaub konsumiert, so hat er im Falle eines unberechtigten Austritts oder verschuldeter Entlassung das zu viel erhaltene Urlaubsentgelt rückzuerstatten. Nur Urlaubsansprüche aus bereits abgelaufenen Urlaubsjahren müssen immer voll abgegolten werden.

§§
23 AngG, 2 ArbAbfG

11.4. Abfertigung

Es besteht nach der alten Rechtslage kein Anspruch auf Abfertigung bzw kein Anspruch auf Auszahlung der in der MV-Kasse liegenden Beträge.

12. Zeitablauf eines befristeten Arbeitsverhältnisses

12.1. Laufendes Entgelt

Dieses muss bis zum letzten Tag des Arbverh ausbezahlt werden. Es beinhaltet geleistete Überstunden, Zulagen, Prämien, Provisionen und Ähnliches.

§
16 AngG, Kollektivvertrag

12.2. Sonderzahlungen

In den meisten Fällen besteht ein Anspruch auf Auszahlung der aliquoten Sonderzahlungen. Ist die Befristung aber nur für wenige Wochen vereinbart worden, so können Arbeiterkollektivverträge auch vorsehen, dass kein Anspruch auf Sonderzahlungen besteht.

§
10 UrlG

12.3. Ersatzleistung für nicht verbrauchten Urlaub

Die Ersatzleistung für den offenen Urlaubsanspruch für das laufende Urlaubsjahr ist aliquot abzurechnen, Urlaub aus vergangenen Jahren wird immer voll abgegolten (Siehe dazu auch Kapitel 15 „Urlaub“).

§§
23 AngG, 2 ArbAbfG, 14 BMSVG

12.4. Abfertigung

Hat das Arbverh bereits drei Jahre ununterbrochen gedauert, so gebührt nach der alten Rechtslage auch bei Zeitablauf eines befristeten Arbverh eine Abfertigung bzw nach der neuen Rechtslage ein Anspruch auf Auszahlung der in der MV-Kasse liegenden Beträge.

13. Tod des Arbeitnehmers

13.1. Laufender Bezug

Der Anspruch auf den laufenden Bezug inkl aller Zulagen, Überstunden, Prämien, Provisionen und Ähnlichem fällt in den Nachlass.

13.2. Sonderzahlungen

§ *16 AngG, Kollektivvertrag*

Der Anspruch auf den aliquoten Teil der Sonderzahlungen fällt in den Nachlass. Kollektivverträge können bestimmen, dass ein vor dem letzten Tag des Arbverh ausbezahlter Urlaubszuschuss in einem solchen Fall nicht rückverrechnet werden darf.

13.3. Ersatzleistung für nicht verbrauchten Urlaub

§ *10 UrlG*

Die Ersatzleistung für den offenen Urlaubsanspruch für das laufende Urlaubsjahr ist aliquot abzurechnen und den Erben auszuzahlen. Urlaub aus vergangenen Jahren ist immer voll abzurechnen (Siehe dazu auch Kapitel 15 „Urlaub"). Diese Formulierung bestimmt den Kreis der Berechtigten und schließt aus, dass die Urlaubsabgeltung in den Nachlass fällt.

13.4. Abfertigung

§§ *23 AngG, 2 ArbAbfG, 14 (5) BMSVG, Kollektivvertrag*

Den gesetzlichen Erben, zu deren Erhaltung der Verstorbene gesetzlich verpflichtet war, gebührt nach der alten Rechtslage die Hälfte der gesetzlichen Abfertigung. Nach der neuen Mitarbeitervorsorgeregelung besteht Anspruch auf die gesamte Abfertigung. Unter den gesetzlichen Erben sind in erster Linie die Ehefrau und die Kinder zu verstehen, die unterhaltsberechtigt waren. Dieser Anspruch geht direkt an die Berechtigten und fällt nicht in den Nachlass. Nur wenn keine gesetzlichen Erben vorhanden sind, fällt nach der neuen Regelung die in der MV-Kasse liegende Abfertigung in den Nachlass. Vereinzelt sehen Kollektivverträge bessere Regelungen vor.

14. Auflösung während der Probezeit

14.1. Laufendes Entgelt

Dem AN gebührt das Entgelt für die Zeit, die er gearbeitet hat. Dies auch dann, wenn er nur wenige Stunden oder Tage gearbeitet hat.

14.2. Sonderzahlungen

§ *16 AngG, Kollektivvertrag*

Es gebührt ein Anspruch auf den aliquoten Teil der Sonderzahlungen. In Arbeiterkollektivverträgen gebührt der Anspruch in manchen Fällen erst ab Erreichen einer Wartefrist, die branchenweise unterschiedlich sein kann.

14.3. Ersatzleistung für nicht verbrauchten Urlaub

§ *10 UrlG*

Die Ersatzleistung für den offenen Urlaubsanspruch für das laufende Urlaubsjahr ist aliquot auszuzahlen oder nach Vereinbarung zu konsumieren.
(Siehe dazu auch Kapitel 15 „Urlaub".)

Arbeits-papiere

Kapitel 32

Auf welche Arbeitspapiere hat ein Arbeitnehmer Anspruch, wenn das Arbeitsverhältnis beendet wird?

Er hat Anspruch auf folgende Arbeitspapiere:

» Arbeitsbescheinigung;
» Abmeldung (Anmeldung) von der Krankenkasse;
» Arbeits- und Entgeltbestätigung (bei einem Krankenstand);
» Lohnzettel (L 16);
» Arbeitszeugnis auf Verlangen;
» Abrechnung, Endabrechnung.

1. Arbeitsbescheinigung

§ *46 AlVG, VO über die Arbeitsbescheinigung*

Die Arbeitsbescheinigung benötigt der AN, um bei der regionalen Geschäftsstelle des Arbeitsmarktservice (Arbeitsamt) Arbeitslosengeld beantragen zu können.

2. An- und Abmeldung von der Krankenkasse

§ *41 ASVG*

Diese sollte auf jeden Fall verlangt werden, um in der Lage zu sein, die korrekte An- und Abmeldung bei der Krankenkasse zu überprüfen.

3. Arbeits- und Entgeltbestätigung

Diese wird im Krankheitsfall für den Antrag auf Krankengeld bei der Krankenkasse benötigt. Ferner wird sie auch für die Beantragung des Wochengelds während der Schutzfrist benötigt.

4. Lohnzettel (L16)

Diesen benötigt der AN zur Vorlage beim nächsten AG wegen Besteuerung der Sonderzahlungen.

5. Endabrechnung

Dem AN ist bei Beendigung des Arbverh eine Endabrechnung auszuhändigen, aus der die Höhe des Entgelts und der Abzüge ersichtlich sind.

6. Arbeitszeugnis

§§ *39 AngG, 1163 ABGB*

Dem AN ist auf Verlangen ein schriftliches Arbeitszeugnis über die Dauer und Art der Dienstleistung auszustellen. Negative Formulierungen sind unzulässig. Das Zeugnis ist gebührenfrei.

7. Wann sind diese Arbeitspapiere dem Arbeitnehmer auszuhändigen?

Die Arbeitspapiere sind am letzten Tag des Arbverh dem AN zu übergeben.

8. Welche Möglichkeiten hat der Arbeitnehmer, wenn der Arbeitgeber die Arbeitspapiere nicht rechtzeitig übergibt?

In erster Linie sollte der AN die ausständigen Arbeitspapiere mündlich, in der Folge schriftlich beim AG geltend machen. In weiterer Folge ist zu unterscheiden, welche Arbeitspapiere nicht übergeben wurden.

8.1. Wie kann eine Arbeitsbescheinigung durchgesetzt werden?

In erster Linie ist die Geschäftsstelle des Arbeitsmarktservice (Arbeitsamt) verpflichtet, dem AN bei der Beschaffung der Arbeitsbescheinigung behilflich zu sein. Sollte der AG trotz Intervention der Geschäftsstelle des Arbeitsmarktservice (Arbeitsamtes) die Arbeitsbescheinigung nicht ausstellen, so hat die Geschäftsstelle des Arbeitsmarktservice (Arbeitsamt) ein Verwaltungsstrafverfahren gegen den AG einzuleiten. In diesem Zusammenhang kann der AN eine Ersatzarbeitsbescheinigung bei der Geschäftsstelle des Arbeitsmarktservice (Arbeitsamt) beantragen. Auf jeden Fall ist der betroffene AN berechtigt, selbst bei der Bezirksverwaltungsbehörde (Magistrat, Bezirkshauptmannschaft) einen Strafantrag nach § 71 Abs 1 AlVG zu stellen.

8.2. Kann sich ein Arbeitnehmer auch arbeitslos melden, wenn der Arbeitgeber die Arbeitsbescheinigung nicht ausgestellt hat?

Ja, es ist sogar unbedingt erforderlich, dass sich der AN spätestens am ersten Tag der Arbeitslosigkeit arbeitslos meldet, da das Arbeitslosengeld nicht rückwirkend gewährt wird. Weiters besteht nach der Beendigung eines Arbverh nur eine begrenzte Zeit eine Weiterversicherung bei der Krankenkasse.

8.3. Welche Möglichkeiten hat der Arbeitnehmer, wenn ihm der Arbeitgeber die An- oder Abmeldung zur Krankenkasse nicht aushändigt?

In diesen Fällen ist es ratsam, persönlich bei der Krankenkasse nachzufragen, ob er richtig an- und abgemeldet wurde. Auch in diesen Fällen ist es möglich, bei der zuständigen Bezirksverwaltungsbehörde einen Strafantrag nach § 111 ASVG zu stellen, wenn diese Papiere nicht ausgehändigt werden.

8.4. Welche Möglichkeiten hat der Arbeitnehmer, wenn die Arbeits- und Entgeltsbestätigung für die Krankenkasse nicht oder falsch ausgestellt wird?

Sollte der AG die Ausstellung dieses Arbeitspapiers grundlos verweigern, so begeht er eine Verwaltungsübertretung und kann von der zuständigen Bezirksverwaltungsbehörde nach § 111 ASVG bestraft werden. Antragsberechtigt ist die zuständige Krankenkasse oder der betroffene AN. In diesem Falle ist zu empfehlen, bei der zuständigen Krankenkasse eine Niederschrift vorzunehmen.

8.5. An wen kann sich ein Arbeitnehmer wenden, wenn der Lohnzettel (L16) nicht ausgefolgt wird?

Wird der Lohnzettel ohne Grund zurückbehalten, so kann sich der AN an das zuständige Firmenfinanzamt wenden. Das ist jenes Finanzamt, das für den Betrieb, in dem der AN gearbeitet hat, zuständig ist.

9. Arbeitszeugnis

9.1. Muss jeder Arbeitnehmer automatisch bei Beendigung des Arbeitsverhältnisses ein Arbeitszeugnis bekommen?

Nein, denn der AG muss ein Zeugnis nur dann ausstellen, wenn dies vom AN verlangt wird. Stellt der AG trotz mündlicher Aufforderung ein Arbeitszeugnis nicht aus, so ist es ratsam, bevor die Klage beim Arbeits- und Sozialgericht eingebracht wird, dieses schriftlich mittels eingeschriebenen Briefes und einer Nachfristsetzung von etwa 14 Tagen nochmals zu fordern.

9.2. Hat ein Arbeitnehmer auch bei aufrechtem Arbeitsverhältnis einen Anspruch auf ein Zeugnis oder nur bei Beendigung desselben?

Auch bei laufendem Arbverh hat der AN Anspruch auf die Ausstellung eines Arbeitszeugnisses (Zwischenzeugnis, Interimszeugnis).

9.3. Wann ist es von Vorteil, sich ein Zwischenzeugnis ausstellen zu lassen?

» wenn der AN beabsichtigt, sich extern um eine andere Stelle zu bewerben;
» wenn innerbetriebliche Änderungen im eigenen Unternehmen anstehen;
» wenn sich der AN für eine vorübergehende Zeit beurlauben lassen will;
» wenn sich das Aufgabenfeld des AN verändert;
» wenn der AN seinen Wert am Arbeitsmarkt testen will;
» wenn das Zwischenzeugnis in den Personalakt aufgenommen werden soll.

9.4. Wie hoch sind die Kosten für ein Arbeitszeugnis?

Das Arbeitszeugnis ist gebührenfrei.

9.5. Was muss in einem Arbeitszeugnis alles enthalten sein?

Im Arbeitszeugnis muss nach dem Wortlaut des Gesetzes nur die Tätigkeit des AN und die Dauer des Arbverh genau angegeben sein. Einen Anspruch auf ein qualifiziertes Zeugnis hat der AN nicht.

9.6. Wie genau muss die Tätigkeit beschrieben sein?

Es genügt nicht, lediglich undeutliche Berufsbezeichnungen zu bestätigen. Vor allem die Bezeichnung als kaufmännischer Angestellter, Arbeiter, Techniker, Jurist oder Ähnliches wird nicht zur genauen Bestimmung der Tätigkeit ausreichen. Vielmehr müssen die tatsächlichen Tätigkeiten des AN so beschrieben werden, dass sich der Leser des Zeugnisses ein genaues Bild darüber machen kann.

9.7. Dürfen in einem Arbeitszeugnis auch abfällige Äußerungen über den Arbeitnehmer stehen?

Nein, denn das Arbeitszeugnis darf nichts enthalten, was für die zukünftige berufliche Laufbahn des AN von Nachteil sein kann.

9.8. Darf in einem Arbeitszeugnis die Art der Beendigung angegeben sein?

Da im Gesetz nicht vorgesehen ist, über die Art der Beendigung des Arbverh Angaben zu machen, ist das nur dann zulässig, wenn es für den weiteren beruflichen Lebensweg des AN nicht von Nachteil ist.

9.9. Darf in einem Arbeitszeugnis der Grund für die Beendigung angegeben werden?

Das ist nur zulässig, wenn es für den AN nicht von Nachteil ist. Unzulässig wäre es zB, wenn der AG im Arbeitszeugnis bescheinigt, dass er sich wegen schwacher Arbeitsleistung vom AN trennen musste.

9.10. Was kann der Arbeitnehmer tun, wenn der Arbeitgeber trotz Aufforderung kein Arbeitszeugnis ausstellt?

Der AN hat die Möglichkeit, den Anspruch beim Arbeits- und Sozialgericht klagsweise geltend zu machen. Zuvor sollte der AG allerdings schriftlich zur Ausstellung eines Arbeitszeugnisses innerhalb von etwa 14 Tagen aufgefordert werden.

9.11. Welche Möglichkeiten hat der Arbeitnehmer, wenn der Arbeitgeber ein unvollständiges oder falsches Arbeitszeugnis ausstellt?

Auch in diesem Fall sollte der AG schriftlich aufgefordert werden, ein ordnungsgemäßes Arbeitszeugnis auszustellen. Sollte der AG dieser Verpflichtung nicht nachkommen, so kann der AN seinen Anspruch ebenfalls klagsweise beim Arbeits- und Sozialgericht geltend machen.

9.12. Haben auch Lehrlinge Anspruch auf ein Zeugnis?

Ja, dieses hat aber nicht die Art der Beschäftigung, sondern nur die Zeit der Lehre zu enthalten.

9.13. Wann verjährt der Anspruch auf ein Arbeitszeugnis?

Die Verjährungsfrist für ein Arbeitszeugnis beträgt 30 Jahre.

9.14. Wo findet man Hinweise für die Ausstellung von Arbeitszeugnissen?

In der Serie „Kleiner Ratgeber" ist das Buch „Zeugnisse lesen und verstehen", Formulierungen und ihre Bedutung, von H.-G. Dachrodt/E. Ullmann, Verlag des ÖGB, erschienen.

10. Muss der Arbeitgeber dem Arbeitnehmer auf dessen Verlangen bei laufendem Arbeitsverhältnis eine Gehaltsbestätigung ausstellen?

Ja, das ist aus der Fürsorgepflicht des AG abzuleiten.

11. Ist der Arbeitgeber verpflichtet, auch nach Beendigung des Arbeitsverhältnisses einen Dienstzettel auszustellen?

Nein.

12. Ist der Arbeitgeber verpflichtet, eine Abrechnung bzw Endabrechnung zu erstellen?

Ab 1. Mai 1995 ist der AG gemäß § 78 Abs 5 EStG verpflichtet, eine übersichtliche monatliche Abrechnung dem AN auszustellen und eine Endabrechnung vorzunehmen. Erhält der AN diese trotz Mahnung nicht, hat er die Möglichkeit, beim zuständigen Betriebsstättenfinanzamt die Ausstellung zu beantragen. Auch manche Kollektivverträge sehen eine diesbezügliche Verpflichtung des AG vor.

13. Ist der Arbeitgeber verpflichtet, dem Arbeitnehmer eine Lohnabrechnung zu übermitteln?

§ *2 f AVRAG*

Ja. Seit 2016 muss der Arbeitgeber bei Fälligkeit des Entgelts eine schriftliche, übersichtliche, nachvollziehbare und vollständige Abrechnung von Entgelt- und Aufwandsentschädigung übermitteln. Ebenso muss der Arbeitgeber dem Arbeitnehmer bei Beginn des Dienstverhältnisses unverzüglich eine Anmeldung zur Sozialversicherung aushändigen.

13.1. Was kann man tun, wenn der Arbeitgeber die Lohnabrechnung nicht aushändigt?

In diesem Fall besteht die Möglichkeit, die Lohnabrechnung auch klagsweise geltend zu machen.

Arbeitslosengeld

Kapitel 33

1. In welchem Gesetz ist das Arbeitslosengeld geregelt?

Gesetzliche Grundlage für das Arbeitslosengeld ist das Arbeitslosenversicherungsgesetz 1977 (AlVG).

7

2. Wer hat Anspruch auf Arbeitslosengeld?

§ *7 AlVG*

Anspruch auf Arbeitslosengeld hat, wer

» der Arbeitsvermittlung zur Verfügung steht, dh eine Beschäftigung aufnehmen kann und darf sowie arbeitsfähig, arbeitswillig und arbeitslos ist,
» die Anwartschaft erfüllt und
» die Bezugsdauer noch nicht ausgeschöpft hat.

3. Ab wann erfüllt man die Anwartschaft auf Arbeitslosengeld?

§ *14 AlVG*

Die Anwartschaft auf Arbeitslosengeld ist grundsätzlich dann erfüllt, wenn innerhalb der letzten 24 Monate (Rahmenfrist) vor der Geltendmachung des Anspruches insgesamt zumindest 52 Wochen arbeitslosenversicherungspflichtige Beschäftigung vorliegen. Bei Personen, die den Anspruch auf Arbeitslosengeld vor dem 25. Geburtstag geltend machen oder bei Personen, die schon einmal Arbeitslosengeld oder Karenz-(Urlaubs-)geld bezogen haben, genügt schon das Vorliegen von 26 Wochen arbeitslosenversicherungspflichtiger Beschäftigung innerhalb der letzten zwölf Monate (Rahmenfrist).

4. Was versteht man unter einer Rahmenfrist-erstreckung?

§ *15 AlVG*

Die angeführten Rahmenfristen von 24 Monaten bzw zwölf Monaten verlängern sich unter bestimmten Umständen. So etwa um maximal drei Jahre der Zeiten einer selbstständigen Erwerbstätigkeit, der Zeiten eines Studiums oder auch der Zeiten, während deren man beim Arbeitsmarktservice bloß arbeitslos gemeldet war, ohne Arbeitslosengeld oder Notstandshilfe zu beziehen.

33

5. Was gilt als arbeitslosenversicherungspflichtige Beschäftigungszeit?

§§
1 ff, 14 AlVG

Arbeitslosenversicherungspflichtig sind alle Zeiten, während deren man als AN nicht bloß geringfügig beschäftigt ist. Die monatliche Geringfügigkeitsgrenze gemäß § 5 Abs 2 ASVG beträgt 2016: 415,72 Euro, 2017: 425,70 Euro. Bis 1.342 Euro (Wert ab 1. Jänner 2017) bzw 1.311 Euro (Wert ab 1. Jänner 2016) monatlicher Beitragsgrundlage fällt für AN kein ALV-Beitrag an. Freie Dienstnehmer sind ab 1. Jänner 2008 arbeitslosenversichert. Daneben werden aber auch folgende Zeiten für die Anwartschaft auf Arbeitslosengeld angerechnet:

» Zeiten des Präsenz- oder Zivildienstes,
» Zeiten des Bezuges von Wochengeld oder Krankengeld aus einem Dienstverhältnis,
» Zeiten einer krankenversicherungspflichtigen Beschäftigung als Lehrling.

6. Wann gilt man als arbeitslos?

§
12 AlVG

Arbeitslos ist, wer nach Beendigung seines Beschäftigungsverhältnisses keine neue Beschäftigung gefunden hat.
Als arbeitslos gilt insbesondere nicht:

» wer in einem Dienstverhältnis steht,
» wer selbstständig erwerbstätig ist,
» wer in einer Schule oder einem geregelten Lehrgang (etwa Student) ausgebildet wird oder, ohne dass ein Dienstverhältnis vorliegt, sich einer praktischen Ausbildung unterzieht.

7. Wann gilt man trotz Erwerbstätigkeit dennoch als arbeitslos?

§§
12, 36a bis 36c AlVG

Bei unselbstständiger Beschäftigung gilt man trotzdem als arbeitslos, wenn das Einkommen aus dieser Tätigkeit die Geringfügigkeitsgrenze (2016: 415,72 Euro; 2017: 425,70 Euro) nicht übersteigt. Achtung: Dies gilt aber nicht, wenn man innerhalb eines Monates nach Eintritt der Arbeitslosigkeit beim gleichen AG von einer nicht geringfügigen Beschäftigung auf eine geringfügige Beschäftigung „umsteigt". Weiters ist bei vorübergehender, nicht länger als 16 Kalendertage dauernder Beschäftigung unter Umständen auch ein Zuverdienst zum Arbeitslosengeld über der Geringfügigkeitsgrenze möglich (§ 21a AlVG).

8. Für wie lange gebührt Arbeitslosengeld?

§ 18 AlVG

Grundsätzlich besteht der Anspruch auf Arbeitslosengeld für 20 Wochen. Die Bezugsdauer erhöht sich auf

» 30 Wochen, wenn innerhalb der letzten fünf Jahre vor Geltendmachung des Anspruches zumindest 156 Wochen (drei Jahre) Beschäftigung vorliegen,
» 39 Wochen, wenn innerhalb der letzten zehn Jahre vor Geltendmachung zumindest 312 Wochen (sechs Jahre) Beschäftigung vorliegen und der Arbeitslose über 40 ist,
» 52 Wochen, wenn innerhalb der letzten 15 Jahre vor Geltendmachung zumindest 468 Wochen (neun Jahre) Beschäftigung vorliegen und der Arbeitslose über 50 ist.

9. Hat man auch Anspruch auf Arbeitslosengeld, wenn man selbst kündigt?

§ 11 AlVG

Nach der mit 1. Jänner 2001 geltenden Gesetzesänderung besteht bei Kündigung durch den AN jedenfalls eine Wartezeit von vier Wochen.

10. Ein Arbeitnehmer bekommt bei Auflösung des Arbeitsverhältnisses eine Abgeltung für noch offenen Urlaub ausbezahlt. Erhält er für diese Zeit Arbeitslosengeld?

§ 16 AlVG

Nein. Für diesen Zeitraum ruht das Arbeitslosengeld.

11. Wirkt sich der Bezug einer Abfertigung auf das Arbeitslosengeld aus?

Nein, die Auszahlung einer Abfertigung bewirkt kein Ruhen des Arbeitslosengeldes oder eine Kürzung.

12. Wann sollte der Antrag auf Arbeitslosengeld gestellt werden?

Das sollte möglichst rasch nach Ende des Arbverh geschehen. Mittlerweile ist es auch möglich, während der Kündigungsfrist im Internet ein eAMS-Konto anzulegen und sich online arbeitslos zu melden oder die Arbeitslosmeldung per Post oder Fax zu senden. AN erhalten dann schon früher Stellenangebote. Ab Beginn der Arbeitslosigkeit hätten AN dann zehn Tage Zeit, den Antrag auf Arbeitslosengeld zu stellen. Es kann aber auch persönlich schon während der Kündigungsfrist Kontakt mit dem Arbeitsmarktservice (AMS) aufgenommen werden. Langt die Arbeitslosmeldung erst nach Ende des Arbeitsverhältnisses beim AMS ein, kann Arbeitslosengeld erst ab dem Tag der persönlichen Vorsprache gewährt werden.

Details, die Anleitung zum eAMS-Konto und die notwendigen Formulare sind auch im Internet unter diesem Link zu finden: **http://www.ams.at/service-arbeitsuchende/beim-ams-arbeitslos-melden**

13. Kann sich ein Arbeitsloser auch beim Arbeitsmarktservice melden, wenn er von seinem Arbeitgeber noch keine Arbeitsbescheinigung bekommen hat?

Ja. Für die Vorlage der Arbeitsbescheinigung und Rückgabe des ausgefüllten Antragsformulares kann ein weiterer Termin vom AMS vorgeschrieben werden.

14. Welche Unterlagen braucht man zur Arbeitslosmeldung?

Bei der Arbeitslosmeldung sollte man den Meldezettel, einen Lichtbildausweis, die E-Card, die Geburtsurkunde und sonst bereits erhaltene Arbeitspapiere mitnehmen. Welche sonstigen Unterlagen noch erforderlich sind, wird auf dem Antragsformular vermerkt. Dieses ist dann ausgefüllt mit den Unterlagen beim zweiten Termin abzugeben.

15. Welches Einkommen ist Grundlage für das Arbeitslosengeld?

§ *21 AlVG*

Basis für das Arbeitslosengeld ist das Jahreseinkommen des letzten bzw vorletzten Kalenderjahres. Das heißt, bei Antragstellung im zweiten Kalenderhalbjahr ist das letzte Kalenderjahr maßgeblich (Beispiel: Jemand wird am 1. Oktober 2017 arbeitslos – Basis für das Arbeitslosengeld ist das Einkommen im Jahr 2016). Bei Antragstellung im ersten Kalenderhalbjahr ist das vorvorhergehende Kalenderjahr maßgeblich (Beispiel: Jemand wird am 1. Mai 2017 arbeitslos – Basis für das Arbeitslosengeld ist das Einkommen im Jahre 2015!). Für die Berechnung des Einkommens werden nur die Beschäftigungszeiten herangezogen. Zeiten, in denen man wegen Erkrankung oder Arbeitslosigkeit nicht das volle bzw kein Entgelt bezogen hat, werden ausgeklammert.

16. Wie hoch ist das Arbeitslosengeld?

Das AlG besteht aus dem Grundbetrag, einem allfälligen Familienzuschlag und einem allfällig zustehenden Ergänzungsbetrag. Der Grundbetrag entspricht 55 Prozent des Nettoverdienstes. Dazu gebührt ein sogenannter Familienzuschlag.

Die Höhe des Arbeitslosengeldes kann im Internet unter **http://ams.brz.gv.at** einfach berechnet werden.

17. Geht der Anspruch auf Arbeitslosengeld verloren, wenn man eine neue Beschäftigung findet?

§ *19 AlVG*

Nein. Findet man eine neue Beschäftigung und hat dort noch keine 28 Wochen gearbeitet (und folglich noch keinen neuen Anspruch erworben), so kann man jedenfalls seinen alten Anspruch auf Arbeitslosengeld fortsetzen, wenn die Bezugsdauer noch nicht ausgeschöpft ist.

Beispiel:
Jemand arbeitet drei Jahre bei einer Firma und stellt dann einen Antrag auf Arbeitslosengeld. Sein Anspruch beträgt 30 Wochen. Nach Bezug von 20 Wochen findet er wieder eine neue Beschäftigung. Diese endet jedoch nach fünf Monaten. Einen neuen Anspruch hat er aufgrund der letzten Beschäftigung zwar noch nicht erworben, er kann aber seinen alten Anspruch, den er noch nicht ausgeschöpft hat (zehn Wochen sind ja noch offen), durch einen Fortbezugsantrag geltend machen.

18. Welche vom AMS angebotenen Stellen muss man annehmen, damit das Arbeitslosengeld nicht verloren geht?

Eine zumutbare Beschäftigung im bisherigen Beruf darf das AMS jedenfalls vermitteln.

18.1. Wann ist eine angebotene Beschäftigung zumutbar?

Eine Beschäftigung ist zumutbar, wenn sie
» den körperlichen Fähigkeiten der arbeitslosen Person angemessen ist,
» ihre Gesundheit und Sittlichkeit nicht gefährdet,
» angemessen entlohnt ist,
» in einem nicht von Streik oder Aussperrung betroffenen Betrieb erfolgen soll,
» in angemessener Zeit erreichbar ist oder eine entsprechende Unterkunft am Arbeitsort zur Verfügung steht sowie
» gesetzliche Betreuungsverpflichtungen eingehalten werden können.

18.2. Was gilt als angemessene Entlohnung?

Als angemessene Entlohnung gilt grundsätzlich eine zumindest den jeweils anzuwendenden Normen der kollektiven Rechtsgestaltung entsprechende Entlohnung. Für berufsfremde Beschäftigungen besteht für die Dauer von 120 Tagen ab dem Beginn des Arbeitslosengeldbezugs ein sogenannter „Entgeltschutz“. Das heißt, dass der Bezug in der neuen Beschäftigung mindestens 80 Prozent der letzten Bemessungsgrundlage des Arbeitslosengeldes betragen muss. Danach müssen nur mehr 75 Prozent erreicht werden. Besondere Bedingungen gelten jedoch für Teilzeitbeschäftigte.

18.3. Was gilt als zumutbare Wegzeit?

Die zumutbare tägliche Wegzeit für Hin- und Rückweg beträgt jedenfalls eineinhalb Stunden und bei einer Vollzeitbeschäftigung jedenfalls zwei Stunden. Wesentlich darüber liegende Wegzeiten sind nur unter besonderen Umständen, insbesondere wenn am Wohnort lebende Personen üblicherweise eine längere Wegzeit zum Arbeitsplatz zurückzulegen haben oder besonders günstige Arbeitsbedingungen geboten werden, zumutbar.

19. Sind auch Teilzeitbeschäftigungen zumutbar?

Die angebotene Beschäftigung muss eine wöchentliche Normalarbeitszeit von mindestens 20 Stunden aufweisen. Personen mit Betreuungsverpflichtungen für Kinder bis zum vollendeten zehnten Lebensjahr oder behinderte Kinder, für die nachweislich keine längere Betreuungsmöglichkeit besteht, kann auch ein Arbverh mit einer wöchentlichen Normalarbeitszeit von mindestens 16 Stunden angeboten werden.

Das AMS informiert auf seiner Homepage im Detail:
http://www.ams.at/service-arbeitsuchende

20. Gibt es Möglichkeiten, einen negativen Bescheid (zb Sperre, Ruhen) zu bekämpfen?

Ja. Zunächst ist zu beachten, dass nicht jedes Schreiben des AMS ein Bescheid ist. Meist wird nur eine „Mitteilung“ betreffend des Leistungsbezugs übermittelt. In diesem Fall ist das AMS aufzufordern, einen Bescheid auszustellen.

20.1. Was ist bei Übermittlung eines negativen Bescheids zu beachten?

Binnen vier Wochen ab Zustellung des Bescheides ist eine Beschwerde bei der regionalen Geschäftsstelle des Arbeitsmarktservice einzubringen. Sodann hat das AMS die Möglichkeit, eine Beschwerdevorentscheidung zu erlassen. Wenn keine Beschwerdevorentscheidung gefällt wird, muss die Beschwerde vom AMS dem Bundesverwaltungsgericht übermittelt werden, wovon der Arbeitssuchende verständigt werden muss. Wenn eine Beschwerdevorentscheidung gefällt wird, mit der der Arbeitssuchende aber nicht einverstanden ist, muss binnen zwei Wochen nach Zustellung der Beschwerdevorentscheidung ein Antrag beim AMS gestellt werden, dass die Beschwerde dem Bundesverwaltungsgericht zur Entscheidung vorgelegt wird (Vorlageantrag).

33

Gleichbehandlung – Antidiskriminierung – Antirassismus

Kapitel 34

1. Was behandelt das Gleichbehandlungsgesetz?

Das Gleichbehandlungsgesetz regelt

» die Gleichbehandlung von Frauen und Männern in der Arbeitswelt;
» die Gleichbehandlung in der Arbeitswelt ohne Unterschied der ethnischen Zugehörigkeit, der Religion oder Weltanschauung, des Alters oder der sexuellen Orientierung (Antidiskriminierung);
» die Gleichbehandlung ohne Unterschied der ethnischen Zugehörigkeit in sonstigen Bereichen (Antirassismus).

2. Für welche Bereiche gilt die Gleichbehandlung von Frauen und Männern in der Arbeitswelt?

Dazu zählen:

» Arbverh aller Art, die auf privatrechtlichem Vertrag beruhen;
» der Zugang zu allen Formen und allen Ebenen der Berufsberatung, der beruflichen Weiterbildung, der praktischen Berufserfahrung;
» die Mitgliedschaft und Mitwirkung in einer AN-, AG-Organisation oder einer Organisation, deren Mitglieder einer bestimmten Berufsgruppe angehören, einschließlich der Inanspruchnahme solcher Organisationen;
» Bedingungen für den Zugang zu selbstständiger Erwerbstätigkeit, sofern dies in die Regelung des Bundes fällt.

Diese Bestimmungen gelten auch für die Beschäftigung von AN, die von einem AG ohne Sitz in Österreich im Rahmen einer Arbeitskräfteüberlassung oder zu einer fortgesetzten Arbeitsleistung nach Österreich entsandt werden, für die Dauer der Entsendung.

3. Welche Ungleichbehandlung aufgrund des Geschlechtes ist verboten?

Verboten ist jede unmittelbare, aber auch jede mittelbare Ungleichbehandlung der Geschlechter im Zusammenhang mit einem Arbverh. Davon sind auch Regelungen in Betriebsvereinbarungen, Kollektivverträgen und Gesetzen betroffen.

3.1. Was ist eine unmittelbare Diskriminierung?

Eine unmittelbare Diskriminierung liegt vor, wenn eine Person aufgrund ihres Geschlechtes in einer vergleichbaren Situation eine weniger günstige Behandlung erfährt, als eine andere Person erfahren hat oder erfahren würde.

3.2. Was ist eine mittelbare Diskriminierung?

Eine mittelbare Diskriminierung liegt vor, wenn dem Anschein nach neutrale Vorschriften, Kriterien oder Verfahren Personen, die einem Geschlecht angehören, in besonderer Weise gegenüber Personen des anderen Geschlechtes benachteiligen können, es sei denn, die betreffenden Vorschriften, Kriterien oder Verfahren sind durch ein rechtmäßiges Ziel sachlich gerechtfertigt, und die Mittel sind zur Erreichung des Zieles angemessen und erforderlich. Eine Diskriminierung liegt auch bei Anweisung einer Person zur Diskriminierung vor.

3.3. Für welche Umstände gilt das insbesondere?

» bei der Begründung des Arbverh;
» bei der Festsetzung des Entgeltes;
» bei der Gewährung freiwilliger Sozialleistungen, die kein Entgelt darstellen;
» bei Maßnahmen bei Weiterbildung und Umschulung;
» bei beruflichem Aufstieg, insbesondere bei Beförderungen;
» bei den sonstigen Arbeitsbedingungen;
» bei der Beendigung des Arbverh

4. Welchen Stellenwert hat sexuelle Belästigung am Arbeitsplatz?

Diese ist der Ungleichbehandlung am Arbeitsplatz dann gleichzusetzen, wenn der AG selbst belästigt oder keine geeigneten Maßnahmen zur Beseitigung sexueller Belästigung durch Dritte trifft.

4.1. Wann spricht man von sexueller Belästigung?

Dies wird immer dann anzunehmen sein, wenn unzulässigerweise in die sexuelle Sphäre des AN eingegriffen wird und dabei die Würde der betreffenden Person beeinträchtigt wird und daher von dieser auch abgelehnt wird. Auch eine einschüchternde, demütigende und feindselige Arbeitsumwelt gehört ebenso wie jene Fälle dazu, in welchen die Duldung einer sexuellen Belästigung zur Grundlage für berufliche Entscheidungen, die sich auf die betroffene Person beziehen, gemacht wird.

4.2. In welcher Weise muss der Belästigte einen Diskriminierungstatbestand nachweisen?

Der Diskriminierungstatbestand ist vom Belästigten nur glaubhaft zu machen. Dem Beklagten obliegt es, zu beweisen, dass es bei Abwägung aller Umstände wahrscheinlicher ist, dass ein anderes als das vom Beklagten genannte Motiv für die unterschiedliche Behandlung ausschlaggebend war oder das andere Geschlecht unverzichtbare Voraussetzung für die auszuübende Tätigkeit ist oder ein Rechtfertigungsgrund vorliegt. Bei Berufung obliegt es dem Beklagten zu beweisen, dass es bei Abwägung aller Umstände wahrscheinlich ist, dass die vom Beklagten glaubhaft gemachten Tatsachen der Wahrheit entsprechen.

4.3. Welche Reaktion kann auf eine Beschwerde folgen?

Als Reaktion auf eine Beschwerde oder auf die Einleitung eines Verfahrens zur Durchsetzung des Gleichbehandlungsgebotes darf ein AN durch den AG innerhalb des betreffenden Unternehmens(betriebs) nicht entlassen, gekündigt oder anders benachteiligt werden. Auch ein anderer AN, der als Zeuge oder Auskunftsperson in einem Verfahren auftritt oder eine Beschwerde eines anderen AN unterstützt, darf als Reaktion auf eine solche weder gekündigt noch anders benachteiligt werden.

5. Was ist das Gebot einer geschlechtsneutralen Stellenausschreibung?

Der AG oder private Arbeitsvermittler darf einen Arbeitsplatz weder öffentlich noch innerhalb des Betriebes (Unternehmen) nur für Männer oder Frauen ausschreiben oder ausschreiben lassen, es sei denn, ein bestimmtes Geschlecht ist unverzichtbare Voraussetzung für die Ausübung der vorgesehenen Tätigkeit. Die Ausschreibung darf auch keine zusätzlichen Vermerke enthalten, die auf ein bestimmtes Geschlecht schließen lassen. Seit 1. März 2011 sind AG bzw private Arbeitsvermittler auch verpflichtet, bei Stellenausschreibungen das für den ausgeschriebenen Arbeitsplatz geltende kollektivvertragliche Mindestentgelt anzugeben und auf die Bereitschaft zur Überzahlung hinzuweisen, wenn eine solche besteht.

6. Welche Strafbestimmungen drohen bei Nichtbeachtung der Gleichbehandlung von Frauen und Männern?

Wer als Arbeitsvermittler oder AG entgegen diesen Bestimmungen einen Arbeitsplatz nur für Männer oder Frauen ausschreibt, ist auf Antrag eines Stellenwerbers, der Anwältin für Gleichbehandlung für Frauen und Männer oder einer Regionalanwältin von der Bezirksverwaltungsbehörde mit Geldstrafe von 360 Euro zu bestrafen. Der AG ist beim ersten Verstoß nur zu verwarnen und bei weiteren Verstößen mit oben genannter Strafe zu bestrafen, wogegen der Arbeitsvermittler sogleich zu bestrafen ist.

7. Welche Folgen hat die Ablehnung einer Stellenbewerbung ausschließlich wegen des Geschlechts der bewerbenden Person?

Die sich bewerbende Person hat Anspruch auf Schadenersatz und einen Anspruch auf Ersatz aufgrund der persönlichen Beeinträchtigung. Dieser Ersatzanspruch beträgt mindestens zwei Monatsentgelte, wenn die sich bewerbende Person den Job erhalten hätte oder bis zu 500 Euro, wenn nachgewiesen wird, dass der Schaden nur darin bestand, dass die Bewerbung nicht berücksichtigt wurde.

8. Welche Entlohnungskriterien sind bei der Gleichbehandlung zu beachten?

Betriebliche Einstufungsregelungen und Normen der kollektiven Rechtsgestaltung haben bei der Regelung der Entlohnungskriterien den Grundsatz des gleichen Entgeltes für gleiche Arbeit oder eine Arbeit, die als gleichwertig anerkannt wird, zu beachten und dürfen weder Kriterien für die Beurteilung der Arbeit der Frauen einerseits und der Arbeit der Männer andererseits vorschreiben, die zu einer Diskriminierung führen.

8.1. Was ist ein Einkommensbericht im Zusammenhang mit Gleichbehandlung?

§ *11a GlBG*

Seit 1. März 2011 sieht eine neue Regelung die Sicherung bzw Verbesserung der Situation von Männern und Frauen am Arbeitsmarkt und Maßnahmen zur Verbesserung der Einkommenstransparenz vor. So sind ab 1. März 2011 Unternehmen mit mehr als 1.000 AN verpflichtet, einen Einkommensbericht für 2010 (ab 2012 auch Unternehmen mit mehr als 500 AN, ab 2013 Unternehmen mit mehr als 250 AN und ab 2014 Unternehmen mit mehr als 150 AN) an den Betriebsrat zu übermitteln. In diesem Bericht ist im Wesentlichen anzugeben, wie viele Männer und wie viele Frauen in einer kollektivvertraglichen Verwendungsgruppe eingereiht sind, ebenso sind die Durchschnittseinkommen (arbeitszeitbereinigt) in den Bericht aufzunehmen. Diese Berichte sind alle zwei Jahre zu erstellen. Der Anspruch auf Erstellung und Ausfolgung des Einkommensberichts kann gerichtlich innerhalb der dreijährigen Verjährungsfrist geltend gemacht werden.

9. Welche Folgen hat eine ungleiche Bezahlung wegen des Geschlechtes für an sich gleichwertige Arbeit?

Der oder die Betroffene haben Anspruch auf die Differenz und eine Entschädigung für die erlittene persönliche Beeinträchtigung.

10. Welche Folgen haben Ungleichbehandlungen aufgrund des Geschlechtes in den Aufstiegsmöglichkeiten?

Neben dem Ersatz des erlittenen Vermögensschadens ist ein Ersatzanspruch für die erlittene persönliche Beeinträchtigung zu bezahlen, der, je nachdem, bis zu 500 Euro oder mindestens drei Monatsentgeltdifferenzen beträgt, abhängig davon, ob die betroffene Person tatsächlich aufgestiegen wäre oder die Bewerbung bloß nicht berücksichtigt wurde.

11. Welche Strafen sind für sexuelle Belästigung am Arbeitsplatz vorgesehen?

Zum Ersten ist ein etwa entstandener Vermögensnachteil zu ersetzen. Zum Zweiten ist für die Verletzung der Würde ein Schadenersatz im Ausmaß von mindestens 1.000 Euro zu leisten.

12. Was passiert bei unterschiedlicher Behandlung bei Sozialleistung?

Bei Verletzung des Gleichbehandlungsgebotes hat der AN Anspruch auf Gewährung der betreffenden Sozialleistung oder Ersatz des Vermögensschadens und auf die Entschädigung für die erlittene persönliche Beeinträchtigung.

13. Was passiert bei Verletzung der Gleichbehandlung bezüglich der betrieblichen Aus- und Weiterbildung?

Bei Verletzung der Gleichbehandlung hat der AN Anspruch auf die entsprechenden betrieblichen Aus- und Weiterbildungsmaßnahmen oder auf Ersatz des Vermögensschadens und auf Entschädigung für erlittene persönliche Beeinträchtigung.

14. Was behandelt das Gleichbehandlungsgesetz in der sonstigen Arbeitswelt?

Aufgrund des Geschlechtes, insbesondere unter Bezugnahme auf den Ehestand oder Familienstand, darf niemand unmittelbar oder mittelbar diskriminiert werden

a) beim Zugang zur Berufsberatung, Berufsausbildung, beruflichen Weiterbildung und Umschulung außerhalb eines Arbeitverhältnisses;
b) bei der Mitgliedschaft und Mitwirkung in einer AN- oder AG-Organisation oder einer Organisation, deren Mitglieder einer bestimmten Berufsgruppe angehören, einschließlich der Inanspruchnahme der Leistungen solcher Organisationen;
c) bei den Bedingungen für den Zugang zur selbstständigen Erwerbstätigkeit.

15. Was kann gegen diskriminierende Kündigungen oder Entlassungen unternommen werden?

Diese können bei Gericht (mittels Klage) angefochten werden.

16. Welche Fristen sind für die Geltendmachung von Ansprüchen wahrzunehmen?

- » Die Frist zur Geltendmachung beginnt mit der Ablehnung der Bewerbung oder Beförderung und die diesbezüglichen Ansprüche sind binnen sechs Monaten gerichtlich geltend zu machen.
- » Ansprüche aus einer sexuellen Belästigung sind binnen eines Jahres gerichtlich geltend zu machen.
- » Eine Kündigung oder Entlassung ist binnen 14 Tagen bei Gericht anzufechten.
- » Für alle anderen Ansprüche gilt eine dreijährige Verjährungsfrist gemäß § 1486 ABGB soweit für diese Ansprüche durch Kollektivverträge nichts anderes bestimmt wird.

Die Einbringung eine Antrags oder das Einlangen eines Verlangens der Gleichbehandlungsanwaltschaft (siehe Frage 29 dieses Kapitels) bewirken die Hemmung der Fristen zur gerichtlichen Geltendmachung. Diese Hemmung wird durch die Zustellung der Entscheidung beendet. Nach Zustellung steht dem AN eine Frist von drei Monaten zur Erbringung der Klage offen. War die Frist für die Klage kürzer, steht jedoch nur mehr diese offen.

GLEICHBEHANDLUNG IN DER ARBEITSWELT OHNE UNTERSCHIED DER ETHNISCHEN ZUGEHÖRIGKEIT, RELIGION ODER WELTANSCHAUUNG, DES ALTERS ODER DER SEXUELLEN ORIENTIERUNG (ANTI-DISKRIMINIERUNG)

17. Wie ist das Gleichbehandlungsgebot in Zusammenhang mit einem Arbeitsverhältnis zu interpretieren?

Aufgrund der ethnischen Zugehörigkeit, der Religion oder Weltanschauung, des Alters oder der sexuellen Orientierung darf im Zusammenhang mit einem Arbverh niemand unmittelbar oder mittelbar diskriminiert werden, insbesondere nicht

- » bei der Begründung eines Arbverh;
- » bei der Festsetzung des Entgeltes;
- » bei der Gewährung freiwilliger Sozialleistungen, die kein Entgelt darstellen;
- » bei Maßnahmen der Aus- und Weiterbildung und Umschulung;
- » bei beruflichem Aufstieg, insbesondere bei Beförderung;
- » bei den sonstigen Arbeitsbedingungen;
- » bei der Beendigung des Arbverh.

18. Wie lautete das Gleichbehandlungsgebot in der sonstigen Arbeitswelt?

Aus den oben angeführten Gründen darf niemand unmittelbar oder mittelbar diskriminiert werden

- » beim Zugang zur Berufsberatung, Berufsausbildung, beruflichen Weiterbildung oder Umschulung außerhalb eines Arbverh;
- » bei der Mitgliedschaft oder Mitwirkung bei einer AN-Organisation oder einer Organisation deren Mitglieder einer bestimmten Berufsgruppe angehören, einschließlich der Inanspruchnahme der Leistungen solcher Organisationen;
- » bei den Bedingungen für den Zugang zu selbstständigen Erwerbstätigkeit.

19. Welche Ausnahmebestimmungen gibt es?

Bei Ungleichbehandlung wegen eines Merkmals, das im Zusammenhang mit den oben genannten Diskriminierungsgründen steht, liegt keine Diskriminierung vor, wenn das betreffende Merkmal aufgrund der Art einer bestimmten beruflichen Tätigkeit oder der Rahmenbedingung ihrer Ausübung eine wesentliche und entscheidende berufliche Voraussetzung darstellt, und insofern es sich um einen rechtmäßigen Zweck und eine angemessene Anforderung handelt.

19.1. Wann liegt eine Ausnahmebestimmung aufgrund der Religion oder Weltanschauung vor?

Eine Diskriminierung aufgrund der Religion oder Weltanschauung liegt im Bezug auf berufliche Tätigkeiten innerhalb von Kirchen oder anderen öffentlichen oder privaten Organisationen, deren Ethos auf religiösen Grundsätzen oder Weltanschauungen beruht, nicht vor, wenn die Religion oder Weltanschauung dieser Person, nach der Art oder Umstände ihrer Ausübung eine wesentliche, rechtmäßige und gerechtfertigte berufliche Anforderung angesichts des Ethos der Organisation darstellt.

19.2. Wann liegt eine Diskriminierung aufgrund des Alters nicht vor?

Eine Diskriminierung aufgrund des Alters liegt nicht vor, wenn die Ungleichbehandlung

a) objektiv und angemessen ist;
b) durch ein legitimes Ziel, insbesondere rechtmäßige Ziele aus den Bereichen der Beschäftigungspolitik, des Arbeitsmarkts und der beruflichen Bildung, gerechtfertigt ist;
c) die Mittel zur Erreichung dieses Zieles angemessen erforderlich sind.

19.3. Wann liegt weiters eine Diskriminierung aufgrund des Alters nicht vor?

Eine Diskriminierung aufgrund des Alters liegt auch nicht vor bei den betrieblichen Systemen der sozialen Sicherheit durch Festsetzung von Altersgrenzen als Voraussetzung für die Mitgliedschaft oder den Bezug von Altersrente oder von Leistungen bei Invalidität einschließlich der Festsetzung unterschiedlicher Altersgrenzen im Rahmen dieser Systeme für bestimmte Beschäftigte oder Gruppen oder Kategorien von Beschäftigten, und die Verwendung im Rahmen dieser Systeme von Alterskriterien für versicherungsmathematische Berechnungen, sofern dies nicht zur Diskriminierung aufgrund des Geschlechts führt.

20. Was können oben angeführte Ungleichbehandlungen einschließen?

Die Ungleichbehandlungen können insbesondere einschließen:

1. Die Festlegung besonderer Bedingung für den Zugang zur Beschäftigung und zur beruflichen Bildung sowie besonderer Beschäftigungs- und Arbeitsbedingungen, einschließlich der Bedingungen für Entlassung und Entlohnung, um die berufliche Eingliederung von Jugendlichen, älteren AN und Personen mit Fürsorgepflichten zu fördern oder ihren Schutz sicherzustellen;
2. die Festlegung von Mindestanforderungen an das Alter, die Berufserfahrung oder des Dienstalters für den Zugang zur Beschäftigung oder bestimmte mit der Beschäftigung verbundene Vorteile;
3. die Festsetzung eines Höchstalters für die Einstellung aufgrund der spezifischen Ausbildungsanforderung eines bestimmten Arbeitsplatzes oder aufgrund der Notwendigkeit einer angemessenen Beschäftigungszeit vor dem Eintritt in den Ruhestand.

21. Wann liegt eine Diskriminierung aufgrund eines Arbeitsverhältnisses vor?

Eine Diskriminierung liegt auch vor, wenn eine Person:

» vom AG selbst belästigt wird;

» durch den AG dadurch diskriminiert wird, dass dieser es schuldhaft unterlässt, im Falle einer Belästigung durch Dritte aufgrund von gesetzlichen Bestimmungen und Normen der kollektiven Rechtsgestaltung oder des Arbeitsvertrages angemessene Abhilfe zu schaffen;

» durch Dritte im Zusammenhang mit ihrem Arbverh belästigt wird;

» durch Dritte außerhalb eines Arbverh belästigt wird.

22. Was versteht man unter Behinderung?

Behinderung im Sinne des Behinderteneinstellungsgesetzes ist die Auswirkung einer nicht nur vorübergehenden körperlichen, geistigen oder psychischen Funktionsbeeinträchtigung oder Beeinträchtigung der Sinnesfunktionen, die geeignet ist, die Teilhabe am Arbeitsleben zu erschweren. Als nicht nur vorübergehend gilt ein Zeitraum von mehr als voraussichtlich sechs Monaten. Zum Teil sind die Bestimmungen auch anwendbar auf jene Eltern, die aufgrund der Behinderung eines Kindes benachteiligt werden, dessen behindertenbedingt erforderliche Betreuung sie wahrnehmen. Gleiches gilt auch für Angehörige (§ 7b Abs 5 BeinstG).

§ *3 BEinstG*

23. Welche Schutzmaßnahmen sieht der Gesetzgeber für Behinderte in der Arbeitswelt vor?

AG sind verpflichtet, eine bestimmte Anzahl von Behinderten im Betrieb zu beschäftigen. Weiters bestehen vielfach Förderungen, insbesondere im Zusammenhang mit der Gestaltung behindertengeeigneter Arbeitsplätze. Im Behinderteneinstellungsgesetz ist ein besonderes Verfahren für die Kündigung von begünstigten Behinderten (Kündigungsschutz) vorgesehen. Nicht zuletzt besteht auch ein generelles Verbot zur Benachteiligung von Behinderten.

24. Wie viele behinderte AN sind in einem Betrieb zu beschäftigen?

Ein AG ist verpflichtet, pro 25 AN einen Behinderten mit zumindest 50-prozentiger Behinderung einzustellen. Diese Pflichtzahl kann durch Verordnung derart abgeändert werden, dass für bestimmte Wirtschaftszweige nur auf je 40 AN mindestens ein begünstigter Behinderter einzustellen ist. Kommt der AG dieser Verpflichtung nicht nach, muss er eine vom Sozialministeriumservice festgesetzte Ausgleichstaxe bezahlen. Diese beträgt monatlich 253 Euro (Stand 2017) für jede einzelne Person, die zu beschäftigen wäre. Abweichend davon beträgt die Ausgleichstaxe für AG, die 100 oder mehr AN beschäftigen, für jede Person, die zu beschäftigen wäre, ab 1. Jänner 2017 monatlich 355 Euro und für AG, die 400 oder mehr AN beschäftigen, für jede Person, die zu beschäftigen wäre, ab 1. Jänner 2017 monatlich 377 Euro. Diese Beträge werden durch Verordnung des Bundesministeriums jährlich angepasst. Für die Beschäftigung von in Ausbildung stehenden begünstigten Behinderten erhält

§§ *1 ff BEinstG*

der AG vom Sozialministeriumservice (früher Bundessozialamt) aus Mitteln des Ausgleichstaxfonds eine Prämie in Höhe der jeweils geltenden Ausgleichstaxe.

Ausführliche Informationen zum Thema Behinderung und „Arbeitswelt" finden Sie auch auf der Homepage des Sozialministeriumservice (früher Bundessozialamt) unter **http://www.sozialministeriumservice.at**

25. Inwiefern sind Behinderte geschützt?

Zum einen besteht ein Benachteiligungsverbot und zum anderen ein Kündigungsschutz.

26. Was ist unter Benachteiligungsverbot zu verstehen?

§ *7b BEinstG*

Benachteiligungen Behinderter sind insbesondere verboten bei
» der Begründung des Arbverh,
» der Festsetzung des Entgelts (insbesondere auch bei der Einstufung!),
» der Gewährung freiwilliger Sozialleistungen, die kein Entgelt darstellen,
» Maßnahmen der Aus- und Weiterbildung und Umschulung,
» beruflichem Aufstieg, insbesondere bei Beförderungen und der Zuweisung höher entlohnter Verwendungen (Funktionen),
» den sonstigen Arbeitsbedingungen,
» der Beendigung des Dienstverhältnisses oder
» Belästigung.

27. Welche Rechtsfolgen hat die Benachteiligung eines Behinderten?

§ *7e BEinstG*

Bei Benachteiligungen bei der Begründung des Arbverh oder beim beruflichen Aufstieg besteht ein Anspruch auf Ersatz in Geld:
» Begründung des Arbverh: mindestens zwei Monatsentgelte, wenn der AN die Stelle ohne Behinderung bekommen hätte oder sonst bis zu 500 Euro, wenn der AG nachweisen kann, dass der einem Stellenbewerber durch die Diskriminierung entstandene Schaden allein darin besteht, dass die Berücksichtigung seiner Bewerbung verweigert wurde;
» Aufstieg: Differenz für mindestens drei Monate zwischen dem Entgelt, das der AN bei erfolgreichem Aufstieg erhalten hätte, und dem tatsächlichen Entgelt, wenn der AN nachweislich ohne Behinderung aufgestiegen wäre, sonst bis zu 500 Euro.

Bei Benachteiligungen im Zusammenhang mit der Beendigung kann die Kündigung oder Entlassung angefochten werden.

27.1. Wie können Ansprüche wegen Benachteiligung geltend gemacht werden?

Solche Ansprüche können bei Gericht nur geltend gemacht werden, wenn in der Sache vorher beim Sozialministeriumservice ein Schlichtungsverfahren durchgeführt wurde.

Die Klage ist nur zulässig, wenn nicht längstens innerhalb von drei Monaten, im Fall einer Kündigung oder Entlassung innerhalb eines Monats ab Einleitung des Schlichtungsverfahrens eine gütliche Einigung erzielt worden ist. Ansprüche wegen Benachteiligung im Zusammenhang mit einer Bewerbung oder Beförderung sind innerhalb von sechs Monaten ab Zugang der Ablehnung einzuklagen, Klagen bei Kündigung oder Entlassung innerhalb von 14 Tagen ab Zugang der Kündigung einzubringen. Die Einleitung eines Schlichtungsverfahrens bewirkt die Hemmung dieser Fristen bis zur Zustellung der Bestätigung des Sozialministeriumservice an die behinderte Person, dass das Schlichtungsverfahren erfolglos verlaufen ist.

28. Inwiefern sind (begünstigte) Behinderte kündigungsgeschützt?

Siehe Kapitel 24 Kündigung, Frage 24.

29. Was ist die Gleichbehandlungskommission?

Gleichbehandlungskommissions-/Gleichbehandlungsanwaltschaftsgesetz
Die Gleichbehandlungskommission (GBK) ist beim BM für Gesundheit und Frauen (nunmehr Bundeskanzleramt/Frauen) eingerichtet. Sie besteht aus drei Senaten, die jeweils für andere Diskriminierungstatbestände zuständig sind. Diese Senate bestehen neben den Vorsitzenden und deren Stellvertretern aus Vertretern der zuständigen Ministerien und Interessenvertretungen. Diese Senate haben sich in ihrem Zuständigkeitsbereich mit Diskriminierungen zu befassen und zB auch im Einzelfall das Vorliegen einer Diskriminierung zu prüfen und gegebenenfalls festzustellen. Die Gerichte sind an diese Feststellungen zwar nicht gebunden, haben sich in einer Entscheidung, die eine solche nicht feststellt, mit der Entscheidung der GBK auseinanderzusetzen. Durch die Einleitung eines Verfahrens vor der GBK werden die Fristen zur gerichtlichen Geltendmachung gehemmt. Nicht zuständig ist die GBK für Fragen einer Diskriminierung von Behinderten. Diese sind in einem Schlichtungsverfahren vor dem Sozialministeriumservice zu thematisieren bzw den Arbeits- und Sozialgerichten zu prüfen.

30. Was ist die Gleichbehandlungsanwaltschaft?

Die Anwaltschaft ist ebenso wie die GBK beim BM eingerichtet. Sie besteht abhängig von der Art der Diskriminierung aus mehreren Anwälten, die in ihrem Zuständigkeitsbereich Personen, die sich diskriminiert fühlen, beraten und unterstützen. Sie können die betroffenen AG zu einer Stellungnahme auffordern und bei der GBK die Einleitung eines Verfahrens bewirken.

Weitere Informationen sowie die Adressen der Gleichbehandlungsanwaltschaft und Regionalbüros finden sie unter **www.gleichbehandlungsanwaltschaft.at**

Durchsetzung von Ansprüchen

Kapitel 35

1. Wie lange kann ein Anspruch nach seiner Fälligkeit gegenüber dem Arbeitgeber durchgesetzt werden?

§

Grundsätzlich verjähren arbeitsrechtliche Ansprüche nach einer Frist von drei Jahren nach ihrem Entstehen. Kürzere Verfallsfristen sind in diesem Zusammenhang aber zu beachten.

insbesondere 1486 ABGB

1.1. Was sind Verfallsfristen?

Verfallsfristen sind Zeiträume, in denen Ansprüche geltend gemacht werden müssen, da sie sonst untergehen. Damit wären diese Ansprüche nicht mehr bei Gericht durchsetzbar. Wenn der AG nach Ablauf einer Verfallsfrist trotzdem bezahlt, so könnte er diese Summe wieder zurückverlangen, da er durch den Untergang der Schuld etwas bezahlt hat, zu dem er nicht mehr verpflichtet war.

1.2. Wo sind solche Verfallsfristen vorgesehen?

Diese können sowohl im Gesetz, in Kollektivverträgen, Betriebsvereinbarungen, aber auch in Einzelverträgen vorgesehen sein.

1.3. Binnen welcher Zeit müssen Ansprüche gegen den Arbeitgeber geltend gemacht werden?

§§

Das ist unterschiedlich. Verfallsfristen unter drei Monaten werden in den allermeisten Fällen sittenwidrig sein. Kollektivverträge sehen häufig Verfallsfristen für den Anspruch auf Überstunden und im Zusammenhang mit der Beendigung des Arbverh vor. Manche Arbeiterkollektivverträge enthalten aber auch für das laufende Entgelt bei aufrechtem Arbverh eine Verfallsfrist. In diesem Zusammenhang ist es also unbedingt anzuraten, in dem jeweils geltenden Kollektivvertrag nachzusehen, ob eine Verfallsfrist vorgesehen ist. Das Gesetz sieht eine Verfallsfrist von einem halben Jahr bei Kündigungsentschädigung zur gerichtlichen Geltendmachung vor. Kollektivverträge können diese Verfallsfrist verlängern.

1162d ABGB, 34 AngG

1.4. Wie muss ein mit Verfall bedrohter Anspruch geltend gemacht werden?

Auch das ist durch Kollektivverträge unterschiedlich geregelt. Es kann sowohl eine mündliche als auch eine schriftliche Geltendmachung im Kollektivvertrag vorgesehen sein. Aus Beweisgründen ist es aber in jedem Fall ratsam, den Anspruch schriftlich mittels eingeschriebenen Briefes geltend zu machen. Dieser Brief muss so rechtzeitig dem AG zugehen, dass er spätestens am letzten Tag der Verfallsfrist beim AG einlangt. Die gesetzliche Verfallsfrist hinsichtlich der Kündigungsentschädigung erfordert eine gerichtliche Geltendmachung.

1.5. Was bedeutet Verjährung?

Damit ist jene Frist gemeint, die das Gesetz oder eine andere Rechtsvorschrift zur Klagseinbringung vorsieht.

1.6. Wie lange kann ein Anspruch eingeklagt werden?

Die Verjährungsfrist für Ansprüche auf Geld aus einem Arbverh beträgt in der Regel drei Jahre, soweit keine kürzere Verfallsfrist vorgesehen ist. Kollektivverträge und Einzelarbeitsverträge können allerdings mitunter auch eine kürzere Verjährungsfrist vorsehen.

1.7. Innerhalb welcher Frist verjährt der Anspruch auf ein Arbeitszeugnis?

Dieser verjährt innerhalb von dreißig Jahren ab Beendigung des Arbverh.

2. Wie soll sich ein Arbeitnehmer verhalten, wenn er bei der Endabrechnung zu wenig ausbezahlt bekommt?

Vorerst ist zu empfehlen, beim AG telefonisch oder persönlich zu intervenieren. Sollte jedoch der Eindruck entstehen, dass der AG lediglich Zeit zu gewinnen versucht oder überhaupt nicht zahlen will, wäre es ratsam, die Forderungen nochmals mittels Einschreiben, unter Setzung einer entsprechenden Nachfrist (14 Tage), beim AG einzumahnen. Nach Ablauf dieser Frist ist eine Klage beim Arbeits- und Sozialgericht anzuraten.

3. Wie soll so ein Mahnschreiben aussehen?

Das ist nach den jeweiligen Sachverhaltsgegebenheiten zu beurteilen. Bei ungerechtfertigten Entlassungen wird es sinnvoll sein, eine kurze Sachverhaltsdarstellung an den Beginn des Schreibens zu setzen. Wichtig wäre weiters die Feststellung, dass die ausgesprochene Entlassung ungerechtfertigt ist, da kein Entlassungsgrund gesetzt wurde. Hat der AG lediglich die Kündigungsfrist falsch bemessen, so wird es ratsam sein, erst dann auf den richtigen Zeitpunkt hinzuweisen, wenn das Arbverh tatsächlich schon beendet ist. Ist das Arbverh noch nicht beendet, so kann der Hinweis auf die falsch bemessene Kündigungszeit für den AN von Nachteil sein. Der AG kann in diesem Falle versuchen, die Kündigungsfrist zu berichtigen. Dies hat zwar den Vorteil, dass der AN ordnungsgemäß gekündigt wird und erwarten kann, dass er auch dementsprechend korrekt abgerechnet wird. Das bedeutet aber auch, dass er die volle (richtig gestellte) Kündigungsfrist für den AG arbeiten muss, wenn der AG beim Ausspruch der Kündigung zu verstehen gegeben hat, dass er die richtige Kündigungsfrist einhalten wollte.

Wenn das Arbverh ordnungsgemäß aufgelöst wurde, ist die Art der Beendigung zu Beweiszwecken sinnvollerweise im Schreiben anzuführen. Danach sollte jener Teil des Briefes kommen, in dem die offenen Ansprüche angeführt werden. Dabei sollte ganz grundsätzlich vom Entgelt, das bei ordnungsgemäßer Auflösung des Arbverh zusteht, gesprochen werden. In Klammer kann beispielhaft angegeben werden, was damit im Einzelnen gemeint ist. Fehlen noch Arbeitspapiere, so sollten diese auch schriftlich urgiert werden. Danach sollte dem AG eine angemessene Nachfrist gesetzt werden, innerhalb der er seinen Verpflichtungen nachkommen kann. Diese Frist sollte etwa 14 Tage betragen. Für den Fall, dass der AG nicht innerhalb dieser Frist seinen Verpflichtungen nachkommt, kann in Aussicht gestellt werden, dass dann Gerichtshilfe in Anspruch genommen würde. Dieser Brief ist eingeschrieben an den AG zu senden, der AN behält sich eine Kopie.

4. Was kann der Arbeitnehmer unternehmen, wenn der Arbeitgeber trotz Mahnschreiben seinen Verpflichtungen nicht nachkommt?

Er kann seine Forderungen gegen den AG bei Gericht einklagen.

5. Wo ist eine solche Klage einzubringen?

§§ *4 ff ASGG*

Örtlich zuständig ist, nach Wahl des Klägers, entweder das Arbeits- und Sozialgericht
» am ordentlichen Wohnsitz oder gewöhnlichen Aufenthalt des AN während des Arbverh oder zum Zeitpunkt des Arbverh;
» am Sitz des Unternehmens;
» in dessen Sprengel regelmäßig wenigstens ein Teil der Arbeit zu leisten ist oder zu leisten war;
» in dessen Sprengel das Entgelt zu leisten ist oder war.

Für arbeitsverfassungsrechtliche Streitigkeiten ist das Gericht am Sitz des Unternehmens zuständig.

5.1. Wer kann eine solche Klage einbringen?

§§ *40 und 41 ASGG*

Entweder der AN gibt die Klage selbst bei Gericht zu Protokoll oder er lässt sich von einer hiezu geeigneten Person vertreten. Das sind vor allem Rechtsanwälte und auch Beauftragte von freiwilligen oder gesetzlichen Interessenvertretungen.

5.2. Welche Gerichtsgebühren sind dafür zu entrichten?

§ *32 GGG*

Verfahren in Arbeitsrechtssachen bis zu einem Streitwert von 2500 Euro sind gebührenfrei. Darüber hinaus sind Gebühren in der Höhe von beginnend mit 163 Euro, abhängig von der Höhe des Streitwertes, zu entrichten.

6. Muss sich ein Arbeitnehmer bei Gericht in erster Instanz vertreten lassen?

§§ 39 ASGG, 432 und 435 ZPO

Nein, denn der Richter hat hier eine Anleitungs- und Belehrungspflicht.

7. Wie lange dauert ein Verfahren vor dem Arbeits- und Sozialgericht?

Das kommt darauf an, wie kompliziert die Sache ist. Mehr als die Hälfte aller in Arbeitsrechtssachen eingebrachten Klagen sind innerhalb von einem Jahr abgeschlossen (Vergleiche mit berücksichtigt).

8. Wie kann ein Verfahren vor dem Arbeits- und Sozialgericht enden?

Ein Verfahren vor dem Arbeits- und Sozialgericht kann durch Zahlungsbefehl (ZB), Versäumnisurteil (VU), Zurücknahme der Klage, ewiges Ruhen, Anerkenntnis-(Urteil) oder Vergleich und Urteil enden.

9. Was ist ein Zahlungsbefehl?

§ 224 ZPO

Das ist die Aufforderung des Gerichts an den Beklagten, entweder innerhalb von vier Wochen Einspruch gegen die Klage zu erheben oder den eingeklagten Betrag zu bezahlen.

9.1. Wann ist ein Zahlungsbefehl auszustellen?

Liegt der eingeklagte Betrag nicht über 75.000 Euro, so hat das Arbeits- und Sozialgericht einen sogenannten Zahlungsbefehl zu erlassen.

9.2. Wie kann ein Verfahren vor dem Arbeits- und Sozialgericht enden, wenn kein Zahlungsbefehl erlassen wurde oder Einspruch erhoben wurde?

In solchen Fällen läuft das Verfahren „normal" weiter und endet üblicherweise durch Urteil oder Vergleich zwischen den Parteien.

10. Was kann ein Arbeitnehmer machen, wenn er sich einen Prozess vor dem Arbeits- und Sozialgericht finanziell nicht leisten kann?

Wenn der betreffende AN finanziell außer Stande ist, ein Verfahren vor dem Arbeits- und Sozialgericht zu betreiben, kann ihm auf Antrag Verfahrenshilfe gewährt werden. Mit dieser Verfahrenshilfe streckt der Staat die Kosten des Verfahrens vor. Das sind in erster Linie die Gerichtsgebühren, nur in Ausnahmefällen werden aber auch die

Kosten für einen Rechtsanwalt vorgestreckt. Sollte die Klage des AN aber ab- oder zurückgewiesen werden, so muss der betreffende AN die Kosten des Verfahrens nachträglich zurückzahlen, wenn er innerhalb der nächsten Zeit zu Vermögen kommt. Seit 1. Jänner 1992 sind die Arbeiterkammern verpflichtet, nach Maßgabe des Rechtsschutzregulatives ihren Mitgliedern Rechtsschutz in Arbeits- und Sozialgerichtsangelegenheiten zu gewähren. Gewerkschaftsmitgliedern wird seitens der zuständigen Fachgewerkschaft Rechtsschutz gewährt.

11. Wie hoch sind die gesetzlichen Zinsen für Forderungen aus einem Arbeitsverhältnis?

Diese betragen acht Prozent mehr als der am Tag nach der Fälligkeit geltende Basiszinssatz der Europäischen Zentralbank (Mai 2017 somit 8,58 Prozent) ausmacht. In eingeschränkten Fällen kann der Zinssatz auf vier Prozent reduziert werden.

12. Kann nach einem Urteil erster Instanz trotz Berufung des unterlegenen Arbeitgebers Exekution geführt werden?

Grundsätzlich nicht. Nur wenn Ansprüche auf das laufende Arbeitsentgelt (Lohn, Gehalt, Provisionen usw) zugesprochen werden und dem AN aufgrund seiner finanziellen Situation nicht zugemutet werden kann, bis zur Entscheidung zweiter Instanz zuzuwarten, ist eine sofortige Möglichkeit, die Beträge im Wege der Exekution hereinzubringen, gegeben.

13. Der Arbeitnehmer muss im Wege der Gehaltsexekution Ansprüche seiner Gläubiger bezahlen. Der Arbeitgeber zahlt aber auch das dem Arbeitnehmer zustehende Existenzminimum nicht an den Arbeitnehmer und führt auch die dem Gläubiger zustehenden Beträge nicht an diesen ab. Wie kann sich der Arbeitnehmer wehren?

Seit 1. Jänner 1995 kann der AN auch den gepfändeten Teil der Forderungen gegen den AG einklagen. Dabei sind aber bestimmte Fristen und Bedingungen zu berücksichtigen, die im § 308a der EO geregelt sind.

Anhang

Wichtige Einrichtungen im Internet

Österreichischer Gewerkschaftsbund, ÖGB www.oegb.at

Fachgewerkschaften:

Gewerkschaft der Privatangestellten, Druck, Journalismus, Papier GPA-djp www.gpa-djp.at

Gewerkschaft Öffentlicher Dienst GÖD www.goed.at

younion_Die Daseinsgewerkschaft www.younion.at

Gewerkschaft Bau-Holz GBH www.bau-holz.at

Gewerkschaft vida www.vida.at

Gewerkschaft der Post- und Fernmeldebediensteten GPF www.gpf.at

Produktionsgewerschaft PRO-GE www.proge.at

Kammer für Arbeiter und Angestellte www.arbeiterkammer.at

ÖGB-Verlag www.oegbverlag.at

Verband österreichischer gewerkschaftlicher Bildung – VÖGB www.voegb.at

Österreichische Sozialversicherung: www.sozialversicherung.at

Help.gv.at, Amtshelfer für Österreich: www.help.gv.at

Behörden und Personenverzeichnis des Bundes (Ministerien) www.help.gv.at

Arbeitsmarktservice www.ams.at

Arbeitsinspektorat www.arbeitsinspektion.gv.at

Bauarbeiter-Urlaubs- und Abfertigungskasse www.buak.at

Stichwortverzeichnis

B

D

E

F

G

L

M

N

O

P

Q

R

S

T

U

V

W

Z